Dr. Ph. Joshua David Stone

Seelenpsychologie

Die Schlüssel zum Aufstieg

R. Lippert Verlag

Titel der englischen Originalausgabe:
"Soul Psychology"
from the collected work: "The Easy-to-Read
Encyclopedia of the Spiritual Path".
Erschienen bei: Light Technology
Publishing Sedona, Arizona, USA

Übersetzung: Christian Weltler

Titelbild: Julian T. Luksch
Gestaltung: R. Lippert

Deutsche Erstausgabe Oktober 1999

Hartgass 9, D-88639 Wald
Tel.: 07578-2229, Fax 07578-933194
www.lippert-verlag.de
e-mail:webmaster@lippert-verlag.de
Printed in Austria

ISBN 3-933470-61-7

Dr. Ph. Joshua David Stone

Seelenpsychologie

Die Schlüssel zum Aufstieg

R. Lippert Verlag

Widmung

Ich möchte dieses Buch meinem Vater, meiner Mutter und meiner Schwester widmen. Das Leben hier auf der Erde kann manchmal eine sehr harte Schule sein, und ohne die Unterstützung einer liebevollen Familie wird das Leben noch härter. Durch die Gnade Gottes wurde ich in diesem Leben in die wunderbarste Familie geboren.

Ohne diese ungemein liebevolle Unterstützung auf spiritueller, mentaler, emotionaler, irdischer und finanzieller Ebene während meines gesamten Lebens, wäre ich niemals zu dem geworden, was ich heute bin, und Du würdest dieses Buch nicht in Deinen Händen halten. In Wahrheit wäre ich schon lange in die spirituelle Welt hinübergegangen.

Worte können dem angemessenen Gefühl der Hochachtung und der Liebe, die ich für diese drei wunderbaren Wesen empfinde, kaum gerecht werden. Es ist mir eine Ehre, sie zu kennen und ich bin mir sicher, daß sich unsere Liebe und Freundschaft noch lange jenseits dieser kurzen Spanne der Existenz erstrecken wird, die man Inkarnation nennt.

Über den Autor

Joshua David Stone ist Doktor für Transpersonale Psychologie und ein anerkannter Familien- und Kinderberater in Los Angeles/Kalifornien. Er erwarb sich die Berechtigung des Staates Kalifornien, auch als Hypnose-Therapeut tätig zu sein. Die Hauptaufmerksamkeit seiner Arbeit liegt im Weg des Aufstieges und der Initiation.

INHALT

INHALT

Einleitung

Eines meiner Hauptinteressen in diesem Leben war das Studium von dem, was ich nunmehr Monaden- oder Spirituelle Psychologie nenne. Es gibt Tausende von Büchern zur Selbsthilfe, die die Themen Psychologie und menschliche Beziehungen behandeln, doch nur sehr wenige davon integrieren auch den Aspekt der Seele und den des Geistes in entsprechender Weise. Dies war meine Hauptaufgabe und mein größtes Interesse in diesem Leben. Dieses Buch repräsentiert nun die Essenz meiner gesamten Forschung, meiner Studien und meiner Arbeit auf diesem Gebiet.

Ich habe versucht, dieses Thema sehr klar, auf den Punkt gebracht und leicht verständlich zu halten. Dieses Buch ist sehr umfangreich und zusammen mit meinem ersten Buch "Das komplette Aufstiegshandbuch - Wie man den Aufstieg in diesem Leben erreicht" stellt es die Grundlagen der Seelen- und Monadenpsychologie dar. Es muß verstanden werden, daß es drei verschiedene Stufen der Selbstverwirklichung gibt: Es gibt die Selbstverwirklichung auf der Persönlichkeitsebene, auf der Seelenebene und zuletzt auf der Monaden- oder Spirituellen Ebene. Diese beiden Bücher versorgen Dich mit einer unendlichen Vielfalt für ein grundsätzliches Verständnis, mit Werkzeugen und Karten, um alle drei Stufen dessen zu erreichen, was wir als die Verwirklichung oder Realisierung Gottes bezeichnen.

Die meisten Bücher einer normalen Buchhandlung konzentrieren sich auf das Thema der Selbstverwirklichung auf der Stufe der Persönlichkeit. Die neue Welle der Psychologie ist die transpersonale Psychologie oder Seelenpsychologie, die die fortgeschrittenen Studenten auf dem Geistigen Pfad zur Monadenpsychologie führt. Das gesamte Verständnis der Psychologie wird durch die angemessene Integration der Seele vollkommen verändert. Man sagt, die Selbstverwirklichung auf der persönlichen Ebene bringt Glück, die Selbstverwirklichung auf der Seelenebene bringt Vergnügen und die

Selbstverwirklichung auf der monadischen und spirituellen Ebene bringt Segen. Aus diesem Grund freut es mich, in aller Bescheidenheit, Dir mein Lebenswerk über das Verständnis der Seelen- und Geistespsychologie zu präsentieren.

Dr. Joshua David Stone

1. Die Entwicklung der persönlichen Kraft und die Funktion des bewußten Verstandes und des Unterbewußtseins

> *"Die allerwichtigste Fähigkeit, um psychologische*
> *und spirituelle Gesundheit zu erlangen,*
> *ist zu lernen, seine persönliche Kraft zu besitzen."*
> *Dr. Joshua David Stone*

Der bewußte Verstand ist der logisch denkende Teil, wohingegen der unbewußte Verstand oder das sogenannte Unterbewußtsein entgegen jeder Logik arbeitet. Der überbewußte Verstand ist der allwissende Teil unseres Selbst. Eine andere Metapher ist, daß der bewußte Verstand der Kapitän des Schiffes ist, der Programmierer des Computers, der Entscheidungsträger, der Gärtner. Wenn der bewußte Verstand der Kapitän ist, dann ist das Unterbewußtsein der Matrose, der unter Deck alle Anweisungen des Kapitäns ausführt. Das Unterbewußtsein ist der Computer oder der Kassettenrecorder. Das Unterbewußtsein kann mit der Erde verglichen werden. Wenn der bewußte Verstand der Gärtner ist, so pflanzt er die Samen (Gedanken). Auf der Erde gedeihen alle Samen, unabhängig davon, ob es Unkraut oder schöne Blumen sind, die daraus hervorgehen. Das Unterbewußtsein speichert einfach nur die Informationen und folgt den Befehlen, ob diese nun rationaler oder irrationaler Natur sind. Das Unterbewußtsein kümmert sich nicht darum, denn es besitzt absolut keine Fähigkeit des logischen Denkens.

Das Unterbewußtsein ist ein Paradoxon. Es besitzt zwar keinerlei Logik und doch hat es eine unglaubliche Anzahl von erstaunlichen Fähigkeiten und Intelligenzfaktoren. Der beste Vergleich, um dies besser zu verstehen, ist die Analogie des Computers. Ein Computer ist eine unglaubliche Maschine und doch kümmert er sich in keiner Weise darum, was in ihn hinein programmiert wird. Egal ob es die Lösung einer Energiekrise oder einen nuklearen Krieg hervorruft. Das Unterbewußtsein erfüllt, wofür es programmiert wurde, egal was dies auch immer sei. Ein gutes Beispiel dafür ist die Art, wie das Unterbewußtsein den physischen Körper vollkommen steuert. Das kann durch die Auswirkungen von hypnotischen Suggestionen bewiesen werden, die den Körper einer Person betreffen. Das Unterbewußtsein hat die Fähigkeit, perfekte Gesundheit hervorzurufen oder Krebs zu entwickeln. Es wird genau das erschaffen, wozu es programmiert wurde. Niemand programmiert bewußt Krebs, aber viele Menschen programmieren durch mangelnde Selbstliebe, Opferbewußtsein, Rachegedanken, Selbstaufgabe und so weiter unbewußt Krebs in ihren Körper. So liegt es nahe, seinem Unterbewußtsein fortwährend zu erzählen, daß man sich strahlender Gesundheit erfreut und man wird von Tag zu Tag immer gesünder und gesünder. Das Unterbewußtsein arbeitet völlig getrennt vom Funktionieren des bewußten Verstandes. Es arbeitet vierundzwanzig Stunden am Tag, sieben Tage in der Woche, dreihundertfünfundsechzig Tage im Jahr, egal ob man schläft oder wach ist, und es wird dabei niemals müde. Es führt beständig das aus, wozu es programmiert wurde.

Der Intelligenzfaktor und das Unterbewußtsein

Die Hauptfunktion des Unterbewußtseins liegt darin Informationen zu speichern. Es ist das Lagerhaus und die Gedächtnisbank für alle unsere Gedanken, Gefühle, Emotionen, Vorstellungen, Verhaltensmuster, Impulse und Verlangen. Die ersten Programmierungen stammen bereits aus der Zeit unserer frühesten Kindheit und erfolgten durch unsere Eltern, Großeltern, durch Fernsehen, Freunde, Lehrer, Pfarrer und sonstige Familienangehörige.Als Kleinkinder sind wir alle ein Opfer dieses Vorganges. Ich meine damit, daß der logische Verstand von Kindern noch nicht genügend ausgebildet ist, um zu unterscheiden und sich vor negativen Programmierungen zu schützen.

Als kleine Kinder waren wir dem gegenüber vollkommen offen. Unser Unterbewußtsein hat sich mit mentalem Gift gefüllt, mit falschem Denken und falschen Vorstellungen. Genauso wie der Körper mit physischen Giften durch falsche Ernährung verseucht werden kann, ist das Unterbewußtsein mit mentalen Giften von unangebrachten Programmierungen und Erziehung verseucht. Das Unterbewußtsein ist auch für unsere Träume verantwortlich. Es gibt zwar Gelegenheiten, in denen die Träume durch das Überbewußtsein hervorgerufen werden, doch die meisten unserer Träume stammen von unserem Unterbewußtsein. Ein Traum ist im Grunde genommen der Spiegel unserer Gedanken, Gefühle und Handlungen während unseres bewußten täglichen Lebens. Ein Traum ist wie die Zeitung, die wir jede Nacht lesen und die uns die Organisation und die Dynamik unserer internen Energien beschreibt. Der einzige Unterschied zwischen den Träumen und den realen Zeitungen ist, daß Träume in der universellen Sprache der Symbole geschrieben sind. Unsere Träume zu verstehen bedeutet, zu erkennen, daß jeder Teil eines Traumes in Wahrheit ein Teil von uns selbst ist. Durch die Analyse der Symbol- beziehungen können wir große Einsicht und ein großes Verständnis über die Muster, die wir in unserem täglichen Leben manifestieren, gewinnen.

Ein Traum ist ein automatischer Prozeß, den uns unser Unterbewußtsein als Feedback unseres Wachbewußtseins liefert. Dieses Feedback ist überaus wichtig, denn zumeist erschaffen wir in unserem Leben irgendwelche Muster, die uns nicht bewußt sind. Das Unterbewußtsein kann auch als der Gewohnheitsverstand bezeichnet werden. Es speichert alle unsere Gewohnheiten, egal ob es sich um positive oder negative Gewohnheiten handelt. Viele Menschen glauben, daß Gewohnheiten etwas Schlechtes seien. Das ist nicht wahr. Wir wollen uns nur unserer schlechten Gewohnheiten entledigen und sie in gute Gewohnheiten verändern. Ein gutes Beispiel dafür wäre Autofahren zu lernen. Wenn wir es das erste Mal versuchen, erfordert es eine ganze Menge bewußter Anstrengung und Willenskraft. Nachdem wir es gelernt haben, wird es zu einer automatischen Angewohnheit. Wenn wir unser Unterbewußtsein nicht hätten, um die entwickelten Fähigkeiten zu archivieren, dann würde es immer die gleiche bewußte Anstrengung bedeuten. Es gibt ein grundlegendes metaphysisches Gesetz das besagt, daß es einundzwanzig Tage dauert, um eine Gewohnheit im Unterbewußtsein zu verankern. Man kann etwas innerhalb eines Tages lernen, doch um sich etwas anzugewöhnen bedarf es einundzwanzig Tage. Die Fähigkeit des Unterbewußtseins, Gewohnheiten zu archivieren, erlaubt uns ständig zu wachsen und neue Fähigkeiten zu entwickeln, ohne uns um die alten zu kümmern.

Im Unterbewußtsein wirkt das Gesetz der Anziehung. Das Unterbewußtsein zieht beständig Dinge an oder hält sie fern, je nachdem, wie es programmiert wurde. Derjenige, der dieses Gesetz zu seinem bewußten Vorteil nutzt, ist ein Meister. Der Bereich des Geldes und Wohlstandes ist ein gutes Beispiel dafür. Wenn Du in Deinem Unterbewußtsein davon überzeugt bist, nie Geld zu haben, dann wirst Du auch keines haben. Wenn Du auf der anderen Seite jedoch davon überzeugt bist, wohlhabend zu sein, wird Dein Unterbewußtsein Gelegenheiten und Möglichkeiten anziehen, die Dir den Wohlstand verschaffen. Was immer Du in Deinem Leben möchtest, kannst Du in Deinem Unterbewußtsein affirmieren und visualisieren, und das Unterbewußtsein wird es Dir zuführen. Carl Jung sprach über diesen Umstand, als er das kollektive Unbewußte erläuterte. Das Unterbewußtsein des einzelnen ist mit allen anderen Unterbewußtsein verbunden. Man könnte sagen, daß alle Söhne und Töchter Gottes ein großes Unterbewußtsein haben.

Das Unterbewußtsein hat auch die Fähigkeit, Energiestrahlungen wahrzunehmen. Wir benutzen diese Fähigkeit automatisch in unserem täglichen Leben. Diese Fähigkeit kann speziell beim Rutengehen, Pendeln oder bei der Wassersuche angewandt werden. Das Unterbewußtsein kann dahingehend programmiert werden, nach allen möglichen physischen Substanzen, und nicht nur nach Wasser, zu suchen. Es kann jede gewünschte Energieform erfühlen, auf die es programmiert wurde. Das Unterbewußtsein ist auch der Sitz der parapsychologischen Fähigkeiten. Das Unterbewußtsein hat fünf innere Sinne, die die subtileren Gegenstücke zu den äußeren Sinnen darstellen: Innere Sicht (Hellsichtigkeit), Inneres Hören (Hellhörigkeit), Innerer Geruch, Innerer Geschmack und Innerer Tastsinn. Hast Du jemals bemerkt, daß Deine fünf Sinne auch während des Träumens verfügbar sind? Wie kann das sein, wenn wir schlafen? Das liegt daran, daß wir die fünf inneren Sinne unseres Unterbewußtseins benutzen. Alle Menschen haben parapsychologische Fähigkeiten, die sie stärker entwickeln können. Genauso wie mit den äußeren Übungen, ist es nur eine Frage der Übung und des entsprechenden Trainings.

Wie der bewußte Verstand mit dem Unterbewußtsein zusammenarbeitet

Die Schlüsselfunktion des Verstandes ist, der Programmierer zu sein, der Beschützer und Meister über das Unterbewußtsein. Das Unterbewußtsein ist dazu gedacht, der Diener oder der Servo-Mechanismus des bewußten Verstandes zu sein. Die meisten Menschen verstehen die psychologischen Gesetze nicht, und lassen sich vom Unterbewußtsein lenken. Wenn das geschieht, werden die Menschen zu Opfern und haben viele Probleme. Das Unterbewußtsein war niemals dazu bestimmt, Dein Leben zu diktieren. Es wird Dich im andauernden Zustand der Vergeßlichkeit halten, wenn Du ihm dies erlaubst, doch nicht weil es schlecht oder böse ist, sondern weil es keinerlei Logik besitzt. Warum sollte man sein Leben von einem unlogischen Verstand lenken lassen? Seltsam genug, daß dies die meisten Menschen tun.

Ideal wäre es, wann immer ein Gedanke, Gefühl oder Impuls aus dem Unterbewußtsein emporkommt, diesen zu prüfen und logisch zu betrachten. Du kannst Dir dabei ein inneres Tor oder eine innere Blase vorstellen, die Dich vor Deinem eigenen Unterbewußtsein schützt. Wenn ein Gedanke oder ein Gefühl entsteht, ist es die Aufgabe des bewußten Verstandes, seine Kraft zum logischen Denken und zum Unterscheiden zu verwenden, um diesen Gedanken am Tor zu prüfen. Wenn der Gedanke oder der Impuls positiv oder spirituell ist, laß ihn in Deinen Verstand. Wenn er negativ ist, verwerfe ihn. Psychologische Gesundheit ist der Prozeß, nur positive, spirituell ausgewogene Gedanken in sein Bewußtsein eindringen zu lassen. Psychologische Gesundheit ist gleich physischer Gesundheit. Wenn Du physisch gesund bleiben möchtest, wirst Du Deinen Körper mit gesunder Nahrung versorgen. Wenn Du psychisch gesund bleiben willst, dann wirst Du nur positive, gesunde Gedanken in Deinem Bewußtsein zulassen.

Durch das Verdrängen der negativen Gedanken in Deinem Verstand entziehst Du diesen Energie. Das ist etwa so, als ob Du einer Pflanze kein Wasser geben würdest. Schließlich wird sie vertrocknen und aus Mangel an Wasser (Aufmerksamkeit und Fokus) verwelken. Der zweite Schritt ist, sich die positive, entgegengesetzte Seite der Gedanken vor Augen zu halten. Dies wird durch positives Denken und die Verwendung positiver Affirmationen erreicht. Durch das fortwährende Ignorieren der negativen Gedanken und der Affirmation positiver Gedanken formt sich eine neue Gewohnheit im Unterbewußtsein. Die alte Gewohnheit stirbt, da sie nicht mehr mit genügend

Energie versorgt wird, und die neue Gewohnheit wird durch die andauernden Affirmationen und positiven Gedanken geformt. Diese neue Gewohnheit kann innerhalb von einundzwanzig Tagen erreicht werden. Erinnern wir uns, daß das Unterbewußtsein mit all den alten Aufzeichnungen gefüllt ist, die uns unsere Eltern und andere Leute einprogrammiert haben, als wir noch jung waren. Wenn der bewußte Verstand keinerlei Auswahl trifft, dann sind alle diese alten Programme für den Ablauf Deines gegenwärtigen Lebens verantwortlich.

Die Entwicklung der äußeren Blase oder des Schildes, um sich vor den negativen Energien anderer Menschen zu schützen

So wie es von größter Wichtigkeit ist, eine innere Blase zu entwickeln, die uns vor unserem eigenen Unterbewußtsein schützt, ist es von ebensolcher Bedeutung, eine äußere Blase oder ein Schutzschild zu entwickeln, um sich vor den negativen Energien von anderen Menschen zu schützen. Wie ich bereits erwähnt habe, wäre es das Ideal, wenn man selbst der Programmierer für das eigene Unterbewußtsein ist. Erinnern wir uns immer daran, daß, wenn wir diese Verantwortung ablehnen, unser Leben immer nur durch unser Unterbewußtsein und durch den Einfluß von anderen Menschen bestimmt wird. Wäre es nicht schön, selbst die Ursache, der Schöpfer und Meister seines Lebens zu sein? Wenn diese psychologischen Gesetze nicht richtig verstanden werden, dann werden immer andere Menschen die Programmierer des eigenen Lebens sein. Laß uns zur Verdeutlichung das Beispiel nehmen, daß Dich jemand kritisiert oder verurteilt. Das Ideal wäre, eine imaginäre Blase, ein Schild oder ein Licht um Dich zu haben, an dem die gegen Dich gerichtete Kritik abprallt, so wie das Wasser am Federkleid einer Ente abperlt. Man kann sich diesen Vorgang wie das Zurückprallen von einer Gummiwand vorstellen.

Du kannst die bewußte Entscheidung treffen, ob Du das, was Du hörst oder wahrnimmst in Dein Unterbewußtsein dringen läßt oder nicht. Es sollte verstanden werden, daß diese Blase eine halbdurchlässige Blase ist. Sie erlaubt positiven Energien hereinzukommen, läßt sich jedoch von den negativen Energien nicht durchdringen. Wenn diese Schutzhülle nicht ständig für Dich da ist, kannst Du immer wieder zum Opfer der Kritik, von Aussagen oder der

Energien anderer Menschen werden. Es gibt Zeiten, um sich zu öffnen, und Zeiten, um sich zu verschließen. Es ist nötig zuzumachen und sich zu schützen, wenn andere Menschen negative Ausstrahlungen haben. Wenn jemand einen physischen Speer gegen Dich schleudern würde, bin ich mir sicher, daß Du diesem auch so schnell wie möglich ausweichen würdest. Wenn Du nicht möchtest, daß Dein Unterbewußtsein Dein gesamtes Leben bestimmt, dann möchtest Du sicher auch nicht, daß Dein Leben von anderen Menschen bestimmt wird.

Eine andere Möglichkeit dies auszudrücken wäre, zu sagen, daß Du eher bewußt agieren als einfach unbewußt reagieren sollest. Zu agieren bedeutet, selbst zu bestimmen wie Du mit den einströmenden Energien umgehst. Zu reagieren bedeutet, die eintreffenden Energien direkt in das Unterbewußtsein dringen zu lassen, in Deinen Solar-Plexus oder in Deinen Emotionalkörper und eine entsprechende Reaktion auslösen zu lassen. Wenn Dich jemand verurteilt oder angreift und Du diese Energien einfach eindringen läßt, so wirst Du entweder verletzt werden, Dich zurückziehen, weinen oder einfach zurückschlagen. Du läßt dadurch eine andere Person die Ursache für Deine Emotionen sein. Du möchtest jedoch selbst die Ursache Deiner Emotionen sein. Eine weitere Art dies zu beschreiben wäre, sich selbst hypnotisieren zu lassen. Ich bin ein öffentlich berechtigter Hypnotiseur und Berater. Doch der Großteil meiner Arbeit besteht nicht darin, Menschen zu hypnotisieren, sondern darin, sie zu ent-hypnotisieren. Viele Menschen leben in Hypnose und ich versuche ihnen aus diesem Zustand herauszuhelfen. Wenn Du ein Opfer bist, dann bist Du in Hypnose. Du läßt andere Menschen im Wachzustand Deine Emotionen programmieren. Du bist hypersuggestiv, wenn Du nicht selbst entscheidest wie Du agierst. In Wahrheit sind wir allesamt psychologisch unverletzbar. Das ist eine sehr wichtige Aussage. Unverletzbar zu sein bedeutet, daß wir nicht emotional verletzt werden können, solange wir uns nicht dafür entscheiden.

Mein Lieblingsvergleich

Mein Lieblingsvergleich ist, psychologische Gesundheit mit physischer Gesundheit gleichzusetzen. Wenn jemand, den Du gut kennst, eine Erkältung hat, dann möchtest Du Dich sicherlich nicht anstecken. Du wirst alles in Deiner

Macht stehende tun, um dies zu verhindern. Zuerst einmal wirst Du Dich von dieser Person fernhalten. Du wirst eine Extraportion Vitamin C zu Dir nehmen und Dir sagen, daß Du nicht krank wirst. Du wirst vernünftig essen und Dir genügend Schlaf gönnen. Mit anderen Worten, Du wirst versuchen, Deine Abwehrkraft zu stärken. Wenn man seine Widerstandskraft aufrechterhält, dann wird man nicht krank werden. Ärzte und Krankenschwestern ziehen sich auch nicht die ganzen Krankheiten ihrer Patienten zu. Der Grund dafür ist, daß es so etwas wie eine ansteckende Krankheit gar nicht gibt. Es gibt nur Menschen mit verminderter Widerstandskraft.

Diese Analogie entspricht genau dem psychologischen Bereich. Es gibt keine ansteckende psychologische Krankheit. Es gibt nur Menschen mit verminderter Widerstandskraft. Wie können wir jedoch unsere psychologische Widerstandskraft aufrechterhalten oder stärken, so daß wir nicht durch die Krankheiten des Ärgers, der Depression, der Eifersucht, der Verurteilung, des Angriffs, des Grolls, des Hasses und so weiter infiziert werden? Wir können unsere psychologische Widerstandskraft dadurch stärken, indem wir eine positive, mentale Ausrichtung aufrechterhalten. Die Schutzhülle ist eine Haupttechnik der positiven Ausrichtung.
Andere Schlüsseltechniken halten die persönliche Kraft aufrecht, die bedingungslose Selbstliebe und das Selbstwertgefühl oder das Vertrauen in Gott. Das sind nur einige der Haupteigenschaften. In den folgenden Kapiteln werde ich mich noch mit anderen beschäftigen. Der springende Punkt ist, daß wir hier auf dieser Welt sind, um ein besseres Beispiel zu geben. Wir sind hier, um anderen Menschen auf die Beine zu helfen und nicht, um uns selbst in den Sumpf der negativen Gedanken hinabziehen zu lassen. Im Grunde genommen ist die Erde wie ein Krankenhaus, das durch seine Patienten betrieben wird. Es gibt nur sehr wenige Heiler und Ärzte. Die Aufgabe des Lebens besteht darin, ein Heiler und Arzt zu sein. Wenn Du anderen Menschen erlaubst ihr Opfer zu sein, dann wirst Du zum Patienten und benötigst Heilung. Es ist vollkommen in Ordnung, wenn dies geschieht. Die Lektion besteht darin, wieder in Deine Mitte zu finden und so schnell wie möglich wieder der eigene Heiler zu werden, denn dies ist die Mission und der Zweck des Lebens in dieser Lebensspanne für uns alle.

Die Entwicklung der persönlichen Kraft
- der Erste Goldene Schlüssel

Von all den Eigenschaften und Qualitäten, die in einem gesunden Menschen entwickelt sein müssen, ist keine so wichtig wie die der persönlichen Kraft oder der Entwicklung des Willens. Alles, was ich in diesem Buch bespreche, wird nicht funktionieren, wenn es an persönlicher Kraft fehlt. Die persönliche Kraft ist der Schlüssel, der die Theorie in die Praxis umsetzen kann. Was ist jedoch persönliche Kraft? Persönliche Kraft oder Wille ist die Antriebskraft für eine gesunde Persönlichkeit. Persönliche Kraft ist zuallererst eine bestimmte Eigenschaft. Wir können jeden Tag wählen, die Eigenschaft der Schwäche oder der Stärke aufrechtzuerhalten. Deine Kraft ist die Energie, die Du nutzt, um Deine Entscheidungen durchzuführen.
Laß uns annehmen, daß Du Dir vorgenommen hast, um drei Uhr zu trainieren. Wenn es drei Uhr wird, möchte ich wetten, daß Du Deine persönliche Kraft dazu benutzen mußt, um das durchzuführen, was Du Dir vorgenommen hast. Deine Kraft benötigst Du auch dazu, Dein Unterbewußtsein zu kontrollieren. Dein Unterbewußtsein wird Dich herumdirigieren, bis Du an persönlicher Kraft gewinnst, so daß die persönliche Kraft zum bestimmenden Teil für das Unterbewußtsein wird. Es ist diese Energie, die den Verstand der Persönlichkeit zusammenhält und konzentriert. Wird persönliche Kraft nach außen gewandt, so zeigt sich das in der Qualität der Bestimmtheit.

Die persönliche Kraft hat auch mit der Entscheidungsfähigkeit einer Person zu tun. Wenn Dir die Kraft zur Entscheidung fehlt, dann werden entweder Dein Unterbewußtsein oder andere Menschen die Entscheidungen für Dich treffen. Das Unterbewußtsein besitzt keine Logik und andere Menschen wissen nicht immer, was wirklich das Beste für Dich ist. Wie kannst Du gleichzeitig der Meister Deines Lebens sein und keine persönliche Kraft besitzen? Wenn Du Deine Kraft nicht besitzt, dann endet dies darin, Dich Deinem Unterbewußtsein und anderen Menschen auszuliefern. Wir wissen, daß Gott Kraft hat. Nachdem es eine Tatsache ist, daß wir Mit-Schöpfer und Mini-Götter sind, haben wir somit auch die Kraft. Gott hilft denen, die sich selbst helfen. Du kannst Dir nicht helfen, wenn Du keine Kraft dazu hast.
Es steht Dir jederzeit die gesamte Kraft Gottes zur Verfügung, und sie stand Dir auch in der Vergangenheit immer zur Verfügung. Die persönliche Kraft ist nichts anderes als eine bestimmte Energie in Deinem physischen Körper und in

Deinem Unterbewußtsein, die Du dazu benutzt, Dein Leben selbst zu bestimmen. Ein Teil dieser Kraft zu besitzen bedeutet ein spiritueller Krieger im Leben zu sein. Gib Dich niemals auf, denn der Wille zu leben, ist der Wille zu kämpfen. Yoga lehrt, daß das Leben nicht nur eine Schule, sondern auch ein Schlachtfeld ist. Wir versuchen den Gipfel eines Berges zu erklimmen. Fortschritt beinhaltet drei Schritte vorwärts zu gehen und zwei Schritte zurückzurutschen oder sieben Schritte vorwärts und sechs zurück, ad infinitum bis der Gipfel erreicht wird. Das ist die Natur des Lebens für jeden auf dem spirituellen Pfad. Die Hauptsache ist nicht aufzugeben.
Paramahansa Yogananda, der große indische Heilige, hat gesagt: "Ein Heiliger ist ein Sünder, der niemals aufgibt." Seine Kraft zu besitzen heißt, nicht locker zu lassen. Es heißt auch, genauso Vertrauen in die Kraft Gottes zu haben, wie in die eigene Kraft. Auch wenn die gesamte äußere Sicherheit entzogen wird, so sollte man sich bewußt sein, daß einem die gesamte Kraft Gottes zu jeder Zeit zur Verfügung steht. Das ist die wahre Sicherheit und Versicherung. Deine Kraft ist die Energie, die Dir erlaubt, Risiken einzugehen. Wenn Du keinerlei persönliche Kraft besitzt, dann wirst Du es schwer haben, Deine Schutzhülle aufrechtzuerhalten. Deine Kraft ist es, die Dich "solange tun läßt, bis Du es geschafft hast". In gewissem Sinne ist Deine persönliche Kraft Dein Zentrum. Wenn Du Dich daran anschließt, wirst Du Dich stark zentriert fühlen.

Wenn Du Deine Kraft über eine lange Zeit hindurch benutzt, dann besitzt Du schließlich das, was man als Disziplin bezeichnet. Der Besitz der persönlichen Kraft erlaubt Dir die Kontrolle zu behalten und nicht durch das Unterbewußtsein oder durch äußere Kräfte überwältigt zu werden. Wenn Du Deine Kraft nicht in Anspruch nimmst, dann wirst Du depressiv werden. Jeder, der deprimiert ist, beansprucht seine persönliche Kraft nicht. Es gibt im Leben zwei entgegengesetzte Kräfte: Gut und Böse, Licht und Dunkelheit, Positiv und Negativ, Illusion und Wahrheit, egoistische Gedanken und spirituelle Gedanken. Deine Kraft ist die Waffe, mit der Du das Negative bekämpfen und Dich mit dem Positiven identifizieren kannst. So wie Edgar Cayce sagte: "Es gibt keine Kraft im Universum, die mächtiger ist, als Deine persönliche Kraft oder Dein Wille!"
Der bewußte, logische Verstand und der Wille, oder die Kraft, dirigiert alle heranströmenden Kräfte. Wenn wir keinen eigenen Willen oder keine eigene Kraft hätten, würden wir davon überwältigt werden. Menschen im Zustand von extremer Machtlosigkeit, die ihre Kraft, ihre Kontrolle und Meisterschaft

abgeben, werden seelisch krank. Der bewußte Verstand hat vollkommen die Verantwortung über die Kontrolle, die Meisterschaft und die Orchestrierung abgegeben und das Unterbewußtsein und die Umwelt haben diese nunmehr übernommen. Du mußt Dich vor Deiner eigenen Kraft keineswegs fürchten, denn Du wirst sie nur in einer liebevollen Art anwenden, um Gott, Dir selbst und anderen zu dienen. Wann immer Du Deine Kraft besitzt, wirst Du Dich gut fühlen. Wenn Du Deine Kraft beanspruchst, wirst Du Dich selbst herausfordern. Wenn Du keine Kraft hast, wird Dich das Leben ganz schön herumschubsen. Die Hauptsache, die ich in meiner Arbeit vermitteln möchte ist, daß Du selbst die Ursache Deiner Realität bist. Um die ganze Zeit über die Ursache unserer Realität zu sein, müssen wir die Kraft dazu besitzen.

Wie kannst Du Deine Kraft beanspruchen?

Du beanspruchst Deine Kraft dann, wenn Du Dir jeden Morgen, sofort nach dem Aufwachen, in Deinem Verstand bestätigst, diese Kraft tatsächlich zu besitzen. Die Tabelle am Ende dieses Kapitels zeigt Dir einige Beispiele solch positiver Kraftaffirmationen, die Du anwenden kannst, um diese Energie zu entwickeln. Ich habe auch einige Affirmationen der emotionalen Unverletzbarkeit angeschlossen, um die Sicherheitsblase zu erschaffen, da diese eng mit dem Besitz der eigenen Kraft in Zusammenhang steht. Edgar Cayce, der berühmte schlafende Prophet, hat noch eine andere wichtige Aussage in dieser Beziehung gemacht. Er hat über die Bedeutung der Entwicklung eines positiven Ärgers gesprochen. Positiver Ärger ist kontrollierter Ärger, der sich nicht gegen andere Menschen oder sich selbst richtet, sondern eher gegen die dunklen Mächte, die ständig versuchen, einen zu unterdrücken. Diese Energie wird dazu verwendet, uns in das Licht und in das Positive zu katapultieren.

Es ist eine enorme Kraft mit dem Ärger verbunden. Das Ideal ist, diese Kraft in konstruktiver und kreativer Weise zu kanalisieren. Auch Jesus hat gerufen: "Hebe dich hinweg, Satan!" Ich denke, daß positiver Ärger mit einer echten Emotion und einem Gefühl hinter der Kraft zu tun hat. Wenn Du die Affirmationen sprichst, dann spreche sie mit Gefühl und Kraft, denn sonst bleiben sie wirkungslos. Das Unterbewußtsein und andere Menschen werden

Dich in dem Maße unterdrücken, in dem Dir Deine eigene Kraft fehlt. Sobald Du an Kraft gewinnst, wird das Unterbewußtsein zu Deinem Diener. Du mußt ihm befehlen, Dir zu dienen und es nicht nur darum bitten.
Es sollte hierbei auch bemerkt werden, daß Gott nicht für Dich Dein Unterbewußtsein kontrollieren wird, egal wie stark Du auch darum betest. Das ist nicht seine, sondern Deine eigene Aufgabe. Nimm jeden Morgen, wenn Du aufstehst, Deine Kraft in Anspruch und gebe Dir das Versprechen, der Meister Deines Lebens zu sein. Sei liebevoll, diene Gott und mache Dir einen schönen Tag, und lasse Dich durch nichts in diesem Universum von Deinem Ziel abbringen. Das ist die angemessene Art zu leben. Wenn Du einmal Deine Kraft angenommen hast, dann bete um die Unterstützung Gottes und benutze die entsprechenden Affirmationen und Visualisierungen, um Dein Unterbewußtsein in der Weise zu programmieren, in der es Dich unterstützt. Das ist die letztliche Kraft in diesem Universum.

Erkennst Du die Kraft, die Dir dabei zur Verfügung steht? Wie könntest Du diesen Kampf verlieren? Wie könntest Du letztlich den Gipfel nicht erreichen? Wie könntest Du mit Hilfe dieser Kraft Mißerfolg haben? Zähle dazu noch die Tatsache, daß wir in Wahrheit alle Söhne und Töchter Gottes und eins mit ihm sind. Wie können die Söhne und Töchter Gottes den Kampf mit dem Satan verlieren, der eine andere Bezeichnung für unser Ego, die Illusion und die negativen Gedanken ist?

Meine zwei Lieblingsaffirmationen

1. Gott, meine persönliche Kraft und die Kraft meines Unterbewußtseins sind ein unschlagbares Team.

2. Sei still und wisse: ICH BIN Gott.

Eine andere Methode seine Kraft aufzuladen ist, ein Symbol zu visualisieren, daß für die Kraft und Macht steht. Das kann ein Schwert, eine Krone, der Stab von Moses oder eine Baseballmütze sein. Kombiniere diese Imagination mit Deinen Affirmationen und Du wirst Dich schnell viel kraftvoller fühlen.

Psychologische Desidentifikations- und Identifikationsübungen

Empfehlung: Wiederhole folgende Affirmationen jeden Morgen und jeden Abend, drei Mal laut, über einen Zeitraum von einundzwanzig Tagen, solange bis sie vollständig in Dein Unterbewußtsein und in Deinen Verstand integriert sind.

Desidentifikationsübung:

Ich habe einen Körper, aber ich bin nicht mein Körper. Mein Körper kann sich selbst in den unterschiedlichen Zuständen der Krankheit oder der Gesundheit befinden. Das hat jedoch nichts mit meinem wahren Selbst oder meinem wahren "Ich" zu tun. Ich habe Gewohnheiten, aber ich bin nicht meine Gewohnheiten. Mein gesamtes Verhalten stammt von meinen Gedanken. Ich habe die Selbst- Meisterschaft noch nicht entwickelt und ich arbeite noch auf der Ebene eines "Auto-Piloten". Manchmal benehme ich mich auch unangemessen. Doch egal ob ich mich gut oder schlecht benehme, ich bin nicht mein Verhalten. Das hat nichts mit meinem wahren Selbst oder meinem wahren "Ich" zu tun. Ich habe Gefühle, aber ich bin nicht meine Gefühle. Ich habe die Selbstmeisterschaft noch nicht entwickelt und meine Gefühle sind daher manchmal negativ und manchmal positiv. Sobald ich mehr zur Ursache, zum Schöpfer und Meister meines Lebens werde, wird sich dies ändern. Auch wenn mich eine Welle von Gefühlen überflutet, so weiß ich, daß ich nicht meine Gefühle bin. Meine wahre Natur wird sich nicht verändern. "Ich" bleibe immer gleich.

Ich habe einen Verstand, doch ich bin nicht mein Verstand. Mein Verstand ist mein Werkzeug, um meine Gefühle und mein Verhalten zu erschaffen, genauso wie er mir dabei hilft, das in meinem Leben anzuziehen, was ich mir wünsche.

Ich habe die Selbstmeisterschaft noch nicht erreicht, so daß mich mein Verstand manchmal noch regiert, anstatt daß ich meinen Verstand regiere. Mein Verstand ist mein kostbarstes Werkzeug, doch er ist nicht, was "Ich" bin.

Identifikationsübung:

Was bin "Ich"?

Nachdem ich (das "Ich") mich von der Identifikation mit dem Inhalt meines Bewußtseins gelöst habe, erkenne und bestätige ich, daß ich das Zentrum des reinen Selbstbewußtseins bin. Ich bin das Zentrum meines Willens und meiner persönlichen Kraft, und die Ursache und der Schöpfer für jeden Aspekt meines Lebens. Ich bin fähig, die Ursache all meiner Gedanken, Gefühle, meines Verhaltens und der Gesundheit meines Körpers zu sein, sowie der Dinge, die ich in meinem Leben anziehe. Das ist, was "Ich" bin!

Affirmationen

Persönliche Kraft und die Entwicklung, zur kreativen Ursache zu werden:

Ich bin die Kraft, der Meister und die Ursache meiner Eigenschaften, meiner Gefühle und meines Verhaltens.

Ich bin zu jeder Zeit 100% kraftvoll, liebevoll und ausgeglichen.

Ich bin kraftvoll, ganz und vollkommen mit mir selbst.

Ich habe Vorlieben, aber keine Bindungen.

Ich bin zu 100% kraftvoll und entschieden in allem was ich tue.

Ich habe die vollkommene Meisterschaft und Kontrolle über alle
Energien im Dienst an einer liebevollen, spirituellen Aufgabe.

Ich bin der Meister und Direktor meines Lebens, und
mein Unterbewußtsein ist mein Freund und Diener.

Ich bin das Zentrum reinen Selbstbewußtseins und des Willens,
mit der Fähigkeit, meine Energien dorthin zu leiten,
wo immer ich es wünsche.

Ich bin zu jeder Zeit kraftvoll, zentriert und liebevoll.

Ich bin zu jeder Zeit kraftvoll und zentriert, und erlaube
nichts und niemandem in diesem äußeren Universum,
mich aus meinem Gleichgewicht und meiner Mitte zu bringen.

Ich habe 100% meiner persönlichen Kraft und ich gelobe,
daß ich diese niemals wieder meinem Unterbewußtsein
oder anderen Menschen abgeben werde.

Ich habe vollkommene Selbstkontrolle und Selbstmeisterschaft
in allem was ich tue.

Emotionale Unverletzbarkeit:

Ich bin zu 100% unverletzbar gegenüber der negativen Energie von anderen. Die negative Energie von anderen perlt an mir ab, wie das Wasser vom Federkleid einer Ente.

Ich bin die Ursache meiner Gefühle -
nicht die anderen Menschen. Ich werde diesen nicht länger die Kraft über mich geben.
Die negative Energie der anderen prallt an mir ab.

Ich höre, was andere Menschen über mich sagen,
doch ich lasse nur das in mich dringen, was ich wähle.

Die einzige Auswirkung, die die negative Energie von anderen Menschen auf mich hat ist, daß ich ihnen einfach gestatte, diese Energien auszusenden. Ich wähle hiermit, nie wieder davon betroffen zu sein.

Die drei Verstandesebenen

Das Überbewußtsein oder das Höhere Selbst

Der spirituelle Verstand oder das Selbst

1. Man kann mit ihm durch:
   a) Meditation
   b) Träume
   c) Tagebücher
   d) Intuition

in Kontakt kommen

2. Kann uns nur dann helfen oder uns Informationen übermitteln, wenn wir darum bitten.

Es gerät dadurch auf einer bewußten Ebene nicht in Konflikt mit unserem freien Willen.

Der bewußte Verstand oder das Mittlere Selbst

Der erwachsene, logische Verstand

Ausführender Direktor
Präsident der Persönlichkeit
Kapitän des Schiffes
Computerprogrammierer
Gärtner
Entscheidungsträger über:
Willenskraft, Disziplin, Unterscheidung, Konzentration, Logik.

Das Unterbewußtsein oder das Niedere Selbst

Der unlogische Verstand

1. Arbeitet mit Impressionen und antwortet auf Stimulierungen
2. Erinnerungsbank, gefüllt mit Gedanken, Gefühlen, Emotionen, Erinnerungen, Imaginationen, Verhaltensmuster, Impulse, Verlangen, Instinkte.
3. Hält den physischen Körper aufrecht.
4. Ruft die meisten Träume hervor.
5. Erzeugt Vitalkräfte, Dynamik.
6. Arbeitet 24 Stunden am Tag
7. Gesetz der Anziehung.
8. Untersucht, klassifiziert und verwaltet Informationen.
9. Aus metaphorischer Sicht ein Computer, Garten, Motorraum.
10. Schlüsselrolle im Gebetsprozeß.
11. Innere Sinne (Visualisierungen).
12. Sinneswahrnehmung.
13. Erschafft Energieverbindungen, die Objekte und Menschen verbindet.
    a) Kann den Körper verlassen und diesen Verbindungen folgen (Pendel, Psychometrie, Psychokinese).
    b) Kann Vitalkräfte und Gedankenformen entlang dieser Verbindungen aussenden (Telepathie, Gebet).

2. Bedingungslose Selbstliebe und das Innere Kind

"Wenn es ein Allheilmittel gibt, alles im Leben zu kurieren, dann ist es die Selbstliebe."
Paul Solomon,
Spiritueller Lehrer und Channel des Universalen Geistes

Wenn die Entwicklung der persönlichen Kraft der erste goldene Schlüssel zur psychologischen und spirituellen Gesundheit ist, dann ist die bedingungslose Selbstliebe ganz bestimmt der zweite goldene Schlüssel. Persönliche Kraft und Selbstliebe bilden den Grundstock eines gesunden Selbstkonzeptes und Selbstbildes. Die wichtigste Beziehung im Leben einer Person ist die Beziehung zu sich selbst. Wenn wir mit uns selbst im unklaren sind, so werden wir dies auch mit allen anderen sein. Wenn wir aus unserer Mitte geraten sind, wie wollen wir dann im Umgang mit anderen in unserer Mitte sein? Selbstliebe beginnt mit dem Verständnis, daß es in unserer Welt zwei Arten der Liebe gibt. Die bedingungsvolle und die bedingungslose Liebe. Die bedingungsvolle Liebe ist egoistische Liebe, die bedingungslose Liebe ist spirituelle Liebe. Diese Art der Liebe bezieht sich auf andere, doch am wichtigsten ist, daß sie sich zuerst auf uns selbst bezieht.

Die erste Schlüsselfrage, die wir uns alle stellen müssen ist, ob wir uns selbst bedingungsvoll oder bedingungslos lieben. Bedingungslose Liebe beruht auf dem Verständnis, daß wir von Wert und liebenswert sind, weil wir Geschöpfe Gottes und deshalb die Söhne und Töchter Gottes sind. Gott macht nichts Minderwertiges. Natürlich sind wir wertvoll. Wenn wir keinen Wert besäßen, dann wäre auch Gott wertlos. Mit anderen Worten, unser Wert und unsere Liebenswürdigkeit ist unser spirituelles Erbe. Wenn Du das nicht glaubst, dann meldet sich sofort Dein Ego zu Wort und sagt: "Ich habe eine andere

Interpretation." Das Ego sagt, daß Dein Selbstwert und Deine Liebenswürdigkeit mit der Erfüllung bestimmter Bedingungen im Zusammenhang steht. Du mußt zuerst einmal einen bestimmten physischen Körper haben, dann mußt Du studiert haben, Geld besitzen, ebenso wie einen gut bezahlten Job und einen gewissen sozialen Status. Du mußt perfekt, spirituell und meditativ sein, und brav Deine Übungen ausführen, eine Partnerschaft haben, gute Noten bekommen, erfolgreich sein und so weiter. Nun sind natürlich viele, der eben genannten Dinge, sehr nobel und erstrebenswert, und ich empfehle auch, dies weiterhin zu tun, doch sie haben nichts mit Deiner Selbstliebe und Deinem Selbstwert zu tun. Deine Selbstliebe und Dein Selbstwert entstammen dem, was Du bist und nicht dem, was Du tust. Es gibt dabei keine Bedingungen, die Du erfüllen mußt. Du kannst in Deinem Leben alles richtig oder alles falsch machen, Dein Wert und Deine Liebenswürdigkeit wird immer gleich sein. Dies kann gar nicht genug betont werden. Eine gute Metapher dies zu verstehen ist, sich vorzustellen, ein Baby zu haben. Muß dieses Baby irgend etwas machen, um geliebt zu werden oder etwas wert zu sein? Muß es irgendwie bestimmt aussehen oder ist es nicht einfach nur der geerbte Wert im Funken des Lebens? Natürlich ist das Baby liebenswert. Setzt Du nicht auch Deine Liebe zu dem selben Kind weiter fort, wenn es älter wird, auch wenn es einmal in Schwierigkeiten kommt und bei der ersten Rechtschreibprüfung versagt?

Der Punkt zu dem ich nun komme ist, daß es einen Unterschied zwischen der Seele, die das Kind ist, und dem Verhalten des Kindes gibt. Die Seele ist immer liebenswert und wertvoll, beim Verhalten muß dies nicht unbedingt immer so sein. Das ist eine äußerst wichtige Unterscheidung, die man auf sich und andere anwenden sollte. Gehen wir in dieser Analogie noch etwas weiter, so sind wir die Kinder Gottes. Er hat uns erschaffen. Glaubst Du nicht, daß er uns genauso liebt, wie wir dies mit unseren Kindern tun? Und glaubst Du nicht, daß er uns auch weiterhin liebt, auch wenn wir in der Schule des Lebens, genannt Erde, so manchen Fehler begehen?
Die Frage also ist: Ab welchem Alter verlieren wir diesen geerbten Wert? Es scheint nämlich so, als ob wir das ab einem gewissen Alter tun. Es ist fast grotesk darüber nachzudenken. Gott liebt uns auch, wenn unser Verhalten manchmal zu wünschen übrig läßt. Bestimmt wäre es ihm auch lieber, wenn wir endlich alle unsere Lektionen lernen würden, doch er liebt uns auch, wenn wir das nicht schaffen. Ein anderer Aspekt der Selbstliebe, der hier zur Sprache

gekommen ist, ist, daß wir uns ebenso lieben sollten, wie Gott uns liebt - bedingungslos! Jesus sagte: "Liebe Deinen Nächsten, wie Dich selbst." Wie Du vielleicht bemerkt hast, hat er nicht gesagt, daß wir unseren Nächsten lieben sollen, und uns selbst hassen. Du kannst sehen, wie weit Du auf Deinem spirituellen Pfad schon vorangeschritten bist, wenn Du betrachtest, wie sehr Du Deinen Nächsten liebst und wie sehr Dich selbst. Wir müssen auch noch lernen, uns zu erlauben, die Liebe Gottes zu fühlen. Gottes Liebe ist wie die Sonne. Sie scheint immer. Es kommt nur darauf an, inwieweit wir uns selbst die Erlaubnis erteilen, sie anzunehmen. Eine meiner liebsten Metaphern ist, daß wir selbst mit Schmutz bedeckte Diamanten sind. Unser falsches, egoistisches, negatives Denken hat uns so verschmutzt. Ich versuche in diesem Buch die Illusion des falschen Denkens auszuwaschen und Dir das "wahre Ich" zu zeigen. Deine wahre Identität ist die des Christus, die vollkommene Kreation Gottes. Es ist nur die falsche, negative, pessimistische Interpretation Deines Egos, die Dich wertlos und nicht liebenswert fühlen läßt.

Die Erde ist eine Schule. Unsere Fehler werden uns nicht vorgeworfen. Es gibt so etwas wie die Sünde nicht. Es gibt nur Fehler. Die meisten Menschen denken, daß eine Sünde einen unauslöschlichen Eindruck in ihrem Charakter zurückläßt, der nicht mehr entfernt werden kann. Das ist vollkommen absurd. Fehler sind etwas Positives. *Fehler sind positiv!* Du wirst nicht von Deinem Weg abkommen, wenn Du Fehler machst. Doch wenn Du welche begehst, dann lerne daraus. Jeder Fehler ist eine Lektion in Verkleidung, denn es liegt immer eine Perle der Weisheit darin, die es zu lernen gilt. Wir lernen entweder auf die leichte Art oder durch harte Schläge. Wir gehen durch diese Schule, um uns und folglich Gott kennenzulernen. Das Universum Gottes wird durch Gesetze regiert. Es gibt physische Gesetze, psychologische Gesetze und spirituelle Gesetze. Wir lernen durch Fehler und vollziehen die nötigen Ausrichtungen und Abstimmungen.
Der spirituelle Pfad zum Gipfel bedeutet: fünf Schritte vorwärts, und vier zurück, sieben Schritte vorwärts und sechs zurück zu gehen. Laß Dich nicht durch das Spiel des Egos gefangennehmen, den unmöglichen perfektionistischen Standard zu erschaffen, in dem Fehler nicht akzeptiert werden. Der Geist glaubt an das Streben nach Perfektion, betrachtet Fehler jedoch als positiv und unvermeidbar.

Gedanken erschaffen die Realität

Wenn wir am Abend schlafen gehen und einen Alptraum haben, so wachen wir auf und sagen: "Oh Gott, ich bin froh, daß das alles nur ein Traum war, es war so echt, als ich noch geschlafen habe!" Nun, das ist genau das, was ich auch jetzt zu Dir sage. Erwache aus Deinem bösen Traum oder aus Deiner negativen Hypnose, die Du erlebt hast. Wache auf!

Wache auf! Laß den Schmutz von Deinem Diamanten fallen und sieh, was Du wirklich bist. Du bist das Allerwertvollste, Kostbarste in der gesamten Schöpfung. Glaubst Du wirklich, daß Gott einen Felsen mehr liebt, als seine eigenen Kinder, die er nach seinem Bilde erschaffen hat? Nun kommt der Schlüssel zum ganzen Prozeß. Deine Gedanken erschaffen Deine Realität. Die Gedanken erschaffen nicht die Wahrheit. Sie erschaffen nur die Realität der Menschen, die sie denken. Mit anderen Worten, wenn Du glaubst, daß Du wertlos bist, dann wirst Du in einem Alptraum und in einer selbst geschaffenen Hölle leben, die das Resultat Deiner eigenen Gedankenkreation ist. Du wirst in Deinem eigenen bösen Traum oder Alptraum leben, obwohl es nicht wirklich die Wahrheit ist. Du bist das, was Du glaubst. Die große Notwendigkeit besteht darin, diese falsche Unwürdigkeit und die unliebsamen Eigenschaften aus Deinem Verstand zu drängen und zu beginnen, sie durch Affirmationen über Dein wahres Selbst zu ersetzen. Wenn Du das tust, dann wirst Du eine neue Botschaft in den Recorder Deines Unterbewußtseins aufnehmen.

Die Ausgewogenheit zwischen Selbstsucht und Selbstlosigkeit

Ein weiterer Aspekt der Selbstliebe ist das, was ich den Ausgleich zwischen Selbstsucht und Selbstlosigkeit nenne. Das heißt, daß es eine Zeit gibt, in der Du selbstsüchtig sein kannst, und es eine Zeit gibt, in der Selbstlosigkeit gefragt ist. Selbstlos zu sein bedeutet, seine Energien dahin zu lenken, anderen zu helfen. Selbstsüchtig zu sein bedeutet, sich um sich selbst zu kümmern. Der spirituelle Pfad ist der Pfad der Ausgewogenheit. Wir sind keine Märtyrer. Wir müssen lernen, spirituell selbstsüchtig zu sein.

Viele aufrichtige und sehr spirituelle Menschen mißverstehen diesen Aspekt. Ich sage damit nicht, daß Du niemandem anderen helfen sollst. Ich habe bereits gesagt, daß der Größte unter Euch, der größte Diener aller ist. Ich will damit nur sagen, daß Du nicht vergessen sollst, auch für Dich selbst zu sorgen. Du bist ein Teil Gottes. Du bist sein Sohn oder seine Tochter. Zu gewissen Zeiten nicht spirituell selbstsüchtig zu sein bedeutet, einen Teil Gottes hinauszuwerfen. Wenn Du zu selbstlos bist, wirst Du wahrscheinlich auch ärgerlich sein. Die größte Lektion ist, zu lernen, selbstsüchtig zu sein und sich dafür nicht schuldig zu fühlen, und wenn wir selbstlos sind, zu geben, und nicht ärgerlich zu werden. Sei in jeder Entscheidung, die Du triffst, entschlossen.

Die Entwicklung und das Verständnis des Inneren Kindes

Der zweite große Bereich in bezug auf die bedingungslose Selbstliebe hat mit dem Verständnis des Inneren Kindes zu tun. Wir alle haben eine Beziehung zu uns selbst. Ich habe diese vor einiger Zeit als die richtige Beziehung zum Selbst bezeichnet. Doch was ist das Selbst, von dem ich hier spreche? Eine andere Bezeichnung dafür ist zum Beispiel das Innere Kind oder das Innere Selbst. Mit anderen Worten ausgedrückt, sind wir die Eltern unseres Selbst. An dieser Stelle möchte ich Dich bitten, einmal einen Blick auf das Diagramm, dem Elternmodell, auf den nachfolgenden Seiten zu werfen. Ich glaube, daß es zwei Arten gibt, uns selbst, oder ein physisches Kind außerhalb von uns, als Eltern zu behandeln. Es gibt eine spirituelle oder eine egoistische Art der Erziehung und des Umgangs. Die spirituelle Art des Umgangs mit einem Kind ist bestimmt und streng, aber liebevoll (Yin und Yang ausgewogen). Die falsche Art der Erziehung ist, zu streng oder zu nachgiebig zu sein und das Kind zu sehr zu verwöhnen. Eltern, die zu streng sind, sind kritisch. Das Diagramm zeigt, daß, wenn die Eltern zu kritisch sind, sie damit ein Kind erziehen, das sich wertlos und ungeliebt fühlt. Zu nachsichtige Eltern ziehen ein verwöhntes und rebellisches Kind heran. Strenge, aber liebevolle Eltern erziehen ein ausgeglichenes, gut angepaßtes Kind.

Die erste Stufe im Verständnis dieses gesamten Vorgangs ist, sich einmal anzusehen, wie man selbst von seinen Eltern erzogen worden ist. Sind Deine

Eltern zu kritisch oder streng und liebevoll gewesen? Es ist sehr wahrscheinlich, daß Du Dich selbst genauso behandelst, wie es Deine Eltern mit Dir gemacht haben. Nun betrachte einmal, wie Du Deine Kinder erziehst, und zuletzt schau Dir an, wie Du derzeit Dein Inneres Kind behandelst. Ich möchte hier verdeutlichen, daß Dein Inneres Kind eine psychologische Realität ist. Zu lernen, sein Inneres Kind in einer angemessenen Weise zu behandeln, ist eine der herausforderndsten Eigenschaften, die wir lernen können. Wir werden wahrscheinlich auch unseren physischen Kindern viel bessere Eltern sein, wenn wir lernen, uns selbst gegenüber richtige Eltern zu sein.

Was können wir machen, um unsere Eigenschaften als Eltern zu verbessern?

Wenn wir mit uns zu kritisch sind und zu schnell mit unseren Verurteilungen zur Stelle sind, dann "mißhandeln" wir im wahrsten Sinn des Wortes unser Inneres Kind. Ich bin mir sicher, daß wann immer Du beobachtest, wie Dein Nachbar oder sonst jemand ein Kind mißhandelt, Du am liebsten einschreiten würdest, um dieses Tun zu stoppen. Was hättest Du getan, wenn jemand Deine eigenen Kinder mißhandelt hätte? Ich bin mir sicher, daß Du wie eine Bärenmutter reagiert hättest, um Dein Kind zu schützen. Und genau das ist es, womit Du bei Deinem Inneren Kind beginnen solltest. Die kritischen Eltern sind wie ein böser Babysitter, den man unglücklicherweise mit seinen Kindern alleine gelassen hat. Nun kommst Du zurück (wachst auf), um das Kind für Dich zu beanspruchen. Dein Kind braucht Schutz, und Du beginnst, dem Kind genau diesen Schutz zu geben, den es so bitter benötigt.

Dies bedeutet aus psychologischer Sicht, daß, wann immer die Eigenschaft überkritischer Eltern hervorkommt und sich an Deinem Inneren Kind vergeht, Du dies beenden mußt. Es ist dabei völlig gleichgültig, wie Du das machst. Du kannst Dir Dein Sicherheitsschild vorstellen und sagen: "Bis hierher und nicht weiter! Ich lasse es nicht mehr länger zu, daß mein Inneres Kind in dieser Art mißhandelt wird. Ich schütze nunmehr mein Inneres Kind. Ich liebe mein Inneres Kind und will fortan nicht mehr zulassen, daß es jemals wieder verletzt wird." Wenn dann der zu nachsichtige Elternteil einschreiten will, dann sagst Du dasselbe: "Nein, ich will diesen Extremismus nicht mehr. Ich möchte nicht mehr länger zu Yin oder zu Yang sein. Ich möchte den vollkommenen

Ausgleich. Verschwinde!" Und Du drängst den über-nachgiebigen Elterngedanken aus Deinem Verstand.

Der zweite Schritt, nachdem Du den kritischen und den über-nachgiebigen Elternteil aus Deinem Verstand verdrängt hast ist, daß Du dazu übergehst, fortan streng und doch liebevoll gegenüber Dir selbst zu sein. Wenn Du diese Eigenschaften über einen längeren Zeitraum hinweg aufrechterhälst, dann werden der kritische und der nachgiebige Elternteil in Dir, in Folge des Mangels an Aufmerksamkeit, und damit aus Energiemangel, sterben. Es bedarf allerdings einiger Übung und ständiger Wachsamkeit. Erinnere Dich daran, daß, wann immer Du es wählst, dies zu vergessen, die Mißhandlung des Kindes in Deinem eigenen mentalen Heim stattfindet. Möchtest Du erlauben, daß Dein Inneres Kind so schändlich behandelt oder zu sehr verwöhnt wird? Es sollte hier auch bedacht werden, daß, wenn immer ein angemessener Umgang mit dem Inneren Kind erreicht worden ist, das Innere Kind genauso nach Heilung verlangt, wie ein physisches Kind, nachdem es mißhandelt wurde. Ein Inneres Kind, das zu kritische Eltern hatte, benötigt eine Extraportion Liebe und sollte ein wenig mehr verwöhnt werden. Das Innere Kind, das zu nachgiebige Eltern hatte, benötigt jetzt eine gewisse "strenge Liebe". Ein Kind, dem dies in der realen Welt widerfahren ist, benötigt dann genauso ein wenig Zurückhaltung, jedoch nicht in einer kritischen, sondern in einer festen liebevollen Art.

Das Kind hat in diesem Fall viel mehr Kraft gehabt, als die Eltern selbst. Das muß sich ändern. Die Eltern sind für das Kind verantwortlich und dem Inneren Kind muß dies deutlich gesagt werden. Du wirst wahrscheinlich regelrecht Strenge walten lassen müssen, um diesen Punkt auch richtig zu verdeutlichen, genauso wie Du es mit einem realen Kind tun müßtest. Das Innere Kind wird die Botschaft verstehen, wenn es sieht, daß Du es ernst meinst. Das Innere Kind möchte eigentlich auch gar nicht ohne angemessene Kontrolle leben. Dein Inneres Kind sucht wie ein richtiges Kind verzweifelt nach Deiner bedingungslosen Liebe. Tief in seinem Inneren, sehnt sich Dein Inneres Kind nach einem gewissen Maß an Strenge und nach Grenzen ebenso, wie dies ein richtiges Kind tut. Wenn Du das richtige Maß an Bestimmtheit und Liebe besitzt, wird Dein Inneres Kind ebenso die Bestimmtheit entwickeln, wie Selbstkontrolle, persönliche Kraft und Liebe gegenüber sich selbst.

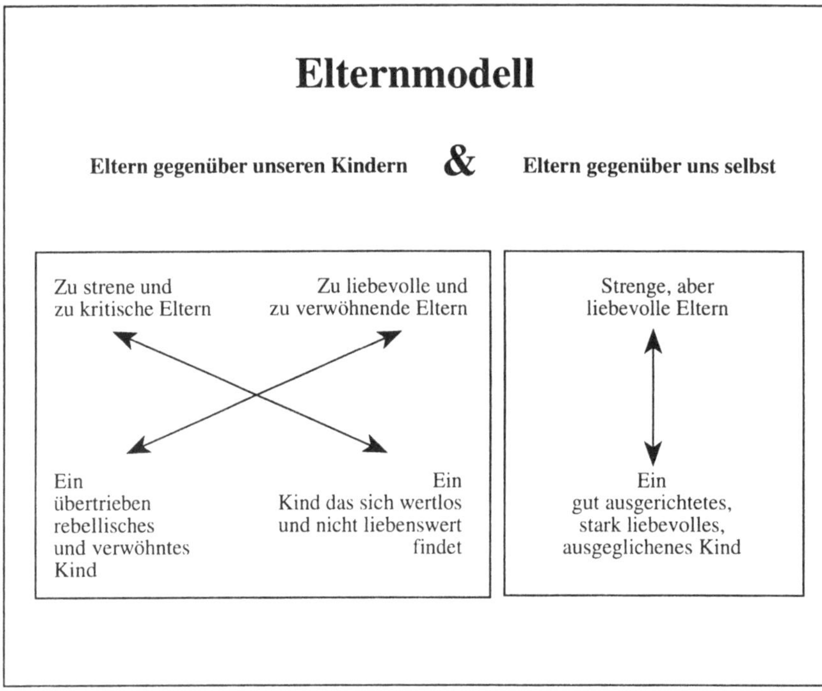

Dialoge

Ein sehr wertvolles Hilfsmittel in der Entwicklung einer angemessenen Beziehung und der psychologischen Dynamik dafür ist, mit diesen verschiedenen Teilen in Deinem Tagebuch einen Dialog zu führen. Sprich zu Deinem Inneren Kind und sieh, wie es sich fühlt. Dann laß das Innere Kind antworten und sieh, wie Du darauf reagierst. Sprich mit dem kritischen und dem nachgiebigen Elternteil und dann mit dem bestimmten und liebevollen Elternteil. Werde Dir mehr und mehr dieser inneren Dynamik bewußt und arbeite damit. Du kannst sogar Dein Höheres Selbst zu diesem Gespräch hinzuziehen und sehen, was es in diesem Prozeß beizutragen hat.
Es gibt einen sehr interessanten Punkt bei diesem letzten Vorschlag. Die Huna-Lehren von Hawaii nennen das Höhere Selbst "das völlig vertrauenswürdige, elterliche Selbst". Ich finde diese Bezeichnung faszinierend. Mit anderen Worten, müssen wir lernen, uns selbst gegenüber als Eltern genauso zu behandeln, wie unser Höheres Selbst das tut. Geht unser Höheres

Selbst nicht mit Bestimmtheit, Strenge und Liebe oder "fester Liebe" mit uns um?

Das Siegesverzeichnis

Der nächste Vorschlag ist absolut wichtig, um die Selbstliebe und den Selbstwert zu stabilisieren. Bis jetzt haben wir über die Selbstliebe eher grundsätzlich auf der Ebene gesprochen, daß wir von Wert und liebenswert sind, weil wir die Söhne und Töchter Gottes sind. Es gibt aber auch noch eine weitere Ebene - wir müssen uns bei dem, was wir in unserem Leben erschaffen, auch gut fühlen. Die kritischen Eltern verbringen ihre Zeit damit, ein Perfektionist im negativen Sinn zu sein und suchen danach, was Du falsch machst. An einem bestimmten Tag machst Du vielleicht zu achtundneunzig Prozent die Dinge gut, doch kritische Eltern werden den ganzen Tag damit verbringen, sich die restlichen zwei Prozent vor Augen zu halten und das was Du falsch machst. So ein Verhalten ergibt keinen Sinn. Eigentlich müßte man an diesem Tag zu achtundneunzig Prozent glücklich sein und nur zu zwei Prozent deprimiert. Ist das Glas Wasser halb leer oder halb voll? Die Aufgabe des Siegesverzeichnisses ist, das aufzuzeichnen, was man gut gemacht hat und nicht das, worin man nicht ganz so brilliert.

Es gibt zwei Stufen, um ein angemessenes Siegesverzeichnis zu führen. Die erste Stufe ist, sein gesamtes Leben zurückzugehen und wie mit einem feinmaschigen Sieb alles herauszufiltern, was man in seinem Leben gut gemacht hat. Schreibe alle guten Eigenschaften und Qualitäten auf. Verzeichne alles, egal wie gering es auch erscheint. Wenn Du das tust, wirst Du Dich schon automatisch besser fühlen. Deine Perspektive hat sich verändert. Du beginnst die Dinge in der Art zu sehen, wie Dein Höheres Selbst sie sehen würde. Die zweite Stufe des Siegesverzeichnisses besteht darin, jeden Morgen und jeden Abend die Liste mit den Siegen des Tages oder der Woche zu vervollständigen. Sobald Du das tust, gibst Du Deinem Inneren Kind Streicheleinheiten, eine positive Ermutigung, Liebe, psychologische Umarmungen und Küsse. Erzähle dem Inneren Kind, wie sehr Du seine Kooperation und sein Teamwork schätzt. Du kannst Deinem Höheren Selbst dasselbe erzählen. Zusammen seid Ihr ein unschlagbares Team.

Was soll man bei großen Fehlern machen?

Wenn Du große Fehler machst, dann halte den kritischen Elternteil aus der Sache heraus. Es ist völlig in Ordnung, sich selbst und andere zu beobachten, was auch spirituelles Unterscheidungsvermögen genannt wird. Es wird deshalb so genannt, weil es in bedingungsloser Liebe geschieht. Was immer auch der Fehler gewesen sein mag, versuche darin die Perle der Weisheit zu finden und es so zu einem positiven Erlebnis werden zu lassen. Wenn Du wirklich aus Deinen Fehlern lernst, dann wirst Du niemals wieder durch ein ähnlich schmerzhaftes Erlebnis gehen müssen. Sage Dir selbst, daß Du wertvoll und liebenswert bist, auch wenn Du einen Fehler gemacht oder Dich in Deinem Urteil geirrt hast. Sage Dir, daß Fehler etwas Positives sind und unvermeidbar. Richte Dich wieder auf und gehe weiter.

Ein entscheidender Teil der Selbstliebe ist die Kunst des Verzeihens. Du hast die Wahl, mit der Philosophie des Verzeihens zu leben oder in Groll. Das betrifft genauso Dich selbst. Erinnere Dich daran, wann immer Du Dich ärgerst, verletzt Du damit Dein Inneres Kind. Würdest Du den gleichen Groll auch gegen Dein richtiges Kind richten? Wenn Du möchtest, daß Gott Dir vergibt, denkst Du nicht, daß es auch nötig wäre, sich und anderen dieselbe Energie zukommen zu lassen? Nachdem sich dieses Kapitel mit der Elternschaft gegenüber sich selbst beschäftigt, habe ich am Ende des Buches noch ein kurzes Kapitel angehängt, das die Rolle der Eltern gegenüber ihren physischen Kindern aus einer spirituellen Perspektive betrachtet. Auch wenn Du vielleicht keine Kinder hast, lohnt es sich, die Schlüsselpunkte zu lesen, denn es besteht eine direkte Ähnlichkeit zwischen der inneren und der äußeren Elternschaft.

Was geschieht mit Menschen ohne Selbstliebe?

Wenn Du keine bedingungslose Selbstliebe in Dir hast, dann wirst Du automatisch dort enden, sie außerhalb von Dir selbst zu suchen. Liebe ist eine Notwendigkeit zum Überleben. Es sind Fälle bekannt, in denen Kinder aus Mangel an Liebe gestorben sind. Die Idee ist, sich selbst Liebe zu geben und sich zu erlauben, die unveränderliche, bedingungslose Liebe Gottes zu empfangen. Wenn Du das nicht tust, dann wirst Du nach Liebe, Anerkennung

und Akzeptanz von anderen Menschen suchen. Das drängt Dich in eine Position der Kompromisse. Andere Menschen werden zu Deinen Computerprogrammierern und zur Ursache Deiner Realität. Dein Selbstwert und die Kontrolle über Dich ist in ihren Händen. Möchtest Du wirklich, daß andere Menschen diese Kontrolle und Macht über Dich haben? Keine Selbstliebe zu haben bedeutet, ein Loch in seiner Schutzhülle zu haben, so daß, wann immer Dich Menschen kritisieren, Du Dich nicht entsprechend schützen kannst.
Das Ideal wäre, sich selbst so viel Liebe zu geben und sich zu erlauben, die totale Liebe Gottes zu fühlen, so daß Du vollkommen kraftvoll und geliebt ins Leben hinausgehst, bevor Du anderen Menschen begegnest. Du fühlst Dich in idealer Weise erfüllt, ganz und vollkommen mit Dir selbst und der Einheit mit Gott. Du bist so sehr von Liebe erfüllt, daß Du diese Liebe auch anderen geben kannst, auch wenn diese Dich nicht lieben. Im Grunde genommen möchtest Du Liebe, aber Du benötigst sie nicht. Du bevorzugst Liebe, bist aber nicht angewiesen darauf, Liebe zu bekommen. Die Fähigkeit eines mehr selbstverwirklichten Menschen besteht darin, zuerst die richtige Beziehung zu sich selbst und zu Gott zu haben. Dies sind die zwei wichtigsten Beziehungen in unserem Leben. Dann kannst Du Dich als eine ganze, ursächliche, meisterhafte, unabhängige Person ins Leben hinaus begeben; eine Person, die in der Welt ist, eher um zu geben, als um zu nehmen und damit eine leere Hoffnung in sich selbst zu füllen. Dies ist die Arbeit auf dem spirituellen Pfad.

In Wahrheit ist schon jetzt alles in Ordnung. Das einzige Problem ist, daß wir das nicht glauben. Wir leben in einem Alptraum von selbst verursachten Begrenzungen, der nicht einmal real ist. Wenn wir es wünschen, können wir uns aus diesen Limitierungen zu jeder Zeit durch die Inanspruchnahme unserer Kraft befreien und das Kommando über unseren Verstand übernehmen.

Affirmationen der Selbstliebe

Die folgenden Affirmationen der Selbstliebe dienen zur Umprogrammierung Deines Bewußtseins und Unterbewußtseins.

1. Ich liebe mich und vergebe mir für alle meine Fehler vollkommen, da ich jetzt erkenne, daß Fehler etwas Positives und nichts Negatives sind.

2. Ich erkenne nun vollständig an, daß ich wertvoll bin, da Gott mich erschaffen hat, und daß ich nichts dafür tun muß.

3. Ich weiß, daß ich der Diamant bin und nicht der Schmutz auf ihm.

4. Mein Selbstwert ist unveränderlich positiv, da er ein spirituelles Erbe ist. Er hängt weder von meinem Erfolg, noch von meinen Fehlern ab.

5. Ich anerkenne nun, daß ich als Mensch völlig wertvoll bin, ob ich die Lektionen meines Lebens lerne oder nicht.

6. Ich anerkenne nun, daß alles, was jemals in meinem Leben geschehen ist, positiv war, denn es enthielt alle Lektionen, die ich zu lernen hatte.

7. Ich lebe im Jetzt und halte mir nicht länger meine Vergangenheit vor.

8. Hiermit wähle ich es, mich selbst anzuerkennen, so daß ich nicht mehr umhergehen muß, um nach Anerkennung durch andere zu suchen.

9. Ich verdiene Liebe, denn Gott hat mich erschaffen. Meine Fehler werden mir nicht vorgeworfen.

10. Ich erkenne, daß alles, was im Leben geschieht, eine Lehre, eine Lektion, eine Herausforderung und eine Gelegenheit zum Wachsen ist.

11. Ich erkenne jetzt, daß ich das "ICH" bin, der Entscheidungsträger, das Bewußtsein und das spirituelle Wesen, und daß dieser Teil von mir die bedingungslose Liebe zu jeder Zeit verdient.

12. Ich bin das Licht und nicht der Lampenschirm über der Lampe.

13. Ich verdiene Liebe, denn meine wahre Identität ist nicht das, was ich in meinem Leben mache. Ich bin der Entscheidungsträger von dem, was ich tue.

14. Ich verstehe jetzt, daß ich hier bin, um die Lektionen zu lernen und im Leben zu wachsen, doch auch wenn ich Fehler mache, bin ich noch immer liebenswert und unverändert wertvoll.

15. Ich wähle hiermit, mit mir selbst streng zu sein und mir bedingungslose Liebe zu schenken.

16. Ich bin der Meister meines Lebens, und ich beschließe, mir selbst mein bester Freund, statt mein gefährlichster Feind zu sein.

17. Ich wähle es, mich so zu lieben, wie Gott mich liebt - bedingungslos.

18. Ich wähle es jetzt, ehrlich zu verstehen, daß ich perfekt sein möchte, jedoch mit dem Verständnis, daß Fehler positiv und ein Teil meines Wachstums sind.

19. Ich erkenne jetzt meine wahre Identität als das "ICH", der Entscheidungsträger, der Mensch, das spirituelle Wesen, die Seele. Ich bin vollkommen gleich mit jedem anderen Menschen auf dieser Welt.

20. Ich wähle es jetzt, zu erwachen und zu erkennen, daß es nur das falsche Denken meines Egos war, das für meine mangelnde Selbstliebe verantwortlich war.

21. Ich wähle es jetzt, die gesamten falschen Glaubenssätze, die die Gesellschaft in mich einprogrammiert hat, durch Selbstliebe zu ersetzen.

22. Ich wähle es jetzt anzuerkennen, daß ich und andere Liebe verdienen.

23. Ich wähle es jetzt zu erkennen, daß ich schuldlos und ohne Sünde bin, denn alle Fehler sind nichts anderes als Lektionen und Gelegenheiten zum Wachstum. Fehler sind in Wahrheit Perlen der Weisheit und positiv.

24. Ich erkenne nun, daß Gott mir meinen Mißbrauch des freien Willens nicht vorwirft, warum sollte ich es dann tun?

25. Ich liebe mich, ich vergebe mir, ich anerkenne mich und verspreche mir, mich von diesem Augenblick an eher in einer spirituellen Art zu behandeln, als in egoistischer Weise. Ich erkenne jetzt vollkommen, daß die Art in der ich denke, die Realität ist, in der ich lebe. Ich habe in meiner selbst erschaffenen Hölle des falschen Glaubens gelebt. Ich wähle hiermit, in meinem selbst erschaffenen himmlischen Bewußtseinszustand zu leben.

26. Ich liebe mich selbst bedingungslos, denn ich bin ein Sohn oder eine Tochter Gottes und der Mißbrauch meines freien Willens oder meines falschen Denkens wird mir nicht vorgehalten.

27. Kann das, was Gott erschaffen hat, nicht liebenswert und wertvoll sein?

28. Ich liebe mich, denn ich bin unschuldig und nicht schuldig.

29. Der einzige Teil in diesem Universum, der behauptet, daß ich nicht liebenswert bin, ist mein Ego. Hiermit verwerfe ich mein Ego und seine falschen Fähigkeiten und kehre zurück zur Übereinstimmung mit meinen spirituellen Fähigkeiten und meinem Selbst.

30. Ich wähle es hiermit ein für alle Mal, das Spiel meines Egos mit dem Namen "hast du zu tun", in bezug auf den Verdienst von Liebe und Wert zu entlassen. Ich erkenne jetzt völlig, daß ich immer liebenswert und wertvoll war und es immer sein werde.

Visualisierungsübung zur Selbstliebe

Beginne damit, Dir einen wunderbaren Platz in der Natur vorzustellen. Stelle Dir vor, wie Du lachst und glücklich bist, wie Du Dich freust und Deine Liebe genießt, und wie Du in Frieden mit Dir und der Welt bist. Sieh Dich in der Natur um, in der Du Dich befindest, und genieße die Farben, den Duft, die Klänge und Gefühle, mit der Natur in Harmonie zu sein. Stelle Dir dann vor, daß Dein Lieblingstier hier mit Dir in dieser wunderbaren Landschaft ist. Sieh wie das Tier auf Dich zukommt und Dir Liebe und Aufmerksamkeit schenkt. Dann stelle Dir vor, wie Dein bester Freund auf Dich zukommt, und von der

Ferne erkennst Du, daß er ein etwa sechs Monate altes Kind auf dem Arm trägt. Sieh, wie Du Deinen Freund begrüßt, ihn umarmst und ein wenig mit ihm sprichst. Dein Freund bittet Dich nun, für einige Stunden auf das Kind aufzupassen. Sanft und vorsichtig legt er das Kind in Deine Arme. Nun verläßt Dich Dein Freund und verspricht Dir, in ein paar Stunden wieder zurück zu sein. Sieh nun, wie Du das wunderbare Kind ein wenig hin und her wiegst, es hältst und ihm Deine Liebe schenkst.
Erkenne jetzt, daß dieses Kind in Wahrheit Dein Inneres Kind ist. Jetzt bist Du der Elternteil, der entscheidet, wie er dieses Kind, das Du bist, großziehen möchte. Es wäre ideal, dies zwar mit Bestimmtheit, aber auch mit bedingungsloser Liebe zu tun. Die andere Möglichkeit wäre, kritisch und streng oder zu nachsichtig und verwöhnend zu sein. Wenn Du zu kritisch mit Deinem Inneren Kind bist, dann wird es sich wertlos, unfähig und ungeliebt fühlen und damit aufwachsen. Wenn Du zu nachgiebig bist, wird dieses Kind zu sehr verwöhnt und flatterhaft aufwachsen. Die Schlüsselfrage ist: Wie möchtest "Du" aufwachsen? Entscheide Dich jetzt und gib diesem Kind, das Du als Baby bist, die Strenge und die bedingungslose Liebe. Stelle Dir nun vor, daß fünf Jahre vergangen sind und dieses kleine Kind mit Dir in der wunderbaren Landschaft spielt. Versuche wiederum, ein idealer Elternteil zu sein. Sprich mit dem Kind und sage ihm, was Du fühlst. Laß das Kind antworten. Nun stelle Dir vor, daß weitere zehn Jahre vergangen sind und das Kind zu einem fünfzehnjährigen Jugendlichen herangewachsen ist. Sei nun der Elternteil, der Du für diesen Teenager sein möchtest.
Stelle Dir nun vor, daß dieser Jugendliche zu Deinem gegenwärtigen Alter herangereift ist. Sieh Dich nun vor Dir, wie Du jetzt aussiehst. Beachte dabei, daß Du noch immer die Elternschaft für diesen Erwachsenen in Dir übernommen hast. Hast Du nun, da dieses Kind zum Erwachsenen (der Du jetzt bist) herangewachsen ist, die bedingungslose Liebe und Strenge verloren?

Treffe jetzt die Entscheidung, mit Dir selbst darüber zu sprechen, um wieder zur richtigen Beziehung mit Dir selbst zurückzufinden. Gehe auf Dich selbst zu und umarme Dich. Erkenne, daß Du selbst Dein bester Freund bist. Entschuldige Dich dafür, daß Du in der Vergangenheit mit Dir selbst so streng warst. Vergib Deinem Elternselbst für all seine Fehler und vergib Deinem Inneren Kind für seine Fehler. Sage Dir nun, welche Beziehung Du Dir von jetzt an wünschst. Entscheide Dich dafür, Dich von jetzt an selbst zu lieben und beginne ab diesem Moment damit. Entscheide Dich auch dafür, Deine

Vergangenheit als positive Erfahrung zu sehen, denn von diesem Augenblick an, erkennst Du alles was geschieht, als eine Gelegenheit zum Wachstum an. Gib Dir selbst die nötige Anerkennung und Akzeptanz, denn Du erkennst jetzt Deine Fehler als positiv und nicht als negativ. Erzähle Deinem Kind-/Erwachsenen-Selbst, daß Du es von nun an bedingungslos und nicht mehr nur bedingt liebst. Erzähle ihm, daß Du Deine Liebe nicht davon abhängig machst, was es tut, sondern von der Tatsache, daß es von Gott erschaffen wurde und somit wertvoll ist, unabhängig von Fehlern oder Erfolg.

Betrachte das Bewußtsein, das "Ich", die Person, das spirituelle Wesen, jetzt als verschieden vom Verhalten, von Fehlern, vom Erfolg, von der Persönlichkeit, vom physischen Körper, von den Gedanken, von den Emotionen oder dem, was das Bewußtsein beherbergt. Gib Dir selbst ein Versprechen, daß Du von diesem Moment an versuchen wirst, in einer richtigen Beziehung zu Dir selbst zu stehen. Nimm Dir jetzt ein wenig Zeit, um mit Dir selbst von Herz zu Herz zu sprechen und um an den Punkt zu gelangen, an dem Du Dich selbst spirituell und mit Liebe behandelst. Nimm Dir die Zeit, um all das Unausgesprochene auszusprechen, alle Unklarheiten zu beseitigen, alles falsche Denken und alle Gedanken der Unvollkommenheit, so daß Du, wenn die Meditation vorüber ist, einen Neuen Anfang, eine Neugeburt in der Beziehung zu Dir selbst erlebst.

Dein wahres Selbst - Das ursprüngliche Bewußtsein

Erkenne, daß Du beides in Dir hast, ein Kind, wie auch die Eltern dieses Kindes. Es ist wichtig zu sehen, daß, obwohl ein jeder von uns mit diesen psychologischen Dynamiken richtig umgehen muß, wir in Wahrheit weder die Eltern, noch das Kind sind. Dein wahres Selbst ist "Bewußtsein" oder das "Ich", das wählt, welche Art von Eltern es sein möchte und welche Art von Dynamik es in sich erschaffen will. Dein wahres Selbst ist das "beobachtende Selbst", es ist der Kontrolleur, der Direktor, der Entscheidungsträger und die Ursache. Der Schlüssel dazu, die Ursache zu sein, liegt im Verständnis der Notwendigkeit der Desidentifikation vom Behälter des Bewußtseins. Du bist nicht Deine Gedanken, Gefühle, Emotionen, Dein Körper, Verhalten, Taten, Deine Persönlichkeit, Fehler, Dein Erfolg, Deine Fähigkeiten, Deine

Vergangenheit, Zukunft oder Glaubenssätze, oder irgend etwas anderes, das als Träger des Bewußtseins dient und es beinhaltet. Du bist die Essenz und nicht die Form. Du bist das Bewußtsein und nicht die Schöpfung. Du kannst nur das kontrollieren, womit Du Dich nicht identifizierst. Das, womit Du Dich als das "Bewußtsein" oder das "Ich" identifizierst, wird Dein Meister sein. Wenn wir in dieser Welt leben wollen, müssen wir mit ihren Formen umgehen. Das ist der Grund dafür, warum es so wichtig ist, daß Du wählst, die Ursache der Art zu sein, wie Du Dein Inneres Kind und Dich selbst behandelst.

Stelle Dir nun vor, daß Du alle Dinge, mit denen Du Dich in der Vergangenheit jemals identifiziert hast (die Behälter Deines Bewußtseins), inmitten der schönen Landschaft in einen großen Eisenkessel wirfst. Nimm dazu wirklich alles, bis Du vollkommen entledigt bist von jeder mentalen, emotionalen oder physischen Form. Das einzige, was zurückgeblieben ist, ist das reine Bewußtsein - mit nichts darin.Versuche nun, verschiedene Qualitäten, Fähigkeiten, Gefühle und Eigenschaften aus dem Topf zu nehmen, sie anzuprobieren und sie dann wieder zurück in den Topf zu werfen. Übe Dich in Identifikationen und dann in Desidentifikationen. Übe es, der Kontrolleur, der Verursacher und Schöpfer Deines Lebens zu sein, so als ob Du Theater spielen würdest. Erinnere Dich dabei ständig an Dein wahres Selbst und daran, wer Du wirklich bist.

3. Die Ausbalancierung und Integration der vier Körper und der drei Verstandesebenen

"Mäßige Dich in allen Dingen."
Buddha

Einer der Schlüssel, um ein selbstverwirklichtes oder gottverwirklichtes Wesen zu werden ist, zu lernen, seine vier Körper und drei Verstandesebenen auszubalancieren und zu integrieren. In Wahrheit haben wir natürlich mehr als nur drei Verstandesebenen und auch mehr als nur vier unterschiedlich dichte Körper, weil unsere Seele, oder Höheres Selbst, bei der Vierten Einweihung mit der Monade oder dem Geist verschmilzt, und die Monade oder der Geist dann zu unserem Bewußtsein wird, das uns führt. Dieser Vorgang vollzieht sich stufenweise, doch für diese Diskussion werfe ich die Seele und die Monade in dieselbe Kategorie, da sie sehr ähnliche Funktionen erfüllen.
In bezug auf unsere vier Körper mache ich es ebenso. Ich unterteile sie in den physischen, den emotionalen, den mentalen und den spirituellen Körper. Tatsächlich könnte der spirituelle Körper noch in den Kausalkörper, den buddhischen-Körper, den Atmic-Körper, den Monadenkörper, den logoischen Körper und den Lichtkörper gegliedert werden und sogar noch weiter in den kosmischen Ebenen des Bewußtseins.

Während wir durch den Einweihungsprozeß gehen, arbeiten wir mit diesen höheren spirituellen Körpern in einer ähnlichen Art stufenweise, wie ich dies in bezug auf die drei Verstandesebenen gesagt habe, so daß ich aus diesem Grund all die höheren spirituellen Körper in der Bezeichnung zusammenfasse, die ich den spirituellen Körper oder das spirituelle Vehikel nenne.

Zunächst möchte ich mit der Notwendigkeit der Ausbalancierung und der Integration unserer drei Verstandesebenen beginnen. Jede Verstandesebene ist eine Stufe der Mentalität. Jede Verstandesebene ist eine höhere Form des Verstandes als die vorangegangene. Das Ideal ist, wenn das Unterbewußtsein zum Untergebenen des bewußten Verstandes wird und der bewußte Verstand seinerseits zum Untergebenen des Überbewußtseins oder der Seele. Eine andere Art dies zu sagen wäre, daß wir aufgerufen sind, Meister über das Unterbewußtsein zu werden, und die Seele, oder das Höhere Selbst, sollte unser Meisterlehrer und Führer sein.
Die Kahunas von Hawaii hatten eine sehr treffende Art dies zu beschreiben. Sie haben das Höhere Selbst, oder die Seele, als Aumakara bezeichnet. Aumakara heißt auf hawaiianisch so etwas wie "völlig vertrauenswürdiges, elterliches Selbst". Somit sind unser Höheres Selbst und unsere Seele ein ebenso völlig vertrauenswürdiges, elterliches Selbst, wie wir, als das Bewußtsein, ein völlig vertrauenswürdiges, elterliches Selbst für unser Unterbewußtsein und unser Inneres Kind sein sollten. Durch das Nachahmen dessen, wie uns unsere Seele und unser Höheres Selbst in unserem Wachstum unterstützen, lernen wir weiter zu wachsen.

Die Bibel sagt klar, daß wir nach Gottes Ebenbild geformt wurden. In der Bibel heißt es, daß Gott die Dreifaltigkeit aus Vater, Sohn und Heiliger Geist ist. Im Hinduismus wird diese Dreifaltigkeit als Brahma, Shiva und Vishnu bezeichnet. In den Lehren der Hunas von Hawaii werden sie Ku, Kane und Kanaloa genannt. So wie Gott eine Dreifaltigkeit repräsentiert und wir nach seinem Bilde erschaffen worden sind, müssen auch wir diese Dreifaltigkeit in uns haben und so ist es auch. Unsere Dreifaltigkeit ist die des Überbewußtseins, Bewußtseins und des Unterbewußtseins. Gott, Christus und der Heilige Geist sind die verschiedenen Ebenen der Göttlichkeit, die jedoch als ein einziges Bewußtsein funktionieren. Dasselbe können wir auf uns anwenden. Ideal wäre es, wenn diese drei Ebenen des Verstandes als ein einziges Bewußtsein funktionieren würden. Das Problem der meisten Menschen ist jedoch, daß ihre drei Verstandesebenen nicht richtig integriert und ausbalanciert sind. Sehr viele Menschen wissen nicht einmal, daß sie so etwas wie einen höheren Verstand, der sie leitet, haben, und die meisten Menschen lassen ihr Bewußtsein oder ihre logische Verstandesebene durch ihr Unterbewußtsein lenken.

Wenn das Unterbewußtsein Dein Leben bestimmt, dann wird das negative Ego zum Direktor und Dein Emotionalkörper und Deine Wünsche und Begierden werden schließlich Dein Leben bestimmen.

Der erste Schritt, um ausbalanciert und integriert zu werden, besteht darin anzuerkennen, daß Du drei Verstandesebenen hast. Der zweite Schritt beinhaltet den Lernprozeß, seine persönliche Kraft zu besitzen und die Kontrolle über das Unterbewußtsein und die drei niederen Vehikel zu erlangen. Der dritte Schritt besteht darin, sich auf sein Höheres Selbst einzustimmen und es um Hilfe zu bitten. Die drei Verstandesebenen können mit drei großen Metallringen verglichen werden. In einer frühen Phase der persönlichen Evolution sind diese Ringe sehr weit voneinander getrennt. Sobald man sich jedoch zur Selbstmeisterschaft und Ausrichtung zur Seele entwickelt, beginnen diese Ringe, sich miteinander zu verbinden.

Zur Zeit der Dritten Einweihung, oder der sogenannten Seelenverschmelzung, beginnen diese drei Ringe miteinander zu verschmelzen, und als ein einziger Verstand zu funktionieren. Das liegt daran, weil die Ebene der Selbstmeisterschaft über die dreifaltige Persönlichkeit (physisches, emotionales und mentales Vehikel) zu einem großen Teil erreicht wurde, und weil die Persönlichkeit mit dem Seelenbewußtsein zumindest zu 51% verschmolzen ist. Sobald der Zustand der Seelenverschmelzung stabilisiert worden ist, arbeiten die drei Ebenen des Verstandes in immer größerer Harmonie und Balance zusammen. Wenn dieser Mensch sich weiterentwickelt, wird die Monade, oder der spirituelle Verstand, als Gegenstück zur Seele, zum Führer und Lehrer werden. Bei der Vierten Einweihung verschmilzt die Seele wieder mit der Monade, und die Monade wird von nun an zum völligen Direktor der persönlichen Evolution.
Bei der Fünften Einweihung geschieht eine ähnliche Integration und Ausbalancierung der drei Verstandesebenen, nur daß die Person nunmehr vollkommen mit der Monade verschmilzt. Bei der Dritten Einweihung findet die Seelenverschmelzung und bei der Fünften Einweihung die Monadenverschmelzung statt. Die drei Ringe meiner Metapher und meines Beispiels sind in einer noch höheren Einheit zusammen verschmolzen. Beim Aufstieg steigt die Monade oder die mächtige ICH BIN - Gegenwart vollkommen herab, verschmilzt mit den vier Körpern der sich entwickelnden Persönlichkeit auf der Erde und transformiert sie vollkommen in das Licht. Sogar der physische

Körper verschmilzt völlig mit dem Licht. Man hat die perfekte Integration und Balance der drei Verstandesebenen und der vier Körper erreicht.

Das Ausbalancieren der vier Körper

Um die endgültige Vereinigung, Integration und Balance, und somit den Zustand eines Aufgestiegenen Meisters zu erreichen, müssen wir auch lernen, unsere vier Körper auszubalancieren. Jeder von uns hat vier bestimmte und getrennte Körper, von denen ein jeder eine unterschiedliche und einzigartige Perspektive besitzt. Jeder von uns verfügt über einen physischen, emotionalen, mentalen und spirituellen Körper. Ideal ist es, allen vier Körpern zu jeder Zeit dieselbe Aufmerksamkeit und denselben Respekt entgegenzubringen. Was jedoch viel häufiger geschieht ist, daß wir uns mit einem dieser Körper zu sehr identifizieren und die anderen dadurch vernachlässigen. Mehr als die Hälfte der Menschen neigen dazu, ihr Leben durch die Wahrnehmungen des Emotionalkörpers zu leben.
Einige Menschen denen Du begegnest, fühlen das Leben als ihre Hauptfunktion. Andere Menschen wiederum denken über das Leben und beschäftigen sich nicht so sehr mit ihren Gefühlen. Wieder andere sind so sehr mit ihrem spirituellen Körper beschäftigt, daß sie dabei vollkommen ihren physischen Körper vergessen oder sich nicht um ihre Gefühle kümmern. Andere Menschen sind so sehr mit ihrer physischen Existenz beschäftigt, daß sie sich dadurch vollkommen von ihrem spirituellen Körper abgetrennt haben und möglicherweise sogar von ihren intellektuellen Fähigkeiten und Gefühlen. Die meisten Menschen neigen dazu, sich mit einem oder zwei ihrer Körper zu stark zu identifizieren und die anderen völlig zu vernachlässigen.

Wie Du jetzt sehen kannst, kann man sich demnach mit jedem Körper entweder zu viel oder zu wenig identifizieren. Wenn das eintritt, dann wird die Energie, die uns vom Schöpfer direkt zufließt, nicht angemessen oder effizient zirkulieren. Wird dieser Zustand fortgesetzt, so kann und wird sich das schließlich in einer schwachen Gesundheit oder Krankheit in einem der vier Körper zeigen. Der physische Körper ist zumeist der Spiegel für all diese psychologischen Unausgewogenheiten. Das liegt im Hermetischen Gesetz: "Wie innen so außen, wie oben so unten" begründet. Wenn man sich ansieht,

wo man im Körper gesundheitliche Probleme hat, so kann man daraus auf die mentalen, emotionalen oder spirituellen Ursachen schließen. Die meisten von uns denken solange nicht über ihre vier Körper nach, bis sie sich unwohl fühlen. Dann beginnen wir darüber nachzudenken, was in unserem Vier-Körper-System vor sich geht.
Das Ziel ist, die vier Körper zu integrieren und ihre unterschiedlichen Standpunkte der Betrachtung aneinander auszurichten, so daß wir mit ihnen völlig kreativ umgehen können, und damit unser Potential, und unsere göttliche Aufgabe hier zu sein, erfüllen. Wir sind wie die Zellen im Körper Gottes. Sobald eine Zelle im Körper nicht richtig arbeitet und desintegriert ist, bezeichnet man dies als Krebs. Wenn wir, als die Zellen des Körpers Gottes, nicht in Harmonie mit dem göttlichen Plan sind, dann erzeugt das in gewissem Sinn in Gott Krebs. Teil der Lektion unseres Vier-Körper-Systems ist, es als Ganzes zum Arbeiten und Funktionieren zu bringen, für das gemeinsame Ziel des spirituellen Wachstums und der Verwirklichung Gottes.

Wenn die vier Körper ausbalanciert und integriert sind, gibt es keine Beschränkung oder Begrenzung und wir beginnen, frei zu fließen. Wenn die vier Körper ausbalanciert sind, sind wir fähig, Gott vollkommen zu erkennen. Viele Menschen verstehen dies auf der Ebene ihres Mentalkörpers, aber haben ihre anderen Körper nicht an dieser Wahrheit ausgerichtet. Dasselbe geschieht mit den drei Verstandesebenen. Wenn sich, zum Beispiel, der Verstand nicht länger sorgen möchte und nicht mehr länger deprimiert sein will, doch das Unterbewußtsein nicht mit ihm kooperiert. Der Mentalkörper mag vielleicht dieses Ideal verstehen, doch es in den anderen Körpern vollkommen zu integrieren und es darin zu erfahren, benötigt schon ein wenig mehr Anstrengung und Übung, um dieses Ideal auch zu einer lebendigen Realität werden zu lassen.
Jeder unserer vier Körper hat ein einzigartiges und spezielles Geschenk der Information und Führung für uns bereit. In einer ähnlichen Art hat jede unserer drei Verstandesebenen einzigartige und spezielle Informationen für uns. Die Seele oder die Monade kann uns intuitive Vorschläge unterbreiten und dadurch die Stimme unseres Bewußtseins sein, die uns unsere Moral und Ethik vermittelt. Der bewußte Verstand gibt uns die Logik, die Fähigkeit abstrakt zu denken und die Möglichkeit der Schlußfolgerung. Das Unterbewußtsein vermittelt uns Gefühle und emotionale Reaktionen gegenüber Dingen. Der physische Körper ist für die instinktiven Reaktionen und Sinneseindrücke

zuständig. Der Emotionalkörper, der mit dem Unterbewußtsein in Verbindung steht, zielt darauf ab, wie wir uns in der jeweiligen Situation fühlen und welche psychischen Impressionen wir erhalten.
Der Mentalkörper gibt uns Informationen, um das, was vor sich geht, logisch umzusetzen und es aus einer bestimmten Perspektive zu betrachten. Der spirituelle Körper, der sehr eng mit der Seele und der Monade verbunden ist, schenkt uns die Intuitionen, das Bewußtsein und die Führung Gottes. Wenn wir uns mit einem unserer Körper oder Verstandesebenen zu sehr oder zu wenig identifizieren, dann gehen uns deshalb unschätzbare Informationen verloren. Es liegt in der Natur des Egos, Dir zu erzählen, daß die Art und Weise, wie Du die Realität hervorbringst, die beste ist. Ich bin hier, um Dir zu erzählen, daß das Verständnis Gottes über die beste Art der Entwicklung der eigenen Realität dem entspricht, alle Ebenen der Führung in einem ausgewogenen Verhältnis zu verwenden.

Ich bin mir sicher, daß die Menschen viel erfolgreicher sein würden, wenn sie im Berufsleben ihre größeren Entscheidungen im Einklang mit den Informationen ihrer vier Körper und drei Verstandesebenen treffen würden. Das würde so manchen kostspieligen Fehler vermeiden. Ihr spirituelles Vehikel würde ihnen dies erzählen und ihr Verstand jenes, ihre Gefühle wieder etwas anderes und der physische Körper und die Instinkte nochmals eine weitere Information. Wir limitieren uns oftmals selbst, indem wir nur auf unsere Gefühle achten oder nur auf das, was uns die Logik, unsere Impulse oder unsere Intuition rät. Warum öffnen wir uns nicht allen Ebenen der Information und Führung gegenüber, mit denen uns Gott versorgt hat? Wenn Du mehr und mehr die Balance findest, dann wirst Du sehen, daß Deine drei Verstandesebenen und Deine vier Körper in Harmonie und Einheit für einen gemeinsamen Zweck und eine Ursache zusammenarbeiten, die lautet: Dich auf allen Ebenen in der Verwirklichung Gottes erfolgreich zu machen und Deine Mission im göttlichen Plan hier auf dieser Erde zu erfüllen.

Der Emotionalkörper

In seinen positiven Aspekten kann ein emotional ausgerichtetes Leben etwas überaus Positives sein. Es macht Dich sehr sensibel gegenüber Schönheit,

Kunst, Natur, Musik und Tanz. Der Emotionalkörper in seinem negativen Aspekt verursacht hingegen für den betreffenden Menschen oftmals eine emotionale Fahrt auf der Achterbahn, bei der man ununterbrochen durch die Unstabilität des Emotionalkörpers gewirbelt wird. Dies kann geheilt werden, indem man lernt, seine persönliche Kraft und seinen Willen anzuwenden, sich selbst aus dieser Krise zu befreien. Eine heilende Einstellung auf der Mentalebene kann beispielsweise dabei helfen, denn es sind ja unsere Gedanken, die unsere Gefühle und Emotionen hervorbringen. Das ist mitunter etwas schwierig für die Menschen, die einen rein emotionalen Fokus besitzen, denn sie sind sehr daran gewöhnt, alles aus ihrem Emotionalkörper heraus zu tun. Ein Mensch, der zu emotionell orientiert ist, muß lernen, logisch zu denken und zu analysieren, was vor sich geht. Eine sehr hilfreiche Visualisierung, die man verwenden kann, wenn sich der Emotionalkörper in einer Krise befindet ist, sich eine rote Leiter vorzustellen, die ein Symbol für den Willen ist. Steige, in dieser Visualisierung, die Leiter empor und überwinde dadurch Deine negativen Emotionen, indem Du sie hinter Dir läßt. Ein anderes Hilfsmittel ist, unverzüglich einige Affirmationen oder den Namen Gottes zu wiederholen und sich seine Form vorzustellen. Hier besteht die Notwendigkeit, Deine mentalen Fähigkeiten einzusetzen, um die emotionale Überidentifikation in diesem Moment auszugleichen.

Ein weiteres extrem hilfreiches Werkzeug ist, sich eine goldene Blase aus schützendem Licht um sich herum vorzustellen. Diese Blase erlaubt, die Liebe Gottes und seine Führung, sowie die Liebe und Führung der Aufgestiegenen Meister hereinzulassen. Sie schützt vor negativen Gefühlen und Emotionen des eigenen Unterbewußtseins und vor negativen Gefühlen und Energien anderer Menschen der äußeren Welt. Diese goldene Blase ist teildurchlässig, so daß sie Liebe und positive Gefühle hereinläßt, jedoch die negativen Energien draußen läßt. Halte jetzt vor Deinem geistigen Auge eine kleine Öffnung in der Blase frei, durch die Du alle negativen Energien oder Gefühle, die möglicherweise noch immer innerhalb des Schutzschildes sind, nach außen drückst. Sobald sie alle draußen sind, verschließe diese Öffnung wieder.
Sieh jetzt, wie ein goldenes Licht von Deiner Seele, Monade und von Gott in die Blase fließt, und wie diese mit positiven Energien und positiven Gefühlen und Emotionen erfüllt wird. Beginne jeden Tag mit dieser Visualisierungsübung und spirituellen und mentalen Rüstung. Ich verspreche Dir, daß Du Dich selbst dadurch viel mehr stabilisiert, und gleichmütig, friedvoll und freudig

wiederfinden wirst. Sogar die Erde hat vier Körper. Hast Du jemals darüber nachgedacht, wie der Emotionalkörper der Erde aussehen könnte? Er hat mit seiner Verbindung zum Wasser zu tun. Vergleiche nur einmal einen schrecklichen Wolkenbruch mit einem spiegelglatten, ruhigen See beim Sonnenaufgang.

Das Verständnis über das Vier-Körper-System kann Dir großartig dabei helfen, romantische Beziehungen oder Freundschaften besser zu verstehen. Sieh Dir Deine Beziehung zu den Menschen an, mit denen Du den engsten Kontakt pflegst und entscheide dann in Deinem Verstand, ob diese emotional, mental, physisch oder spirituell orientiert sind, oder in irgendeiner Kombination davon. Wenn Du das verstehst, wirst Du nicht versuchen, Deine Aufmerksamkeit oder Überidentifikation auf sie zu projizieren. In Ehen oder romantischen Beziehungen neigen die Männer sehr oft dazu, mehr mental ausgerichtet zu sein und die Frauen mehr emotional. Eine ganze Reihe von Streitereien entstehen dadurch, daß der eine das Geschenk des anderen nicht genügend würdigen kann. Man könnte sagen, daß dabei der eine das nicht besitzt, was der andere hat. In meiner Beziehung zu meiner Frau Terri ist das beispielsweise der Fall. Terri neigt mehr zur Ausrichtung auf ihren emotionalen und spirituellen Körper und ich neige offensichtlich mehr zu einer Überbetonung des mentalen und spirituellen Körpers. Am Anfang unserer Beziehung war dies die Ursache einiger heftiger Konfrontationen, denn wir beide hatten versucht, unsere Art der Verarbeitung der Realität, dem anderen aufzuzwingen. Wir trinken zwar dasselbe Wasser aus dem gleichen Brunnen, doch verarbeiten wir die Wahrnehmung der Realität völlig verschieden. Ich bin mir sicher, daß Du dieses Beispiel auch auf Dich beziehen kannst.

Wir haben nunmehr gelernt, das Geschenk des anderen entsprechend anzuerkennen. Terri ist in Bereichen sehr entwickelt, in denen ich es nicht bin und ich hingegen auf Gebieten, von denen Terri nicht allzuviel versteht. Als wir mehr und mehr zusammengewachsen sind, haben wir auch gelernt, besser mit uns auszukommen und das zu würdigen, was der andere in die Beziehung einzubringen hat. Dieses Verständnis über das Vier-Körper-System ist für mich von unschätzbarem Wert, so daß ich unsere Unterschiede nunmehr wirklich anerkenne. In Wahrheit ergeben wir gemeinsam ein viel größeres Ganzes. In Wahrheit ist es die Seele, die durch Deine Arbeit mit dem Vier-Körper- System lernt. Was ich damit meine ist, daß die Seele, wie ich das in dem Kapitel über die Persönlichkeit, Seele und die Monade in meinem Buch "Das Komplette Aufstiegshandbuch" beschrieben habe, zwölf Persönlichkeiten oder Seelenausdehnungen in die physische Ebene inkarniert. Jede dieser Seelenausdehnungen oder Persönlichkeiten wird von der Seele in simultaner und nicht in linearer Zeit erfahren. Wenn eine bestimmte Seelenausdehnung oder Persönlichkeit versucht, einen gewissen emotionalen Bereich auszuarbeiten und dabei nicht sehr erfolgreich ist, dann wird sie diese Lektion durch eine andere Seelenausdehnung lernen. Die Seele kann sich so zum Beispiel auf einen Mann in der Zivilisation der Mayas konzentrieren, auf eine Frau in Lemurien und eine weitere Frau, die im 21. Jahrhundert in Los Angeles lebt, um diese Lektion aufzuarbeiten. Die Seele lernt simultan durch alle ihre zwölf Seelenausdehnungen, um die Seelenverwirklichung, nach der sie strebt, zu erreichen.

Durch all die Erfahrungen der gesamten zwölf Seelenausdehnungen werden schließlich die vier Körper ausbalanciert und entsprechend entwickelt, so daß eine Seelenausdehnung den vollkommenen Ausdruck der Seele akzeptiert, was Seelen- verschmelzung oder die Dritte Einweihung genannt wird. Derselbe Vorgang erscheint auf einer höheren Ebene, sobald eine Seelenausdehnung mit der Monade bei ihrem Aufstieg verschmilzt. Die Seele benützt sprichwörtlich die vier Körper einer jeden ihrer zwölf Seelenausdehnungen um zu lernen. Im Fall von Terri und mir gewinnt unsere gemeinsame Monade eine viel ganzheitlichere Perspektive, durch den Umstand, daß Terri und ich beisammen sind. Djwhal Khul hat dies die Vereinigung des Mystikers mit dem Okkultisten genannt. Beide davon sind absolut gültige Wege zurück zum Schöpfer. Wenn wir von uns lernen, werde ich immer mehr und mehr zum Meistermystiker und Terri immer mehr zum Meisterokkultisten. Vom Standpunkt unserer gemeinsamen Monade aus betrachtet, wird durch ihr kollektives und individuelles Lernen, eine größere Ahnung der Gesamtheit erreicht.
Um das spirituelle Wachstum mehr aus der Perspektive der Seele und der Monade zu betrachten, als vom Standpunkt der Persönlichkeit aus, ist das ein sehr interessanter Vorgang und ich bin mir sicher, daß Du dem zustimmen wirst. Wie ich bereits erwähnt habe, sind wir hier als Seelenausdehnungen auf der Erde wie die Finger einer Hand der Seele. Wenn einer davon nicht richtig arbeitet, so wird sie einfach einen anderen Finger benutzen. Da alle Finger zur selben Hand gehören, ist es völlig egal, welcher Finger die Lektion gelernt hat, die es zu lernen gab.

Der Mentalkörper

Das Massenbewußtsein der Erde ist dabei, den Mentalkörper vollständig zu entwickeln. Das liegt daran, daß wir derzeit in der arischen Rasse und ihrem Zyklus leben, die ihren Fokus auf die mentale Ausrichtung lenkt. Atlantis war auf eine emotionale Ausrichtung konzentriert und Lemurien auf eine physische. Die fortgeschrittenere Menschheit hat bereits ihren Mentalkörper entwickelt und arbeitet bereits an dem künftigen Zyklus des Wassermannzeitalters, mit seiner Entwicklung des spirituellen Körpers.
Die Menschen, die sich zu sehr mit ihrem mentalen Fokus identifizieren, sind sehr oft in dieser Ausrichtung gefangen und schenken ihren Emotionen und Gefühlen keinerlei Beachtung. Das könnte man mit dem stereotypen Hochschulprofessor vergleichen, der nur seinem Intellekt nachläuft. Jemand, der seinem mentalen und spirituellen Körper viel Aufmerksamkeit schenkt, mag vielleicht ein sehr hoch entwickelter Okkultist sein, doch die Liebe und zwischenmenschliche Beziehungen vernachlässigen. Sehr oft sind Menschen mit einem großen mentalen Fokus weniger in Psychologie und der Wahrnehmung von Intuitionen entwickelt.

Die Gefahr bei denjenigen, die zu stark mit ihrer mentalen Ausrichtung identifiziert sind ist, daß sie sich emotional orientierten Personen überlegen fühlen, die zu sehr in ihre Gefühle vertieft sind. Es ist für diese Menschen von größter Bedeutung, zu erkennen, daß alle vier Körper von gleichem Wert sind. Dasselbe trifft auch auf die Chakren zu. Die höheren Chakren sind nicht besser als die niederen. Alle Chakren sollen in einem ausgewogenen Verhältnis zueinander entwickelt sein und arbeiten. Balance und Integration ist der Zustand der Verwirklichung Gottes. Die Person mit einer mentalen Orientierung wird danach streben, alles zu studieren, da sie das Leben so interessant findet, und sich dabei ein immer größeres Wissen aneignen. Das ist auch weiters nicht so schlimm, solange man dies mit seinen anderen Körpern ausgleicht.
Große Schüler vergessen oftmals ihre physischen Bedürfnisse und verursachen damit ihre eigene physische Erschöpfung. Die Person, die zu stark mit ihrem Mentalkörper identifiziert ist, muß ihren Willen einsetzen, um diesen Fokus zu verschieben und ihn mit Liebe und den Bedürfnissen des Inneren Kindes ausbalancieren. Um die Leiter der Wahrnehmung emporzuklettern und sich spirituell zu entwickeln und unser Potential zu erfüllen, müssen wir alle unsere

vier Körper benützen. Der Mentalkörper für sich alleine bietet eine nur begrenzte Perspektive.
Eine hilfreiche Übung könnte sein, den Mental- und den Emotionalkörper miteinander reden zu lassen. Dies kann entweder laut oder in Deinem Tagebuch geschehen und wird eine bessere Balance bewirken. Dann lasse den spirituellen Körper, ebenso wie den physischen Körper zu beiden sprechen. Mental orientierte Menschen haben tausend Fragen. Sie denken über das Leben nach und blocken sich selbst durch ihre eigene kreative Intelligenz davon ab. Jeder Körper muß in seiner eigenen, göttlichen Rolle und seiner angemessenen, ausgewogenen Beziehung zu den anderen Körpern unterrichtet werden.

Ich glaube, daß Du herausfinden wirst, daß alle vier Körper sehr froh darüber sind, miteinander zu kooperieren, solange ein jeder von ihnen weiß, daß er seinen ausgewogenen Platz im Dienst am göttlichen Plan hat. Entscheide, sobald ein Problem oder eine Herausforderung auftaucht, ob es sich dabei um ein physisches, emotionales, mentales oder spirituelles Problem handelt oder um irgendeine Kombination davon. Sieh, ob die Kommunikation zwischen den vier Körpern richtig und effektiv funktioniert. Versuche zu bestimmen, wie die vier Körper miteinander in einem Team arbeiten können, um das Problem in Übereinstimmung mit dem Zweck der Seele zu lösen.
Im Vier-Körper-System der Erde kann der Mentalkörper als die von den Menschen erschaffenen Strukturen angesehen werden. Die Pyramiden zum Beispiel oder die Wolkenkratzer und Kathedralen sind mentaler Ausdruck der Erde. In einem anderen Rahmen oder in einer anderen Art der Betrachtung ist die Luft ein Teil der Mentalstruktur der Erde, so wie Wasser der Emotionalkörper von ihr ist.

Der physische Körper

Der physische Körper ist der Teil des Selbst, der hier auf dieser Erde arbeitet. So wie die anderen Körper auch, drückt dieses Vehikel genau das aus, wofür es geschaffen wurde. Wenn wir es nicht entsprechend versorgen und es durch physische Übungen, Sonne, frische Luft und Erholung in Gang halten, werden wir Probleme bekommen. Eine andere interessante Tatsache ist, daß der physische Körper Liebe braucht. Sehr oft nehmen wir den physischen Körper als gegeben und erkennen ihn nicht als das göttliches Wesen, das er ist. Wir danken ihm nicht genug für die wunderbaren Dienste, die er für uns leistet.

Viele Menschen entscheiden sich dafür, ihre spirituellen Lektionen in ihrem Leben durch den physischen Körper in Form von Krankheiten und anderen Arten von Störungen zu erleben. Wenn dies geschieht, so ist es ein Geschenk, das uns sagen möchte, daß wir in irgendeiner Form aus dem Gleichgewicht geraten sind. Wie ich früher erwähnt habe, ist der Körper ein Spiegel oder ein Reflektor des Zustandes der anderen Körper. Wenn wir beispielsweise Magenprobleme haben, so deutet dies üblicherweise auf eine emotionelle Inbalance hin. Wenn wir Probleme mit den Füßen haben, so hat dies mit unserem Verständnis zu tun. Kopfweh deutet auf das Problem der Kontrolle hin, das sowohl bedeuten kann, daß man selbst andere Menschen zu sehr kontrolliert oder auch diese uns.
Wenn wir es wirklich lernen, unsere vier Körper auszubalancieren und uns von unserer Seele zur Seelenverschmelzung leiten lassen, und in weiterer Folge mit unserer Monade verschmelzen, so wird der physische Körper sprichwörtlich für immer leben. Ein Aufgestiegener Meister kann unendlich lange auf der Erde leben, wie es schon viele Meister bewiesen haben. Stelle, in bezug auf den physischen Körper, sicher, daß das Energieaufnahmeventil an der Spitze des Kopfes immer geöffnet ist. Du kannst Dir dies als einen Trichter vorstellen. Wenn das Ventil geschlossen ist, so ist das die Ursache für Müdigkeit und Erschöpfung. Wenn die vier Körper nicht in Balance sind, so fordert dies seinen Anteil vom physischen Körper, da der richtige Energiefluß dadurch unterbrochen wird. Sehr oft werden unbewußte Muster in das physische Vehikel oder den Körper selbst eingebettet. Einfach nur Deine Gedanken zu klären ist nicht genug. Oftmals ist es notwendig, physische Übungen zu machen oder sich körperlicher Arbeit zu unterziehen, um dem Körper dabei zu helfen, diese Muster zu entfernen. Wir müssen uns auf allen Ebenen reinigen und nicht nur auf der spirituellen oder mentalen Ebene.

Der physische Körper bietet der Seele einen gewissen Konzentrationspunkt auf der Erde, durch den sie ihre Erfahrungen machen kann. Das bedeutet für die Seele die Gelegenheit, eine bestimmte Schulklasse mit völlig neuen Lektionen zu besuchen, die ihr spirituelles Wachstum ungemein beschleunigen kann. Wenn eine Seele keinen physischen Körper besitzt, so geschieht das spirituelle Wachstum viel langsamer. Wenn Du wüßtest, was für eine große Nachfrage in der spirituellen Welt nach physischen Körpern besteht, dann würdest Du Deinen wahrscheinlich viel mehr schätzen. Der physische Körper bietet der Seele überdies einen geerdeten Ort, von dem aus das, was auf den anderen Ebenen gelernt wurde, erforscht und integriert werden kann. Ein Mensch kann nicht ohne den physischen Körper durch den Initiationsprozeß gehen. Wenn Dein mentaler und emotionaler Körper aus der Balance geraten ist, dann ist dies die Ursache für übermäßiges Essen oder Trinken und es erfordert entsprechende Übungen, um dieses Verhalten nicht zu einem traumatischen Zustand für den physischen Körper werden zu lassen.

Wir müssen lernen, den physischen Körper als das göttliche Wesen und den göttlichen Partner zu betrachten, der er ist. Er besitzt Intelligenz und es ist möglich, mit ihm zu sprechen und man wird sogar Antworten erhalten. Sein Verlangen, Dir und dem göttlichen Plan zu dienen, solange Du es möchtest, wird es Dir ermöglichen, ihm den entsprechenden Respekt entgegenzubringen und ihn zu einem gleichwertigen Partner zu machen. Die vier Körper sind wie Musikinstrumente, von denen jedes eine andere Vibration und Tonlage besitzt. Wir müssen lernen, diese Körper miteinander zu einer wunderbaren Symphonie zu verweben. Immer nur ein Instrument zu spielen, würde langweilig und monoton sein, sie jedoch alle im Dienst an der Seele und an Gottes Plan in perfekter Ausgewogenheit und Harmonie zu spielen, ist etwas, das man sich für lange Zeit anhören kann. Dies bezeichnen die Meister als die Musik der Sphären.
Es ist völlig in Ordnung für eine kurze Zeit einen Deiner vier Körper in einer gewissen Art überzubetonen (z.B. um ein Buch zu schreiben, in Urlaub zu gehen, einen Meditationslehrgang zu besuchen, zu joggen oder in einem Marathon zu laufen). Das ist gut, solange die Gesamtheit Deines Lebens ausgewogen und integriert ist.

Der spirituelle Körper

Der spirituelle Körper, oder das spirituelle Vehikel, ist der Ausdruck, den wir als einen individualisierten Teil des Schöpfers erfahren. Er ist das Vehikel in dem wir unsere individuellen Erfahrungen beginnen, und der Körper, der dazu bestimmt ist, unsere Erfahrungen abzuschließen. Wenn wir spirituell wachsen und uns entwickeln, so legen wir zuerst den physischen Körper, dann den Emotionalkörper, später den Mentalkörper und schließlich unseren spirituellen Körper ab. Wir entledigen uns dieser Körper nach und nach, bis wir wieder in die Essenz unseres Selbst, unserer Seele und dann unserer Monade zurückkehren. Die anderen Körper sind unsere Mittel, um das endgültige Ziel des Aufstiegs zu erreichen. Um dieses Ziel zu erreichen, müssen die vier Körper in unserem täglichen Leben auf der irdischen Ebene im Dienst am göttlichen Plan jedoch ausbalanciert und entsprechend integriert sein. Um ein Meistermechaniker zu werden, muß jemand ein Auto vollkommen zerlegen können und es fast blind wieder zusammensetzen. Wir, als künftige Mit-Schöpfer auf der höchsten Ebene mit Gott, müssen wissen, wie wir unsere vier Körper auseinandernehmen und in perfekter Harmonie und Ausgewogenheit wieder zusammensetzen können, bevor wir aufsteigen können, um zu einem wahren Meister zu werden. Wenn wir diese Lektionen lernen, fließt dieses Wissen wieder zurück in den spirituellen Körper. Wir werden dann vorwärts gedrängt in eine höhere Ebene der Aufmerksamkeit und der spirituellen Ausdehnung.

Das spirituelle Vehikel ist, unabhängig davon, auf welcher Ebene wir es betrachten, immer auf Gott ausgerichtet. Wenn wir diese Ebene erreichen, gibt es für uns keine Schmerzen mehr, denn es gibt niemals wieder den Punkt, an dem wir unseren Fokus auf Gott verlieren. Sobald wir aus der Harmonie mit Gott und seinen Gesetzen im physischen, emotionalen, mentalen und spirituellen Sinn geraten, leiden wir in unseren vier Körpern. Solange wir auf dieser Ebene in Harmonie mit Gottes Gesetzen leben, werden wir kein Leid erfahren. Wenn wir trotzdem leiden, so ist das ein sicheres Zeichen dafür, daß wir nach der Wahrheit streben sollten, weil wir eines von Gottes Gesetzen gebrochen haben. Das ist keine Bestrafung, sondern eher ein Geschenk. Wenn wir nicht leiden würden, glaube ich, daß nicht allzuviele Menschen nach Gott suchen würden. Sie wären in ihrem Alltagstrott zufrieden, und würden glauben, für alle Ewigkeit glücklich zu sein. Sie würden nicht erkennen, daß sie etwas Entscheidendes vermissen.

Die geringe Menge an Glück, die eine Persönlichkeit durch ihr irdisches Leben erfahren kann, ist verglichen mit dem Glück und der Liebe, die in Gott und auf dem spirituellen Pfad erfahren werden kann, so unendlich klein. Unser Leiden ist wie ein sanfter Tritt von Gott, der uns auf den schmalen Pfad zur

Verwirklichung Gottes und dem Dienst an der Menschheit zurückschubst. Das ist es, was wir wirklich wollen. All das Leiden ist nur unser Lebensretter, der uns wieder in die richtige Richtung bringen soll.
Der spirituelle Körper beinhaltet unser gesamtes Potential, das wir in unserem Entwicklungsstand vielleicht noch nicht benutzen können. Der spirituelle Körper ist wie eine Leiter, auf der wir durch das erfolgreiche Interagieren mit den anderen Körpern emporklettern. Wir benutzen unsere anderen Körper, um auf dieser Leiter der Aufmerksamkeit, zu unserem vollen spirituellen Potential emporzuklettern.

Jedes Mal, wenn wir eine Erkenntnis haben, erleuchten wir unseren spirituellen Körper, oder Lichtkörper, ein wenig mehr. So ist es einem hellsichtigen Menschen möglich, uns zu sagen, auf welchem Punkt der spirituellen Evolution wir uns befinden, wenn er die Menge des Lichtes von uns betrachtet, die wir in unserem physischen, mentalen, emotionalen und spirituellen Körper zulassen. Idealerweise sollten die drei Körper gemeinsam für das Ziel des spirituellen Körpers, der Seele und der Monade arbeiten. Sobald die Seele mit dem Vier-Körper-System verschmilzt, bewirkt das eine größere Ausgewogenheit, denn die Seele und später die Monade sind zu nichts anderem als Harmonie fähig. Es ist nur das negative Ego in uns, das uns immer wieder aus dem Gleichgewicht bringt. Das ist der Grund, warum die Dritte Initiation ein so markanter Meilenstein in der Evolution eines Menschen ist. Es bedeutet, daß Du Deine vier Körper genügend ausbalanciert hast, um diese Verschmelzung zu erreichen, die hilft, eine noch größere Stabilisierung in der Beziehung der vier Körper zu erreichen. Nach der Seelenverschmelzung steht uns auf der physischen Ebene eine größere Energie und Lebenskraft zur Verfügung.

4. Das Christusbewußtsein und wie man es erreicht

"Vergebung ist der Schlüssel zum Glücklichsein."
Ein Kurs in Wundern

Vor rund vierzig Jahren hat eine Frau namens Helen Schucman eine Serie von Büchern mit dem Titel "Ein Kurs in Wundern" gechannelt. Diese Bücher wurden von Jesus Christus geschrieben und dann ähnlich wie die Bücher Djwhal Khuls, die von Alice A. Bailey gechannelt wurden, telepathisch von Helen gechannelt. Ich kann ehrlich behaupten, daß diese Bücher in den letzten zweiundzwanzig Jahren einen größeren Effekt auf mich ausgeübt haben, als irgend etwas anderes, das ich jemals studiert habe. "Ein Kurs in Wundern" ist im Grunde genommen ein Kurs zur Heilung. Die Kernaussage dieser Bücher ist, daß es nur zwei Arten der Betrachtung und der Philosophie des Lebens gibt.
Jeder Mensch auf dieser Welt fällt in eine dieser beiden Kategorien. Da gibt es zum einen die Stimme des Geistes, oder des Christus, und zum anderen die Stimme des Egos. Man könnte es auch als die Stimme Deines Höheren Selbst oder die Stimme Deines Niederen Selbst bezeichnen. Die Stimme des "Selbst" oder die Stimme des "selbst", die Stimme des "ICH" oder die Stimme des "ich", die Stimme des Heiligen Geistes oder die Stimme der Verblendung, Maya und Illusion, die Stimme des "Selbst" oder die Stimme des "nicht-selbst", die Stimme des Heiligen Geistes oder die Stimme des negativen Egos.

Als Kind wurden wir von der Gesellschaft dazu erzogen, das Leben aus der Sicht des negativen Egos zu interpretieren. Das ist der Grund, warum so viele Menschen mit so vielen negativen Gefühlen, Emotionen und dem Mangel an innerem Frieden erfüllt sind.

"Ein Kurs in Wundern" lehrt einen sehr systematischen Weg, das negative Denken des Egos zu unterlassen und statt dessen mit seinem Christusbewußtsein zu denken. Steht nicht schon in der Bibel: "Laß´ den selben Geist in Dir wohnen, der auch in Jesus Christus wohnte." Wie wir wissen, war Jesus genauso ein menschliches Wesen wie Du und ich, der durch das Einswerden mit dem Christusbewußtsein zur Verkörperung des Christus geworden ist.
Das Christusbewußtsein ist nicht nur den Christen vorbehalten. Das Christusbewußtsein, Buddhabewußtsein, Krishnabewußtsein, Gottesbewußtsein und das Bewußtsein aller Religionen ist alles dasselbe. Viele Menschen tragen viele negative Programmierungen durch ihren religiösen Hintergrund in sich. Es ist hierbei wichtig, sich nicht durch Worte oder Begriffe gefangennehmen zu lassen. Es ist auch wichtig zu verstehen, daß ich dazu rate, den spirituellen Weg oder Deine religiöse Gesinnung beizubehalten. Die neue Religion der Zukunft wird eine sein, die jede andere Religion und alle anderen spirituellen Wege völlig anerkennt, da sie alle zum selben Ziel führen. Die Einleitung in "Ein Kurs in Wundern" sagt:

"Dies ist ein Kurs in Wundern. Es ist ein Pflichtkurs. Nur die Zeit, in der du ihn machst, steht dir frei. Freier Wille bedeutet nicht, daß Du den Lehrplan bestimmen kannst. Es bedeutet nur, daß du wählen kannst, was du zu einer gegebenen Zeit lernen willst. Der Kurs zielt nicht darauf ab, die Bedeutung der Liebe zu lehren, denn das ist jenseits dessen, was gelehrt werden kann. Er zielt vielmehr darauf ab, die Blockaden zu entfernen, die dich daran hindern, dir der Gegenwart der Liebe, die dein angestammtes Erbe ist, bewußt zu sein. Das Gegenteil von Liebe ist Angst, doch was allumfassend ist, kann kein Gegenteil haben."

Dieser Kurs kann daher ganz einfach so zusammengefaßt werden:

"Nichts Wirkliches kann bedroht werden.
Nichts Unwirkliches existiert.
Hierin liegt der Friede Gottes."

Für die meisten Menschen ist "Ein Kurs in Wundern" ein sehr schwer verständliches Buch. Eines meiner Hauptanliegen in diesem Kapitel ist, die Essenz der Lehren aus diesem Buch zu nehmen, und sie in eine leicht verständliche Form zu bringen. Auch wenn Du "Ein Kurs in Wundern" selbst niemals lesen wirst, so kannst Du dennoch die Essenz daraus in diesem Kapitel erfahren.
Aus meiner eigenen Erfahrung auf dem spirituellen Pfad weiß ich, daß ein solches Kapitel, das diesen Kurs in einer leicht verständlichen Sprache erklärt und zusammenfaßt, ein großer Segen für mich gewesen wäre. Ich habe auch versucht, die Lehren des Kurses in eine für alle Religionen besser annehmbare, universelle Form zu bringen, so daß sie, unabhängig des spirituellen Weges, von jedem Menschen besser angenommen werden können. Ich habe auch noch meine eigenen Ideen hinzugefügt, die dem Leser ein vollständiges Verstehen dessen vermitteln sollen, was das Christusbewußtsein wirklich bedeutet. "Ein Kurs in Wundern" ist ein Pflichtkurs, wie es in seiner Einleitung steht. Das soll nicht heißen, daß jeder diesen auch studieren muß, sondern eher, daß jeder lernen muß, wie Christus, Buddha, Krishna, die Elohim, Allah oder Gott zu denken. Lord Sai Baba hat gesagt, daß die Definition für Gott lautet: "Gott = Mensch minus Ego". Du kannst nicht die spirituellen Einweihungen durchschreiten und Gott verwirklichen, ohne den auf Selbstsucht, Getrenntheit und Angst basierenden Verstand des Egos zu transzendieren. Der Lehrplan steht fest, und "Ein Kurs in Wundern" ist einfach eine Möglichkeit, um diese Lektionen zu lernen.

"Ein Kurs in Wundern" zielt nicht darauf ab, die Bedeutung der Liebe zu lehren, denn das ist jenseits dessen, was gelehrt werden kann. Er zielt vielmehr darauf ab, die Blockaden zu entfernen, die Dich daran hindern, Dir der Gegenwart der Liebe, die Dein angestammtes Erbe ist, bewußt zu sein. Dies bringt uns zum Kern der Lehren von "Ein Kurs in Wundern", daß wir von Gott erschaffene Wesen sind und daß unsere wahre Identität die des Christus ist. Mit anderen Worten, sind wir alle Söhne und Töchter Gottes und nach seinem Bilde erschaffen. Gott ist Liebe und somit sind auch wir Liebe. Wir müssen Liebe nicht erhalten, denn wir sind Liebe. Es ist nur das Programm des negativen Egos und unsere Konditionierung, welche diese Tatsache verdeckt. Wir sind alle wie von Schmutz bedeckte Diamanten. Unser Pfad hier auf der Erde beinhaltet, diesen Schmutz zu entfernen, so daß die wahre Natur des Diamanten erstrahlen kann. Sogar Jesus hat im Neuen Testament gesagt: "Alles was ich vollbringe, werdet auch Ihr vollbringen und sogar noch mehr." Die christliche Kirche hat seine Aussage mißgedeutet. Sicherlich war Jesus der Sohn Gottes, aber genauso sind wir es auch. In der buddhistischen Religion würden wir sagen, daß wir Buddha sind. Im Hinduismus sind wir alle Atma oder das Ewige Selbst. Im Alten Testament sagen die jüdischen Propheten: "Ihr seid Gott und wißt es nicht." Sie sagen auch: "Ihr seid Gott und die Kinder des Allerhöchsten." David sagt in den Psalmen: "Sei still und wisse, daß ich Gott bin."

Deshalb sagt "Ein Kurs in Wundern" in seiner Einleitung, daß nichts Wirkliches bedroht werden kann und daß nichts Unwirkliches existiert. Hierin liegt der Frieden Gottes. Deine wahre Identität als der Christus, Buddha, Atma oder das Ewige Selbst kann nicht verändert werden. Dazu hat Dich Gott erschaffen. Du kannst vielleicht denken, daß Du etwas anderes bist, doch das ändert nichts an Deiner Natur. Du bist Christus, Buddha, Atma und das Ewige Selbst, ob Du das nun möchtest oder nicht. Der Grund dafür, warum Du keine Wahl hast, liegt darin, daß Du Dich nicht selbst erschaffen hast. Gott hat Dich erschaffen. Der spirituelle Pfad bringt Dich nicht einfach nur irgendwo hin, sondern er erweckt Dich zu dem, was Du wirklich bist. Der zweite Schritt ist, Dich darin zu üben, Dein "Selbst" in Deinem täglichen Leben zu sein.

Woher kommt das negative Ego?

Das negative Ego ist keine Schöpfung Gottes, sondern ist durch den Mißbrauch unseres freien Willens entstanden. Der Mensch ist die einzige Kreatur, die die Fähigkeit hat, sich aus der Harmonie Gottes herauszudenken. Der Sündenfall, auf den sich die Bibel bezieht, ist aufgetreten als sich die Monaden, oder die individualisierten Funken Gottes, dazu entschlossen, bis in die Materie zu dringen. Die Ursache für unseren Fall war nicht in die Materie zu kommen, sondern die Überidentifikation mit der Materie. Es war der Moment, an dem wir glaubten, mehr der physische Körper selbst zu sein, als ein göttliches Wesen, daß diesen physischen Körper benutzt und ihm innewohnt. Durch den Irrglauben, der physische Körper zu sein, entstand die Illusion der Getrenntheit zu Gott und der Getrenntheit von unseren Brüdern und Schwestern. Es entstanden Selbstsucht, Angst und der Tod als unsere neue Realität. Aus diesen falschen Voraussetzungen entwickelte sich ein Glaubenssystem, das auf Illusion, Maya und Verblendung beruhte. Wir waren für Hunderte von Inkarnationen in dieser Illusion gefangen. Das Erstaunliche daran ist, daß uns "Ein Kurs in Wundern" lehrt, daß dieser Fall in Wahrheit niemals stattgefunden hat. Wir dachten nur, daß er passiert sei. Das Grundgesetz unseres Verstandes besagt, daß unsere Gedanken unsere Realität hervorbringen. Unsere Gefühle, Emotionen, unser Verhalten und das, was man in seinem Leben anzieht, wird von unseren Gedanken bestimmt.

Ist das Glas Wasser halb voll oder halb leer? Bist Du optimistisch oder pessimistisch? Betrachtest Du das, was in Deinem Leben geschieht, eher als eine Lehre, eine Lektion, eine Herausforderung und Gelegenheit, um etwas zu lernen oder siehst Du es als Probleme, Ärger, Unannehmlichkeit und Störung? Es ist die Art, wie man denkt und die Dinge interpretiert, die darüber entscheidet, wie man sich in der gegebenen Situation verhält. Wir waren immer der Christus, Buddha, Atma und das Ewige Selbst und waren immer eins mit Gott. Alle unsere negativen, egoistischen Gedanken haben diese Tatsache kein bißchen verändert. Eine gute Metapher dafür wäre, das Ganze in bezug auf die Träume zu betrachten. Wenn Du einen Alptraum hast und davon erwachst, so hast Du Dich dadurch aus diesem Traum befreit. Solange Du jedoch träumst, erscheint der ganze Traum sehr real. Gut, jetzt sage ich in diesem heiligen Augenblick zu Dir: "Wache auf!"

Erwache aus Deiner negativen Hypnose, in der Du gelebt und geglaubt hast wertlos, ungeliebt, minderwertig, getrennt von Gott und kraftlos zu sein. In diesem heiligen Augenblick erwachst und erkennst Du, daß Du der Christus, Buddha, Atma und das Ewige Selbst bist, das Du immer warst, und immer sein wirst.

Der große Heilige Indiens, Ramana Maharshi, hat gesagt, daß der spirituelle Pfad wie eine Frau ist, die zu ihm gekommen ist, um ihn darum zu bitten, ihr bei der Suche nach einem Halsband zu helfen, das sie vor vierzig Jahren verloren hatte. Ramana Maharshi sagte daraufhin: "Was ist das, was du um deinen Hals trägst?" Plötzlich erkannte die Frau, daß sie das Halsband die ganze Zeit über um ihren Hals getragen hatte. Nun, das ist eine genaue Beschreibung des spirituellen Pfades. Du mußt Gott nicht extra finden, Du bist bereits Gott und Du warst es auch die ganze Zeit über. Es ist die irrsinnige Stimme des Egos oder unseres getrennten Verstandes, die uns in unserer Verblendung, Maya und Illusion gefangen hält.

Sai Baba sagt: "Euer Verstand erschafft die Begrenzungen und Euer Verstand erschafft die Befreiung daraus." Viele Menschen spielen die Wichtigkeit des Verstandes herunter, als ob er ohne Bedeutung wäre. So wie Sai Baba sagt, ist es Dein Verstand und die Art, wie Du mit ihm umgehst, die darüber entscheidet, ob Du die Befreiung erreichst oder weiter in Deiner Begrenzung lebst. Himmel und Hölle sind keine Orte, sondern zwei Zustandsformen des Verstandes. Wenn Dich das Ego leitet und Dein Lehrer ist, so findest Du Dich in der Hölle wieder. Wenn der Geist, oder das Seelenbewußtsein, Dein Lehrer ist, befindest Du Dich im Himmel. In seinen edlen Wahrheiten hat Buddha gesagt, daß alles Leiden aus falschen Betrachtungsweisen kommt.

Wie interpretierst Du Dein Leben? Interpretierst Du es durch die Brille Deines Egos oder aus der Perspektive des Buddha oder des Christus? Es ist wichtig zu verstehen, daß Du nicht nur mit Deinen Augen siehst, sondern auch durch Deinen Verstand und Dein Glaubenssystem. Die Hauptarbeit auf dem spirituellen Weg liegt in der Beseitigung aller negativen, egoistischen Glaubenssätze aus dem bewußten Verstand und aus dem Unterbewußtsein und sie durch die spirituellen Muster des Christus oder des Buddhas zu ersetzen. Der Rest dieses Kapitels wird Dir im Detail zeigen, wie man das am einfachsten macht.

Das Autoritätsproblem

Das Autoritätsproblem hat mit dem Kernthema zu tun, wer im Leben denn überhaupt die letztendliche Autorität ist. Der Kurs lehrt, daß die letztliche Autorität Gott ist, und es auch Gott war, der uns erschaffen hat. Das Ego erzählt uns, daß Gott nicht existiert, denn wir können ihn mit unseren physischen Augen nicht sehen. Daher kann er auch nicht unsere letzte Autorität sein. Das Ego erzählt uns, daß wir daher nur unser physischer Körper und nicht der Christus, der in diesem Körper lebt, sind. Die groteske Ansicht des Egos ist ziemlich offensichtlich, denn Gott hat uns erschaffen und wir haben unser Ego erschaffen, doch wir haben dem Ego die letztliche Autorität übertragen. Es ist Zeit für uns, unsere eigene Kraft und Autorität über uns selbst anzuerkennen und anzunehmen. Es ist Zeit für uns, die Meisterschaft über unseren Verstand, unsere Gefühle, unseren physischen Körper und unser Ego anzutreten.

Es ist nicht die Aufgabe Gottes, uns von unserem Ego zu befreien, denn das ist unser Job. Wir haben es erschaffen, also können wir uns auch wieder davon befreien. Er könnte es tun, aber das wäre, wie ein Kind zu gebären und dann alles für das Kind zu tun. Dies würde das Kind und den zukünftigen Jugendlichen völlig hilflos machen. Wenn Gott uns dies abnehmen würde, so wären wir vollkommen hilflos und es würde keinen Grund geben, sich in diese Schule des Erdenlebens zu inkarnieren. Gott braucht diese Lektionen nicht zu lernen, wir müssen es lernen! Eine der Lektionen des "Kurs in Wundern" ist: "Meine Rettung liegt an mir."
Gott hat uns bereits alles gegeben. Wir haben uns von ihm dadurch getrennt, daß wir auf die Stimme des Egos gehört haben. In Wahrheit waren wir zwar niemals getrennt, doch in unserem Bewußtsein, in unserer Wahrnehmung der Realität waren wir es doch. Das kann sehr leicht durch die Änderung unserer Gedanken verändert werden. Die Bibel sagt: "Durch die Erneuerung Eurer Gedanken sollt Ihr verändert werden." "Wie der Mensch denkt, so ist er." Ich glaube, es war Emerson, der gesagt hat: "Ein Mensch ist das, worüber er den ganzen Tag nachdenkt." Es ist Zeit für uns, aufzuwachen und aus dieser selbst erschaffenen Hölle unserer negativen Gedanken herauszukommen. Es ist Zeit, die Kontrolle über das Unterbewußtsein zu gewinnen und es dabei aufzuhalten, uns herumzustoßen. Es wurde geschaffen, um unser Diener zu sein und nicht unser Meister.

Wie erreicht man das?

Der Vorgang, um diese entsprechende Heilung zu erreichen ist tatsächlich sehr simpel. Was ich vorschlage ist, daß Du Dir vorstellst, von einer goldenen Lichtblase umgeben zu sein, die Dich vor der äußeren Welt und den anderen Menschen genauso beschützt, wie vor Deinem eigenen Unterbewußtsein. Mit anderen Worten, ich möchte, daß Du Dir vorstellst, daß sich alle Deine Gedanken, Gefühle, Emotionen, Wünsche und Bilder außerhalb dieser Blase befinden. Alles, was allgemein als der Inhalt Deines Bewußtseins bezeichnet wird, ist außerhalb dieser Blase.

Die Idee dahinter ist, daß jedesmal, wenn ein Gedanke, ein Gefühl oder ein Impuls aus Deinem Unterbewußtsein hochkommt, Du diesen am Tor zu Deiner Blase anhältst, so wie ein Wächter, der die Pässe kontrolliert. Wenn der Gedanke oder das Gefühl positiv, liebevoll, spirituell, ausgewogen, christusgleich und von Gott ist, so läßt Du ihn in die Blase und in Deinen Verstand dringen. Wenn der Gedanke, das Gefühl, der Impuls oder der Wunsch jedoch negativ, egoistisch, trennend, selbstsüchtig, ängstlich, unausgewogen ist und nicht von Gott kommt, so wirfst Du ihn aus Deinem Verstand. "Ein Kurs in Wundern" sagt: "Verbiete jedem Gedanken, der nicht von Gott kommt, Deinen Verstand zu betreten."

Du solltest verstehen, daß der Verstand wie der physische Körper arbeitet. Wenn Du in physischer Gesundheit bleiben möchtest, so mußt Du auch gesunde Nahrung zu Dir nehmen. Wenn Du minderwertige und chemisch behandelte Nahrung zu Dir nimmst, dann wirst Du physisch erkranken. Dasselbe trifft auf Deinen Verstand zu. Wenn Du mentale, emotionale und spirituelle Gesundheit wünschst, dann darfst Du nur positive, gottgleiche Gedanken in Deinem Verstand zulassen. Wenn Du negative, egoistische Gedanken in Deinen Verstand läßt, dann wirst Du auch mental oder emotional erkranken.
Es ist nicht die Aufgabe Gottes oder der Aufgestiegenen Meister, Deinen Verstand zu kontrollieren, es ist Deine Aufgabe. Eines der bedeutendsten Prinzipien des "Kurs in Wundern" ist, wachsam gegenüber Gott und seinem Königreich zu sein. Die meisten Menschen sind nicht genügend wachsam gegenüber ihrer mentalen und emotionalen Diät. Sie leben auf der Stufe eines automatischen Piloten, wie ich es nenne. Sie sind nicht bewußt, aufmerksam und wachsam gegenüber ihren Gefühlen und Gedanken, die sie in ihren Verstand von ihrem Unterbewußtsein und der äußeren Welt hereinlassen. Die meisten Menschen verfügen nicht über genügend Unabhängigkeit und spirituelles Unterscheidungsvermögen. Wenn Du einen Gedanken aus Deinem Verstand verdrängst, dann kann das mit einer Pflanze verglichen werden, die man nicht gießt. Schließlich vertrocknet sie aus Wassermangel. Schalte Deinen Verstand wie einen Fernsehsender in einen entgegengesetzten, spirituellen Kanal um, einen christusgleichen Gedanken, ein positives Gefühl oder Bild, nachdem Du den negativen Gedanken aus Deinem Verstand gedrängt hast. Dieser Vorgang ist wie das Säen eines neuen Samens in die Erde des Unterbewußtseins, von wo aus er keimt.

Das Gesetz des Verstandes besagt, daß es einundzwanzig Tage dauert, um eine neue Gewohnheit im Unterbewußtsein zu verankern. Nach einundzwanzig Tagen wirst Du automatisch mit Deinem Christusbewußtsein denken. Es wird nicht einmal schwierig sein. Es wird zur Gewohnheit. Viele Menschen glauben, daß Gewohnheiten immer etwas Schlechtes sind. Das stimmt nicht unbedingt. Die Idee dahinter ist, Dein Unterbewußtsein mit positiven, christusgleichen Gewohnheiten zu füllen, um es von den egoistischen Gewohnheiten zu befreien.

Jesus bezieht sich auf diese Prinzipien im Neuen Testament, als er mit seinen Jüngern umherwandert und einer seiner Jünger beginnt, sich über ihn zu beklagen. Jesus drehte sich um und erklärte: "Tritt hinter mich, Satan!" Er sagte "nein" zum Ego, das die fundamentalistische Kirche als Satan oder den Teufel bezeichnet. Ich kann nicht genug betonen, wie wichtig es ist, wachsam zu sein. Die Menschen der äußeren Welt sind zum Großteil sehr negativ, daher ist es notwendig, seine goldene Blase aufrechtzuerhalten, um diese Energie von sich zurückprallen oder wie das Wasser vom Rücken einer Ente abperlen zu lassen.

Du kannst ein Meister oder ein Opfer sein

Der Geist führt Dich zur Meisterschaft, das Ego führt Dich direkt in die Opferrolle. Wenn Du Dich in Deinem Meisterbewußtsein befindest, dann erkennst Du, daß Du die direkte Ursache und der Schöpfer Deiner Realität bist. Du erschaffst alles. Du erschaffst Deine Gedanken, Gefühle, Emotionen, Verhaltensmuster und Deine physische Gesundheit, sowie das, was Du in Deinem Leben anziehst. Dies beruht auf dem Hermetischen Gesetz: "Wie innen so außen, wie oben so unten."

Das, was Du in Deinem bewußten Verstand und in Deinem Unterbewußtsein denkst, wird sich wie ein Spiegel rund um Dich in den äußeren Umständen manifestieren. Die äußere Welt ist ein Spiegel der inneren Welt. Erinnere Dich daran, daß Du Mit-Schöpfer Gottes bist und nach seinem Bild geformt wurdest. Wenn Gott kein Opfer ist, so sind wir es auch nicht. Der Mikrokosmos ist gleich dem Makrokosmos. Sobald Du lernst, die Kontrolle über Deinen Verstand zu übernehmen, wirst Du auch der Kontrolle über Deine Gefühle und Emotionen fähig sein. Gefühle und Emotionen passieren nicht einfach, sondern werden durch das hervorgerufen, was Du denkst. Es gibt bestimmte Glaubensmuster,

die bestimmte Gefühle und Emotionen hervorrufen. Wenn Du lernst, von Deinem Christusbewußtsein aus zu denken, werden all Deine negativen Gefühle und Emotionen beginnen, sich aufzulösen. Es gibt eine Art des Denkens, die Dir die ganze Zeit über inneren Frieden, bedingungslose Liebe, Freude und Glück beschert. Nichts außerhalb von Dir verursacht einen bestimmten Gedanken oder ein gewisses Gefühl. Es ist Deine Interpretation, Dein Glauben und Deine Wahrnehmung der Situation, die Dich in dieser Art fühlen läßt. Beim Zusammenbruch der Börse im Jahre 1929 beispielsweise, beging ein Mensch durch den Sprung aus dem Fenster Selbstmord. Ein anderer hat durch den Börsenkrach Millionen verloren und gesagt: "Wie gewonnen, so zerronnen."
Zwei Männer gehen zur Arbeit und müssen zu Fuß ins zehnte Stockwerk hinaufgehen, weil der Lift außer Betrieb ist. Einer der beiden Männer flucht und schimpft und der andere sagt: "Toll, endlich wieder einmal eine Gelegenheit meinen Körper ein wenig zu trainieren." Wenn Du die Straße entlanggehst, kannst Du die anderen Menschen einfach nur als bedeutungslose Körper oder als Brüder und Schwestern einer viel größeren spirituellen Familie betrachten. Du siehst mit Deinem Verstand und nicht nur mit Deinen physischen Augen. Dein Verhalten wird ebenfalls durch Deine Gefühle bestimmt. Du tust niemals irgend etwas, dem nicht ein Gedanke oder ein Gefühl in Deinem Bewußtsein oder Deinem Unterbewußtsein vorangegangen wäre. Die Idee dahinter ist, Dein Unterbewußtsein vollkommen von allen negativen Programmen zu befreien. In einem späteren Kapitel dieses Buches werde ich Dir eine Fülle von Hilfsmitteln bereitstellen, um dies zu erreichen.

Wenn Du die Meisterschaft über Deine, wie sie Djwhal Khul bezeichnet hat, drei niederen Gefährte (mentaler, emotionaler und physischer Körper) und die Kontrolle über Dein negatives Ego erreichst, dann kommst Du in Übereinstimmung mit Deiner Seele und wirst schließlich bei der Dritten Einweihung mit ihr verschmelzen. Dies vermittelt Dir, bildlich gesprochen, den sogenannten "Midas touch", die Möglichkeit alles, was Du berührst, in Gold zu verwandeln, denn Du bist in Harmonie mit den Gesetzen Gottes. Wenn Du Dich noch weiter entwickelst, so wird sich Deine Ausrichtung von der Seele auf die Monade verschieben. Du verschmilzt mit Deiner Monade bei der Fünften Einweihung und bei der Sechsten Einweihung steigst Du auf.

Wenn diese Meisterschaft erreicht ist, dann kannst Du Dein Unterbewußtsein daraufhin programmieren, alles das für Dich anzuziehen, was Du brauchst. Das Unterbewußtsein arbeitet nach dem Gesetz der Anziehung und Abstoßung und des Magnetismus. Die Idee dahinter ist, das Unterbewußtsein bewußt mit positiven, christusgleichen Gedanken zu programmieren, die nur positive Dinge aus der äußeren Welt anziehen.
Die meisten Menschen können die gewaltige Kraft ihres Unterbewußtseins nicht anwenden. Das Umprogrammieren wird durch den Prozeß der Abweisung und Affirmation erreicht. Das Konzept dahinter ist, daß Du die negativen Gedanken abweist und fortwährend die positiven, spirituellen Gedanken als Affirmationen einsetzt. In dem Kapitel über das Umprogrammieren des Unterbewußtseins werde ich Dir sämtliche positive Affirmationen und Visualisierungen geben, mit denen Du arbeiten kannst und mit denen Du alles, was Du Dir erschaffen möchtest, in Deinem Leben erreichen kannst.

Krankheit ist eine Verteidigung gegenüber der Wahrheit

Alles, was Du tust, erzeugt entweder Krankheit oder Gesundheit in Deinem physischen Körper. Dein Unterbewußtsein lenkt Deinen physischen Körper. Das kann durch Hypnose bewiesen werden. Wenn Deine wahre Identität die des Christus ist, wie kannst Du dann krank werden. Gott ist nicht krank, also können wir in Wahrheit auch nicht krank werden.
Wir werden durch unseren Glauben daran und unsere Verhaftung in negativen, egoistischen Gedanken krank. Krankheit ist eine Verteidigung gegenüber der Wahrheit, denn die Wahrheit ist, daß wir Christus sind und nicht krank werden können. Wenn wir den Gedanken daran aufrechterhalten, so wird uns das Unterbewußtsein, das erfüllt, was man ihm aufgetragen hat, für immer gesund erhalten. Das beinhaltet auch den Alterungsprozeß. Wenn wir nicht glauben würden, altern zu müssen, so würden wir es auch nicht. Aufgestiegene Meister haben diese Tatsache, daß man für unendliche Zeit in seinem physischen Körper leben kann, oftmals bewiesen. Saint Germain lebte dreihundertfünfzig Jahre in Europa. Thoth lebte zweitausend Jahre in Atlantis und Ägypten. Physische Unsterblichkeit ist erreichbar, denn wie Du Dich erinnerst, sind wir Gott.

Ich möchte jedoch sagen, daß es noch immer nötig ist, sich gesund zu ernähren, sich körperlich zu betätigen und die physischen Gesetze Gottes zu befolgen, bis wir diesen Bewußtseinszustand bei der Sechsten Einweihung erreichen. Viele jüngere Seelen widersetzen sich den physischen Gesetzen Gottes auf einer Stufe ihrer spirituellen Evolution, auf der sie noch nicht fähig sind, auf dem Wasser zu gehen. Sie werden zu diesem Punkt kommen, doch bis sie dort sind, ist es sehr weise, die Gesetze Gottes auf der physischen, emotionalen, mentalen und spirituellen Ebene in einer ausgewogenen Art zu befolgen.
Der spirituelle Pfad ist ein Prozeß. Er vollzieht sich nicht in einem einzigen Augenblick. In einem heiligen Augenblick kannst Du vielleicht vollkommen erkennen, daß Du Christus und Gott bist, jedoch muß diese Erleuchtung auf der irdischen Ebene demonstriert, verankert und mit anderen geteilt werden. Der spirituelle Pfad führt nicht zwangsläufig direkt zu Gott, sondern stimmt uns eher immer höher, um das Bewußtsein dann wiederum zurück auf die Erde zu bringen. Der Plan Gottes ist, den Himmel auf die Erde zu bringen, und wir sind hier, um eine Brücke zwischen dem Geist und der Materie zu bilden. Wir sind hier, um die materielle Ebene zu spiritualisieren.

Die heilige Begegnung

Die heilige Begegnung ist die vielleicht herausragendste Idee, die in "Ein Kurs in Wundern" beschrieben wird. Die heilige Begegnung ist das Verständnis, daß, wann immer wir einem anderen Menschen in dieser Welt begegnen, es eine "heilige Begegnung" ist. Jede Begegnung mit einer anderen Person ist in Wahrheit das Treffen eines Christus mit einem anderen Christus oder das Treffen Gottes mit Gott. Jeder Mensch, dem Du begegnest ist, ob Du ihn kennst oder nicht, Gott, der Dir in physischer Form begegnet. In Wahrheit beinhaltet dieses Konzept auch alle Tiere, Pflanzen und ebenso das Mineralreich. Siehst Du nicht, daß es in diesem Universum nur ein einziges Wesen gibt, nämlich Gott? Gott hat sich in einer unendlichen Zahl von Formen inkarniert. Er ist in Dir und in mir genauso inkarniert, wie in den Tieren, Pflanzen, Steinen und allem anderen auch. Alles hat eine Seele.
Sai Baba hat gesagt, daß die schnellste Art Gott zu erkennen die ist, ihn in allem und jedem zu sehen. Wenn Du Gott finden möchtest, sieh ihn in Deinen Brüdern und Schwestern, denn er ist Dein Bruder und Deine Schwester. Das

kann sehr klar in unserer Sprache demonstriert werden. Wenn wir sprechen, dann sagen wir: "Ich fühle mich so und so", oder "ich gehe zum Einkaufen." Hast Du jemals darüber nachgedacht, wer dieses "ICH" eigentlich ist? Das "ICH" ist das göttliche Selbst, der Christus, Buddha, Atma oder das Ewige Selbst. Ganz gleich, welche Worte wir in unseren Sätzen verwenden, das "ICH" ist für jeden dasselbe. Das "ICH" unterliegt dem mentalen, emotionalen und physischen Körper oder Vehikel. Gott ist als das "Ewige Selbst" in allem und jedem inkarniert.

Wenn Du einen Menschen auf der Straße als einen Fremden siehst, dann betrachtest Du ihn durch die Augen Deines Egos. Ob Du es nun glaubst oder nicht, die Wahrheit ist, daß auch er Christus ist. Wenn Du ihn nicht in dieser Art sehen kannst, dann nimmst Du Dir die Möglichkeit, Gott in Dir selbst zu finden. Es ist nicht so, daß Du der entsprechenden Person damit einen Gefallen erweisen würdest, wenn Du sie in ihrer wahren Form siehst, sondern daß Du Dir selbst damit den größten Dienst erweist, denn die Welt ist ein Spiegel Deines Bewußtseins. Wenn Du Deinen Bruder als einen Fremden siehst, dann hast Du Gott in Dir selbst verloren.

Lord Maitreya hat diese Betrachtungsweise als die "richtige menschliche Beziehung" bezeichnet. Jesus Christus hat gesagt, daß das Gesetz Gottes in dem Satz zusammengefaßt werden kann: "Liebe den Herrn, Deinen Gott, von ganzem Herzen, ganzer Seele und Deinem ganzen Verstand und mit all Deiner Macht, und liebe Deinen Nächsten wie Dich selbst." Ich würde sogar so weit gehen, zu sagen, daß Dein Nächster Du selbst bist. Wenn Gott nur einen Sohn hat, dann sind wir alle Teil dieser Sohnschaft. Wir alle teilen dasselbe "ICH". Die Art, in der wir unsere Brüder und Schwestern sehen, ist sprichwörtlich die Art, mit der wir Gott und uns selbst behandeln.

Stelle Dir vor, daß Du die Straße entlanggehst und vor Dir Dein liebster spiritueller Meister spaziert. Es könnte Jesus Christus, Sai Baba, Djwhal Khul, Lord Maitreya, Saint Germain, Kuthumi, El Morya, Maria, Moses, Buddha, Kwan Yin oder irgend ein anderer sein. Wie würdest Du ihn auf der Straße behandeln, wenn Du auf ihn zugehst? Nun, wenn Du irgendeine Person, der Du in Deinem Leben begegnest, sei es ein Bettler oder Obdachloser, der Verkäufer im Supermarkt, der Tankwart, Deine Schwiegermutter, Dein Ehemann oder Deine Ehefrau in irgendeiner anderen Art behandelst, dann verpaßt Du den springenden Punkt und hast noch einige Arbeit an Deinem

Bewußtsein vor Dir. Es gibt absolut keinen Unterschied zwischen diesen Meistern und ihnen.
Jesus hat gesagt: "Alles was ich vollbringe, werdet auch ihr vollbringen und sogar noch mehr." Unsere Identität ist genau die Gleiche. Der einzige Unterschied ist, daß er es ein wenig besser demonstriert hat als wir. Gib niemals auf, denn wie Paramahansa Yogananda gesagt hat: "Ein Heiliger ist ein Sünder, der niemals aufgibt." Die Aufgestiegenen Meister hatten mit denselben Lektionen zu kämpfen, mit denen wir uns abmühen. "Ein Kurs in Wundern" nennt diese Art der Wahrnehmung die "unschuldige Wahrnehmung".

Das Ende ist unvermeidlich

Das Ende ist unvermeidlich, daß alle Söhne und Töchter Gottes schließlich wieder zu ihm zurückkehren. Kann Gott und Christus den Kampf gegen die Illusion und Maya verlieren? Wenn Du jemals entmutigt bist, solltest Du Dich das fragen. Kann Gott und Christus diesen Kampf verlieren? Vergiß nicht, daß das Ego nicht einmal wirklich existiert. Es ist lächerlich, sich darüber zu ärgern, denn in Wirklichkeit ist es gar nicht hier. Es ist nichts weiter als ein schlechter Traum, aus dem wir zu jeder Zeit erwachen können, wenn wir es wollen. "Nichts Wirkliches kann bedroht werden. Nichts Unwirkliches existiert. Hierin liegt der Frieden Gottes."

Das Ende dieser Reise und die Rückkehr zu Gott ist für alle Seelen unvermeidbar. Es ist nur eine Frage der Zeit. Sogar Menschen wie Hitler werden schließlich wieder zurück zu Gott finden. Er wird zwar zuerst sein Karma abzutragen haben, aber er wird genauso zurückkehren wie Du und ich. Der Zweck des "Kurs in Wundern" und der Zweck meines Buches ist, diese Zeit zu verkürzen. Wir leben in einer Periode der Geschichte, in der das, was zuvor vierzehn Jahre brauchte, in vierzehn Monaten erreicht werden kann. Noch nie zuvor in der Geschichte dieses Planeten hat es eine größere Gelegenheit zum spirituellen Wachstum gegeben. Der Schlüssel ist, sich selbst mit all seiner Kraft und Konzentration zu 100% dem spirituellen Pfad zu widmen. Du wirst erstaunt sein, was das für eine Transformation bewirken wird. Warum etwas auf eine zukünftige Inkarnation verschieben, wenn wir es auch jetzt tun können?

Sünde kontra Fehler

Es gibt so etwas wie die Sünde nicht, sondern nur Fehler. Die wahre Definition der Sünde ist: "Den Punkt zu verpassen." Verstehe bitte, daß Fehler etwas Positives und nichts Negatives sind. Du solltest nicht von Deinem Weg abkommen, um bewußt Fehler zu machen, aber wenn Dir trotzdem Fehler passieren, dann lerne daraus. Wenn Du einen Fehler begehst, halte inne und erkenne die Perle der Weisheit, die darin verborgen liegt. Lerne Deine Lektionen. Vergib Dir selbst und schreite weiter voran.

Der spirituelle Pfad ist wie das Erklettern eines Berges. Es geht vier Schritte vorwärts und drei zurück, sieben vorwärts und sechs zurück, fünf vorwärts und vier zurück. Diese Art Fortschritt ist es, in der wir alle wachsen. Einige Religionen betrachten die Sünde als einen Makel am Charakter oder wollen uns sogar eine Art Erbsünde einreden. Das ist absurd. Wir sind frei von jeder Sünde, denn wir sind alle Christus und das Ewige Selbst.

Alle Fehler wurden vergeben. "Ein Kurs in Wundern" behauptet: "Vergebung ist der Schlüssel zum Glück." Gott hat uns bereits alles vergeben. Wir sind es, die uns selbst vergeben und lernen müssen, auch unseren Brüdern und Schwestern zu vergeben. Erinnere Dich daran, daß Dir niemand ein Leid zugefügt hat, sondern daß Du es warst, der es zugelassen hat, und wenn Dir dies geschehen ist, hast Du es zum Wachstum Deiner Seele angezogen.

Bedingungslose Liebe kontra bedingter Liebe

Gott möchte, daß wir immer die bedingungslose Liebe praktizieren. Der Grund dafür ist, daß in Wahrheit jeder Mensch Christus ist, auch wenn seine Gedanken, Gefühle und sein Verhalten dies nicht unbedingt widerspiegeln. Jesus hat im Neuen Testament gesagt: "Liebet eure Feinde." Das ist eine der wirklichen Prüfungen und Einweihungen des spirituellen Pfades. Es ist unsere Lektion, die unschuldige Wahrnehmung und Verzeihung zu praktizieren, denn was wir aussenden ist das, was wir wieder zurückbekommen. Wenn wir Gott möchten, dann müssen wir Gott geben, sonst werden wir ihn nicht wahrnehmen.

Jeder ist Gott, doch wir nehmen Gott nicht alle in unseren Gedanken, Gefühlen und Taten wahr. Die Erde ist eine Schule, in der wir Gott in unserem täglichen

Leben erkennen können. So vieles auf dem spirituellen Pfad hängt von den scheinbaren Kleinigkeiten ab. Wie Du zum Beispiel Deinen Nächsten behandelst oder wie Du Deinen Tag beginnst. Bedingte Liebe gibt den Personen gewisse Bedingungen vor, die sie erfüllen müssen, um geliebt zu werden. Das Ego wird Dir erzählen, daß Du diesen Menschen verletzen mußt, um Dir selbst zu helfen. In Wahrheit verletzt Du nicht nur den anderen, sondern auch Dich selbst.
Eines der Grundprinzipien des "Kurs in Wundern" ist, die Gedanken des Angriffs aufzugeben. Entweder liebst Du oder Du greifst an. Es gibt keine neutralen Gedanken, behauptet der Kurs. Wenn Du bedingte Liebe demonstrierst, dann ist dies ein unbewußter Angriff und auf einer energetischen Ebene erfährt die andere Person diese Attacke. Es ist wie ein negativer Pfeil, der ihre Aura durchdringt. Wenn die betreffende Person schwach oder ein Opfer ist, dann kann dies eine sehr nachhaltige Auswirkung auf sie haben, denn erinnere Dich daran, daß aller Geist miteinander verbunden ist. Deine Gedanken sind nicht der Inhalt Deines physischen Körpers. In Wahrheit ist gerade das Gegenteil der Fall. Der zweite Punkt in bezug auf die andere Person ist, daß sich Gedanken oder Gefühle, gleich ob positiver oder negativer Art, auf ihr Energiefeld niederschlagen.

Deine bedingte Liebe hat Dich auch von Gott getrennt. Du bist nicht wirklich getrennt. Nur durch Dein eigenes Bewußtsein erfährst Du diese Trennung. Erinnere Dich in jeder Situation in Deinem Leben daran, daß es ein angemessenes Agieren oder ein unangemessenes Reagieren gibt. Wenn Du agierst, dann verwirklichst Du dadurch Gott. Wenn Du reagierst, dann verwirklichst Du Dein Ego. Wenn Du einen Fehler begehst, halte inne und erkenne die Perle der Weisheit, die darin verborgen liegt, lerne die Lektion, vergib Dir und entscheide Dich nochmals neu. Wenn Du wachsam und konzentriert bleibst, dann wirst Du die Gewohnheit entwickeln, bedingungslos zu lieben. Frage Dich in jeder Situation Deines Lebens: "Will ich mich wie Gott oder wie mein Ego in dieser Situation verhalten?" Wenn Du Dir diese Frage aufrichtig stellst, wirst Du es unmöglich finden, Dein Ego zu wählen. Übung macht den Meister!

Besser oder Schlechter kontra Gleichheit

Das Ego wird Dir erzählen, daß Du viel besser oder schlechter bist als alle anderen oder sogar beides. Das ist ein wirklich verflixter Zustand des Verstandes, in dem man sich befindet und es ist erstaunlich, wie viele Menschen unbewußt in diesem Spiel des Egos gefangen sind. Der Geist erzählt uns, daß wir alle gleich sind, denn in Wahrheit sind wir alle Christus. Die Menschen mögen auf unterschiedlichen Ebenen sein, diese Wahrheit zu demonstrieren, doch das "ICH" in Dir ist dasselbe, wie das "ICH" in mir. Wann immer Du Dich mit anderen vergleichst, hat das Ego Dich gefangen. Du solltest Dich niemals mit anderen Menschen vergleichen, sondern nur mit Dir selbst. Wenn Du Deinen Fortschritt betrachtest, den Du durch Dich selbst und nicht durch andere errungen hast, bin ich mir sicher, daß Du Dich gut dabei fühlst. Wann immer die Dynamik des besser oder schlechter in Deinen Verstand kommt, tue das, was Fritz Pearls geraten hat: "Lache es aus Dir heraus." Der Kurs nennt dies, Größe zu besitzen, aber nicht Größenwahn.

Die Bedeutung der Kreuzigung

In "Ein Kurs in Wundern" gibt Jesus eine faszinierende Erklärung über die Bedeutung der Kreuzigung. Was er sagt ist, daß die Kreuzigung nichts anderes war, als eine extreme Lektion der Liebe und des Verzeihens. Er ist nicht für unsere Sünden gestorben, denn wir haben keinerlei Sünden. Was er, in dieser sicherlich sehr extremen Lektion, demonstriert hat war, daß ein Mensch gefoltert, geschlagen, gekreuzigt und getötet werden kann und doch dabei in Liebe und Verzeihung verbleibt. Denn hat er nicht gesagt: "Vater vergib ihnen, denn sie wissen nicht, was sie tun." Er ist durch diese extremste aller Lektionen gegangen, auf daß niemand sagen kann, daß seine Lektion schlimmer ist, als die von Jesus.

Er hat sich dieser extremen Herausforderung gestellt, um uns zu beweisen, daß Vergebung selbst unter diesen aller extremsten Umständen möglich ist. Wenn Jesus, der Christus, unter diesen Umständen dazu fähig war, dann können wir doch sicherlich unserer Schwiegermutter, unserem Chef, unseren Eltern und Freunden oder unseren Geschäftspartnern vergeben.

Liebe oder Schuld finden

Der Geist möchte, daß wir das Positive und Gute, sowie die Unschuld in den anderen Menschen erkennen und sehen. Das Ego lehrt und führt uns dazu, das Negative zu suchen. Das Ego macht dies, um die anderen Menschen zu diskriminieren, um sich selbst dadurch besser zu fühlen. Die Philosophie des Geistes ist eher eine gewinnen-gewinnen Philosophie, als eine gewinnen-verlieren Philosophie. Warum können wir nicht alle gewinnen? Wäre es nicht eine bessere Art zu leben, wenn wir alle nur Gewinner wären?
Du wirst das finden, wonach Du suchst, und Du wirst das sehen, worauf Du Deine Aufmerksamkeit lenkst. Siehst Du Schuld und Verurteilung, dann verurteilst Du Dich in Wahrheit selbst, denn was Du in anderen siehst, ist nur ein Spiegel Deines eigenen Bewußtseins. Siehst Du nur Gott, Liebe und Segen, dann wird es genau das sein, was Du Dir selbst gibst. Ob Du dies nun siehst oder nicht, es ist das, was da ist, denn es ist das, was Gott erschaffen hat. Deine verfälschte Wahrnehmung erschafft nicht die Wahrheit, sondern nur die Realität, in der Du lebst. Siehst Du die Herrlichkeit, die Gott für Dich erschaffen hat? Wenn Du Schuld gibst, dann erschaffst Du die Trennung von Gott und Deinen Brüdern. Der Geist führt uns für alle Zeiten in einen Zustand der Einheit, denn alles ist Gott.
Im Neuen Testament sagt Jesus: "Richte nicht, auf daß auch du nicht gerichtet wirst." "Derjenige, der von euch ohne Sünde ist, werfe den ersten Stein." "Warum kümmerst du dich um den Splitter im Auge deines Bruders und bemerkst nicht den Balken in deinem eigenen?" Der Balken von dem Jesus gesprochen hat, ist der Balken des Egos oder des niederen Selbst.

Wahrnehmung kontra Wissen

Alle Formen der Wahrnehmung sind nach "Ein Kurs in Wundern" eine Art von Traum. Gott möchte, daß wir in einem schönen, glücklichen Traum des Christusbewußtseins leben, das ein perfekter Spiegel dessen ist, was Jesus als Wissen bezeichnet hat. Jesus sagt, wenn man den Christustraum oder die Christuswahrnehmung lebt, dann gibt es eine Verwandlung in das reine Wissen, die unausweichlich stattfindet.

Buße

Buße ist der Vorgang, bei dem man nicht länger das Ego lebt und damit in den Geist zurückkehrt. Der Heilige Geist und/oder die Seele dienen uns zusammen mit den Aufgestiegenen Meistern als Führer.

Lehren und Lektionen kontra Probleme

Es ist wichtig zu erkennen, daß alles, was im Leben passiert, eine Lektion, eine Herausforderung und Gelegenheit zum Wachsen ist. Edgar Cayce hat sich darauf bezogen, als er sagte, daß alles was geschieht, eine Stufe für das Wachstum der Seele ist. Paul Solomon hat gesagt, daß die richtige Einstellung gegenüber allem, was im Leben geschieht, die ist: "Nicht mein Wille geschehe, sondern Deiner. Danke für diese Lektion." Alles was geschieht ist ein Geschenk. Es würde nicht zu uns kommen, wenn wir daraus nicht etwas zu lernen hätten. Alles was auf uns zukommt, ist unser eigenes Karma und etwas, was wir selbst entweder in diesem oder einem vergangenen Leben in Gang gebracht haben. Unsere Lektion besteht darin, es willkommen zu heißen, unsere eigene Kraft zu sammeln und entsprechend mit ihm umzugehen.

Persönliche Kraft kontra Kraftlosigkeit

Ein spiritueller Meister und gottverwirklichtes Wesen lebt die ganze Zeit über im Zustand der uneingeschränkten persönlichen Macht. Die meisten Menschen besitzen nur in Notfallsituationen ihre Kraft, oder dann, wenn sie zur Arbeit gehen. Wenn Du Deine persönliche Kraft nicht in Anspruch nimmst, so gibst Du diese ab. Du gibst sie entweder an andere Menschen oder an Dein Unterbewußtsein.

Meiner persönlichen Meinung nach gibt es zwei Schlüssel zur psychologischen Gesundheit. Einer davon ist der Besitz der persönlichen Kraft und der andere Selbstliebe. Wenn Du keine persönliche Kraft hast, so wird Dein Leben von fast allem, was in diesem Universum außerhalb von Dir existiert, bestimmt werden. Das beinhaltet alle möglichen nicht inkarnierten Geister, andere Menschen, das

Wetter, Dein Biorhythmus, Dein Ego, die Schwarze Bruderschaft, Deine Gedanken, Gefühle, Emotionen, Wünsche, Impulse, Deinen physischen Körper, Dein Karma und das Massenbewußtsein.

Ich hoffe Du siehst, wie gefährlich es sein kann, nicht seine persönliche Kraft zu besitzen. Edgar Cayce hat gesagt, daß Deine persönliche Kraft oder Dein Wille, die stärkste Kraft in diesem Universum ist. Du hast vielleicht schon den Ausdruck gehört: "Ein untätiger Verstand ist die Werkstätte des Teufels." Die meisten Menschen haben zwar ein Bewußtsein, jedoch keine persönliche Kraft. Eine erweiterte Anwendung der persönlichen Kraft ist die Selbstdisziplin, die viele Menschen ebenfalls nicht haben. Du wirst auf Deinem spirituellen Pfad niemals fortschreiten, wenn Du keine persönliche Kraft oder Selbstdisziplin hast. Deine Kraft ist eine Eigenschaft oder ein Zustand Deines Bewußtseins, den es jeden Morgen, noch bevor Du Deinen Tag beginnst, zu kultivieren gilt. Das verstärkt Deine Ideale. Teil davon, seine persönliche Kraft zu beanspruchen ist, sehr entschlossen in allem zu sein, was man tut, auch wenn man sich manchmal falsch entscheidet. Du solltest nicht länger zu den unentschlossenen Menschen gehören.
Edgar Cayce hat die persönliche Kraft auch gelegentlich als positiven Ärger bezeichnet. Der Ärger kommt vom Ego und er besitzt eine enorme Kraft, die man in positiven Ärger oder persönliche Kraft kanalisieren sollte. Die Erde ist eine schwierige Schule und wir müssen manchmal sehr zäh im Leben sein, um nicht überwältigt zu werden. Wir müssen wie spirituelle Krieger sein. Eine geeignete Eigenschaft im Leben ist die der "harten, widerstandsfähigen Liebe".
In der Bhagavad Gita, der Geschichte Krishnas (Lord Maitreya), steht folgende Geschichte: Arjuna, Krishna´s Jünger, war auf dem Schlachtfeld und bereit, die böse Armee des Feindes zu schlagen, als er plötzlich vollkommen seine Spiritualität verlor und in sein Ego zurückfiel. Arjuna war das Oberhaupt der rechtschaffenen Armee der Menschen und alle Soldaten waren von ihm abhängig.

Krishna, Arjuna´s Wohltäter und spiritueller Meister, begann Arjuna über diese Narretei zu belehren, seine Kraft und die Kontrolle über seine Energien zu verlieren, in dem er sie seinem Ego gegeben hat. So wie ich es in diesem Buch mit Dir versuche, erleuchtete Krishna Arjuna in den spirituellen Mysterien durch meinen Lieblingsausspruch der Bhagavad Gita. Krishna sagte nach einer langen Standpauke zu Arjuna: "Steh auf, lege deine Feigheit ab und kämpfe.

Dein Selbstmitleid und deine Nachgiebigkeit stehen einer solch großen Seele, wie du es bist, nicht zu." Arjuna wurde durch den spirituellen Lehrgang Krishnas erweckt, beanspruchte seine persönliche Kraft wieder und führte seine Männer zum Sieg in dieser Schlacht. Krishna´s Ausspruch trifft auf jeden von uns in unserem täglichen Leben zu.

Zu haben bedeutet, allen alles zu geben

Zu haben bedeutet, allen alles zu geben. Das ist eine Botschaft dieses Kurses, denn was Du hast ist in Wahrheit das, was Du bereit bist, zu geben. Was Du vor Deinen Brüdern und Schwestern zurückhältst ist das, was Du vor Dir selbst und vor Gott zurückhältst. Wenn man alles hat, so muß man auch bereit sein, alles zu geben, denn die Wahrheit ist, daß Du ja bereits alles bist und hast. Du warst immer alles und wirst immer alles sein. Es ist nur der Glaube Deines Egos, als Dein Lehrer und Führer, daß Du irgend etwas anderes denkst.

Es gibt nur zwei Emotionen

Der Kurs lehrt, daß es nur zwei Emotionen gibt: Liebe und Angst. Alle anderen Emotionen lassen sich auf diesen Kern zurückführen. Angst ist der Zustand des Egos und Liebe ist der Zustand des Geistes. Wenn jemand seinen Gedanken des Angriffs nachgibt, so wird er nach dem Gesetz des Karmas mit der Angst davor, angegriffen zu werden, leben müssen. Wenn Du angreifst, dann wirst Du ängstlich sein, denn Du wirst auch von anderen Menschen erwarten, daß diese Dich angreifen. Das ist die Ursache Deiner Furcht. Wenn Du in Liebe lebst, so kannst Du nach dem Gesetz des Karmas auch erwarten, daß Liebe auf Dich zurückkommt. Der Kurs lehrt, daß Angriff ein Schrei nach Liebe ist. Wir müssen hinter den Gedanken des Angriffs blicken, um zu sehen, daß der Mensch der angreift, wirklich in Angst lebt. Angst ist ein Zeichen dafür, daß jemand in Mangel an Liebe lebt, Mangel an Selbstliebe und Mangel, sich selbst zu gestatten, die Liebe Gottes zu erfahren. Sagt nicht die Bibel schon: "Vollkommene Liebe ist frei von Furcht."

Vergangenheit und Zukunft kontra dem ewigen Jetzt

Eine der tiefgreifendsten Erkenntnisse bei meinem Studium des "Kurs in Wundern" war das Verständnis darüber, was die Vergangenheit und die Zukunft wirklich sind. Wenn Du über die Vergangenheit nachdenkst, was ist sie? Sie ist eine Erinnerung. Doch was ist eine Erinnerung? Eine Erinnerung ist ein Bild in Deinem Verstand. Was ist ein Bild? Ein Bild ist ein Gedanke. Das bedeutet demnach, daß die Vergangenheit vollkommen unter unserer Kontrolle ist, denn sie ist nichts anderes als ein Bild oder Gedanke in unserem Verstand, und unsere Gedanken und Bilder unterliegen vollkommen unserer Kontrolle. Dasselbe trifft auch auf die Zukunft zu. Die Zukunft ist nichts anderes als Gedanken und Bilder in unserem Verstand, die entweder positiver oder negativer Natur sind. Diese Natur bestimmt, ob wir uns auf sie freuen oder uns vor ihr fürchten. Das bedeutet, daß unsere Zukunft völlig in unserer Hand und Kontrolle liegt.

Alles, was wirklich existiert, ist das Jetzt. Wir müssen nicht länger ein Opfer unserer Vergangenheit sein oder uns Sorgen machen über die Zukunft, denn es ist alles nur innerhalb unseres Verstandes. Die richtige Einstellung gegenüber der Vergangenheit ist die, die Perle der Weisheit aus den vergangenen Fehlern zu suchen und dann die positiven Erinnerungen zu behalten und alles andere zu vergessen. In bezug auf die Zukunft ist die richtige Perspektive, sie in einer kreativen Art, die uns selbst dient, zu planen und den Rest Gott zu überlassen. Edgar Cayce hat gesagt: "Warum sich sorgen, solange man beten kann." Ich möchte dem noch etwas hinzufügen: "Warum sich sorgen, solange man beten, seine persönliche Kraft beanspruchen und Affirmationen und Visualisierungen benutzen kann, um alles, was man braucht, anzuziehen."

In diesem heiligen Augenblick bin ich der Christus und Du bist der Christus. Wir sind eins miteinander und eins mit Gott. Der Sündenfall hat sich niemals ereignet, wir haben nur lange Zeit geglaubt, daß er sich ereignet hat. Wir sind und haben alles, denn wir sind Gott. Der verlorene Sohn und die verlorene Tochter sind nach Hause zurückgekehrt, denn Gott hat uns niemals etwas weggenommen. Wir waren und sind immer das, was Gott erschaffen hat - der vollkommene Christus. Er hat nur darauf gewartet, daß wir unser Erbe wieder beanspruchen, das uns immer zustand.

Die zwei wichtigsten Beziehungen

Die zwei wichtigsten Beziehungen in unserem Leben sind die Beziehung zu uns selbst und die Beziehung zu Gott. In Wahrheit ist die Beziehung zu uns selbst noch ein wenig wichtiger als die Beziehung zu Gott. Solange Du mit Dir selbst nicht im klaren bist, lebst Du immer von Deinem Ego aus und wirst diese falsche Beziehung auf Dich selbst und alles andere in Deinem Leben, inklusive Deiner Beziehung zu Gott, projizieren. Das ist der Grund des zornigen Gottes der Juden im Alten Testament. Es ist auch der Grund für das Konzept der Erbsünde, der Idee, daß wir alle wertlose, sündige Würmer sind.
Dieses Konzept ist bis zu einem gewissen Grad ebenso in den islamischen Religionen aufgetreten. Es ist genau das, was passiert, wenn dem Ego gestattet wird, die Heiligen Schriften zu interpretieren. Es ist seit über zweitausend Jahren das Spiel der "Stillen Post". Die Meister wie Jesus, Mohammed und Moses haben zu ihren Schülern und Jüngern, die noch nicht auf ihrer Stufe waren, etwas Bestimmtes gesagt, und die Verbreitung der Nachricht über zweitausend Jahre hinweg, hat zur völligen Verdrehung der Wahrheit geführt. Das soll keine Verurteilung darüber sein, sondern nur eine Aussage, die zu denken geben sollte.

Bindungen kontra Vorlieben

Das Ego hat sich an alles gebunden. Wie Buddha sagte: "All euer Leiden kommt von euren Bindungen." Das ist eine sehr wichtige Aussage Buddhas, denn das, was er damit sagen möchte ist, daß, wenn wir unsere Bindungen aufgeben und uns von ihnen lösen, wir keinerlei Leid mehr erfahren werden. Es sind nicht die Dinge außerhalb von uns, die unser Leid verursachen. Es ist unsere Bindung und unsere Sucht nach den äußeren Dingen, die unser Leiden verursacht.
Der Geist führt uns dahin, eher Vorlieben als Bindungen zu haben. Bindung ist eine Eigenschaft, die Depression oder Ärger verursacht, wenn man dasjenige nicht hat oder bekommt. Eine Vorliebe ist eine Eigenschaft, die uns in jedem Fall glücklich bleiben läßt. Du ziehst es vor, ins Kino zu gehen, doch ob Du tatsächlich dort hingehst oder nicht, hat keinen Einfluß auf Deinen Gemütszustand. Das ist ein sehr bedeutendes Konzept, das ich mit Dir teile.

Wenn Du alle Deine Bindungen aufgeben könntest, würdest Du Dich augenblicklich in einem Zustand des inneren Friedens befinden. Einige spirituelle Menschen glauben, daß es ihnen nicht einmal gestattet ist, Vorlieben zu haben, doch ich behaupte hier, daß dies ein falsches Glaubensmuster von ihnen ist.

Es ist sehr wichtig, daß wir in unserem Leben Vorlieben haben und diesen Vorlieben mit unserem ganzen Herzen, unserer Seele, unserem Verstand und unserer Kraft folgen, doch wenn sie sich nicht verwirklichen lassen, dann mußt Du schon im voraus in Deinem Verstand festhalten, daß Du in jedem Fall Deine Freude nicht verlierst. Wenn Du das tust, dann wird Glück eher zu einem Zustand Deines Bewußtseins, als eine Bedingung außerhalb von Dir selbst. Die Freude und das Glück, nach dem so viele streben, liegen in einer bestimmten Art der Betrachtung des Lebens. Wir sind in diesem Zustand geboren, doch durch die Programmierung unseres negativen Egos trennen wir uns von diesem natürlichen Zustand des Seins.

Die Transzendenz der Dualität

Eine der grundsätzlichsten Lehren aller östlichen Religionen ist die Transzendenz der Dualität. Dualität könnte eine andere Bezeichnung für das Ego sein. Ideal wäre es zu lernen, die ganze Zeit hindurch mehr im Zustand des Gleichmuts und der Gelassenheit zu leben. Das Ziel ist, diesen Zustand der Gelassenheit und des Gleichmuts immer aufrechtzuerhalten. Egal, ob man gewinnt oder verliert, Lust oder Schmerz erfährt, Krankheit oder Gesundheit, Sieg oder Niederlage, Anerkennung oder Kritik, ob die Sonne scheint oder ob es regnet. Es ist in Ordnung, Vorlieben zu haben, doch auch wenn Du diese nicht verwirklichen kannst, sollte Dein Grundzustand der der Freude und des inneren Friedens sein.

Die Einweihung des Hiob

Die Einweihung des Hiob ist eine Prüfung, der sich jeder an irgendeinem Punkt auf seinem spirituellen Pfad einmal unterzieht. Es ist eigentlich die letzte

Prüfung Deines spirituellen Vertrauens und Deiner Aufrichtigkeit gegenüber Gott. Die Geschichte von Hiob erzählt, daß er ein rechtschaffener Mann Gottes war, eine Familie und Kinder hatte, einen großen Bauernhof und materiellen Wohlstand.

Eines Tages kam der Satan zu Gott und sprach: "Sicherlich, Hiob ist ein rechtschaffener Mann. Du hast ihm alles gegeben. Nimm seinen Wohlstand hinweg und laß uns sehen, ob er dann noch immer so rechtschaffen ist." Gott erwiderte: "Ich habe Vertrauen in Hiob. Nimm seinen Wohlstand hinweg." Der Satan tat, wie ihm geheißen wurde und zu seinem großen Erstaunen blieb Hiob weiterhin so rechtschaffen. Dann kam der Satan verlegen zu Gott zurück und sagte: "Ich bin beeindruckt! Doch laßt uns nun seine Frau und seine Kinder hinfortnehmen und uns sehen, ob er dann noch immer so rechtschaffen ist." Gott sprach: "So sei es." Bald darauf wurde Hiob von seiner Frau verlassen, die die Kinder mit sich nahm und er wurde geschieden. Erstaunlich genug, blieb er weiterhin so rechtschaffen. Der Satan war wirklich entsetzt und schlug vor, noch einen weiteren Versuch zu unternehmen. Wenn Hiob diesem immer noch widerstehen sollte, so würde er zugeben, daß Gott schon immer recht gehabt hätte.

Der Satan sprach: "Für diesen letzten Test, laßt uns seine Gesundheit hinwegnehmen." Gott antwortete: "In Ordnung, du kannst ihm seine physische Gesundheit wegnehmen, doch du darfst ihn nicht töten." Der Satan stimmte dieser Bedingung zu und schon bald war es vorbei mit der Gesundheit von Hiob. Er litt unter furchtbaren Furunkeln und war ständig müde. Er fühlte sich als ganzes nicht so recht wohl. Das war für Hiob der Tropfen, der das Faß zum überlaufen brachte und er verlor vollkommen seine ehemalige Rechtschaffenheit.

Er wurde wütend, verbittert und deprimiert. Seine Freunde versuchten ihn aufzuheitern, doch sie vermochten nichts gegen seinen Ärger auszurichten. Hiob´s Einstellung war, daß er ein rechtschaffener Mann und ein guter Mensch in den Augen Gottes war und sah nun mit an, wie er diese Herausforderungen und diesen Kummer erleben mußte. Dieser schreckliche Zustand lastete für mehrere Jahre auf Hiob als plötzlich eines Tages, in einem stillen Moment ein Wirbelwind aus Licht um Hiob herum erschien, in sein Kronenchakra drang und Gott zu ihm sprach.

Gott teilte Hiob mit, daß dies alles eine Prüfung für seinen Charakter gewesen war, für seine Tugend und Rechtschaffenheit vor Gott. Er erklärte ihm, daß jeder an Gott glauben und ihn verehren könnte, solange die Dinge gut laufen,

doch wie ist es, wenn die Dinge nicht so gut laufen und die gesamte äußere Unterstützung wegfällt?
Hiob hörte die Wahrheit von dem was Gott ihm zu sagen hatte und er erwachte aus diesem Traum, so wie Arjuna von Krishna in der Bhagavad Gita erweckt wurde. Hiob sagte daraufhin eine der bewegendsten Aussagen der gesamten Bibel:

"Nackt bin ich auf die Welt gekommen,
nackt geh ich wieder von ihr fort.
Der Herr gibt alles,
er kann es auch nehmen.
Ich will ihn preisen, was immer er tut!"

Hiob hatte seine Rechtschaffenheit wiedergefunden. Seine Gesundheit kehrte wieder, seine Frau und seine Kinder kehrten zurück und sein Wohlstand vervielfältigte sich hundertfach. Hiob ging weiter und sagte: "Auch wenn ich sterben sollte, so werde ich dennoch rechtschaffen im Herrn bleiben." Ich glaube, daß die Bedeutung dieser Geschichte offensichtlich ist. Ich möchte wetten, daß viele Menschen, die dieses Buch lesen, schon in irgendeiner Form durch die Einweihung des Hiob gegangen sind. Vergiß niemals, daß alles, was in Deinem Leben geschieht, eine spirituelle Prüfung Deines Charakters und der Rechtschaffenheit im Herrn ist.

Erinnere Dich, wodurch Jesus gegangen ist. Egal, welche Herausforderung es ist, ich fordere Dich heraus, Dein Vertrauen und Deine Rechtschaffenheit aufrechtzuerhalten, sei es bei gesundheitlichen oder finanziellen Herausforderungen, durch den Tod eines geliebten Menschen oder dem Ende einer Beziehung, bei mentalen oder emotionalen Herausforderungen. Halte Dich an Deiner persönlichen Kraft, Deinen Idealen und Deinem Glauben fest, denn hat Jesus nicht einst gesagt: "Habt Vertrauen bis in den Tod und ich werde euch die Krone des Lebens geben."

Optimismus kontra Pessimismus

Die spirituelle Einstellung dem Leben gegenüber ist, die ganze Zeit optimistisch zu sein. Du kannst einen Menschen mit dieser positiven Einstellung nehmen und ihn in eine schlimme Situation bringen, und er wird vielleicht sogar ein wenig aus dem Gleichgewicht geraten, aber er wird bestimmt wieder glücklich werden. Auf der anderen Seite kannst Du einen Menschen mit der negativen Eigenschaft des Pessimismus nehmen und ihn in die beste Situation bringen, die sich ein Mensch nur wünschen kann, dann wird er zwar für ein Weilchen glücklich sein, jedoch schon nach kurzer Zeit wieder in sein altes Muster zurückfallen.
Teil der Aufgabe in unserem Leben ist es, Freude und Glück zu verbreiten. Krankheit kann sehr ansteckend sein für Menschen, die sich als Opfer fühlen und eine schwache Widerstandskraft haben. So viele Menschen leben in einem Opferbewußtsein, also warum solltest Du nicht einmal ein Opfer von Freude und Glück werden. Die Aufgabe des Lebens besteht darin, Freude, Glück, Güte und Segen überall hin zu bringen, so daß, wenn Du diese Welt verläßt, sie für diejenigen die zurückbleiben, zu einem besseren Ort geworden ist.

Der Zweck des Egos kontra dem Zweck des Geistes

Der Zweck des Egos besteht in unserem Leben aus Hedonismus, dem Streben nach Lust, der Befriedigung fleischlicher Begierden, Recht zu haben, materiellem Wohlstand und eher die Kontrolle über andere, als die Kontrolle über sich selbst zu haben. Die Antwort des Geistes darauf gibt uns die Bibel: "Warum wollt ihr die ganze Welt besitzen, wenn ihr dabei eure Seele verliert?" Der spirituelle Zweck des Lebens ist, die Befreiung vom Rad der Wiedergeburt zu erreichen, Gott zu verwirklichen, ein Aufgestiegener Meister zu werden und der Menschheit zu dienen. Hat nicht Jesus schon gesagt: "Der Größte unter euch ist der Diener von allen." Der spirituelle Zweck des Lebens bedeutet auch glücklich zu sein und in einer ausgewogenen Beziehung zu seinem spirituellen Wachstum das Leben zu genießen.

"Ein Kurs in Wundern" sagt, daß es die höchste Freude ist, Gott zu dienen. Ich weiß, daß dies für mich wahr ist. Solange ich Gott diene, bin ich glücklich. Alles was ich in meinem Leben tue, bedeutet für mich, Gott zu dienen, solange ich es mit dieser Absicht und Einstellung tue.

Armutsbewußtsein kontra Wohlstandsbewußtsein

Die Interpretation des Lebens aus der Sicht des Egos beruht auf der Annahme des Mangels und von dem gibt es niemals genug. Das Ego lehrt entweder, daß die Wurzel allen Übels das Geld ist oder es dreht die Sache um und behauptet, daß Geld die Antwort auf alle Probleme ist. Das Ego ist von ziemlich gehässiger Natur und sendet eine Botschaft des totalen Mangels an Selbstwert, Schuld und der Unwürdigkeit von Besitz und Geld aus. Der Geist betrachtet das gesamte Universum als einen Ausdruck des Überflusses, mit genügend für alle und ohne der Notwendigkeit des negativen Konkurrenzkampfes. Die Haltung des Geistes ist, daß ein Mensch der reichste Mann der Welt sein kann und zugleich auch der höchst spirituelle. Geld, an und für sich, ist göttlich. Es ist die Art des Umgangs damit, die darüber entscheidet, ob es gut oder schlecht ist. Der Geist führt Dich dazu, das Geld zu mögen und so viel wie möglich zu verdienen, so daß es für physische Veränderungen auf der Erde zu einem spirituellen Zweck verwendet werden kann. Je mehr Geld Du hast, desto mehr kannst Du es für karitative Zwecke verwenden oder damit spirituelle Zentren und Institutionen aufbauen.

Ein Mensch, der im Wohlstandsbewußtsein lebt weiß, daß er sich wann und wo immer es auch nötig ist, entweder den entsprechenden Job, ein Geschäft oder die Gelegenheiten manifestieren kann, um jederzeit genügend Geld zu erhalten. Es gibt viele Menschen auf dieser Welt, die Millionäre sind, jedoch ein völliges Armutsbewußtsein haben und deshalb werden sie wahrscheinlich letztendlich diesen Wohlstand wieder verlieren. Wer ist reicher? Eine Frau, die mit ihren sieben Kindern in einem Ghetto lebt und das totale Vertrauen hat, daß Gott sie mit allem versorgen wird, was sie wirklich braucht, ein Multimillionär, der geizig ist, sich ständig um seinen Besitz sorgt und der seine Kunden und Geschäftspartner andauernd betrügt oder ein Millionär, der ein Füllebewußtsein hat und darüber spricht, seinen Wohlstand zu verlieren und sich darüber keinerlei Sorgen macht, weil er weiß, daß er jederzeit alles wieder zurückgewinnen kann?

Du bist wohlhabend, wenn Du wirklich weißt, daß Gott, Deine persönliche Kraft und die Kraft Deines Unterbewußtseins die wahren Quellen Deiner finanziellen Sicherheit sind. Du kannst sogar während einer Rezession eine Arbeitsstelle finden oder Geld verdienen, wenn Gott, der Schöpfer des gesamten Universums, Dir hilft, und wenn Du Dir mit Deiner gesamten persönlichen Kraft und der Kraft Deines Unterbewußtseins selbst hilfst. Könnte Gott und der Christus, der Du bist, den Kampf verlieren? So wie die Bibel sagt: "Wenn Gott für dich ist, wer oder was könnte gegen dich sein?" "Mit Gott und Christus, die mich stärken, sind mir alle Dinge möglich." Mit dieser Kraft und mit diesem Vertrauen kannst Du Dir alles manifestieren, was Du brauchst. Du bist reich, denn Deine Kraft liegt in Gott, und die Anwendung von Gottes Gesetzen ist Dein Segen.

Tod kontra dem Ewigen Leben

Das Ego glaubt an den Tod, denn für das Ego bist Du eher ein physischer Körper, als eine Seele, die diesem Körper innewohnt. Das Ego hat in einem Punkt recht, nämlich daß der physische Körper sterben wird. Das einzige Problem dabei ist, daß wir nicht unser physischer Körper sind. Wir sind der Christus und das Ewige Selbst, das in diesem physischen Körper lebt. Der physische Körper ist Dein Tempel und Dein Instrument, um mit der irdischen Ebene zu kommunizieren. Wenn Du damit fertig bist, wirst Du Dich augenblicklich in eine andere Dimension der Realität transformieren. In welche Dimension wird davon bestimmt, wie weit Deine Seele in diesem Leben gewachsen ist. Der Tod ist eine ebensolche Illusion, wie alles andere auch, von dem das Ego spricht.

Ärger und Depression kontra dem Frieden des Geistes

Das Gefühl des Ärgers entstammt der Interpretation des Lebens aus der Sicht des Egos und wird gewöhnlich durch vier Grundeinstellungen verursacht. Die erste fehlerhafte Einstellung, die Ärger und Depression verursacht, ist die Bindung und Sucht. Wenn das gewünschte nicht erreicht wird, dann verursacht dies Ärger. Zweitens wird Ärger und Depression hervorgerufen, wenn man nicht erkennt, daß das, was einem im Leben widerfährt, eine Lektion, ein Geschenk und eine spirituelle Prüfung ist. Drittens habe ich herausgefunden, daß sich Menschen dann ärgern und deprimiert werden, wenn sie ihre Schutzblase nicht aufrechterhalten und sich daher selbst erlauben, ein Opfer der negativen Energien von anderen zu werden.

Die vierte Ursache für Ärger und Depression ist eine Definition des Ärgers, die ich von Paul Solomon gelernt habe, der den Ärger als "den Verlust der Kontrolle und den Versuch, sie wieder zurückzuerhalten" bezeichnet. Wann immer Du Deine persönliche Kraft, Deine Meisterschaft und die Kontrolle über Dich selbst verlierst, fällst Du in das, was man als ein Opferbewußtsein bezeichnet, das durch das Hören auf die Stimme des Egos verursacht wird. Dann wird Dich Dein Ego aus diesem Zustand herausholen, indem es wieder das Sagen hat (Ärger). Ärger ist wirklich der Verlust der Kontrolle, der sich anfühlt, als ob man die Kontrolle wieder gewonnen hätte. Wie ich bereits erwähnt habe, steckt im Ärger eine ganze Menge Kraft, und im Idealfall sollte man diese Energie des Ärgers nehmen, um sie, anstatt sich selbst zu sperren, in persönliche Kraft, Motivation und segensreiche Handlungen umzusetzen. Wenn dies entsprechend getan wird, dann wird das positiver Ärger genannt.

Depression ist der Bewußtseinszustand der Resignation. Wann immer Du in Deinem Leben aufgibst, wirst Du deprimiert sein. Von allen negativen Eigenschaften des Egos ist die der Resignation die schlimmste und gefährlichste. Wenn Du Dich auf dieses teuflische Spiel mit dem Ego einläßt, dann legst Du dabei die gesamte Verteidigung gegen Dein Ego ab und ermöglichst ihm, die völlige Kontrolle über Dich zu gewinnen. Das Wichtigste im Leben ist, niemals aufzugeben. Wie das "I Ging" sagt: "Ausdauer fördert den Erfolg." Du mußt spirituelle Zähigkeit haben, und wie Edgar Cayce sagt, bereit sein, "lange zu leiden", wenn es nötig ist. Es besteht natürlich kein Grund im Leben zu leiden, doch wenn Du es trotzdem tust, dann bete, und wenn Du möchtest, verwende Affirmationen und Visualisierungen. Versuche dem Leiden die Kraft zu nehmen und suche nach einer Antwort. Denn sagt die Bibel nicht: "Suchet und ihr werdet finden. Klopfet an und euch wird aufgetan." Gott hilft denen, die sich selbst helfen. Gott wird seinen Teil beitragen, doch Du mußt auch selbst etwas dazu tun. Gott, Deine persönliche Kraft und die Kraft Deines Unterbewußtseins zusammen ergeben ein unschlagbares Team.

Dankbarkeit kontra das Leben als gegeben zu nehmen

Die Haltung des Egos ist die, die Menschen und das Leben als gegeben zu nehmen. Die Haltung des Geistes ist die, der ständigen Dankbarkeit. Die spirituelle Einstellung ist die, der Bescheidenheit und Demut. Es könnte in dem biblischen Ausspruch zusammengefaßt werden: "Durch die Gnade Gottes bin ich." Die Bibel sagt auch: "Hochmut kommt vor dem Fall." Wir haben so vieles, wofür wir jeden Tag dankbar sein können. Alles was wir tun müssen ist, die Nachrichten zu hören und all die schrecklichen Dinge zu sehen, die um uns herum in der Welt geschehen, um zu erkennen, wie gesegnet wir in unserem Leben sind. Wir haben einen gesunden Körper, Familie und Freunde. Für diejenigen, die derzeit ein körperliches Gebrechen haben, geht es darum zu sehen, was sie tun können und nicht, wozu sie nicht fähig sind. Ich war immer sehr bewegt vom Heiligen Franziskus, der der Aufgestiegene Meister Kuthumi in seinem letzten Leben war. Er hatte offensichtlich schreckliche gesundheitliche Probleme, mit denen er sein gesamtes Leben über gepeinigt war, und doch ist er zu einem der meist verehrten Heiligen des Christentums geworden.

Mutter Theresa hatte starke Herzbeschwerden und doch widmete sie ihr Leben der Hilfe und dem Dienst an anderen. Jeder Mensch auf diesem Planeten hat einen Schwachpunkt irgendeiner Art. Dieser kann physisch, emotional, mental, spirituell, umweltbedingt oder finanziell sein. Wir sind hier, um mutig diese Drachen zu besiegen und dankbar für die Gnade Gottes zu sein, die er für uns bereithält. Erinnere Dich daran, daß sogar die schlechten Dinge, die geschehen, in Wahrheit ein Geschenk, eine spirituelle Prüfung oder ein Segen in Verkleidung sind. Gott mutet uns niemals mehr zu, als wir ertragen können. Ändere Deine Eigenschaften und heiße die Lektionen und Herausforderungen mit einem Lächeln und mit Stärke willkommen. Wenn eine Herausforderung auf Dich zukommt, dann mache Dich selbst größer, anstatt Dir selbst zu erlauben, kleiner zu werden. Danke Gott und bete um seine Hilfe, um die jeweilige Situation zu meistern.

Ablehnung kontra Annahme

Das Ego wird das Ende einer Beziehung so interpretieren, daß es dabei einen Gewinner und einen Verlierer gibt, daher einen Abgelehnten und einen Ablehnenden. Dies ist nicht die spirituelle Interpretation. Wie zuvor erwähnt, gibt es keine Gewinner und Verlierer, sondern nur Gewinner. Wenn eine Beziehung beendet wird, so ist die spirituelle Einstellung dazu die, daß es nicht länger sein sollte und beide daraus als Gewinner hervorgehen. Ich bin in Ordnung und du bist in Ordnung und das in Vergebung und in bedingungsloser Liebe.

Schuld kontra Unschuld

Das Ego versucht, Dich für Deine Fehler oder Sünden, wie es die Fehler nennt, schuldig fühlen zu lassen. Die spirituelle Einstellung dem gegenüber ist, daß Dir augenblicklich vergeben wird. Es besteht kein Anlaß dazu, Dir die Vergangenheit in Form von Bestrafung vorzuhalten. Es besteht kein Grund, sich selbst zu bestrafen. Es ist nicht nötig. Erkenne einfach, daß Du einen Fehler begangen hast und lerne daraus. Die spirituelle Einstellung sagt, daß Du immer unschuldig bist. Der Kurs schlägt vor daß, wann immer Du einen folgenschweren Fehler begehst, Du zum Heiligen Geist, zu Deiner Seele oder zu Gott beten sollst, um die Konsequenzen und die Auswirkungen des Fehlers abzuwenden. Der Heilige Geist wird sich freuen, dies für Dich zu tun, so daß Du Dich darüber nicht mehr sorgen brauchst.

Persönliche Hingabe kontra persönlicher Kraft bei gleichzeitiger Hingabe

Die Einstellung des Egos ist entweder, Kraft und die totale Kontrolle zu haben und sich niemals Gott zu widmen, oder es gibt sich völlig Gott hin und verleitet die Person dabei dazu, nicht ihre Verantwortung und persönliche Kraft zu übernehmen. Die spirituelle Einstellung ist, seine eigene Kraft anzunehmen und sich gleichzeitig hinzugeben. Es ist unbedingt nötig, seine persönliche

Kraft zu besitzen, denn sonst wird man schnell von seinem Unterbewußtsein überwältigt. Es ist auch notwendig, sich der Seele, der Monade und Gott als seinem Lehrer hinzugeben. Wenn Du beides gleichzeitig tust, dann beginnen die drei Verstandesebenen in vollkommener Integration, Ausgewogenheit und Harmonie zu arbeiten.

Egoistische Sensibilität kontra einer zentrierten, spirituellen Einstellung

Egoistische Sensibilität ist die Tendenz, sich die ganze Zeit über verletzt, abgelehnt, niedergeschlagen und hilflos zu fühlen, auch wenn dafür gar kein offensichtlicher Anlaß besteht. Dies entsteht aus Mangel an persönlicher Kraft und Selbstliebe, sowie dem Mangel an Schutz und einer richtigen Beziehung zu sich selbst und zu Gott.
Wenn eine Person von ihrem Ego gelenkt wird, dann besteht die Neigung, anderen Absichten zu unterstellen, die in Wahrheit gar nicht vorhanden sind. Ein gutes Beispiel dafür ist das Leben von Jesus Christus. Alles was er getan hat war, andere Menschen zu lieben und sie zu heilen, und doch wurde er gekreuzigt und getötet. Das Ego der Menschen interpretierte einen Angriff von Jesus auf sie, obwohl das in Wahrheit nicht der Fall gewesen ist. Er war die Verkörperung der Liebe. Nachdem sie "Angriff" interpretiert hatten, verursachte ihr Opferbewußtsein eine Verteidigung gegenüber dieser Attacke. Wir alle kennen solche Menschen, die sich verteidigen oder verletzt und niedergeschlagen fühlen, obwohl Du nichts getan hast. Diese Menschen brauchen eine Extraportion Liebe und Taktgefühl, bis ihre Selbstsicherheit wieder hergestellt und gefestigt werden kann.

Es ist wichtig zu erkennen, daß Du, wenn Du zentriert und in Deiner Mitte bist, nicht verletzt werden kannst und die Angriffe eines anderen an Deiner Schutzblase abprallen. Du agierst anstatt zu reagieren. Du bist mehr unvoreingenommen. Du läßt es nicht zu, daß andere Menschen die Ursache Deiner Emotionen werden, so wie Du das Gift nicht trinken würdest, das Dir jemand physisch reicht. Dasselbe trifft auch psychologisch zu. Lasse kein mentales oder emotionales Gift in Dein System.

Du kannst noch immer Deine Gefühle mitteilen, doch Du solltest es eher als eine Vorliebe und beobachtend tun, als durch die Aussagen anderer in die Opferrolle zu schlüpfen und daher verärgert zurückzuschlagen. Du willst schließlich nicht, daß andere Menschen zum Programmierer Deiner Emotionen werden, sondern möchtest dies selbst sein. Niemand kann Dich dazu bewegen, Dich in einer bestimmten Art, die Du nicht selbst gewählt hast, zu verhalten oder zu fühlen. Du bist nicht die Wirkung, sondern die Ursache. Du bist kein Opfer, sondern ein Meister und Mit-Schöpfer mit Gott. Nachdem Deine Gedanken auch Deine Gefühle und Emotionen erschaffen, brauchst Du Dich einfach nur dazu entscheiden, Dich gut zu fühlen und Du wirst Dich augenblicklich gut fühlen.
Wenn es Deine Gedanken sind, die Deine Realität erschaffen, warum solltes Du dann etwas anderes als Freude, Glück, bedingungslose Liebe und Inneren Frieden erschaffen? Wenn Du aus Deinem Christusbewußtsein anstatt aus Deinem Egobewußtsein denkst, dann geschieht genau das.

Sicherheit kontra Unsicherheit

Das Ego erschafft Unsicherheit, denn es lehrt Dich, die Sicherheit außerhalb von Dir zu finden: in Menschen, Besitz, Häusern, Geld, Familie und so weiter. Die einzige wahre Sicherheit kann Dir nicht genommen werden, denn sie liegt in Deiner persönlichen Kraft, in Gott, der Kraft Deines Unterbewußtseins und den Gesetzen Gottes verankert.

Einsamkeit kontra Alleinsein

Das Ego verursacht Einsamkeit, denn es sucht die Ganzheit in der Gesellschaft anderer zu finden, anstatt zuerst die Ganzheit in sich selbst und in der Beziehung zu Gott zu suchen. Wir sind nie wirklich einsam, wenn wir eine spirituelle Einstellung haben, denn wir sind ganz durch uns selbst und durch Gott. Wir haben auch eine entsprechende Beziehung zu unserem Inneren Kind. Dem Inneren Kind kommt die entsprechende Mischung aus Strenge und Liebe zugute. Das Innere Kind fühlt sich daher geliebt und beschützt. Einsamkeit ist ein Zeichen dafür, daß man in die Rolle des sicheren Verlierers geraten ist oder in einen minderwertigen Bewußtseinszustand, in dem man den freien Raum mit einer anderen Person füllen mag, anstatt mit sich selbst und Gott, was wirklich nötig wäre. Dasselbe trifft auf das Gefühl des Verlassenseins zu. Wenn Du ganz mit Dir, mit Gott und Deinem Inneren Kind bist, dann wirst Du Dich eher um Dich selbst kümmern, als Dich an eine andere Person zu binden, so daß das Gefühl des Verlassenseins nicht aufkommt, wenn Dich ein anderer verläßt.

Eifersucht tritt dann auf, wenn Du Dich an den Mangel an Ganzheit und der richtigen Beziehung zu Dir selbst und Gott bindest und dann gegen einen Bekannten oder Unbekannten konkurrierst. Die spirituelle Einstellung ist, seine Vorlieben in einer Beziehung herauszustellen und sie dann Gott zu übergeben. Wenn es gewollt ist, dann wird es geschehen, wenn nicht, dann eben nicht. Außerdem treten Erscheinungen wie Streitereien, Untreue und Verpflichtungen nicht in der selben Weise auf, wenn Du mit einer Person aus dem Bewußtsein heraus verbunden bist, zuerst mit Dir selbst und mit Gott im Einklang zu sein. Wenn es trotzdem geschieht, dann heißt das möglicherweise, daß Du nicht mit dem richtigen Partner zusammen bist, der die Heiligkeit dieser Verbindung nicht in gleicher Weise erfährt.

"Ein Kurs in Wundern"

"Ein Kurs in Wundern" besteht aus einem Unterrichtsbuch, einem Handbuch für Lehrer, und einem Textbuch. Das Unterrichtsbuch bietet für ein ganzes Jahr täglich eine andere Lektion. Die Idee dahinter ist, niemals mehr als eine Lektion pro Tag zu lernen. Du kannst langsamer, aber niemals schneller mit diesen Lektionen arbeiten. Die anfänglichen Lektionen sind dazu bestimmt, die Glaubensmuster des negativen Egos zu beseitigen und die späteren Lektionen bilden das Muster des Christusbewußtseins. Ich würde empfehlen, die Lektionen zu beginnen und gleichzeitig das Handbuch für Lehrer zu lesen. Das Handbuch für Lehrer ist sehr leicht zu lesen. Das Textbuch hingegen sehr schwierig. Es ist wichtig, sich vom Textbuch beim Lesen nicht unterkriegen zu lassen. Es ist es wert, durchgearbeitet zu werden, doch wenn Du damit nicht klarkommst, dann lenke Deine Aufmerksamkeit eher wieder auf die Lektionen, die Dir eine Ahnung von dem gesamten Material geben werden. Das Buch wird Dir jedoch wirklich eine sehr gute theoretische Basis zur Arbeit geben. Das Lesen der Lektionen zu Beginn, erleichtert das Lesen des Textbuches.

Weitere Vorschläge

Wenn Du mehr über das egoistische Denken gegenüber dem spirituellen Denken lernen möchtest, habe ich noch weitere Vorschläge. Als erstes möchte ich Dir empfehlen, die Bücher von Gerald Jampolsky zu lesen. Er hat einige leicht verständliche Bücher über die Lehren des "Kurs in Wundern" geschrieben: "Love is Letting Go of Fear", "Teach Only Love" und "Say Good-by to Guilt". Kürzlich hat Marianne Williamson zwei Bücher veröffentlicht, sowie mehrere sehr gute Audiokassetten über "Ein Kurs in Wundern", die ich wärmstens empfehlen kann.

Ich kann mich nicht gerade als eine orthodoxe "Ein Kurs in Wundern-Person" bezeichnen, denn ich bin mit vielen Dingen nicht so sehr bewandert. Ich versuche auch, das Thema in einen mehr psychologischen Kontext zu bringen, als in einen spirituellen oder religiösen. Es gibt sehr viele Menschen, die sich intensiv mit "Ein Kurs in Wundern" beschäftigen und jeder Lehrer organisiert und präsentiert dieses Material in einer unterschiedlichen Art.
Ich persönlich versuche "Ein Kurs in Wundern" eher zu integrieren, als mich mit ihm in manchen Gebieten völlig zu identifizieren. "Ein Kurs in Wundern" ist eine Art Licht am Ende des Tunnels. Das Problem dabei ist, daß 98% der Menschheit auf diesem Planeten noch nicht am Ende des Tunnels ihrer Evolution angelangt sind, so daß ich persönlich fühle, daß eine überbrückende Hilfe benötigt wird, wie ich versucht habe, in diesem Kapitel zu vermitteln.

Die folgende Grafik ist ein Modell, das ich selbst entworfen habe und das ich psychologisches Zentrierungsmodell genannt habe. Im Zentrum der Grafik steht das, was ich das spirituelle Selbst nenne. Von diesem Zentrum strahlen die gesamten Qualitäten des Christus und des Buddhas wie die Strahlen einer Sonne aus. Über dem zentralen spirituellen Selbst sind die übergeordneten und die überlegenen Qualitäten des Egos. Darunter findest Du die untergeordneten Qualitäten des Egos. Dies ist ein sehr hilfreiches Modell, über das es sich zu meditieren lohnt, und das Du auf Dein tägliches Leben beziehen kannst. Auf den nächsten Seiten findest Du eine detaillierte Liste all der spirituellen Eigenschaften und Qualitäten, im Gegensatz zu den egoistischen Eigenschaften und Qualitäten. Diese Liste ist hilfreich, wenn eine Lektion im Leben eine Reaktion des Egos auslöst, und die spirituelle Gegenqualität verstärkt werden soll.

Psychologisches Zentrierungsmodell

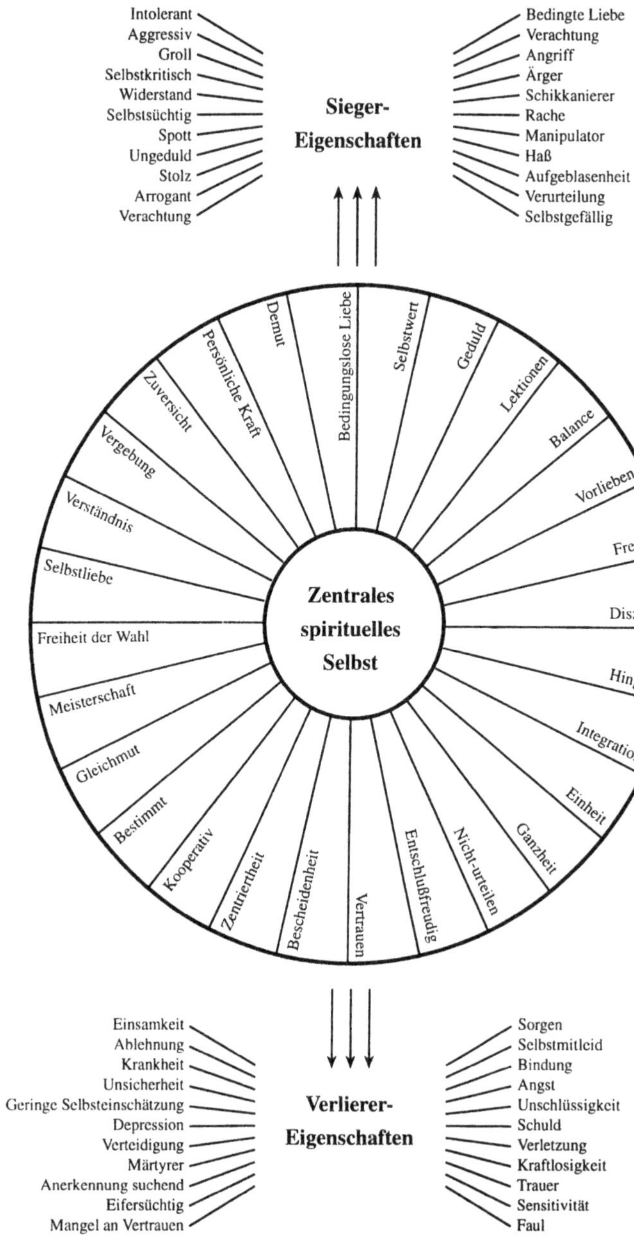

Egoistische Eigenschaften	Spirituelle Eigenschaften
Angriff, Furcht	Liebe
Selbstsucht	Selbstsucht-Selbstlosigkeit in Ausgewogenheit
Groll	Vergebung
Über/Unterbetonung	Gleichheit
Konkurrenzkampf	Kooperation
Verurteilung	Spirituelle Unterscheidung
Schuld	Unschuld
Selbstgerechtigkeit	Persönliche Meinung
Kampf gegen das Universum	Lehren/Lektionen/ Herausforderungen
Pessimismus	Gelegenheit zu wachsen/ Optimismus
Unsicherheit - Selbstzweifel	Selbstvertrauen
Kraftlosigkeit - ohne Kontrolle	Persönliche Kraft/ Selbstmeisterschaft
Ärger und Depression	Lektionen/ emotionale Unverletzbarkeit
Angriff - Verteidigung oder Verletzung	Liebe
Notwendigkeiten, Abhängigkeiten	Vorlieben, Wünsche
Opfereffekt	Meister - Ursache - Entscheidungsträger - Schöpfer
Selbstmitleid	Übernimmt Verantwortung
Krieg	Schule
Lernt karmisch, durch harte Schläge	Wächst durch Gnade
	Der leichte Weg

Egoistische Eigenschaften	Spirituelle Eigenschaften
Wird durch das Unterbewußtsein gelenkt	Wird durch das Bewußtsein gelenkt
Ungeduld	Geduld
Leiden	Freude und Glück
Reagieren	Agieren
Verletzlich	Emotionale Unverletzbarkeit
Sünde	Fehler
Bindung	Abstand
Faulheit/Zögern	Disziplin
Eifersucht	Ganz und vollkommen - ungebunden
Gesetz des Urwalds	Was Du säst, wirst Du ernten
Verneinen	Fragen
Schlechte Stimmung	Gute Stimmung, die ganze Zeit
Selbstbestrafung	Selbstliebe und Verzeihen
Fehler/negativ	Fehler/positiv
Lampenschirm über dem Licht	Licht
Sensibilität des Egos	Unveränderbarer Selbstwert
Muß sich selbst beweisen, um etwas wert zu sein	Wert/Spirituelles Erbe
Schmutz am Diamanten	Diamant
Geben heißt verlieren	Geben heißt gewinnen
Stehlen heißt gewinnen	Stehlen heißt verlieren
Ablehnung	Zentriert bleiben/Ganzheit
Selbstzentriertheit	Ein Team
Einschüchterung	Verwendet seine Kraft angemessen
Automatischer Pilot	Bewußte Erschaffung der Lebensumstände
Zu sehr oder zu wenig nachgiebig	Balance, Integration, Mäßigkeit
Wird durch Gedanken an die Vergangenheit und die Angst vor der Zukunft gelenkt	Im Hier und Jetzt zentriert

Egoistische Eigenschaften	Spirituelle Eigenschaften
Einsam	Findet Ganzheit in sich selbst
Fremder	Brüder und Schwestern
Verlegenheit	Keine Verurteilungen
Selbstlos (Märtyrer)	Selbstsucht/Selbstlosigkeit in Ausgewogenheit
Klatsch	Sei still, bevor Du urteilst
Strebt nach Anerkennung oder Kontrolle	Hat Vorzüge und akzeptiert diese
Was andere Menschen denken	Innere Führung, nicht konformistisch
Angst/Sorgen	Vertrauen in sich selbst, in die höheren Kräfte und in die Gesetze des Universums
Unschlüssig	Entscheidungsfreudig
Neid	Freude gegenüber dem Überfluß anderer
Für andere verantwortlich	Nur eigenen Lektionen gegenüber verantwortlich
Vergleich	Keine Unsicherheit, innere Führung
Nicht-Verdienen	Verdienen
Krankheit	Vollkommene Gesundheit
Sexualität (ohne dem Gefühl der Liebe)	Sexualität (Liebe, Intimität, Lust)
Armutsbewußtsein	Füllebewußtsein
Arrogant und Stolz	Bescheidenheit und Dankbarkeit
Verdrießlich, Ernst	Humor, Objektivität, Perspektive
Schuldfinder	Erbauer und Aufrichter anderer

Egoistische Eigenschaften	Spirituelle Eigenschaften
Rebell oder Konformist	Innere Führung
Fluch	Segen
Zerstreut	Konzentriert
Angst vor dem Versagen oder vor dem Erfolg	Erfolgreich
Agressivität	Bestimmt
Hart	Sanft
Emotionelle Achterbahn	Emotionelle Stabilität
Unorganisiert	Organisiert
Langeweile	Nicht genug Zeit den ganzen Tag
Verlassenheit	Ganz, vollkommen mit sich selbst
Trauer und Kummer	Unberührtheit, Freude, Annahme
Enttäuschung	Unberührtheit
Entschuldigungen und Vorwände	Ehrlich gegenüber sich selbst, strenge Liebe
Unreife Ehrlichkeit	Spirituelle Ehrlichkeit
Bricht unter Druck/Lektionen zusammen	Erträgt den Druck/die Lektionen
Verliert sich in Angst	Zentriertheit, Neutral, Zurückhaltend
Bedingte Liebe	Bedingungslose Liebe
Unangemessene Antwort	Angemessene Antwort
Ablehnung	Annahme
Lektionen als Bestrafung	Lektionen als Geschenk
Kriegsrecht, Auge um Auge	Schule der Spirituellen Evolution
Totale Macht - keine Macht oder totale Hingabe - keine Macht	Kraft und Hingabe
Begrenzt	Unbegrenzt
Intolerant	Tolerant
Konflikt	Friede
Illusion	Wahrheit
Überkritisch	Ehrlich, bestimmt
Verzweiflung	Hoffnung
Engstirnig	Offener Verstand
Ohne Vertrauen	Vertrauen in sich selbst und andere
Verteidigung	Verteidigungslos, nichts zu verteidigen

5. Seelenpsychologie im Vergleich zur traditionellen Psychologie

"Materie ist das Vehikel für die Manifestation der Seele auf dieser Ebene der Existenz und auf einer höheren Ebene ist die Seele das Vehikel für die Manifestation des Geistes."
Djwhal Khul, gechannelt von Alice A. Bailey

Ich habe mich während meiner intensiven spirituellen Studien der Ausbildung in traditioneller Psychologie unterzogen. Beide meiner Eltern, meine Stiefmutter und meine Schwester sind alle im Bereich der Psychologie tätig. Ich bin sozusagen damit aufgewachsen, habe damit gelebt, es geatmet, mein Leben danach ausgerichtet und mich mein gesamtes Leben lang damit umgeben. Daher habe ich einige sehr feste Ansichten in bezug auf das gesamte Feld der Psychologie.
Zunächst möchte ich sagen, daß ich, obwohl ich die Seelenpsychologie ausübe, die auch als Spirituelle Psychologie oder Transpersonale Psychologie bezeichnet werden kann, einen großen Respekt für das gesamte Spektrum der traditionellen Psychologie habe. Ich habe in meiner traditionellen Ausbildung viel gelernt und bin froh über diese Grundlagen. Das einzige Problem ist, daß das Feld der traditionellen Psychologie sehr limitiert ist. Die Art, in der ich sie sehe, ist wie eine waagerechte Skala von null bis einhundert. Null wäre dabei die niedrigste Stufe des Bewußtseins und einhundert die Stufe eines Aufgestiegenen Meisters.

Die traditionelle Psychologie kann Dich vielleicht auf die Stufe dreißig bringen, doch niemals weiter, selbst wenn Du in den nächsten fünfzig Jahren fünf Mal in der Woche eine Sitzung hast. Der Grund dafür ist, daß sie im wahrsten Sinn des Wortes zu 98% ohne die Berücksichtigung des Seelenaspektes und der Spiritualität arbeitet.

Als ich meine B.A., M.A., und Ph.D. Programme durchmachte war die Art, in der Psychologie gelehrt wurde die, daß Hunderte verschiedene, psychologische Theorien vorgestellt wurden und es absolut keine Richtlinie darüber gab, welche nun richtig und welche falsch waren. Der Grund dafür war, daß niemand den Klassen etwas Neues unterrichtete. Jeder Professor hatte seine Lieblingsthese. Deine Aufgabe als Student war, ein gewisses Verständnis von allem zu entwickeln und sich selbst für eine gewisse Richtung zu entscheiden, die man dann zur Therapie anwendet. Das Problem dabei entsteht durch die Tatsache, daß keine dieser Theorien wirklich stimmt. Sie sind allesamt das, was ich als "Splitter der Wahrheit" bezeichnen würde. Wenn Du alle zusammen nehmen würdest, dann hättest Du vielleicht die halbe Wahrheit. Das Problem ist vielschichtig, da jeder Theoretiker glaubt, die ganze Wahrheit zu kennen.

In meinem ersten Buch habe ich über die drei Ebenen der Selbstverwirklichung gesprochen. Es gibt eine persönliche, eine seelische und eine monadische Ebene der Selbstverwirklichung. Die Psychologie wird Dir bestenfalls helfen (und sogar das wage ich zu bezweifeln), die Stufe der persönlichen Selbstverwirklichung zu erreichen. Das sind die 30% von denen ich gesprochen habe. Die traditionelle Psychologie kann Dir nicht helfen, die Seelen- oder Monaden (spirituelle) - Selbstverwirklichung zu erreichen, da sie die Existenz der Seele und des Geistes nicht einmal anerkennt.
Aus den Hunderten verschiedenen Theorien, die ich in der Schule studiert habe, kenne ich nur drei, die spirituell orientiert sind. Diese drei sind: die Psychologie von Carl G. Jung, Abraham Maslow und Robert Assagioli. Ich möchte mit der letzten beginnen. Robert Assagioli war ein italienischer Psychologe, der die psychologische Synthese entwickelt hat. Sie ist eine der wenigen Formen der traditionellen Psychologie, von denen ich glaube, daß sie es wirklich wert ist, sie zu studieren. Obwohl ich vor dieser Arbeit große Achtung habe, wurde sie in keinem einzigen Buch, das ich in meiner allgemeinen Ausbildung studiert habe, erwähnt. Assagioli wird grundsätzlich vom gesamten Feld der Psychologie in bezug auf die schulische Ausbildung ignoriert. Obwohl Maslow den Wert des spirituellen Aspektes im Leben erwähnt, hat er nur sehr wenig über dieses Thema geschrieben. Er war bekannt dafür, daß er gesunde anstatt kranke Menschen studierte, was ein Durchbruch auf diesem Gebiet war.

Carl Jung war der einzig berühmte, traditionelle Psychologe, der sich aus der Menge seiner Kollegen abspaltete und den spirituellen Aspekt voll integrierte. Er war ein großer Katalysator auf diesem Gebiet. Er anerkannte das Ideal des "Selbst" und hat sich von der Fixierung Freuds auf die Sexualität völlig abgewandt. Er war ein Meister über die Träume und glaubte an die Reinkarnation, obwohl er diese Tatsache nicht richtig propagiert hat.

Ich achte in hohem Maß seine Arbeit und kann nur empfehlen, seine Werke zu lesen. Das Problem ist nur, daß, obwohl Jung ein großer Katalysator auf diesem Gebiet war, seine Arbeit verglichen mit dem umfassenderen Verständnis der Seele und der Spirituellen Psychologie die wir heute kennen, ziemlich begrenzt ist. Eine der Grundlagen der Seelenpsychologie ist, daß es zwei Arten des Denkens in dieser Welt gibt. Du kannst entweder von Deinem Verstand des negativen Egos aus denken oder vom spirituellen Verstand aus. Die Traditionelle Psychologie ist grundsätzlich eine Form der Psychologie die versucht, sich selbst im Netz des negativen Egos zu heilen. Man kann sich nur selbst heilen, indem man sein negatives Ego transzendiert hat. War es nicht Sai Baba, der gesagt hat: "Gott = Mensch minus Ego."

Die traditionelle Psychologie hat überhaupt keine Ahnung davon, daß es unsere Gedanken sind, die unsere Realität erschaffen. Sie sieht nicht, daß es zwei völlig entgegengesetzte Wege gibt, um die Realität zu interpretieren. Es ist völlig klar, daß sie das nicht sehen kann, weil sie den Seelenaspekt nicht in ihre Theorien integriert. Das ist der Grund, warum sie das Leben durch ein Paradigma oder eine spezielle Brille betrachtet, die das negative Ego gewoben hat. Der traditionellen Psychologie mag es möglich sein, Dir zu helfen, durch diese Brille besser zu sehen, doch sie wird Dich niemals dahin bringen, wirklich zu sehen, bis Du die Brille der traditionellen Psychologie ablegst und sie durch Dein Christusbewußtsein oder die Brille Deines Seelenbewußtseins ersetzt. Das negative Ego hat jeden Aspekt der Gesellschaft, der traditionellen Medizin und alle Institutionen dieses Planeten infiltriert - inklusive der Psychologie. Nun kommen wir zum Hauptproblem. Es gibt Millionen von Menschen, die das College und die Universitäten erfolgreich abschließen, die ihre Zulassungen und Befähigungen erreichen und die völlig unqualifiziert sind eine Therapie zu leiten oder Psychologie in unseren Schulen zu unterrichten. Sie haben zum Großteil nicht einmal den Pfad der Einweihungen betreten und können Psychologie nicht richtig verstehen, ohne die Seele zu integrieren.

Die traditionelle Psychologie hat nicht die geringste Ahnung davon, daß unsere Gedanken unsere Realität, inklusive unserer Emotionen, erschaffen. Sie glaubt, daß negative Emotionen unvermeidbar und ein ganz normaler Bestandteil unseres Lebens sind. Sie lehrt ein Opferbewußtsein. Die traditionelle Psychologie hat keinerlei Verständnis über die Chakren, die Seele, den Geist, das negative Ego, die Intuition, den höheren Verstand, den abstrakten Verstand und den wahren Sinn des Lebens. Sie hat zum Großteil nicht einmal ein Verständnis darüber, wie das Unterbewußtsein wirklich arbeitet und wie man es umprogrammieren kann. Ich möchte nochmals betonen, daß ich damit nicht sagen will, daß die traditionelle Psychologie keinen Wert hat. Sie hat einen einführenden Wert. Wenn sie einen Menschen auf die Stufe der Selbstverwirklichung der Persönlichkeit führen kann, so ist das eine tolle Sache und ich möchte diese Leistung keinesfalls schmälern. Das Problem ist, daß nur sehr wenige Formen der traditionellen Psychologie bis zu diesem Punkt führen.

Das wahre Problem entsteht dadurch, daß viele Menschen nach Hilfe suchen, was sehr gut ist, doch sich dabei für endlose Jahre in der traditionellen Psychologie verfangen und sich dabei nicht wirklich weit über ihren ursprünglichen Zustand oder der Resultate des ersten Jahres hinausentwickeln. Sie können das nicht, weil sie innerhalb der Therapie mit und in dem Bewußtsein des Therapeuten arbeiten. Wie kann Dich der Therapeut zu Erleuchtung und Selbsterkenntnis bringen, wenn er noch nicht einmal die erste Einweihung durchschritten hat? Das Problem für einen durchschnittlichen Menschen ist, daß es nicht allzuviele spirituelle Berater um ihn herum gibt. Der Durchschnittsmensch mit einer eher religiösen Orientierung mag überlegen, ob er nicht zu seiner Kirche gehen sollte, um sich dort beraten zu lassen. Dies könnte jedoch noch schlimmer sein, als zu einer traditionellen Beratung zu gehen, da die traditionelle Religion genauso durch das negative Ego verseucht ist wie die Psychologie.

Tatsache ist, daß wir viel mehr spirituelle Berater brauchen. Es gibt bereits eine Menge davon, doch viele von ihnen haben keine Lizenz. Mit anderen Worten, sie sind nicht durch die traditionelle Ausbildung gegangen. Der durchschnittliche Mensch kann diese Tatsache nicht akzeptieren und wird vor solchen Beratern oftmals gewarnt.

Meiner Ansicht nach sind diese für Beratungen jedoch viel qualifizierter als die traditionellen, professionellen Psychologen, die keine Beziehung zur Seele haben. Dies geht auf die Rechnung der Ansicht des durchschnittlichen,

materialistisch ausgerichteten Menschen. Er kann sich nicht vorstellen, daß so etwas möglich ist. Die spirituellen Menschen, die den traditionellen Weg gehen, sind meiner Meinung nach, nach Beendigung der Therapie extrem intellektuell verseucht. Es gibt nur wenige Menschen, die durch die psychologischen Theorien nicht überwältigt und verwirrt werden. In diesem Kapitel möchte ich kurz einige der Haupttheorien behandeln und sie mit der Sicht der Seelenpsychologie vergleichen.
Zusammenfassend läßt sich sagen, daß es nicht falsch ist, einmal zu einem traditionellen Therapeuten zu gehen. Es kann sogar von großem Wert sein, seine eigene Persönlichkeit unter Kontrolle zu bekommen, wenn man sich an die richtige Person wendet. Ab einem gewissen Punkt jedoch mußt Du davon Abstand nehmen und Dir einen spirituellen Lehrer suchen, der Dich den Rest des Weges begleitet oder Du wirst niemals über die 30% Marke kommen.

Die traditionelle Psychologie könnte mit einem Kuchen verglichen werden, bei dem jede Form der Psychologie ein Stück davon ist und einen kleinen Teil der Wahrheit in sich birgt. Fügst Du dann noch die Seelenpsychologie oder die Spirituelle Psychologie hinzu, die die restlichen 70% ausmachen, dann wirst Du ein größeres Verständnis darüber haben, was Djwhal Khul als "Esoterische Psychologie" bezeichnet. Dies ist die wahre Zukunft der Psychologie. Psychologie, wie sie derzeit praktiziert wird, steckt noch in ihren Kinderschuhen oder darin, was man die dunklen Zeiten nennen könnte. In zwanzig oder dreißig Jahren wird es eine völlige Revolution auf diesem Gebiet geben. So wie man die Seele im Studium der Psychologie auf den traditionellen Schulen nicht unterrichtet, wird sie auch in all den anderen Formen der Erziehung, der Politik, Soziologie, beim Sport und allen anderen Aspekten der Gesellschaft nicht anerkannt.
Das menschliche Königreich strebte danach, eine Welt zu erschaffen, die die Seele und die spirituelle Realität des Lebens, von der Welt in der wir leben, trennt. Ein gutes Beispiel dafür ist der Kommunismus. Dies war eine politische Theorie, die einen Gott verleugnete und daher zum Scheitern verurteilt war. In Wahrheit ist unser politisches System auch nur ein wenig besser. Sie sprechen zwar von Gott, doch die Politiker werden vollkommen von ihrem negativen Ego gelenkt. Sieh Dir all die Korruption, die negativen Kampagnen, die legalisierte Bestechung, die völlige Zweiparteienschaft der demokratischen und republikanischen Parteien an. Ihr Gott ist das, was für die Partei das Richtige ist und nicht, was für die Welt und die Menschen das Beste wäre. Was ich Dir

damit zu zeigen versuche ist, daß die Ausgliederung der Seele im Bereich der Psychologie nichts einzigartiges ist. Es gibt auf dem gesamten Planeten, inklusive der Religion, kein einziges Studienfach, bei dem das nicht auch zutreffen würde. Das Menschenreich hat sich selbst vom Reich der Seelen oder dem Königreich Gottes getrennt. Es wird niemals einen wahren Sinn für Glück, inneren Frieden, Erleuchtung und das wahre Verständnis geben, solange sich diese beiden Königreiche nicht vereinen.
Dieses Kapitel stellt einen Versuch dar, die "Psychologie" des Königreiches Gottes mit der Psychologie der Menschheit zu vereinen. Wenn dies geschieht, dann wird die Menschheit innerhalb weniger Monate selbst das vollkommen heilen können, wozu die traditionelle Psychologie Jahre braucht.

Die Begrenzungen der traditionellen Form der Psychologie

Die meisten unter Euch, die dieses Buch lesen, sind wahrscheinlich schon sehr fortgeschritten, so daß ich keine Notwendigkeit darin sehe, jede traditionelle Therapieform hier ausführlich zu besprechen. Was ich vielmehr machen möchte ist, die verschiedenen Formen der Therapie mit dem, wie ich es nenne, "Schwert der Unterscheidung" aus der Sicht der Seele und des Geistes zu behandeln und Dir die Stärken und Schwächen aller Methoden zu zeigen. Wie in all meinen Büchern versuche ich direkt zum Kern und der Essenz der Lehren vorzudringen und keine Zeit mit unnötigen Informationen und Worten zu verschwenden.

Psychiatrie

Laß uns die Diskussion über die verschiedenen Arten der Therapien denen sich die Menschen unterziehen mit dem Vergleich zur Seelenpsychologie beginnen. Die Psychiatrie ist ein Alptraum. Ich hasse es, so unverblümt zu sein und meine es auch nicht nur kritisierend, doch durch das Schwert der Unterscheidung wird diese Aussage zur Wahrheit. Ein Psychiater ist ein medizinischer Arzt, der in Wahrheit nur sehr wenig psychologische Ausbildung mit auf den Weg bekommt. Die durchschnittliche psychiatrische Therapieform ist ein Valium:

"Nehmen Sie zwei davon und kommen Sie in zwei Wochen wieder zu einer 200 Dollar Sitzung." Der gewöhnliche Psychiater wurde in der Freudschen Therapie ausgebildet, die für die nächsten zwanzig Jahre drei bis vier Sitzungen pro Woche braucht. Du glaubst vielleicht, daß ich einen Scherz mache, doch es liegt eine große Wahrheit in dem, was ich gesagt habe. Die einzige Form der Therapie, die noch schlimmer ist, ist die, wenn Du in die Hände von Medizinern fällst, die Dich einer Elektroschock-Therapie unterziehen, um die Depressionen aus Dir herauszubekommen. Das als barbarisch zu bezeichnen, ist eine starke Untertreibung und doch, meine lieben Freunde, wird diese Methode immer noch angewandt. In der durchschnittlichen psychiatrischen Anstalt sind die Patienten so sehr mit Drogen vollgepumpt, daß es alleine schon Jahre dauert, um ihre physischen Körper zu reinigen, von ihrem Verstand ganz zu schweigen. Diese Fürsorge ist Bewachung von der schlimmsten Seite. Viele dieser Patienten haben völlig gültige, spirituelle Erlebnisse, die die Ärzte als Halluzinationen interpretieren.

In Wahrheit sind es die Ärzte, die unter Halluzinationen leiden und die Patienten stimmen sich oftmals auf spirituelle Realitäten ein. Die Fürsorge für mentale Krankheiten ist in unserer Gesellschaft ein Witz höchsten Ranges. Der Sinn der Medizin ist so unklar, daß Ärzte tatsächlich glauben, den Verstand und die Seele mit Drogen zu kurieren. Sie haben keinerlei Konzept über die innere Realität des Lebens.

Verhaltensforschung

Die Verhaltensforschung ist die zweitschlimmste Art der Therapie. Ihr Glaube beruht auf der völligen Verehrung der materiellen Wissenschaft. Sie betrachtet die Menschen als Versuchskaninchen. Für sie gibt es keinen freien Willen. Sie glauben, daß wir vollkommen durch unsere Umwelt geprägt werden. Positive und negative Verstärkungen regieren alles. Von all den Stückchen der Wahrheit, von dem zuvor erwähnten Kuchen, trägt sie das dünnste, beinahe nur ein Körnchen der Wahrheit, in sich.

Es stimmt, daß sich die Umwelt, speziell in den frühen Stadien unserer Evolution, auf uns auswirkt. Keine Form der inneren Realität anzuerkennen und keinen Unterschied zwischen uns und dem Königreich der Tiere zu machen ist, um es milde auszudrücken, ziemlich niederschmetternd. Es tut mir leid, Dir sagen zu müssen, daß dies die Hauptform der Psychologie in den Schulen und Universitäten Amerikas ist. Es sind nur die klinischen Abteilungen, die sich mit Beratungen beschäftigen und die sich von dieser Form unterscheiden. All die Forschungsabteilungen werden vollkommen von dieser Theorie gelenkt. B.F. Skinner, der Psychologe, der diese Theorie erfunden hat, hält sein Kind tatsächlich in einer Schachtel gefangen und versucht es ohne die geringste Beeinflussung durch seine Umwelt in dieser Art zu erziehen. Kannst Du Dir das vorstellen?

Humanistische Psychologie

Ich würde intuitiv sagen, daß 70% der Kliniker mit dieser Form therapieren. Humanistische Psychologie ist die "Verehrung" der Gefühle. Du gehst zu dieser Therapie und "lebst Deine Gefühle aus". Du gehst aus Dir heraus und zerstampfst das Kissen, das Deinen Mann oder Deine Frau darstellt, Du drückst Deinen Ärger aus und weinst Dich so richtig aus. Der Therapeut ist stolz darauf, daß Du Deinen Gefühlen so freien Lauf läßt. Das Schlüsselwort ist "Katharsis", und wenn Du meinen derben Vergleich entschuldigst, so möchte ich es als eine Art "emotionalen Auswurf" bezeichnen. Das erstaunliche daran ist, daß Du Dich nach dieser Sitzung wirklich besser fühlst. Das läßt sich nicht leugnen. Das einzige Problem dabei ist, daß es überhaupt kein Verständnis dafür gibt, daß es Deine Gedanken sind, die die Realität erzeugen, und Dein Verstand wird am nächsten Tag alles wieder so aufbauen, wie es zuvor gewesen ist. Es ist eine feminin orientierte Therapie, die Dich schließlich zu einem Opfer Deines Unterbewußtseins und Deines Emotionalkörpers macht. Ich spreche hier aus meiner eigenen Erfahrung.
Es ist nicht falsch, sich einer solchen Reinigung zu unterziehen, und ich bin der erste, der den Wert eines solchen Prozesses zugibt. Du kannst jedoch nicht Deine gesamte Therapie darauf beschränken, so wie es die Humanistische Psychologie macht. Es bedarf des Trainings, wie Du Deine Gedanken, Deine Gefühle und Deine Emotionen erschaffst. Es besteht auch die Notwendigkeit, einen spirituellen Aspekt des Lebens zu integrieren, was der fehlende Punkt dieser Therapie ist.

Um Dir das wirklich verständlich zu machen, möchte ich Dir ein Beispiel einer meiner früheren Klientinnen erzählen. Wir haben uns für ungefähr sechs Monate regelmäßig gesehen und als sie mit der Therapie bei mir fertig war, fühlte sie sich wirklich großartig. Dieser Zustand hielt ungefähr ein Jahr an, bis ich eines Tages einen Notruf von ihr erhielt. Sie war in einer schrecklichen Verfassung. Sie kam so schnell sie konnte zu mir und ich fragte sie, was passiert war. Sie erzählte mir, daß es ihr das ganze Jahr über ganz phantastisch gegangen war, bis sie vor einer Woche von einer Freundin gefragt wurde, ob sie nicht mit ihr gemeinsam einen Workshop mit dem Namen "Tobendes Wochenende" besuchen wollte. Sie hatte sich überreden lassen. Die Vorstellung des Seminarleiters war, daß jeder Teilnehmer sich einer Katharsis unterziehen und seiner Wut freien Lauf lassen sollte.
Die Teilnehmer verwünschten und beschimpften meine Klientin, denn als sie an der Reihe war, hatte sie das "Problem", daß sie keinerlei Zorn und Wut verspürte, sondern sich freudvoll und friedlich fühlte. Ich hatte ihr beigebracht, ihre persönliche Kraft zu erhalten und sich ihre eigene Realität zu erschaffen. Ich habe sie in angemessener Heilung trainiert und darin, wie sie ihr Leben aus dem Christusbewußtsein sehen könnte und nicht mehr aus der Sicht ihres Egos.

Da sie nicht von ihrem Ego gelenkt wurde, hatte sie keinen Ärger in sich. Sie war glücklich und voller Gleichmut. Die Menschen in der Gruppe glaubten, daß das nicht möglich sei und attackierten sie so lange, bis sie schließlich zusammenbrach und zu weinen begann. Sie haben nicht aufgegeben, bevor sie nicht wütend wurde. Als ich sie sah, war sie ein Häufchen Elend. Ich erklärte ihr, was und warum dies passierte und daß sie aufgrund ihrer spirituellen Orientierung bei der Wahl von künftigen Workshops besser unterscheiden müßte. Sie begriff ihre Lektion sehr schnell und wir flickten sie besser zusammen als je zuvor - und auch ein wenig weiser.
Die Begegnungsgruppen der sechziger Jahre, die es noch immer gibt, sind ein Produkt dieser Art von Psychologie. Die Idee dahinter ist, die Gefühle um jeden Preis auszudrücken. Es spielt dabei keine Rolle, ob Du lieblos bist oder jemanden angreifst und ihn dabei verletzt. Solange Du dabei Deine Gefühle ausdrückst, ist alles "wunderbar". Dies ist ganz eindeutig eine atlantische Form der Therapie (emotional orientiert). Sie ist vielleicht kurzfristig für diejenigen gut, die zu sehr in ihrem Mentalkörper verhaftet sind, wobei auch die richtige Person oder die richtige Gruppe gefunden werden muß. Ansonsten ist sie nur von bescheidenem Nutzen.

Kognitive Psychologie

Wenn die Humanistische Psychologie auf atlantischen Energien beruht, so beruht die Kognitive Psychologie eindeutig auf der arischen Wurzelrasse (mentale Ausrichtung). Die Kognitive Psychologie ist einzigartig darin, daß sie als einzige Form der traditionellen Psychologie lehrt, daß die Realität durch die Gedanken erschaffen wird. Das mag für einige von Euch vielleicht schwer vorstellbar sein, doch es ist wahr. Es gibt eine Menge guter Ideen und Hilfsmittel in dieser Form der Therapie und sie kann auch ganz eindeutig einige Resultate vorweisen. Ihre Begrenzung liegt darin, daß auch in diesem System die Seele nicht berücksichtigt wird und das Verständnis darüber fehlt, daß die Gedanken auch die Gefühle erschaffen. Sie besagt zwar, daß wir unsere Realität selbst erschaffen, aber erkennt nicht, daß wir die negativen Gefühle nicht zu erfahren brauchen, wenn wir dies nicht wählen.

Diese Form der Psychologie geht eindeutig in die richtige Richtung. Sie ist besonders für Menschen geeignet, die zu stark emotional ausgerichtet sind und ihren Mentalkörper entwickeln müssen. Ich möchte hier ganz klar herausstellen, daß ich, wenn ich subtile Empfehlungen wie diese mache, keine Form der traditionellen Therapie einem spirituellen Berater vorziehen würde, der ein gutes, umfassendes Verständnis hat. In gewissem Sinn gebe ich diese Empfehlungen für die Menschen, die noch nicht bereit sind, einen spirituellen Berater zu konsultieren, da sie vielleicht noch nicht an diesem Punkt in ihrer Entwicklung angelangt sind, so daß sie lieber jemanden suchen, der auf ihrer persönlichen Ebene arbeitet. Sogar für einen Menschen, der eher spirituell orientiert, jedoch ein Opfer seines eigenen Emotionalkörpers ist, kann es von Vorteil sein, ein paar Bücher über Kognitive Psychologie zu lesen. Unglücklicherweise wird dieses System in den traditionellen Schulen und Universitäten nur wenig gelehrt.

Freudsche Psychologie

Obwohl in der Vergangenheit hoch geehrt, verliert diese Form der Psychologie in der heutigen Zeit immer mehr an Beachtung. Eine ganze Reihe von Psychiatern haben jedoch in dieser Ausbildung graduiert. Freud hat eindeutig seinen Platz in der Geschichte und hat einige sehr wichtige Konzepte eingeführt, doch er war sehr auf die Stufe des zweiten Chakras fixiert. Auch seine Theorien waren vollkommen von der Seele und vom Geist abgeschnitten. Ein Mensch, der sich einer Freudschen Analyse unterzieht, wird meiner Meinung nach, sehr überdreht.

Zwischen dem Therapeuten und dem Patienten entwickelt sich eine große Abhängigkeit, und der Therapeut wird versuchen, die Philosophie von Freud in die Realität des Patienten zu legen. Wenn man zu Beginn der Therapie noch keine sexuellen Probleme und Probleme mit seinen leiblichen Eltern gehabt hat, so wird man sie sicher nach Beendigung der Therapie haben. Man wird ebenfalls viel weniger Geld auf seinem Bankkonto haben. Freudsche Psychologie ist nicht ohne Wert, doch meiner Ansicht nach kann sie einen Menschen nur bis zu Stufe zehn auf der Skala von null bis einhundert bringen. Auch wenn man fünfzig Jahre lang fünf Mal die Woche zur Therapie geht, wird man nicht weiter kommen, da dies nicht im Sinn der Therapie ist.

Jungsche Therapie

Die Jungsche Therapie wurde von dem berühmten Schweizer Psychologen Carl Gustav Jung begründet. Er war für einige Zeit ein Schüler von Freud, doch er hat sich wegen der Fixierung von Freud auf die Sexualität als Ursache von allem, von diesem abgewandt. Von allen Formen der traditionellen Psychologie würde ich dieser Therapie die höchste Punktezahl geben. Diese Form der Psychologie kann jemand höher als die 30%, von denen ich gesprochen habe, bringen, weil sie spirituell orientiert ist. Jung hatte ein vages Verständnis über das Ewige Selbst, obwohl es noch lange kein vollständiges Verständnis war, wie Djwhal Khul es lehren würde.

Jung war nahe dran. Er hatte ein exzellentes Verständnis über Träume. In seiner Autobiographie vertrat er den Glauben an die Reinkarnation, obwohl er diese nicht propagierte. Er hatte einen starken Glauben an Gott, was richtig erfrischend war, nachdem ich all diese traditionellen Therapien in der Schule studiert hatte. Die beste Art, seinen Beitrag in Worten zu beschreiben ist, daß er ein ausgezeichneter Katalysator auf diesem Gebiet war. Es ist sehr leicht, sich in der Jungschen Psychologie zu verstricken, da sie die Menschen, die sich mit ihr beschäftigen, wie einen Kult behandelt, obwohl ich mir sicher bin, daß sich

Jung in seinem Grab umdrehen würde, wenn er dies sehen könnte. Ich spreche aus eigener Erfahrung, denn meine Eltern waren Jungianer und ich habe gesehen, wodurch sie in der Jung Bewegung in Los Angeles gingen. Wir wissen alle, was mit Menschen geschieht, die eine Organisation um eine bestimmte Art von Lehre aufbauen. Das soll keine Kritik an Jung sein, sondern eher ein Kommentar darüber, was mit seinen Lehren geschehen ist. Dasselbe ist auch mit allen anderen spirituellen Lehrern, einschließlich Jesus und Buddha, passiert.
Die Limitierung der Jungschen Psychologie ist, daß sie, obwohl sie eindeutig in die richtige Richtung, nämlich in die spirituelle Richtung geht, nicht vollständig ist. So gibt es beispielsweise keinen Unterschied zwischen dem egoistischen und dem spirituellen Denken. Es gibt sogar tatsächlich die irrige Vorstellung, daß man seinen Schatten annehmen müsse. Viele Menschen sind in dieser falschen Lehre gefangen.
Wenn uns Gott erschaffen hat, dann sind wir nach seinem Bilde geformt worden, das Licht und Liebe ist. Wenn wir eine negative Seite oder Schattenseite haben, dann deshalb, weil wir unseren freien Willen mißbraucht haben oder von unserem egoistischen Verstand aus denken und leben, anstatt von unserem Christusbewußtsein. Das Ideal ist, seinen Schatten oder sein negatives Ego nicht anzunehmen, sondern es sterben zu lassen und aufzulösen. Deshalb sagt Sai Baba: "Gott = Mensch minus Ego." Buddha sagt, daß alles Leiden von unseren Bindungen kommt. Wir erfahren Negativität, weil wir negativ denken. Denke mit Deinem Christusbewußtsein und Du wirst Glück, Freude, bedingungslose Liebe und inneren Frieden erleben. Wenn Du irgendeine Form von Negativität fühlst, so läßt sich das immer auf einen negativen Gedanken zurückführen, der aus Deinem negativen Egobewußtsein stammt. Laß Dein negatives Ego sterben und die Kreation einer negativen Realität wird mit ihm sterben.

Andere Limitierungen der Jungschen Psychologie liegen darin, daß sie keinerlei Affirmationen und Visualisierungen lehrt oder wie man sein Unterbewußtsein umprogrammieren kann. Es gibt keine Arbeit am Inneren Kind und auch keinen Fokus auf Gebete oder Meditationen. Jung lehrt keine bedingungslose Liebe. Man wird Gott nicht verwirklichen, wenn man die bedingungslose Liebe nicht verwirklicht. Nochmals, ich möchte Jung nicht kritisieren, denn ich habe den allerhöchsten Respekt für seinen Beitrag, den er auf diesem Gebiet geleistet hat.

Ein Mensch, der sich nur auf die Jungsche Psychologie fixiert, wird sich sicherlich weiter entwickeln, jedoch nicht den gesamten Weg gehen. Ich kenne viele Menschen, die sich in der Jungschen Psychologie verfangen haben und sich dadurch selbst begrenzen. Das Lesen seiner Bücher würde ich jedem empfehlen. Ich bin sehr offen für die Leute, die sich einer Jungschen Therapie unterzogen haben, solange sie sich auch mit anderen Gebieten beschäftigen. Wenn Du die Lehren von Jung mit den Lehren von Paramahansa Yogananda, Sai Baba oder Djwhal Khul vergleichst, wirst Du merken, daß sie nicht dasselbe Format haben. Jung war kein selbstverwirklichter, spiritueller Meister. Wenn es Dein Ziel ist, Dich selbst zu verwirklichen und den Aufstieg zu erreichen, dann brauchst Du einen Lehrer, der bereits selbstverwirklicht oder aufgestiegen ist. Was ich damit sagen möchte ist, integriere Jung in Dein Potpourri verschiedener ausgewählter Lehren, aber identifiziere Dich nicht völlig damit.

Ich kenne viele Menschen, die sich völlig mit ihm identifizieren, und sich, meiner Ansicht nach, dadurch selbst zurückhalten. Auf der anderen Seite ist es aber vielleicht gerade das, was sie für eine gewisse Zeit ihrer Evolution brauchen, bis sie zu ihrem nächsten Schritt geführt werden. Ich würde diesen Menschen vorschlagen, nachdem sie erkannt haben, daß sie diesen Punkt erreicht haben, nicht mehr länger an der alten Form festzuhalten, sondern den nächsten Schritt, der über Jung´s Lehren hinausführt, zu gehen. Diese nächste Stufe ist die Stufe des reinen Glücks, der Freude, der bedingungslosen Liebe, der Erleuchtung und des Aufstiegs.

Gestaltpsychologie

Die Gestaltpsychologie ist eine weitere Schule der traditionellen Psychologie, die sehr interessant ist. Ich spreche wieder aus eigener Erfahrung, weil ich mich in jüngeren Jahren selbst für einige Zeit der Gestalttherapie unterzogen habe. Fritz Pearls, der Begründer, war sehr dynamisch und viele brillante Köpfe haben auf seine Theorien aufgebaut. Im Gegensatz zu der maskulinen Art der Kognitiven Psychologie ist dies eine eher feminine Art der Psychologie. Die Gestaltpsychologie sieht im Verstand keine innewohnende Struktur. Sie zielt darauf ab, die Dinge zuerst zu erfahren, bevor sich der Verstand damit beschäftigt. Sie tendiert ein wenig zum "Anti-Verstand".

Diese Gedankenschule war wahrscheinlich ein notwendiger Gegenschlag zur Überbetonung des Verstandes in anderen Theorien. Das Liebste an der Gestalttherapie ist mir das, was Fritz Pearls gesagt hat: "Wenn Dir der Besserwisser und der Verlierer in den Verstand kommen, dann lache sie einfach aus." Dies ist eine sehr scharfsinnige Bemerkung dafür, daß ihm das vollständige Verständnis darüber gefehlt hat, wobei er über die Transzendierung des Egos gesprochen hat wie noch keine andere Art der traditionellen Psychologie zuvor.
Die Gestalttherapie beschäftigt sich mit einer ganzen Reihe von Rollenspielen, was ein sehr effektives Werkzeug sein kann. Wenn man dabei beispielsweise einen Traum behandelt, so wird nicht darüber gesprochen, sondern man wird aufgefordert den Traum zu spielen. Ich hatte einmal einen Traum über eine Tarantel und machte den Fehler, diesen meinem Gestalttherapeuten mitzuteilen. Er brachte mich dazu, in seinem Büro wie eine Tarantel herumzukriechen. Ich mache mich hier ein wenig lustig darüber, doch in Wirklichkeit konnte ich aus der Gestalttherapie viel mehr für mich herausholen, als von jeder anderen Therapieform, die ich versucht habe. Es kann ganz eindeutig eine gute Methode für jemanden sein, der zu intellektuell und nervös ist. Ihre Begrenzungen sind jedoch auch sehr offensichtlich. Meiner Meinung nach, ist sie in ihrem Ausdruck viel zu feminin und müßte einen maskulinen Ausgleich finden.

Ein Beispiel dafür ist die Haltung des sogenannten "Anti-Verstands", der absolut keine Struktur in der Psyche sieht. Bezüglich anderer Therapieformen hat sie sich zum anderen Extrem entwickelt. Vielleicht war es eine entsprechende Pendelbewegung, doch um eine vollständige Selbstverwirklichung zu erreichen, muß ein Mensch vollkommen ausbalanciert sein. Die Gestalttherapie integriert den Seelenaspekt und den spirituellen Aspekt nicht mit ein. Man sagt, daß Pearls ziemlich ordinär war und sich manchmal sogar widerlich benommen hat. Er hat eindeutig nicht an die bedingungslose Liebe geglaubt. Das wäre wahrscheinlich zu einengend für seine Lehre gewesen. Pearls hat einen sehr großen Beitrag geleistet, und wenn seine Art der Therapie wissenschaftlich angewandt wird, um die richtige Einstellung zur Verwirklichung der Persönlichkeit zu erreichen, so kann sie von großem Wert sein.

All die unterschiedlichen Therapien die ich hier mit Dir teile, führen zur Verwirklichung der Ebene der Persönlichkeit. Meine Kritik daran ist, daß sie nicht auf die Ebene der Seelenverwirklichung und der Verwirklichung der Monade oder des Geistes führen. Wenn Du das, was ich hier sage, in der entsprechenden Betrachtungsweise siehst, dann kannst Du erkennen, daß die Gestalttherapie und einige der anderen Therapieformen durchaus von Wert und Nutzen sein können.

Carl Rogers

Carl Rogers wird als einer der größten humanistischen Psychologen bezeichnet. Seine Art der Therapie wurde die Zentrierte Therapie genannt und enthält sehr wenig Anweisungen. Er dachte, daß der Klient alle Antworten in sich trage und alles, was man tun muß wäre, ihm eine bedingungslos positive Betrachtung zu vermitteln und "aktives Zuhören" zu praktizieren. Ich mag seine Idee der bedingungslos positiven Betrachtung. Rogers hat grundsätzlich die bedingungslose Liebe praktiziert und gelehrt und er sollte empfohlen werden, denn das war ein wirklicher Durchbruch im Bereich der Psychologie.

Die Idee jedoch, zu glauben, daß der Klient all die Antworten in sich trägt, und ihn die Sitzungen führen zu lassen, war meiner Meinung nach ein großer Fehler. Die meisten Klienten werden definitiv von ihrem Emotionalkörper, ihrem negativen Ego, ihrem Unterbewußtsein und ihren Wünschen gelenkt. Ich glaube, daß ein Therapeut ein Lehrer sein sollte und daß es bestimmte Dinge gibt, die ein Klient lernen muß, um sein Leben in den Griff zu bekommen. Roger´s Praktik des aktiven Zuhörens war, alles zu wiederholen was der Klient gesagt hat. Wenn der Klient sagen würde: "Ich habe von meiner Frau die Nase voll", dann hätte Rogers geantwortet: "Also sind sie wütend auf ihre Frau." Es würde nicht so schlimm sein, wenn dies nur ein paar Mal in einer Sitzung gesagt werden würde, doch die Therapeuten sind dazu angehalten, dies ununterbrochen zu tun, was mich verrückt machen würde.
Diese Art der Therapie ist der Rückschlag des Pendels von der Freudschen und anderen Arten der Therapie, in denen der Therapeut zu viel spricht und zu viel Hilfestellung gibt und nicht genug zuhört. Meiner Ansicht nach gehen die Originaltheorien von Rogers zu sehr in das andere Extrem. Das waren natürlich

nur seine Anfangsstudien. Eine interessante Bemerkung am Rande, die die wenigsten Menschen kennen ist, daß Rogers sich in seinen späteren Jahren der Transpersonalen Psychologie zugewandt hat, die die traditionelle Bezeichnung für Spirituelle Psychologie ist.

Alfred Adler

Adlerianische Psychologie wird von denen praktiziert, die sich selbst als Sozialpsychologen bezeichnen. Adler hatte einige gute Ideen. Er sah die Aufgabe des Lebens darin, nach Vollkommenheit und Perfektion zu streben, was völlig richtig ist. Er hat den Zweck des Lebens auch darin gesehen, den selbstbezogenen Standpunkt zu einem mehr sozialen, nützlichen Standpunkt zu entwickeln.
Hier bewegte sich Adler eindeutig weg vom Gedankengut des negativen Egos, dessen Kern die Selbstsucht und Getrenntheit ist. Ich empfehle ihn sehr nachhaltig. Sein einziges Problem bestand darin, daß er nicht noch weiter gegangen ist. Im vollständigen spirituellen Verständnis besteht der Zweck des Lebens nicht nur darin, sich von einem selbstbezogenen Standpunkt zu einem sozialen Standpunkt zu bewegen, sondern weiter zu der Perspektive der Seele und des Geistes. An diesem Punkt ist die Theorie auf der humanistischen Ebene hängengeblieben und nicht zum nächsten Schritt auf die Seelenebene weitergegangen.

Diese Therapieform ist eindeutig ein Schritt in die richtige Richtung. Adler hat sich sehr mit dem Besitz der persönlichen Kraft beschäftigt und mit der Notwendigkeit, aus dem Überlegenheits- und Minderwertigkeitskomplex herauszukommen. Adlerianische Psychologie wird nicht oft in den Schulen unterrichtet, was ein sehr unglücklicher Umstand ist, da sie eine Menge gute Ideen besitzt. Hast Du bemerkt, daß all die guten Theorien nicht in den Schulen unterrichtet werden? Nach meiner Schätzung wird in den traditionellen Schulen zu 90% Verhaltensforschung und Humanistische Psychologie unterrichtet, obwohl sich das in sehr kurzer Zeit schon ändern wird.

Familien System - Psychologie

Dies ist eine Form der Therapie, in der sehr viele Ehe-, Familien- und Kinderberater ausgebildet wurden. Es ist eine interessante Theorie, bei der die Familie wie eine für sich selbst funktionierende Persönlichkeit angesehen wird. Jede Verhaltensveränderung eines Familienmitglieds verursacht eine Rückwirkung im gesamten Familiensystem. Anstatt sich mit der individuellen Psyche auseinanderzusetzen, versucht der Familientherapeut Anpassungen im gesamten Familiensystem vorzunehmen. Wenn beispielsweise ein Kind ein Problem hat, dann beschäftigt sich der Familientherapeut nicht mit dem Kind selbst, sondern nimmt, laß es uns einmal so sagen, in der Ehe zwischen den Eltern eine Korrektur vor. Diese Korrektur kann dann das Kind heilen.

Du kannst erkennen, daß darin eine gewisse Wahrheit steckt. Das Problem dabei ist meiner Ansicht nach, daß sie sich wieder einmal zu sehr in ein anderes Extrem bewegt hat, daß sie sich nicht genügend mit der individuellen Psyche der darin verwickelten Menschen auseinandersetzt. Meiner Ansicht nach wäre das Ideal, wenn man sich mit der individuellen Psyche der Familienmitglieder und der Familienpsyche gemeinsam beschäftigen würde.
Jede Theorie beinhaltet ein Stückchen der Wahrheit des gesamten Kuchens in sich. Diese unterschiedlichen Theorien scheinen sich sehr zu verzweigen, denn einige der Theorien haben sich zu sehr in das gegenteilige Extrem entwickelt. Mein Vorschlag wäre, im Zentrum des Kuchens zu bleiben und nicht zu weit in irgendein Extrem zu gehen, so daß Du all die verschiedenen Sichtweisen integrieren kannst. Dann bekommst Du ein ganzheitliches Verständnis darüber.

Transaktionale Analyse

Diese Theorie wurde von Eric Berne M. D. entwickelt. Sie bezieht sich auf die Aufgliederung der Persönlichkeit in Eltern, Erwachsene und Kind. Es ist ein sehr vereinfachtes Modell, doch für jemanden der sich gerade auf den Pfad der Selbstverwirklichung auf der Ebene der Persönlichkeit begibt, kann es sehr hilfreich sein, die Persönlichkeit zu integrieren.

Ideal wäre es, wenn sie zu ihrem Lebensmodell ein Höheres Selbst und die Seele hinzuziehen würden, doch dies ist leider nicht der Fall. Obwohl es ein sehr hilfreiches Modell für den beginnenden Studenten wäre, ist es für meinen Geschmack zu sehr vereinfacht. Ich ziehe dieses Modell dem von Freud über das Ich und Überselbst vor, weil ich finde, daß es im Vergleich zu Freud ein viel klareres Verständnis besitzt.

Die falsche Holistische Theorie

Dies ist eine psychologische Theorie, die ich selbst so bezeichnet habe. Ich glaube, daß sie den meisten Menschen unbekannt ist, da sie entweder in ihr gefangen sind oder eine ganze Reihe von verschiedenen Theorien in ihren Köpfen herumschleppen, worüber sie sich zumeist nicht im klaren sind. Die falsche Holistische Theorie, wie ich sie bezeichne, ist der Glaube, die Licht- und Schattenaspekte in sich selbst ausgleichen zu müssen. Viele, die das lesen, werden jetzt vielleicht ihren Kopf schütteln und sagen: "Das klingt doch völlig in Ordnung. Ich glaube, daß das nötig ist." Nun, ich bin hier, um Dir zu sagen, daß Du *nicht* hier bist, um dies zu tun. Ja, Du bist hier, um die weiblichen und männlichen Teile von Dir auszubalancieren und Du bist hier, um Deine himmlischen und irdischen Aspekte auszubalancieren. Du bist auch hier, um all Deine Chakren und Deine vier Körper genauso auszubalancieren, wie alle übrigen Aspekte Deiner selbst.

Aber es gibt eine Sache, zu deren Ausbalancierung Du nicht hier bist, und dies ist genau der Schlüsselpunkt, den die wenigsten Menschen dieser Welt wirklich verstehen. Du bist nicht hier, um das Bewußtsein des negativen Egos und des Christusbewußtseins auszubalancieren. Du bist hier, um Dich von Deinem negativen Ego zu befreien und das Ego sterben zu lassen. Deshalb sagte Sai Baba, daß die Definition von Gott ist: "Gott = Mensch minus Ego." Sai Baba bezieht sich hier auf das negative Ego.
Es ist auch nicht wahr, daß Du hier bist, um Dein Ego und Deine spirituelle Seite zu integrieren und auszubalancieren. Du bist nicht hier, um die Gedanken des negativen Egos und die Gedanken des Christusbewußtseins auszubalancieren. Das ist die Essenz der Lehren von Sai Baba, "Ein Kurs in Wundern", der Lehre Buddhas und in Wahrheit auch aller anderen Lehren der

selbstverwirklichten Meister. Viele Menschen, die in der falschen Holistischen Theorie gefangen sind glauben, daß sie alles ausbalancieren müssen, und wenn sie dies nicht tun, dann wird ihr Problem immer wieder auf der selben Ebene auf sie zurückkommen. Das ist nicht wahr. Erinnere Dich daran, daß Deine Gedanken Deine Realität erschaffen. Das negative Ego ist im Grunde nur Angst, Selbstsucht und Getrenntheit. Du bist nicht hier, um Angst und Liebe auszugleichen. Sagt die Bibel nicht: "Vollkommene Liebe schließt die Angst aus." Du bist nicht hier, um Trennung und Einheit auszubalancieren. Du bist hier, um in Einheit zu leben. Du bist nicht hier, um Deinen Minderwertigkeitskomplex mit einer höheren Selbsteinschätzung auszubalancieren. Es ist unser negatives Ego, das all die negativen Qualitäten wie Gehässigkeit, Rachsucht, Eifersucht, den Mangel an Selbstwert, falschen Stolz, Depression, geringe Selbsteinschätzung und Minderwertigkeitskomplexe erschafft.

Gott hat Dich erschaffen und Deine wahre Identität ist die der Monade, des Ewigen Selbst und der ICH BIN-Gegenwart. Sagt die Bibel nicht: "Ihr seid Götter und wißt es nicht." Erlebt Gott Gehässigkeit, Eifersucht, mangelnden Selbstwert, falschen Stolz und Depression? Sicherlich nicht. Woher kommen dann diese Qualitäten, wenn Gott uns erschaffen hat? Sie entstammen dem falschen Denken der Menschen. Sie entstammen dem Glauben unseres trennenden, auf Angst basierenden Verstandes, anstatt dem auf Liebe und Einheit basierenden Christusbewußtsein. Sagt die Bibel nicht auch: "Lasset den Geist in Euch sein, der schon in Jesus Christus wohnte." Um das Christusbewußtsein zu verwirklichen, mußt Du das Bewußtsein des negativen Egos entlassen. So wie "Ein Kurs in Wundern" sagt: "Es gibt keine neutralen Gedanken." Jeder Mensch ist in seinem Denken entweder egoistisch, spirituell oder eine Mischung aus beidem. Das Ideal ist zweifelsohne spirituell zu sein. Wenn Du diesen Zustand erreichst, bist Du die ganze Zeit über liebevoll, freudvoll, ausgeglichen, gelassen und friedvoll. Hat nicht Buddha gesagt: "Alles Leiden kommt von Euren Bindungen." Gott leidet nicht, also warum solltest Du es tun, wenn Du nach seinem Bilde erschaffen wurdest? Du bist hier, um zu Licht und Liebe zu werden und Gott zu verwirklichen.

Wie Sai Baba sagt, wirst Du Gott nicht verwirklichen können, solange Dein negatives Ego mit seiner Angst, Getrenntheit und Selbstbewußtheit nicht gestorben ist. Laß das Denken des Niederen Selbst sterben und laß die Art des

Denkens Deines Höheren Selbst wieder auferstehen, dann wirst Du Gott verwirklichen. Dies ist der Hauptlehrgang auf dem spirituellen Pfad, unabhängig davon, welchen Lehrer oder welchen Weg Du wählst. Im Gegensatz dazu, was Dir andere Menschen sagen, brauchst Du keine negativen Emotionen. Sie werden durch Deinen Verstand hervorgerufen. Sie kommen nicht von außerhalb oder von Deinen Instinkten, sie kommen von Deiner Interpretation, Wahrnehmung und Deinem Glauben über die Realität. Du siehst Dir Deinen eigenen Kinofilm an. Hat nicht Buddha in seinen vier edlen Wahrheiten gesagt, daß alles Leiden aus einer "falschen Betrachtungsweise" stammt. Denke von Deinem göttlichen Verstand aus, der Licht ist. Deshalb heißt es Er-leucht-ung. Es heißt nicht Er-dunkel-ung. Wir sind nicht hier, um das Glücklichsein und das Leiden auszubalancieren. Wir sind hier, um in Freude und Licht die ganze Zeit über zu leben. Dies ist die Meisterschaft über "den Hüter der Schwelle", wie Djwhal Khul es bezeichnet. "Der Hüter der Schwelle" ist die Verkörperung von Verblendung, Maya, Illusion und des negativen Egos.

Ich hoffe, ich konnte Dir einen Einblick in die Zukunft geben. Die Transpersonale Psychologie ist die Neue Welle. In den kommenden Jahren wird der gesamte Bereich der Psychologie dadurch vollkommen revolutioniert werden.

6. Die Schwierigkeiten und Fallen auf dem Weg zum Aufstieg

"Verblendung wird nicht aufgelöst, indem man sie genau betrachtet. Sie verschwindet durch die Kraft der reinen und standhaften Meditation und der Befreiung von der Aufmerksamkeit auf sich selbst."
Djwhal Khul, gechannelt von Alice A. Bailey

Auf meiner Reise durch das Leben als spiritueller Lehrer, spiritueller Psychologe und Schüler auf dem Pfad wurde ich mir sehr vieler Schwierigkeiten und Fallen auf dem spirituellen Pfad bewußt. Ich bezeichne mich selbst als einen Experten auf diesem Gebiet, denn ich bin auf die meisten davon selbst hereingefallen.
Ich empfehle wärmstens, einmal über die nachfolgende Auflistung zu meditieren. Obwohl sie in knappen Worten beschrieben ist, bietet sie sehr tiefgreifende Einsichten. Es ist meine Absicht Dir, mit dieser Liste, Leiden, Karma und eine Verzögerung auf Deinem spirituellen Pfad zum Aufstieg zu ersparen, die daher stammen, daß diese Lektionen nicht gelernt wurden. Der spirituelle Pfad ist einerseits sehr leicht und auf der anderen Seite unglaublich kompliziert.

Es gibt Verblendungen, Stolpersteine und Fallen, welche das negative Ego und dunkle Kräfte auf jeder Stufe des Pfades für Dich bereithalten. Fehler zu machen und darauf hereinzufallen ist völlig in Ordnung. Meine Absicht ist es, zu verhindern, daß die Suchenden für lange Phasen, oder sogar für Lebensspannen, darin stecken bleiben.

1. Das Abgeben der persönlichen Kraft.
Das heißt, sie anderen Menschen, Deinem Unterbewußtsein, Deinem negativen Ego, Deinen fünf Sinnen, Deinem physischen, emotionalen oder mentalen Körper, Deinem Inneren Kind, einem Guru, an die Aufgestiegenen Meister oder an Gott selbst zu geben. Denke einmal darüber nach, denn es steckt eine Menge Weisheit in diesem kurzen Satz.

2. Andere, aber nicht sich selbst zu lieben.

3. Dein negatives Ego nicht als die Quelle all Deiner Probleme zu erkennen.

4. Sich auf Gott zu konzentrieren, sein eigenes Inneres Kind jedoch zu vernachlässigen.

5. Nicht richtig zu essen und zu wenig körperliche Tätigkeit auszuüben wird in physischer Krankheit enden, was alle anderen Ebenen einschränkt.

6. Sehr spirituell in seinem Leben zu sein, aber die psychologische Ebene, die es auch zu meistern und zu verstehen gilt, nicht anzuerkennen.

7. Materielles Verlangen.

8. Macht über andere auszuüben, um selbst erfolgreich zu werden.

9. Mangelnde Erdung, was einen nachhaltigen Effekt auf den physischen Körper hat.

10. Der Versuch, der Erde zu entfliehen, anstatt den Himmel auf Erden zu erschaffen.

11. Erscheinungen zu sehen, anstatt die wahre Realität hinter den Erscheinungen.

12. Der Versuch, zu Gott zu werden, anstatt zu erkennen, daß man selbst, wie alle anderen auch, bereits das Ewige Selbst ist.

13. Nicht anzuerkennen, daß man selbst die Ursache für alles ist.

14. Anderen völlig zu dienen, bevor man sich selbst verwirklicht hat.

15. Der Glaube, daß es so etwas wie einen gerechtfertigten Zorn gibt. Zorn ist eine große Falle für die Menschen.

16. Ein Extremist zu werden und nicht in allen Dingen Mäßigkeit zu üben.

17. Der Glaube, daß man asketisch sein muß, um spirituell zu sein.

18. Zu ernst zu werden und nicht genügend Freude, Glück und Spaß am Leben zu haben.

19. Nicht genügend Disziplin zu besitzen und nicht unaufhörlich seine spirituellen Übungen zu machen.

20. Seine spirituellen Übungen aufzugeben, wenn man eine neue Beziehung beginnt.

21. Eine Beziehung vor sich selbst und Gott zu stellen - eine Hauptfalle.

22. Das Innere Kind sein Leben bestimmen zu lassen.

23. Zu kritisch und zu hart mit sich selbst zu sein.

24. Sich in der Verblendung und Illusion der spirituellen Kräfte zu verfangen.

25. Seine persönliche Kraft zu besitzen, aber dabei nicht zu lernen, sich gleichzeitig auch Gott hinzugeben; oder sich Gott hinzugeben, aber nicht zu lernen, gleichzeitig seine persönliche Kraft zu besitzen.

26. Das Verlieren der persönlichen Kraft, wenn man physisch müde oder verausgabt ist.

27. Die Erwartung, daß Gott und die Aufgestiegenen Meister die Probleme für einen lösen.

28. Sich selbst zu erlauben, auf der Ebene eines Auto-Piloten zu leben und seine Aufmerksamkeit zu verlieren.

29. Das Abgeben seiner Kraft an gechannelte Wesenheiten.

30. Zuviel zu lesen und zu wenig zu meditieren.

31. Sich von der eigenen Sexualität lenken zu lassen, anstatt sie zu meistern.

32. Sich zu sehr mit seinem emotionalen oder mentalen Körper zu identifizieren und keine Balance zu erreichen.

33. Der Glaube, ein Sprachkanal sein zu müssen oder allerlei Arten von paranomalen Fähigkeiten haben zu müssen, um spirituell zu sein oder aufzusteigen.

34. Den Aufstieg der Kundalini zu erzwingen.

35. Das Öffnen der Chakren zu erzwingen.

36. Der Glaube, daß der spirituelle Weg, den man gewählt hat, der beste ist.

37. Die Verurteilung anderer Menschen aufgrund ihrer Stufe der Einweihung.

38. Seinen "fortgeschrittenen" Einweihungsgrad anderen mitzuteilen.

39. Anderen Menschen über die "gute spirituelle Arbeit" zu erzählen, die Du leistest, anstatt einfach bescheiden zu sein.

40. Der Glaube, daß negative Emotionen etwas sind, das man haben muß.

41. Sich selbst von anderen Menschen zu isolieren und zu glauben, daß dies spirituell sei.

42. Der Glaube, daß die Erde ein schrecklicher Ort sei.

43. Seine Kraft an die Astrologie und den Einfluß der Sterne abzugeben.

44. Sich zu sehr an Dinge zu binden.

45. Sich zu wenig an das Leben zu binden und keine Beteiligung anzustreben.

46. Zu sehr mit sich selbst beschäftigt zu sein und sich nicht um andere zu kümmern.

47. Sich in den unzähligen falschen Theorien der traditionellen Psychologie zu verstricken, die nur ein kleines Teilchen des gesamten Puzzles repräsentieren.

48. Zu sehr der Mystiker oder der Okkultist zu sein und nicht danach zu streben, beide Seiten zu integrieren.

49. Inmitten größter Not aufzugeben ist eine der größten Fallen von allen. Gib niemals auf! Gib niemals auf! Gib niemals auf!

50. Die Annahme, daß das Leiden, das man durchmacht, niemals vorüber geht.

51. Sich zu sehr darauf zu versteifen, auf welcher Ebene der Einweihung man sich befindet oder wann man aufsteigen wird, anstatt sich mehr auf die Arbeit zu konzentrieren, die gemacht werden muß.

52. Sich in spirituellen Kräften und dem Erreichen von Siddhas zu verstricken, anstatt zu erkennen, daß Liebe die größte spirituelle Kraft von allen ist.

53. Anderen spirituellen Gruppen übles nachzureden und nicht alle Gruppen zu vereinen und miteinander zu verknüpfen, auch wenn diese nicht völlig mit Deinen Vorstellungen übereinstimmen.

54. Gefangen zu sein in dem Dogma der traditionellen Religionen.

55. Der Glaube, daß man Priester sein muß, um ein Vermittler zwischen Dir und Gott zu sein.

56. Seine spirituelle Kraft dahingehend einzusetzen, um Getrenntheit oder Elitedenken zu erschaffen.

57. Zu fanatisch in seinem Glauben zu werden.

58. Der Glaube, daß Erleuchtung durch Drogen oder irgendwelche Pillen erreicht werden kann, ist die größte Illusion.

59. Die Annahme, daß andere Menschen nicht genauso hart auf ihrem spirituellen Weg zu arbeiten haben, wie man selbst.

60. Die Beziehung zu seinen Kindern vor sich selbst und Gott zu stellen.

61. Sich durch die Ausdrucksformen der höchst faszinierenden materiellen Welt, in der wir leben, gefangennehmen zu lassen.

62. Sich selbst in der Liebe zu einem bestimmten Menschen zu sehr zu verlieren, anstatt seine Liebe in einem bedingungslosen Sinn ausströmen zu lassen, um viele Menschen darin einzuschließen.

63. Eine Hauptfalle ist, sich in der Dualität zu verfangen, anstatt ununterbrochenen Gleichmut, inneren Frieden und Gelassenheit anzustreben. Solange man die Dualität nicht transzendiert hat, befindet man sich auf einer emotionalen Achterbahn, die einen im Leben vor und zurückstößt. Die Seele und der Geist denkt mit einem transzendierten Bewußtsein, das nicht an das Karussell gebunden ist.

64. In einer Beziehung ein Vater oder Sohn, eine Mutter oder Tochter zu sein, anstatt einfach ein Erwachsener.

65. Der Glaube, daß man im Leben leiden muß.

66. Ein Märtyrer auf dem spirituellen Pfad zu sein.

67. Andere kontrollieren zu müssen.

68. Spirituellen Ehrgeiz zu haben.

69. Geliebt, gemocht und anerkannt werden zu müssen.

70. Ein Lehrer sein zu müssen.

71. Überempfindlich zu sein, oder die andere Seite der Münze, zu stark beschützt zu sein.

72. Die Verantwortung für andere Menschen zu übernehmen.

73. Ein Retter zu sein.

74. Sich selbst zu dienen und zu glauben, spirituell zu sein.

75. Der Glaube, daß man spirituell viel Fortgeschrittener ist, als es tatsächlich der Fall ist, oder andererseits zu glauben, daß man spirituell viel weniger fortgeschritten ist, als es in Wahrheit der Fall ist.

76. Die Falle des Ruhms.

77. Dem Auffinden seiner eigenen Zwillingsseele zu viel Bedeutung beizumessen und nicht zu erkennen, daß es die Seele und die Monade ist, nach der man wirklich sucht.

78. Der Glaube, daß man eine romantische Beziehung braucht, um glücklich zu sein.

79. Immer im Mittelpunkt stehen zu müssen oder andererseits ein Mauerblümchen zu sein.

80. Die Falle, zu hart zu arbeiten und sich selbst dabei physisch kaputt zu machen. Auf der anderen Seite zu sehr herumzuspielen und seine Arbeit nicht zu erledigen.

81. Das Aufsuchen spiritueller Lehrer und Channels um Führung und nicht seiner eigenen Intuition zu vertrauen.

82. Die Zusammenarbeit mit Lehrern auf dieser Ebene oder auf der Inneren Ebene, die keine Aufgestiegenen Meister sind und daher in ihrem Verständnis und der Auslegung der Realität limitiert sind.

83. Den spirituellen Pfad zu einem Interessensgebiet zu machen, anstatt zu einem alles verzehrenden Feuer.

84. Zu viel Zeit damit zu verschwenden, fernzusehen, kitschige Romane zu lesen und gewalttätige Filme zu sehen.

85. Eine große Menge an Zeit und Energie aus Mangel an Organisation und einem entsprechendem Zeitplan zu verschwenden.

86. Der Glaube, mit jemandem zu streiten nützt Dir oder dem anderen.

87. Gewinnen oder Rechthaben zu müssen, anstatt nach Liebe zu streben.

88. Die Intuition, den Intellekt, die Gefühle und den Instinkt zu sehr zu betonen, anstatt zu erkennen, daß alles in einem entsprechenden Gleichgewicht sein sollte. Die Falle darin liegt, sich mit einem davon zu sehr zu identifizieren.

89. Die Hingabe an einen Guru, die Dich kleiner macht, als das Ewige Selbst, das Du bist.

90. Der Versuch, immer offen zu sein, anstatt zu wissen, wann man sich verschließen und wann man sich öffnen muß.

91. Nicht zu wissen, wie man "nein" gegenüber anderen Leuten, seinem Inneren Kind oder dem negativen Ego sagt, wenn es nötig ist.

92. Der Glaube, daß Angriff oder die Verletzung von anderen in irgendeiner Form dazu beiträgt, das zu erreichen, was man will, oder daß dies Gott in irgendeiner Weise dient.

93. Gott und die Aufgestiegenen Meister für seine eigenen Probleme verantwortlich zu machen oder wütend auf Gott zu werden.

94. Der Glaube, daß die Gebete an Gott und die Aufgestiegenen Meister nicht gehört werden, wenn sie nicht gleich beantwortet werden.

95. Sich selbst mit anderen zu vergleichen, anstatt sich selbst nur mit sich selbst zu vergleichen.

96. Der Glaube, daß arm zu sein bedeutet, spirituell zu sein.

97. Sich mit anderen, die sich auf höheren Stufen der Einweihung befinden, zu vergleichen und mit ihnen zu konkurrieren.

98. Eine der größten Fallen ist, sich zu erlauben ein Opfer anderer Menschen, seines physischen, emotionalen und mentalen Körpers, seiner Wünsche, seiner fünf Sinne, seines negativen Egos oder seines niederen Selbst zu sein.

99. Sich zu sehr in Studien zu vertiefen und sein Wissen nicht in der äußeren Welt zu praktizieren.

100. Der Glaube, daß Stimmungsschwankungen eine wahre Realität Gottes sind.

101. Der Glaube, daß Dein Wert davon kommt, daß Du etwas erreichst und machst.

102. Zu denken, daß man sich spirituell, psychologisch und physisch nicht schützen muß.

103. Der Glaube, daß Verblendung, Maya und Illusion, das Ego, Angst und Getrenntheit real sind.

104. Die Annahme, daß Zucker, künstliche Stimuli, Kaffee und Softdrinks die physische Energie erhöhen.

105. Alles für sich alleine zu machen und Gott nicht um Hilfe zu bitten. Die andere Seite der Falle ist, Gott um Hilfe zu bitten und selbst nichts dazu beizutragen.

106. Die Menschen etwas weniger zu lieben, die einen schlecht behandeln oder ein negatives Beispiel geben. Den Menschen nicht von seinem Verhalten zu unterscheiden.

107. Den Glauben an die lebendige Realität Deiner Seele, Deiner Monade, Gott, die Aufgestiegenen Meister und an ihre Fähigkeit zu verlieren, daß sie Dir nicht helfen und Dich nicht beschützen werden, wenn Du Deinen Teil dazu beiträgst.

108. Der Glaube, daß andere Menschen den Aufstieg erreichen können, aber Du nicht; zumindest nicht in diesem Leben.

109. Der Versuch, den Aufstieg zu erreichen, um vor seinen Problemen zu flüchten.

110. Der Glaube, daß die Erde ein Gefängnis ist, anstatt zu erkennen, daß sie einer von Gottes sieben Himmeln ist.

Zusammenfassung

Ich glaube, daß dies eine ziemlich vollständige Auflistung ist, die genügend Stoff zum Nachdenken beinhaltet. Das Niedere Selbst, die Kraft der Verblendung, Maya und Illusion, sowie das negative Ego sind unglaublich trickreich und von Natur aus schwer faßbar. So wie Meister Yoda im Film "Krieg der Sterne" sagt: "Unterschätze nicht die Macht der dunklen Seite der Kraft." Wenn man einmal darin gefangen ist, so ist es oftmals sehr schwer, sich wieder daraus zu befreien. Der übliche Ausdruck "den Wald vor lauter Bäume nicht zu sehen", paßt hier genau. Es ist viel leichter, die Probleme anderer Menschen zu sehen, als seine eigenen.

Um klar zu bleiben, erfordert es eine enorme Wachsamkeit, Selbstdisziplin, Engagement, Selbstanalyse und eine überwältigende Ehrlichkeit. Wenn das Ego Dich nicht wie einen ewigen Verlierer fühlen lassen kann, so wird es versuchen, Dich als Sieger fühlen zu lassen, was noch verlockender sein kann. Alles im weiten Universum Gottes wird durch Gesetze regiert. Es gibt physische Gesetze, emotionelle Gesetze, mentale Gesetze und spirituelle Gesetze. Wenn man lernt, diese Gesetze zu verstehen und sie gehorsam befolgt, dann erfüllt man das Gesetz, das der Pfad des Aufstiegs ist. Ich weiß, daß diese Einblicke hilfreich sein können, um manches Leiden zu vermeiden und in Gnade zu lernen.

7. Romantische Beziehungen aus der Sicht der Seele

"Kommunikation ist für eine Beziehung das,
was Atmen für das Leben ist."
Virginia Satir

Es ist sehr wichtig zu verstehen, daß romantische Beziehungen und Beziehungen im Allgemeinen für uns sehr verschieden sind, wenn wir sie aus der Perspektive der Seele betrachten. Ich möchte einige der gebräuchlichen Ausdrücke wie Zwillingsstrahlen, Monadengefährten und Seelengefährten erklären, die in metaphysischen Kreisen verwendet werden. Es gibt eine große Verwirrung darüber, was diese Bezeichnungen wirklich bedeuten.

Zwillingsstrahlen

Wie mir Djwhal Khul erklärte, bedeutet eine Zwillingsstrahlbeziehung, eine Partnerschaft mit einer Seelenausdehnung der eigenen Seele. Jede Monade erschafft zwölf Seelen und jede Seele ihrerseits wieder zwölf Seelenausdehnungen, die sich im materiellen Universum inkarnieren. Jeder von Euch ist eine von zwölf Seelenausdehnungen derselben Seele. Eine Beziehung mit einer dieser Seelenausdehnungen geschieht tatsächlich nicht sehr häufig - es ist eher ein sehr seltenes Ereignis.
Die Seele hat im Allgemeinen kein Interesse an einer solchen Verbindung, weil diese Beziehungen dazu tendieren, so kraftvoll in der Anziehung des anderen zu sein, daß die Beteiligten dazu neigen, sich ineinander zu verlieren. Es geschieht gelegentlich, doch nicht so oft, wie in der Phantasie der Menschen.

Monadengefährten

Monadengefährten sind eine häufiger verbreitete Erscheinung. Monadengefährten zu sein bedeutet, eine Partnerschaft mit einer anderen der einhundertvierundvierzig Seelenausdehnungen Deiner Monade zu haben. Die Monade erzeugt zwölf Seelen und jede dieser zwölf Seelen wiederum zwölf Seelenausdehnungen oder Persönlichkeiten, die sich in der materiellen Welt inkarnieren. Die Gesamtsumme der Seelenausdehnungen der zwölf Seelen Deiner Monade ist einhundertvierundvierzig. Djwhal Khul hat mir in einem Traum gesagt, daß meine Frau Terri und ich von der selben Monade stammen. (Wir stammen nicht von der selben Seele). Es wurde uns auch gesagt, daß wir die zwei einzigen Seelenausdehnungen unserer Monade sind, die zu dieser Zeit auf der Erde sind. Dies bringt uns an einen wichtigen Punkt. Nur weil die Monade einhundertvierundvierzig Seelenausdehnungen hat, heißt das noch lange nicht, daß diese alle auf dem Planeten Erde inkarniert sind. Es gibt in unserer Galaxie und in anderen Galaxien Millionen anderer Planeten, auf denen diese inkarniert sein können. Wir müssen hierbei unsere Perspektive ein wenig erweitern.

Es ist auch wichtig zu verstehen, daß, wenn jemand die Dritte Einweihung durchschreitet, die Seele beginnt, die anderen Seelenausdehnungen in die spirituelle Welt zurückzuholen und sich mehr auf die spirituell entwickeltste oder aktivste Seelenausdehnung konzentriert.
Terri und mir wurde erzählt, daß drei Viertel unserer Seelenausdehnungen bereits in die spirituelle Welt zurückgekehrt seien. Das soll nicht heißen, daß diese nicht entwickelt waren, sondern eher, daß sie im spirituellen Sinn wahrscheinlich nicht die am weitesten entwickelten Seelenausdehnungen waren. Von den sechsunddreißig in meiner Monadengruppe noch immer inkarnierten Seelenausdehnungen sind einige auf den Plejaden und andere davon auf Planeten, die ich nicht kenne. So ist die Wahrscheinlichkeit, einem Monadengefährten zu begegnen entschieden größer, als bei einem Zwillingsstrahl.

Es ist auch wichtig zu erkennen, daß Zwillingsstrahlen oder Seelenausdehnungen aus der selben Monadengruppe von völlig unterschiedlichem Alter, Geschlecht, Herkunft, Hautfarbe, Sprache und Religion sein können, und sich vielleicht gegenseitig körperlich überhaupt nicht anziehen, sich auf der

Persönlichkeitsebene wie Hund´ und Katz´ benehmen und so weiter. Es bedeutet nur, daß es eine sehr kraftvolle Verbindung ist. Die Verbindung ist eher spirituell und nicht unbedingt auf einer psychologischen oder physischen Ebene.
Was ich damit sagen will ist, daß ich mich nicht darum kümmern würde, meinen Zwillingsstrahl oder meinen Monadengefährten zu finden. Wenn es geschieht, dann geschieht es eben, aber es ist nichts, wonach man wirklich suchen sollte. Was Du suchen solltest, ist vielmehr die richtige Person, und die verborgene Information über diesen Menschen wird sich um sich selbst kümmern. Zu viele Menschen sind im Versuch gefangen, ihre Zwillingsstrahlen zu finden und können dadurch übersehen, daß der richtige Partner direkt vor ihnen steht.

Seelengefährten

Eine Beziehung zwischen Seelengefährten bedeutet, wenn zwei Menschen, die eine Seelenverbindung haben, eine Beziehung eingehen. Das kann etwas mit ihren vergangenen Leben zu tun haben, die sie gemeinsam verbracht haben, oder aber auch nicht. Die Hauptsache dabei ist, daß man eine Seelenverbindung hat. Ich möchte hier hinzufügen, daß man eine Verbindung zu Seelengefährten haben kann, ohne dabei zwangsläufig eine romantische Beziehung einzugehen, was, wie ich mir sicher bin, auch meistens der Fall ist. Ich persönlich habe eine Seelengefährtenverbindung zu meiner Schwester und sogar zu meiner Mutter.

Es ist sehr wichtig, diese Art von Freundschaften zu haben, speziell wenn man keinerlei romantische Beziehung hat. Viele Menschen haben eine sehr tiefe Seelengefährtenverbindung zu ihrer Katze oder zu ihrem Hund, was sehr schön ist. Die Tiere dienen als eine Art Ruhepol oder zur Balance. Wenn Du keine feste Beziehung zu jemandem hast, dann würde ich Dir ein Haustier empfehlen. Das Haustier kann ein Katalysator sein oder als Zwischenstufe im Manifestationsprozeß einer Beziehung dienen.

Andere Arten von Beziehungen

Die vierte Kategorie ist eine Beziehung zu jemandem, mit dem man auf der Seelenebene nicht verbunden ist, aber trotzdem viel Schönes teilt. Wenn Du eine solche Beziehung hast und Dich dazu geführt fühlst, diese aufrechtzuerhalten, dann ist das absolut in Ordnung, auch wenn es keine Seelengefährtenbeziehung ist. Es ist jedoch trotzdem wichtig, andere Freundschaften zu Seelengefährten zu haben.

Die zwei wichtigsten Beziehungen in Deinem Leben

Die wichtigste Beziehung in Deinem Leben ist nicht die zu Deinem Partner. Die zwei wichtigsten Beziehungen in Deinem Leben sind die zu Dir selbst und die zu Gott. Die allerwichtigste davon ist die Beziehung zu Dir selbst. Wenn Du nicht die richtige Beziehung zu Dir selbst hast, dann wirst Du diese falsche Beziehung auf alles andere in Deinem Leben projizieren, inklusive Gott. Die zweitwichtigste Beziehung ist die Beziehung zu Gott. In Wahrheit ist Dein Selbst und Gott ein und dasselbe, doch bevor Du das wirklich erkennen kannst, mußt Du mit Dir selbst im klaren sein. Eine partnerschaftliche Beziehung steht an dritter Stelle. Wenn diese nicht in Ordnung ist, dann bewegst Du Dich in Richtung Leiden oder Karma. Die Gefahr liegt darin, seine Ganzheit eher im anderen zu suchen, als zuerst im eigenen Selbst und Gott. Wenn Du dies nicht tust, dann wird sich Deine Partnerschaft in eine Art von süchtiger Liebe entwickeln.

Die Einweihung Abrahams

Die Einweihung des Abraham ist eine Einweihung, durch die jeder Mensch auf dieser Erde hindurchgehen muß, wenn er sich in diesem Leben entscheidend entwickeln möchte. Die Einweihung des Abraham hat mit der Geschichte über Abraham (El Morya) im Alten Testament zu tun, der sich so sehnlich einen Sohn wünschte. Er und seine Frau waren bereits zwischen 80 und 90 Jahre alt, als Gott Abraham und seine Frau mit einem Sohn segnete, der Isaak hieß.

Von der Geburt seines Sohnes an, begann Abraham die gesamte Zeit mit seinem geliebten Kind zu verbringen und er vergaß allmählich Gott. Das ging für eine sehr lange Zeit so, als schließlich in einem Moment der Stille, Gott zu Abraham mit einer kraftvollen Stimme sprach und ihn aufforderte, seinen Sohn Isaak zu töten. Abraham sagte: "Was, meinen einzigen Sohn?" Gott antwortete: "Du hast meinen Befehl vernommen, folge ihm!" Für drei Tage war Abraham in völligem Zwiespalt, doch nach diesen drei qualvollen Tagen entschied er sich schließlich dafür, daß Gott vor seinem Sohn kommen sollte. Er nahm Isaak mit sich zu einem Altar auf einem Berg, zog sein Schwert und holte bereits aus, um seinen Sohn zu töten, als ein Engel seinen Arm zurückhielt und sprach: "Halt ein! Tu dem Jungen nichts zuleide! Jetzt weiß ich, daß du Gott gehorsam bist. Du warst bereit, sogar deinen einzigen Sohn zu opfern." (Gen. 22).

Was ist die spirituelle Bedeutung dieser Geschichte? Was mußt Du auf den Altar Gottes legen? Was stellst Du vor Gott und Deinen spirituellen Pfad? Einige Möglichkeiten wären: ein Kind, eine Beziehung, Drogen, Alkohol, Zucker, Zigaretten, Essen, Sex, Macht, Ruhm, Geld, materielle Dinge, Sicherheit und so weiter. Sagen nicht die zehn Gebote, daß man keine Idole und falschen Götter verehren soll? Was immer Du in Deinem Leben an erste Stelle setzt, ist der Gott, den Du verehrst.

Um die Vierte Einweihung zu durchschreiten, mußt Du auf alles verzichten können, was nicht der Seele dient; dies bedeutet das komplette Loslassen von allen Bindungen und Süchten. Verehrst Du irgendwelche falschen Götter? Wenn Du Dein spirituelles Wachstum beschleunigen möchtest, dann lege alles auf den Altar Gottes. Viele der bisherigen Dinge und Beziehungen werden sich auch dann noch in Deinem Leben befinden, doch die Einstellung dazu wird sich geändert haben. Der spirituelle Pfad bedeutet, auf dieser Welt zu leben, aber nicht für sie. Dies könnte auch als eine unabhängige Beziehung bezeichnet werden.

Die Einstellung der Seele gegenüber der Selbstliebe

Wenn Du Dich selbst nicht liebst, dann ist es nicht möglich, eine gesunde Liebesbeziehung zu einem anderen Menschen zu haben. Ideal für Dich ist es,

Dein Inneres Kind zu lieben und Dir selbst zu erlauben, Gottes Liebe zu fühlen und sie zu erfahren. Wenn die Selbstliebe nicht zuerst verankert wird, dann wirst Du hinausgehen und die Liebe, Anerkennung, Wertschätzung und die Akzeptanz bei anderen Menschen suchen, anstatt sie bei Dir selbst zu finden.

Glück in Beziehungen aus der Sicht der Seele

Glück ist ein Zustand des Bewußtseins und nicht einer romantischen Beziehung. Glück sollte als etwas verstanden werden, was man die ganze Zeit über, unabhängig davon, was der Partner macht, in sich tragen sollte. Übertrage die Verantwortung für Dein Glück nicht auf Deinen Partner, dies ist Deine eigene Verantwortung. Diese Lektion hat viel damit zu tun, ob man dem gegenüber, was der Partner macht, Vorlieben oder Bindungen hat. Wenn Du Vorlieben hast, dann bist Du auf jeden Fall glücklich, egal was passiert. Wenn Du Bindungen hast, wirst Du Dich manchmal wie ein Verlierer fühlen.

Die Ansicht der Seele über die Liebe

Für die Seele gibt es nur eine Art der Liebe und das ist die bedingungslose Liebe. Aus der Sicht der Seele ist es niemals gerechtfertigt, seinen Partner anzugreifen. Vergiß niemals, daß genauso wie Du selbst, auch Dein Partner in Wahrheit Gott ist, der Dich in physischer Form besucht. Seinen Partner oder irgend jemand anzugreifen ist deshalb ein Angriff gegen Gott und daher ein Angriff gegen sich selbst. Seid ehrlich und sprecht miteinander und versucht Eure Gefühle mitzuteilen, aber teilt diese in einer liebevollen und respektvollen Art mit. Dein Partner verdient Respekt, auch wenn sein Verhalten ihn nicht verdient.

Die Ansicht der Seele über Kommunikation

Die Ansicht der Seele über Kommunikation kann in der Aussage einer erfahrenen Ehe-, Familien- und Kinderberaterin, Virginia Satir, zusammengefaßt werden. Sie sagte: "Kommunikation ist für eine Beziehung das, was Atmen für das Leben ist." Du mußt mit Deinem Partner darüber sprechen, was in Dir vorgeht, sonst wird die Beziehung wahrscheinlich nicht richtig funktionieren.

Die Ansicht der Seele über homosexuelle Beziehungen

Aus der Sicht der Seele gibt es nicht die geringste Verurteilung über diese Art der Beziehung. Es ist keine Sünde, wie es Dir vielleicht einige traditionelle Lehren einreden wollen. Es gibt keine entsprechende Antwort, warum Homosexuelle in dieser Art fühlen, doch in Wahrheit spielt das auch überhaupt keine Rolle. Alles was wichtig ist, ist, daß Du Deinem Motto folgst - "vor allen Dingen, muß es für Dich selbst stimmen". Für diejenigen, die diesen Pfad wählen, ist es in den Augen Gottes vollkommen akzeptabel und normal. Für diejenigen, die ein Problem zu dieser Einstellung haben, möchte ich sagen, daß sie sorgfältig über den Ausspruch von Jesus meditieren sollen: "Richtet nicht auf daß ihr nicht gerichtet werdet."

Die Ansicht der Seele über Abtreibung

Da ich mich hier auf ein sehr kontroverses Thema einlasse, möchte ich gleich zum Kern der Sache kommen. Aus der Sicht der Seele ist eine Abtreibung keine Sünde. Der Grund dafür ist, daß der physische Körper und die Seele zwei völlig verschiedene Dinge sind. Wenn eine Frau sich zur Abtreibung entschließt, so tötet sie damit nicht die Seele, sondern nur den physischen Körper. Dieselbe Seele kann ein Jahr später zu derselben Frau zurückkehren, wenn die Zeit geeigneter und richtig ist. Die fundamentalistischen Religionen haben diesen Punkt verdreht und glauben, daß der Körper und die Seele ein und dasselbe sind. Sie sind es nicht! Ich möchte hier jedoch sagen, daß

Abtreibung keine akzeptable Form der Geburtenkontrolle ist. Wenn die Menschen die Geburtenkontrolle verantwortungsbewußter praktizieren würden, dann würde die Notwendigkeit für Abtreibungen stark zurückgehen. Auch wenn die Menschen verantwortungsbewußter mit ihren sexuellen Energien umgehen würden und sie als eine heilige Form der Kommunikation sehen würden, was sie nämlich sind, dann würden die Menschen nicht so oft dem fleischlichen niederen Selbst unterliegen, wie sie es sonst tun.

Die Ansicht der Seele über die Sexualität

Aus der Sicht der Seele ist Sexualität absolut wunderbar und göttlich. Es muß verstanden werden, daß sie entweder dem Ego und dem Niederen Selbst dienen kann oder dem Dienst an der Seele und an Gott. Das Ego behandelt andere Menschen wie ein Stück Fleisch und erkennt nicht, daß auch eine Seele in dem Körper wohnt. Das Ego nützt die Sexualität für selbstsüchtige Zwecke und um sich selbst zu bestätigen. Die Seele nutzt die Sexualität als einen Ausdruck der Liebe und Vertrautheit auf der physischen Ebene. Sie praktiziert Sexualität zur gegenseitigen Freude und nicht nur zur eigenen Befriedigung. Die Seele möchte, daß Du Deine Sexualität mäßig anwendest und erkennst, daß sie nur eine Energieform ist, die dem zweiten Chakra entspricht. Dieselbe Energie kann für Deine anderen Chakren, für Liebe, Kreativität, Kommunikation, spirituelle Einsicht und die Verwirklichung Gottes eingesetzt werden.

Tantrische Übungen sind ein Weg zur spirituellen Sexualität; es ist die Kunst der körperlichen Liebe, bei der gleichzeitig die Energien in meditativer Weise emporgeleitet werden. Deine Seele möchte nicht, daß Dein fleischliches, lustbetontes, niederes Selbst Dein Leben bestimmt, sondern eher, daß Du Deine Sexualität im Dienst an der Liebe und Deiner Seele meisterst.

Die Ansicht der Seele über ideale Beziehungen

Die ideale Beziehung ist die, wenn beide Individuen mit sich selbst und Gott im reinen sind. Beide Partner sind ganz und vollkommen mit sich selbst. Sie sind beide der Schöpfer ihrer eigenen Realität und keine Opfer äußerer Ursachen. Beide Individuen stellen ihren spirituellen Pfad an die erste Stelle. Der Grund, warum sie zusammen sind liegt darin, weil sie so schneller wachsen und mehr Liebe und Freude, sowie den Pfad miteinander teilen können. Es kann ein großer Dienst am göttlichen Plan und am Dienst der Menschheit sein, wenn man in dieser Einheit zusammenkommt.

Die Ansicht der Seele über den Partner als Lehrer

Vergiß niemals, daß Dein Partner in allem was er tut, auch wenn er sich einmal daneben benimmt, Dein Meisterlehrer ist. Er gibt Dir die Gelegenheit, Dich im Christusbewußtsein zu üben und die Qualitäten der Seele zu demonstrieren, die Du bereits entwickelt hast. Er lehrt Dich ständig, Deine Kraft aufrechtzuerhalten, liebevoll zu sein, zu verzeihen, Demut zu üben, die andere Wange hinzuhalten und die Ursache Deiner eigenen Gefühle zu sein. Lektionen in Geduld, emotionalem Schutz, Aufrichtigkeit, Kommunikationsbereitschaft, Egolosigkeit, bedingungsloser Liebe, Zentrierung und so weiter, werden Dir in einer Beziehung ständig geboten. Vergiß niemals, daß es die Art ist, wie Du in jedem Moment Deines Lebens und in jeder Situation agierst, die darüber entscheidet, ob Du Gott verwirklichst oder ob Du ihn nicht verwirklichst. Du kannst relativ leicht im Christusbewußtsein bleiben, wenn Du in einer Höhle lebst. Aber kannst Du Dein Christusbewußtsein auch in einer Beziehung, einer großen Stadt und im Supermarkt aufrecht erhalten, wie Jesus sagen würde?

Die Ansicht der Seele über Scheidung

Es ist wichtig, daß Du verstehst, daß Scheidung keine Sünde ist. Manchmal ist Scheidung das Beste in der Welt, was Du tun kannst. Es kommt auf die Situation an. In meiner Arbeit als spiritueller Psychologe bin ich viele, viele

Male damit konfrontiert worden, Menschen bei ihrer Trennung zu helfen, obwohl diese das nicht einmal richtig wußten, als sie zu mir gekommen sind. Ich würde sagen, daß Du Deinen Partner niemals verlassen solltest, bevor Du die entsprechende Lektion gelernt hast. Sonst hast Du diese Lektion in der nächsten Partnerschaft zu wiederholen. Es wird zwar ein anderer physischer Körper sein, eine andere Seelenausdehnung und Persönlichkeit, doch die Psycho-Dynamik wird auftreten.

Die Seele und das Ausbalancieren der vier Körper in einer Beziehung

Es ist wichtig, innerhalb des Vier-Körper-Systems, also des physischen, emotionalen, mentalen und spirituellen Körpers, zu erkennen, mit welchem dieser Körper man sich selbst überidentifiziert und mit welchem sich der Partner überidentifiziert. Durch dieses Verständnis und die Betrachtung der verschiedenen Situationen aus dieser Perspektive, können viele Probleme bewältigt werden. Es ist wichtig, nicht selbstgerecht gegenüber seiner spezifischen Modalität der Körperidentifikation zu werden.
Die übliche Psycho-Dynamik ist hierbei, daß die Frauen eher dazu neigen, sich mit ihrem Emotionalkörper zu identifizieren und die Männer mit ihrem Mentalkörper. Eine Identifikation mit dem spirituellen Körper wird das ein wenig abschwächen. Der Mann muß lernen, die Gefühle der Frau zu akzeptieren und die Frau muß lernen, die Denkweise des Mannes besser zu akzeptieren. Eine Beziehung ist ein großes Lehrmittel für unsere Ganzheit.

Die Ansicht der Seele über Verurteilungen und den Schutz in einer zwischenmenschlichen Beziehung

Es ist für beide Partner von größter Wichtigkeit zu lernen, so wenig wie möglich zu verurteilen. Es ist in Ordnung liebevolle Feststellungen zu machen, aber keine Verurteilungen. Wenn unser Partner uns verurteilt, so müssen wir unsere Schutzblase aufrechterhalten und die Negativität an der Außenseite der Blase, wie das Wasser am Federkleid einer Ente, abperlen lassen. Wir müssen lernen, ein "dickeres Fell" zu bekommen und nicht zu sensibel zu sein.

Wir müssen lernen, den Partner nicht länger die Ursache für unsere Realität sein zu lassen, oder besser, nicht mehr zu glauben, daß er die Ursache unserer Realität ist. Wir müssen lernen, unsere Gefühle und Emotionen selbst zu verursachen und nicht den Partner die Ursache unserer Gefühle und Emotionen sein zu lassen, denn in Wahrheit ist er es nicht. Wir erschaffen unsere eigene Realität. Wir, und nicht unser Partner, müssen unser eigener Programmierer für unser Unterbewußtsein sein. Auch wenn wir verheiratet sind oder in einer festen Beziehung leben, so heißt das nicht, daß unser Partner unsere Realität erschaffen sollte. Erinnere Dich daran, daß die Beziehung zu sich selbst und zu Gott zuerst kommt.

Die Ansicht der Seele über Vater-Tochter- und Mutter-Sohn-Beziehungen

Wenn Du Deine innere Arbeit nicht tust und die richtige Beziehung zu Dir selbst und Gott nicht erreichst, dann erschaffst Du eine Vater-Tochter- oder Mutter-Sohn-Beziehung. Die ideale Form ist eine gegenseitige Unabhängigkeit oder eine Beziehung zwischen zwei Erwachsenen und nicht eine gegenseitige Abhängigkeitsbeziehung. Wenn Du nicht zuerst Deine Ganzheit in Dir selbst und in der Einheit mit Gott findest, dann wirst Du sie schließlich in Deinem Partner suchen. Dies führt dann dazu, daß sich zwei Hälften verbinden, statt daß zwei vollständige Menschen eine Einheit bilden. Dies ist keine Verurteilung, sondern eine Lektion, die Du dann lernen mußt.

Wenn Du aus psychologischer Sicht ein Sohn- oder ein Tochtertyp bist, dann wirst Du nach dem Gesetz der Energie eine Beziehung anziehen, in der der Partner entweder die Mutter- oder die Vaterrolle spielt. Wenn Du aus psychologischer Sicht ein Vater- oder Muttertyp bist, dann wird die einzige Person, die Du wahrscheinlich anziehst, ein Tochter- oder Sohntyp sein. Wenn Du ganz und vollständig mit Dir selbst und Gott bist, dann wirst Du auch einen ganzen und vollständigen Partner anziehen, der sich der Einheit mit Gott bewußt ist. Viele Menschen suchen verzweifelt eine Partnerschaft. Das Problem dabei ist, daß eine Beziehung das letzte ist, was sie wirklich brauchen. Was sie wirklich brauchen ist eine bessere Beziehung zu sich selbst und eine Beziehung zu Gott.

Du brauchst keine Beziehung

Es ist grundlegend, daß Du verstehst, daß Du eigentlich gar keine Beziehung brauchst, um in Deinem Leben erfolgreich und glücklich zu sein und um Gott zu verwirklichen. Die richtige Einstellung ist, es einen Wunsch sein zu lassen, aber keine Notwendigkeit. Eine andere Art es auszudrücken wäre, es zu einer starken Vorliebe zu machen und nicht zu einer Bindung. Wenn es eine starke Vorliebe bleibt, dann wirst Du auch noch glücklich sein, wenn es nicht geschieht.

Wenn Dein Glück davon abhängt, eine Beziehung zu einem anderen Menschen zu finden und nicht zu Dir selbst und Gott, dann verehrst Du den falschen Gott. Spricht die Bibel nicht davon, keine falschen Götter zu haben und keine Idole anzubeten? Es ist völlig in Ordnung, sich eine Beziehung zu wünschen und dabei um die Hilfe Gottes zu bitten, doch wenn es nicht geschieht, dann bleibe glücklich. Das Paradoxe am Leben ist, daß wenn Du es wirklich geschehen läßt und Dein Glück, ob Du nun eine Beziehung eingehst oder nicht, annimmst, dann wirst Du vermutlich auch eine finden. Der Schlüssel, um einen Partner zu finden, ist meiner Meinung nach, sich selbst vollkommen auf den spirituellen Pfad und auf den Dienst an den Menschen zu konzentrieren. Deine völlige Verpflichtung gegenüber Gott und dem spirituellen Pfad wird den idealen Partner anziehen.

Ehrlichkeit, Vertrauen und Verpflichtung

Es ist von höchster Wichtigkeit, in einer Beziehung ständig aufrichtig und ehrlich zu bleiben. Teil dieser Aufrichtigkeit ist auch, sich selbst gegenüber ehrlich zu sein. Eine Beziehung ist wie ein Garten mit wunderschönen Blumen zwischen denen Unkraut wächst. Wenn dieses Unkraut nicht ständig entfernt wird, dann wird es schließlich den Garten überwuchern und die Blumen zerstören. Ein Mangel an Ehrlichkeit ist ein Bruch im Vertrauen und in der Kommunikation. Ein Mangel an Aufrichtigkeit ist ein Verschluß in der Kommunikation mit Deinem Partner. Die wahre Verpflichtung ist nicht nur monogam zu sein, sondern auch, sich mit den Dingen auseinanderzusetzen wenn sie anstehen. Es besteht auch die Verpflichtung, über seine Gefühle und über das zu sprechen, was einen selbst stört, statt es zu verdrängen, es aus der Beziehung zu stoßen oder zu verurteilen. Die wahre Verpflichtung ist: ehrlich gegenüber allem zu sein, was in Dir vorgeht. Du bist das Deinem Partner und Dir selbst schuldig.

Die Ansicht der Seele über die Kämpfe des Egos

In allen Beziehungen fühlt sich das Ego hin und wieder dazu genötigt, zu streiten. Die Ansicht der Seele darüber ist (und das wird Dich vielleicht etwas wundern), in solchen Situationen gar nicht zu sprechen. Wenn Du in Deinem Ego in dieser Weise gefangen bist, dann ist das einzige, was dabei geschieht, daß ihr euch gegenseitig emotional verletzt. Du wirst, um den anderen zu verletzen, Dinge sagen, die Du vielleicht gar nicht so meinst und wirst es vom Partner mit gleicher Münze heimgezahlt bekommen.

Das Spiel des negativen Egos ist nicht die Liebe, sondern eher, "wer hat Recht". Ich frage Dich jetzt, möchtest Du Recht haben oder möchtest Du Liebe? Du kannst nicht beides haben. Wenn Du Liebe möchtest, dann mußt Du Dich von Deinem Ego befreien. Wenn beide darin gefangen sind, dann ist es manchmal das Beste, eine Zeit alleine zu verbringen, um sich wieder zu beruhigen, wieder in seine Mitte zu finden und mit sich selbst und Gott wieder ins reine zu kommen. Dann könnt ihr wieder beginnen, miteinander zu sprechen.

Etwas, das meine Frau und ich tun, und das immer sehr hilfreich war, ist, uns gegenseitig an den Händen zu halten, uns in die Augen zu sehen und unsere Seele und Monade in uns einfließen zu lassen, bevor wir wieder zu sprechen beginnen. Stelle Dir einfach eine große Röhre vor, die von Deinem Kronenchakra in die spirituelle Welt hineinreicht. Rufe dann Deine Seele oder Monade (oder einen bestimmten Heiligen oder Aufgestiegenen Meister) an und bitte sie darum, in Dein Kronenchakra, Dein Drittes Auge oder sogar in Dein Herzchakra zu kommen. Wenn Du diese Verbindung in Dir fühlst, dann verbinde Dich mit Deinem Partner in diesem Bewußtseinszustand, der offensichtlich dem negativen Ego völlig gegensätzlich ist. Diese einfache Technik war das wichtigste Hilfsmittel in der Beziehung zwischen meiner Frau und mir, und ich habe es benutzt, um in unserer Beziehung ein seelisches und monadisches Muster zu stabilisieren.

Die Seele über das Lernen von Lektionen

Eine der Schlüssellektionen in Beziehungen ist, zu lernen, sich mehr auf die eigenen Lektionen zu konzentrieren, als auf die Lektionen, die der Partner noch zu lernen hat. Viele, viele Menschen sind so besorgt über die Lektionen, die ihr Partner nicht lernt, daß sie dabei ihre eigenen Lektionen vergessen. Ich glaube, daß meine allerliebste Aussage von Jesus in der Bibel die ist, wo er sagt: "Warum kümmerst du dich um den Splitter im Auge deines Bruders und bemerkst nicht den Balken in deinem eigenen?" Du bist nicht für die Lektionen Deines Partners verantwortlich. Das ist eine Angelegenheit zwischen ihm und Gott. Kümmere Dich lieber um Deine eigenen Lektionen.

Die Seele über psychologische Erkrankungen

Wenn Dein Partner physisch erkrankt, dann möchtest Du Dir sicherlich diese Krankheit nicht auch zuziehen. Du tust alles was Du kannst, um Deine Widerstandskraft zu erhöhen. Du nimmst Vitamin C, schläfst ausgiebig, stärkst Deinen Körper, gehst in die Sonne, nimmst eine positive mentale Einstellung ein und hoffst, daß Du Dich nicht ansteckst. Es gibt keine ansteckenden Krankheiten, es gibt nur Menschen mit verminderter Widerstandskraft. Die selbe Lektion trifft in einer Beziehung auf der psychologischen Ebene zu. Wenn Dein Partner eine psychologische Krankheit, wie das Verurteilen, Ärger, Depressionen, Sorgen, Mangel an Selbstwert, Unsicherheit, Mangel an Vertrauen und Selbstzweifel hat, dann wäre es ideal für Dich, Dich psychologisch damit nicht anzustecken. Du mußt eine starke "psychologische Widerstandskraft" haben.

Wie erreichst Du eine starke psychologische Widerstandskraft? Du erreichst sie, indem Du in Deiner persönlichen Kraft bleibst, in Selbstliebe, in Deiner Schutzblase, Meditationen machst, betest, spirituelle Bücher liest, Dir der

Gegenwart Gottes bewußt bist, den Namen Gottes chantest, ein Tagebuch schreibst, etwas für Deine physische Fitneß tust, Dich gut ernährst und mit Dir selbst und Gott im Einklang stehst. Durch die Aufrechterhaltung Deiner psychologischen Widerstandskraft können sich die negativen Energien nicht in den Programmen Deines Unterbewußtseins festsetzen und prallen einfach an Deiner Schutzhülle ab. Du gibst dem anderen dadurch ein besseres Beispiel und hilfst ihm, aus seiner Unzentriertheit herauszukommen. Ansonsten könntest Du Dir die psychologische Erkrankung auch zuziehen. Die Welt ist wie ein Krankenhaus, das von seinen eigenen Patienten geführt wird. Der Sinn des Lebens liegt darin, ein Heiler und Lehrer Gottes zu sein, um damit ein besseres Beispiel zu geben.

Die Seele über die unterschiedlichen Standpunkte

Keine zwei Menschen sehen die ganze Zeit über die Dinge aus der gleichen Sicht. Erinnere Dich daran, daß Du nicht nur mit Deinen physischen Augen siehst, sondern auch mit Deinem Verstand. Du siehst die Dinge durch Deine Glaubensmuster, denn es sind Deine Gedanken, die Deine Realität erschaffen. Wenn Du und Dein Partner in einer bestimmten Angelegenheit nicht übereinstimmen, dann ist es ideal, diese Verschiedenheit nicht zu einer Trennung oder Distanz führen zu lassen, sondern dieser Verschiedenheit beizupflichten und in Liebe und Einheit zu bleiben. Warum sollte dies der Grund für irgendeine Distanz sein, nur weil Du nicht mit seiner Ansicht über eine bestimmte Sache übereinstimmst? So lange Du Dein Ego nicht mitspielen läßt, wird dies nicht geschehen. Beziehungen sind wirklich ein wunderbares Übungsfeld, um aus dem Ego herauszukommen!

Die Seele über die Beziehung zu den Eltern

Es ist von größter Wichtigkeit, die Beziehung zu seinen Eltern zu bereinigen. Wenn Du das nicht machst, dann wirst Du diese falsche Beziehung auf Deinen Partner projizieren. Dieser Entschluß hat mit der Wiederbeanspruchung Deiner Kraft zu tun, und damit, Deine Liebe durch Dich selbst und Gott zu finden, und Deinen Eltern zu verzeihen, sie bedingungslos zu lieben und sie nicht mehr zu beschimpfen oder sie dafür zu verurteilen, wie sie Dich erzogen haben. Sie haben Dich genau mit den Lektionen versorgt, die Du zu lernen hattest. Vergiß niemals, daß Du als Seele Deine Eltern ausgesucht hast, weil diese die perfekten Lektionen, die es für Dich zu lernen gab, bereithielten.

Die Seele über das "unterschiedliche Aufzugsphänomen"

In Beziehungen tritt häufig ein Phänomen auf, das ich das "unterschiedliche Aufzugsphänomen" nenne. Es hat damit zu tun, daß sich ein Partner spirituell und psychologisch viel schneller entwickelt, als der andere. Das kann bis zu einem bestimmten Punkt in Ordnung sein. Wenn der Unterschied zwischen den Aufzügen in der Spiritualität zu groß wird, dann besteht eine Gefahr für die Beziehung. In den meisten Beziehungen ist ein Partner auf einem bestimmten Gebiet stärker entwickelt, als der andere, und der andere wiederum in gegensätzlichen Bereichen, was auch gut ist. So lange es eine Art von Gleichgewicht, das sich gut anfühlt, in der Beziehung gibt, kann das gut funktionieren. Wenn der Unterschied zu groß ist, dann kann es ein Zeichen dafür sein, daß die Beziehung nicht länger bestehen sollte, speziell dann, wenn eine Person zurückgehalten wird.

Der spirituelle Partnerschaftsvertrag

Manchmal, wenn in einer Beziehung bereits viel Wasser den Bach hinuntergelaufen ist, kann es sehr hilfreich sein, einen gemeinsamen "spirituellen Partnerschaftsvertrag" auszufertigen, um die Beziehung zu beleben und neu entstehen zu lassen. Dies kann mit Hilfe eines ausgebildeten Beraters oder mit Freunden, aber auch alleine geschehen. Die Idee dahinter ist, eine Liste der Lektionen aufzustellen, an denen Du individuell, oder gemeinsam mit dem Partner, in der Beziehung arbeitest, um die Liebe und die romantische Verbindung zu intensivieren. Führe alle Grundsätze, Hilfsmittel und Ideen auf, mit denen Du Dich zu arbeiten verpflichtest. Das Niederschreiben hat für beide Individuen eine große Auswirkung auf das Unterbewußtsein und den Verstand.

Am Ende des Vertrages unterzeichnen ihn beide Partner und machen ein Art spirituelles Ritual, in dem beispielsweise eine Kopie des Vertrages verbrannt oder auf einen Altar gelegt wird. Sei kreativ. Ich würde dann auch vorschlagen, auf eine zweite Hochzeitsreise zu gehen und die Romanze wieder neu aufleben zu lassen. Es ist wichtig, daß dann beide Partner ihren Fähigkeiten entsprechend, nach den Regeln dieses Vertrages leben.

8. Das medizinische Hilfsprogramm der Grossen Weissen Bruderschaft

"Bittet, so wird euch gegeben. Klopfet an, so wird euch aufgetan."
Jesus Christus

Machaelle Small Wright gründete eine spirituelle Gemeinschaft mit dem Namen "Perelandra". Es gibt einige außergewöhnliche Geschichten über ihre Beziehung zu den Devas und Naturgeistern in den Gärten von Perelandra. Kürzlich entdeckte ich ein weiteres Buch von ihr mit dem Titel: "MAP, the Co-Creative White Brotherhood Medical Assistance Program". Es ist ein unglaubliches Buch, das detaillierte Anweisungen darüber gibt, wie wir uns als menschliche Wesen die Hilfe der Grossen Weissen Bruderschaft und des Naturreiches für unsere physischen, emotionalen und sogar mentalen Gesundheitsprobleme zunutze machen können. MAP steht für Medical Assistance Programm (Medizinisches Hilfsprogramm). Für den Rest des Kapitels werde ich die Abkürzung dieses Begriffes verwenden, um das Programm zu beschreiben.

Das MAP-Programm kann in Situationen der Krankheit, Schwäche oder perfekten Gesundheit angewandt werden. Es ist ein fortlaufendes System der Unterstützung, das Du für den Rest Deines Lebens nutzen kannst. Die Grosse Weisse Bruderschaft hat besondere Teams, die speziell für die Arbeit mit physischen Gesundheitsproblemen ausgebildet wurden. Rufe zu Beginn des MAP-Programmes eines dieser Teams, in Verbindung mit der Unterstützung von Pan und dem Königreich der Natur, an.
Die Grosse Weisse Bruderschaft, Pan und das Königreich der Natur sind sehr glücklich über die Gelegenheit, helfen zu dürfen. Wir sollten uns daran erinnern, daß sie sich durch den Dienst an anderen weiterentwickeln, und auch daran, daß man nicht zögern sollte, sie um Hilfe zu bitten, egal, wie gering die

Notwendigkeit auch sein mag. Das MAP-Programm steht völlig unter Deiner Kontrolle und sie werden nur an den Dingen arbeiten, um die Du speziell gebeten hast. Nach dem kosmischen Gesetz dürfen sie nichts anderes tun. Die gesamten Informationen, die ich nun mit Dir teilen möchte, habe ich aus dem Buch von Machaelle übernommen. Nachdem es in den Buchhandlungen nicht erhältlich ist, möchte ich empfehlen, es direkt bei ihr zu bestellen. Die Adresse ist:

Perelandra, Ltd.
P.O. Box 3603
Warrenton, VA 22186, USA

Ich empfehle auch ihre anderen Bücher über die Geschichte von Perelandra. Unglücklicherweise sind ihre Bücher nicht über den Buchhandel zu beziehen. Ihre Informationen ähneln sehr der Findhorngemeinschaft. Ich möchte versuchen, hier die reine Essenz davon zu präsentieren, wie das MAP-Programm arbeitet, so daß Du damit beginnen kannst diese wunderbare Hilfe für Deine physischen Gesundheitslektionen von der Grossen Weissen Bruderschaft, Pan und den Engeln zu erhalten.

Die erste MAP-Sitzung

Die erste Sitzung ist genauso ein Genuß, wie alle anderen Sitzungen. Alles, was Du tun mußt ist, Dich ohne die Hände oder Füße zu überkreuzen, bequem niederzulegen. Die Eröffnung des MAP-Programms wird das Öffnen eines "MAP-Trichters" genannt. Du rufst dabei folgende vier Wesen oder Gruppen an:

1. Der überstrahlende Engel der Heilung

2. Pan

3. Die medizinische Einheit der Grossen Weissen Bruderschaft

4. Dein Höheres Selbst und / oder Deine Monade

Um einem MAP-Trichter zu öffnen, sage einfach laut:
Ich möchte einen MAP-Trichter öffnen. Ich rufe und verbinde mich mit:

1. Dem überstrahlenden Engel der Heilung.

Warte etwa zehn Sekunden bis die Verbindung zustande gekommen ist. (Du kannst ein energetisches Kribbeln fühlen oder aber auch gar nichts. Gleich was Du fühlst, sei Dir bewußt, daß Du darum gebeten hast, und nach dem göttlichen Gesetz wirst Du auch empfangen. Wenn Du im Umgang mit einem Pendel oder mit Kinesiologie vertraut bist, dann kannst Du Dein Unterbewußtsein oder Dein Höheres Selbst abfragen, um die Verbindung zu überprüfen. Wenn nicht, so spielt das überhaupt keine Rolle, denn es ist nicht wichtig für das MAP-Programm.)

2. Pan. Warte wieder zehn Sekunden.

3. Der medizinischen Einheit der Grossen Weissen Bruderschaft.
Warte zehn Sekunden.

4. Deiner Seele oder Monade.

Warte nochmals zehn Sekunden. Einen Vorschlag, den ich hier persönlich hinzufügen möchte und den Du nicht in Machaelle´s Buch findest ist, das "Seelenmantra" zu sprechen, bevor Du mit dem gesamten MAP-Trichter-Prozeß beginnst. Das ist ein guter Weg, sich auf die Seele einzustimmen.

Das Seelenmantra lautet:

ICH BIN die Seele

ICH BIN göttliches Licht

ICH BIN Liebe

ICH BIN Wille

ICH BIN die Bestimmung

Sprich das Seelenmantra drei Mal und Du wirst ganz bestimmt eine Antwort erhalten. Das Mantra, das uns von Djwhal Khul gegeben wurde, ist der Weckruf für die Seele oder das Höhere Selbst, dessen Dienste benötigt werden. Der Öffnungsprozeß hat nun offiziell begonnen. Es ist sehr einfach! Die erste Sitzung dient nur zur Untersuchung. Dein Medizinteam muß zuerst einmal mit Deinen Energiefeldern und Deiner Aura vertraut werden. Von nun an wirst Du immer dasselbe medizinische Team haben. Die Idee dahinter ist, sich einfach nur für eine Stunde hinzulegen und sie ihre Arbeit machen zu lassen. Während dieser Zeit kannst Du mit Deinem Team laut oder leise sprechen und ihnen Deine gesundheitlichen Bedenken oder Heilungswünsche mitteilen. Um diesen Prozeß zu beenden, konzentriere Dich einfach auf die einzelnen Mitglieder der Gruppe, die ich angeführt habe, danke ihnen für ihre Hilfe und bitte darum, daß die Verbindung unterbrochen wird. Du solltest bis zu Deiner nächsten Sitzung mindestens vierundzwanzig Stunden warten, so daß sich die Energien in der Zwischenzeit wieder beruhigen können.

Machaelle wendet zur Unterstützung dieses gesamten Prozesses Blütenessenzen an. Dies ist nicht nötig, kann jedoch dem Heilungsprozeß eine neue Dimension zufügen. Die Blütenessenzen können mit einem Pendel oder durch Kinesiologie ermittelt werden. Für weitere Informationen darüber, schreibe direkt an Machaelle. Ich glaube, sie stellt ihre Blütenessenzen selbst her. Mit ihrer Verbindung zu den Naturgeistern bin ich mir sicher, daß diese absolut fabelhaft sind. Diese Information findest Du im Anhang B in ihrem Buch.

Der MAP-Sitzungsplan

Machaelle empfiehlt im ersten Monat zwei wöchentliche Sitzungen, im zweiten bis vierten Monat eine wöchentliche Sitzung, und ab dem fünften Monat nur noch eine vierzehntägige Sitzung. Das ist die Vorgehensweise, wenn Du keinerlei gesundheitliche Probleme hast und nur "Instandhaltungsarbeiten" erledigen lassen möchtest. Wenn Du eine Krankheit oder Verletzung hast, dann kannst Du Dich drei bis vier Mal pro Woche einer solchen Behandlung unterziehen. Es wird geraten, mit dem MAP-Team ein fünfmonatiges Abkommen zu schließen, so daß Du innerhalb dieses Zeitraumes die gesamte Auswirkung der Behandlung erfahren kannst. Es ist wichtig, zu verstehen, daß die Menschen bei den jeweiligen Sitzungen sehr unterschiedliche Wirkungen erleben. Einige Menschen sind gegenüber energetischen Veränderungen empfindlicher als andere. Da das MAP-Team mit sehr subtilen Energiefeldern arbeitet, geht sehr viel mehr vor sich, als Du vielleicht glaubst. Viele Menschen spüren sehr subtile elektrische Ströme oder prickelnde Gefühle und wieder andere fühlen überhaupt nichts. Du kannst eine Sitzung neben Deinem Partner haben, solltest jedoch einen Abstand von mindestens einem Meter einhalten.

In Deiner zweiten Sitzung kannst Du nach der anfänglichen Untersuchung zu dem MAP-Team sprechen und ihm sagen, was Du möchtest oder aber auch, was Du empfindest. Solltest Du irgendwann einmal Schmerzen verspüren, was sehr ungewöhnlich wäre, so teile dies Deinem Team mit. In der zweiten Sitzung wird ebenso konzentriert gearbeitet, wie in der ersten Sitzung, nur daß diesmal Deine Energiefelder behandelt und korrigiert werden und Du nicht mehr nur auf Deine Bedürfnisse hin untersucht wirst.

Der Einstellungsprozeß

Der Einstellungs- oder Abstimmungsprozeß ist ein zusätzlicher Vorgang, der von Machaelle in ihren Sitzungen mit den Naturwesen entwickelt wurde. In dieser Sitzung übernehmen die Naturwesen eine etwas aktivere Rolle. Sie helfen die Energien zu stabilisieren, mit denen das MAP-Team arbeitet, doch im Einstellungsprozeß leisten sie eine noch aktivere Arbeit.

Die Aufgabe des Einstellungsprozesses ist, uns in Zeiten von emotionalem und mentalem Streß, im Gegensatz zu den physischen Gesundheitslektionen des MAP-Prozesses, zu helfen. Dieser Einstellungsprozeß kann von den normalen MAP-Heilungssitzungen getrennt oder aber auch in Verbindung mit diesen durchgeführt werden. Der gesamte Prozeß dauert etwa eine halbe Stunde, wohingegen die MAP-Heilungssitzung eine volle Stunde dauert. Er wurde speziell für die Menschen entwickelt, die in einer emotionalen oder mentalen Sackgasse stecken.

Der Grund, weshalb uns die Naturwesen dabei helfen können ist, daß sie alles im Sinne von Energien wahrnehmen. Die emotionalen oder mentalen Blockaden werden als bestimmte Energiekonfigurationen im Aurafeld gesehen. Diese Energiekonfigurationen in der Aura können dahingehend verändert werden, daß die Energie wieder zusammenhängender und harmonischer fließt.

Die Beschreibung des exakten Vorgangs, um den Einstellungsprozeß zu eröffnen ist folgende:

1. Sage einfach:

"Ich möchte den Einstellungsprozeß in meiner Heilungssitzung eröffnen. Ich rufe und verbinde mich mit dem Deva der Heilung, Pan, der medizinischen Einheit der Grossen Weissen Bruderschaft und mit meiner Seele und/oder Monade." (Warte wiederum jeweils zehn Sekunden, nachdem Du um die Verbindung der einzelnen Mitglieder des Teams gebeten hast.)

2. Bitte laut um Hilfe

für das bestimmte Problem oder die Lektion, mit der Du Dich auf emotionaler oder mentaler Ebene gerade beschäftigst. Sprich zu Deinem Team so, als ob Du zu einem Therapeuten sprechen würdest. Während

Du sprichst, beobachtet das Team Dein Energiefeld, um zu sehen, wie es sich verändert. Aus diesen Beobachtungen heraus kann das Heilungsteam dann die Energien in Deinem emotionalen oder mentalen Körper, sowie in Deinem gesamten Energiesystem korrigieren und wieder mehr in Harmonie mit Deiner Seele und Deinem Geist bringen.

3. Wenn Du mit der Beschreibung Deines Problems

und der Bitte um Hilfe fertig bist, lege Dich entspannt zurück und erlaube dem MAP-Team für eine halbe Stunde seine Arbeit auszuführen. Eine Uhr kann dabei von Vorteil sein. Du kannst eine sofortige Erleichterung verspüren oder es kann vierundzwanzig Stunden dauern, bis Du die Auswirkungen des neuen Energiemusters in Deinem Bewußtsein wahrnimmst. Blütenessenzen werden nach Beendigung der Sitzung empfohlen, sind jedoch nicht unbedingt erforderlich.

4. Beende die Sitzung,

indem Du jedem Mitglied des Heilungsteams dankst und dann darum bittest, daß die Verbindung nun wieder gelöst wird. Es ist möglich, daß Du eine weitere Einstellung brauchst, um die emotionale oder mentale Lektion wirklich abzuschließen. Sollte Dein Problem weiterhin bestehen, dann erkläre dies bei der nächsten Sitzung Deinem Team, so daß sie eventuelle Änderungen in ihrer Arbeit durchführen können.

Es ist möglich, den Einstellungsprozeß und den Heilungsprozeß in der gleichen Sitzung durchzuführen. Die Schritte sind dieselben. Bitte einfach um die gleichzeitige Durchführung beider Prozesse während einer Sitzung.

Die Arbeit mit einem Pendel

Eines der nützlichsten Hilfsmittel, die einem Menschen hier auf der Erde zur Verfügung stehen, ist der Pendel. Ein Pendel kann in den meisten esoterischen Buchgeschäften erworben werden. Du kannst auch Deinen eigenen Pendel herstellen, indem Du einen kleinen Kristall oder Edelstein an eine dünne Kette oder einen Faden bindest. Meiner Ansicht nach, ist es die geringe Investition wert einen zu kaufen, besonders wenn Du erst zu pendeln beginnst. Durch die Hilfe eines Pendels kannst Du mit Deinem Unterbewußtsein und Deinem Höheren Selbst kommunizieren. Das Pendel ist fähig, auf jede beliebige Frage mit ja oder nein zu antworten.
Setze Dich zu Beginn bequem an einen Tisch, halte den Pendel und frage ihn, welche Richtung "Ja" bedeutet. Lasse den Pendel selbst die Richtung bestimmen, ohne daß Du darauf Einfluß nimmst. Dann frage ihn nach der Bewegungsrichtung für "Nein". Für jeden Menschen kann die Richtung verschieden sein. Er kann sich im Uhrzeigersinn drehen oder in entgegengesetzter Richtung. Er kann sich vor und zurück oder in jede andere mögliche Richtung bewegen. Es geht dabei eigentlich nur darum, ein System zwischen dem Unterbewußtsein, dem Verstand und dem Überbewußtsein herzustellen, was ja und nein bedeutet. Dann beginne damit, einfache Fragen zu stellen, deren Antwort Du vielleicht schon kennst, nur um zu überprüfen, ob der Pendel genau antwortet.

Wie bei jeder anderen Fertigkeit auch, erfordert das Pendeln ein wenig Praxis. Es gibt auf dem Markt eine Menge guter Bücher, die ich empfehlen kann und die Dir einen vollständigen Kurs in der Kunst des Pendelns vermitteln. Wenn Du gerade erst damit beginnst, dann empfehle ich Dir, ein solches zu kaufen und die Übungen von vorne bis hinten durchzugehen. Es wird eine der wertvollsten Geschicklichkeiten sein, die Du Dir jemals angeeignet hast. Du kannst damit überprüfen, welche Nahrung Du essen solltest oder welche Zusatzstoffe Dein Körper gerade benötigt, welche homöopathischen Mittel Du nehmen solltest, welchen Arzt Du aus einer Liste von Ärzten konsultieren solltest, welche Blütenessenz Du nach einer MAP-Sitzung brauchst.

Du kannst Dich mit Deiner Seele oder Deinem Höheren Selbst unterhalten, sobald Du ein wenig Übung darin erworben hast. Nur allzuoft nehmen wir Nahrung, Zusatzstoffe oder Medikamente zu uns, die wir gar nicht wirklich brauchen. In unserem Verstand glauben wir vielleicht, sie zu benötigen, doch energetisch zeigen wir darauf keine positive Resonanz. Wir brauchen vielleicht diese Woche irgendwelche Vitalstoffe, nehmen sie aber einen ganzen Monat lang und vergiften uns auf subtile Weise damit. Ein Pendel kann Dir genau sagen, wie lange Du etwas nehmen mußt, wann oder wie oft am Tag und so weiter.
Die Liste der Fragen, die das Pendeln beantworten kann, ist schier unendlich. Es kann genausogut Fragen auf der psychologischen oder spirituellen Ebene beantworten. Nimm Dir ein wenig Zeit, Energie und Geld für dieses unglaubliche Werkzeug. Ich verspreche Dir, daß dies die beste Investition ist, die Du jemals gemacht hast.

9. Hilfsmittel zur Heilung der Emotionen

"Es gibt nur zwei Emotionen, Liebe und Angst.
Wählt, welcher ihr dienen wollt"
Ein Kurs in Wundern

Unsere Einstellung und Haltung erzeugen unsere Gefühle. Wenn wir mit dem Verstand unseres Egos denken, dann erzeugen wir auf Angst basierende Gefühle und Emotionen. Wenn wir von unserer spirituellen Seite aus denken, dann erzeugen wir auf Liebe basierende Gefühle und Emotionen. Du hast die Fähigkeit, die Art Deiner Gefühle selbst zu wählen, denn Deine Gedanken und Deine Einstellung sind die Ursache Deiner Gefühle und Emotionen.
Ich habe hierzu einen Sechs-Stufen-Prozeß entwickelt. Dieser Prozeß ist besonders dann hilfreich, wenn Du merkst, daß innerhalb Deiner Beziehung, oder in anderen Lebensumständen, spezielle Knöpfe gedrückt werden und somit Gefühle ausgelöst werden, und Du Schwierigkeiten hast, den Grund dafür zu erkennen.

Der Sechs-Stufen-Prozeß, um das emotionale Selbst zu vergeistigen

1. Stufe

Schreibe den genauen Vorfall oder die genaue Situation nieder. Dies kann zum Beispiel ein Verkehrsstau auf der Autobahn sein oder daß sich Dein Partner über Dich geärgert hat. Der erste Schritt ist einfach, ganz objektiv niederzuschreiben, was geschehen ist.

2. Stufe

Schreibe Deine Reaktion auf die Situation oder auf die andere Person ganz objektiv nieder. Deine Reaktion im Verkehrsstau war beispielsweise Ungeduld oder Verärgerung. Die Reaktion auf die Angriffe Deines Partners waren vielleicht Verteidigung oder Wut. Der zweite Schritt besteht einfach in der objektiven Niederschrift Deiner Reaktion, ob diese nun angemessen oder unangemessen war.

3. Stufe

Dies ist der entscheidende Schritt. Betrachte die Situation oder den Vorfall so, als ob sie Dein Meisterlehrer wäre, der Dir gerade eine notwendige Lektion beibringen möchte, und Gott diesen Vorfall dazu nutzt, um Dir eine Gelegenheit zum spirituellen Wachstum zu geben. Der Verkehrsstau ist Dein Meisterlehrer. Der Ärger Deines Partners ist Dein Meisterlehrer.

4. Stufe

Mache Dir eine Liste all der psychologischen und spirituellen Qualitäten, die Du bei dieser Gelegenheit lernen kannst. Möglicherweise ist das erste, was Du bezüglich anderer Menschen lernen kannst, wie man nicht sein sollte. Manche Menschen geben ein gutes, andere ein schlechtes Beispiel. Du kannst von beiden lernen. Du weißt, wie es sich anfühlt, wenn Dir gegenüber jemand ärgerlich wird und Dich angreift, so daß Du daraus lernen kannst, nicht auch so zu sein. Im Beispiel des Verkehrsstaus wird Dir Geduld und Ausdauer gelehrt und sich nicht von dieser Situation abhängig zu machen, diese Situation als Lektion zu sehen, sich hinzugeben und so weiter.

In anderen möglichen Beispielen wird Dir gelehrt:

Zentriert zu bleiben.

Nicht Deine persönliche Kraft abzugeben.

Deine Schutzblase aufrechtzuerhalten, so daß Aggressionen an Dir abprallen.

Die Ursache Deiner eigenen Emotionen zu sein und nicht andere die Ursache Deiner Emotionen sein zu lassen.

Dich nicht in die Rolle des Verlierers drängen zu lassen.

In einer kraftvollen, liebevollen Art zu kommunizieren, anstatt sich zu verteidigen und ebenfalls auf Angriff überzugehen.

Zu diskutieren anstatt zu argumentieren.

Zu agieren und nicht zu reagieren, ein Meister zu sein anstatt ein Opfer.

Dich selbst zu behaupten.

Die richtige Wahl zu treffen,
wann man reden und wann man schweigen sollte.

Vergebung, bedingungslose Liebe, Vorlieben,
Unabhängigkeit, die Situationen als Lektionen zu betrachten.

Unverletzbarkeit.

Transzendenz des Egos.

Die Liebe und den Wert zuerst in sich selbst und in Gott zu suchen und nicht bei anderen.

Geduld.

Dich vor der psychologischen Krankheit Deines Partners zu schützen und der Heiler zu sein, anstatt zum Patienten zu werden.

Spirituell zu sein und nicht egoistisch.

Unabhängigkeit.

Objektivität.

Die richtige Beziehung zu Dir selbst und zu Gott aufrechtzuerhalten, denn dies sind die zwei wichtigsten Beziehungen in Deinem Leben, sie sind sogar noch wichtiger als die zu Deinem Partner.

Ich empfehle Dir, Deine künftigen Lektionen anhand dieser Liste, zu betrachten. Sie enthält viele Lektionen unseres täglichen Lebens, die sich ständig wiederholen.

5. Stufe

Nachdem Du all die wunderbaren Lektionen und Perlen der Weisheit, die Du dabei gelernt hast, aufgelistet hast, segne oder danke der anderen Person im Geist (oder persönlich), daß sie Dir diese Gelegenheit zum Wachstum gegeben hat. Fasse den festen Entschluß, wann immer Du am nächsten Tag, in der nächsten Woche oder im nächsten Monat in dieser Lektion geprüft wirst, mental stark und vorbereitet zu sein und Dich entsprechend zu verhalten. Sei Dir darüber im klaren, daß Du bestimmt darin geprüft wirst, sei es nun mit der selben Person oder Situation oder mit einer neuen Person oder Situation. Die Lektion wird jedoch sehr ähnlich sein.

6. Stufe

Wenn Du wirklich aus dieser Erfahrung gelernt hast, dann wirst Du diesbezüglich diese negativen Gefühle nicht mehr erleben. Verwende diesen Sechs-Stufen-Prozeß, um Deine Emotionen in all den Momenten zu meistern, in denen Du in eine festgefahrene emotionale Situation kommst. Wenn Du diesen Prozeß zu Papier bringst, wird Dir das helfen, viel klarer zu erkennen was geschehen ist.

Innere Reinigung und Identifikation mit negativen Emotionen

Dieser Sechs-Stufen-Prozeß zur Meisterung der Emotionen und unsere vorangegangene Diskussion über eine heilende Einstellung könnte gewöhnlich als maskulin, Yang- oder als Desidentifikationsmethode im Umgang mit Emotionen bezeichnet werden. Dies ist das Gegenteil zu der folgenden femininen Yin- oder Identifikationsmethode. Natürlich wollen wir uns auf einer fortlaufenden Basis mit unseren spirituellen Gefühlen und Emotionen der Liebe, Freude und des Glücks identifizieren. Ich glaube jedoch, daß es zu einer angemessenen Zeit auch wichtig sein kann, sich mit seinen negativen Gefühlen zu identifizieren und sie auszudrücken.

Die Methode der Befreiung

Der Umgang mit unseren Gefühlen und Emotionen kann oftmals mit unserer potentiellen Fähigkeit über Wasser zu gehen, verglichen werden. Auch wenn wir uns bewußt sind, daß wir keine Begrenzungen haben, so ist es eine andere Geschichte, diese Unbegrenztheit auch in die Realität umzusetzen. Dasselbe trifft auch auf die Gefühle zu. Wir wissen ganz genau, wie wir uns im Idealfall verhalten müssen, doch dieses Wissen in allen möglichen Beziehungen und Situationen unseres Lebens auch in die Tat umzusetzen, bedeutet eine Menge harter Arbeit, so wie es eine enorme Arbeit und Disziplin ist, seinen physischen Körper in Form zu bringen und ihn von allen Giften zu befreien. Besonders in Krisenzeiten unseres Lebens treten eine ganze Reihe von angstvollen, egoistischen Emotionen auf. Was sollen wir mit all diesen Emotionen bloß machen? Das erste, was Du versuchen solltest ist, eine heilende Einstellung einzunehmen, so wie ich es in dem Sechs-Stufen-Prozeß zur Meisterung der Emotionen beschrieben habe. Dies wird ganz sicher helfen.

Was aber passiert, wenn Du vor lauter Bäumen den Wald nicht mehr sehen kannst und noch immer eine Menge negativer Emotionen hochkommen? Du hast zwei Möglichkeiten: Du kannst diese entweder hinunterschlucken oder Dir selbst erlauben, Dich mit diesen zu identifizieren und sie auszudrücken. Die erste Alternative ist manchmal überaus wichtig für uns; wenn Du beispielsweise bei der Arbeit, im Lebensmittelgeschäft oder in der Bank bist und es wäre nicht sehr angebracht, dort zu weinen oder herumzuschreien. Dies ist eine Zeit, um seine persönliche Kraft zu beanspruchen, Selbstkontrolle zu zeigen und die Emotionen - vorübergehend - zu verdrängen, bis der entsprechende Moment gekommen ist, mit ihnen umzugehen. Die zweite Alternative ist, sich selbst davon zu befreien, wenn man nach Hause kommt, ins Auto steigt oder sich an einem sicheren Ort befindet. Mit anderen Worten, lasse Deine Gefühle heraus, seien diese gut oder schlecht. Manchmal, wenn wir uns überwältigt und nicht gerade in mentaler Bestform fühlen, dann sollten wir uns diese Art des Loslassens erlauben.

Aus spiritueller Perspektive ist es wichtig, die entsprechende Zeit und den geeigneten Ort dafür zu finden, um sich selbst oder andere bei diesem Prozeß nicht zu verletzen. Laß uns beispielsweise sagen, daß Du eine Menge Ärger in Dir trägst und es einfach notwendig ist, ihn herauszulassen. Anstatt ihn an Deinen Kindern oder Arbeitskollegen auszulassen oder Deinen Partner niederzumachen, kannst Du in Deinem Auto laut schreien oder ein Kissen zerstampfen, gegen einen Sandsack boxen oder irgend etwas ähnliches machen. Solch eine intensive Reinigung erlaubt Dir etliche negativen Gefühle und Emotionen herauszulassen. Eine entsprechende Befreiung wird Dich auch transformieren und Dir Einsicht und Verständnis vermitteln. Das Beste, was man nach einer solchen Reinigung tun kann, nachdem man sich etwas ausgeruht hat, ist, alles in sein Tagebuch zu schreiben, um eine heilende Wirkung zu erzielen. Die dunkle Wolke wird verschwinden, und Du wirst viel klarer und dazu fähig sein, Dich selbst zu reprogrammieren und eine tiefe Einsicht und Verständnis aus Deinem Tagebuch zu erlangen.

Die Methode des Ablassens

Die zweite Yin- oder Identifikationsmethode zum Umgang mit negativen Emotionen ist, einen Wecker zu stellen, um sich selbst eine bestimme Zeitperiode zuzugestehen, in der man alle negativen Emotionen ablassen kann. Wenn Du beispielsweise traurig bist, dann kannst Du nicht erwarten, diese Traurigkeit mit einer Haltung der Desidentifikation und anderen maskulinen Methoden zu überwinden. Gib Dir dann dreißig Minuten Zeit, um in Selbstmitleid zu schwelgen. Schreie und weine ruhig dabei oder werde wütend und lasse Deinen Gefühlen wirklich freien Lauf. Lasse einfach alles aus Dir heraus! Wenn die dreißig Minuten vorüber sind, höre damit auf und versuche wieder, Dich dem Christusbewußtsein zu widmen. Wir könnten dies mit dem Essen vergleichen, indem wir uns noch ein letztes Dessert gönnen und dann zu uns sagen: "Morgen überwinde ich meinen inneren Schweinehund und beginne mit meiner Diät." Manchmal fehlt uns dazu einfach die nötige Kraft oder Energie in diesem Moment, dann kann diese Möglichkeit durchaus angebracht sein. Das Wichtigste dabei ist, die negative Stimmung nicht einfach so aufrechtzuerhalten, ohne bewußt etwas zu tun.

Die Methode der Annahme

Die dritte Methode ist einfach, den Druck der negativen Gefühle zu ertragen, den man gerade erfährt. Vielleicht hast Du bereits versucht, Dich mit einer entsprechenden Einstellung zu heilen, warst aber nicht fähig, die negativen Gefühle, die Du unbewußt erfahren hast, zu transformieren. Mit dieser Methode akzeptierst Du einfach, daß diese Gefühle da sind, doch Du gibst diesen Emotionen nicht Deine bewußte Kraft. Erkenne, daß Heilung ein Prozeß ist. So wie es einige Zeit benötigt, sich physisch zu heilen, so dauert es auch ein wenig, sich emotional zu heilen. Wenn wir uns den Fuß brechen, muß das Leben trotzdem weitergehen und wir müssen weiter funktionieren. Dasselbe gilt auf emotionaler Ebene. Wir können vielleicht einen großen emotionalen Schmerz oder negative Gefühle erfahren, doch unser Leben geht weiter und wir müssen unser tägliches Leben fortsetzen. In diesem Zustand arbeiten der bewußte Verstand und das Unterbewußtsein nicht in Einklang. Dieser Druck muß ertragen werden, bis das Überbewußtsein, der Verstand und das Unterbewußtsein wieder emotional ausgerichtet sind. Wenn wir diese Philosophie nicht leben, könnten wir dadurch unseren emotionalen Schmerz für längere Perioden in unserem Leben haben. Je größer der Grad der Bindungen und Abhängigkeiten ist, desto härter werden die Lektionen.

Stelle Dir vor, daß Du nächste Woche eine wichtige öffentliche Rede vor zweitausend Menschen halten wirst und Du Dich nervös und ängstlich fühlst. Egal was Du auch versuchst, Du wirst diese schreckliche Angst nicht los. Die beste Methode könnte dabei vielleicht sein, es einfach zu akzeptieren, daß sie da ist und Deiner Angst zu erklären, daß Du nicht vor hast, Dich von ihr aus Deinem Zentrum bringen und Dir dadurch Deine Rede ruinieren zu lassen. Du erträgst den Druck und hältst die Ansprache, obwohl Du die ganze Zeit über Lampenfieber hast. Dieser Zustand ist dem sehr ähnlich, wenn jemand mit physischen Schmerzen leben muß. Er lernt, diesen Zustand zu akzeptieren, gibt jedoch seine Kraft nicht an den Schmerz und läßt sich dadurch sein Leben nicht ruinieren.

Die Methode der sekundären Kommunikation

Die vierte Identifikationsmethode bezieht sich auf den Umgang mit negativen Gefühlen in einer Beziehung. Wenn in einer Beziehung negative Gefühle gegenüber dem Partner auftreten, dann ist es das Beste, eine gewisse Zeit alleine zu verbringen und dabei zu versuchen, mit sich selbst und Gott wieder ins reine zu kommen. Das heißt, sich selbst wieder in seine Mitte zu begeben und die Dinge aus der richtigen Perspektive zu betrachten. Oft fehlt jedoch dazu die entsprechende Zeit oder, selbst wenn Du die Zeit hast, bist Du nicht fähig, all die negativen Gefühle loszuwerden. Aus spiritueller Perspektive wäre es dann angebracht, sich mittels einer "sekundären Kommunikations-Methode" mitzuteilen.

Die primäre Methode ist, miteinander zu sprechen, ohne dabei in seinem Ego zu sein. Die sekundäre Methode der Kommunikation ist, dem Partner seine negativen, egoistischen Gefühle in einer verantwortlichen, ruhigen, logischen und liebevollen Art mitzuteilen. Mit anderen Worten, Du teilst dabei Deinem Partner Deine Verletztheit oder Deine Widerstände in einer liebevollen Art mit, so daß er dabei nicht verletzt wird, und sagst ihm, daß Du Dir dessen bewußt bist, daß Du diese negativen Gefühle selbst erzeugst und daher selbst die Verantwortung für Deine Realität übernimmst.

Erzähle Deinem Partner, daß Du diese negativen Gefühle in der Hoffnung mit ihm teilst, daß die Situation und die Gefühle mit Dir selbst und der Beziehung bereinigt werden. Manchmal kann Dir Dein Partner helfen, die Eigenschaften und Gefühle herauszuarbeiten, mit denen Du Dich zwar in Deinem Tagebuch beschäftigst, aber darin festgefahren bist. Diese Art der Kommunikation ist von größter Wichtigkeit, da es unmöglich ist, jederzeit mit sich und der Welt im klaren zu sein.

Dein Partner wird wahrscheinlich sehr beeindruckt sein, daß Du nicht schimpfst und in einer solch sanften und liebevollen Art mit ihm sprichst und dabei die Verantwortung für Deine Realität selbst übernimmst.

Es gibt eine ganze Reihe von Menschen, die glauben, daß ihre Gefühle und Emotionen ein Geschenk Gottes an die Menschheit sind. Sie glauben, daß die beste Art zu leben, die ist, alles zu machen, was einem die Gefühle sagen. Meiner Ansicht nach, ist das eine unverantwortliche Philosophie und Art zu leben. Unsere Gefühle entstammen unseren Einstellungen. Wenn Du eine egoistische Einstellung hast, dann werden Deine Gefühle egoistisch sein und sich auf Angst und Angriff begründen. Was geschieht, wenn Du Dein Leben durch Deine Gefühle bestimmen läßt, und Du dann vor Zorn jemanden niederschlägst, etwas stiehlst oder jemandem beim Einkaufen verfluchst? Ist dies eine verantwortungsvolle Art zu leben? Würde es Gott gefallen, wenn die Menschheit auf der Erde so lebt? Laß Dich durch diese falsche Philosophie nicht verführen.
Du kannst Deinen Gefühlen und Emotionen trauen, sobald Du Dich nicht mehr mit Deinem Ego identifizierst und Deinen Verstand unter Kontrolle hast. Deine Gefühle werden dann ein perfekter Führer sein. Es ist sehr wichtig für uns, daß wir unser Leben durch unseren Verstand und unsere Intuition leiten lassen, was die Führung des Höheren Selbst ist.

Ein Brief an das Unterbewußtsein

Ein Brief an das Unterbewußtsein kann ein sehr nützliches Hilfsmittel sein, um mit seinen Emotionen umzugehen. Die Grundidee dabei ist, seinem Unterbewußtsein einen Brief mit dem Verständnis zu schreiben, daß Du der Meister und der Kapitän Deiner Persönlichkeit bist. In einer bestimmten, aber liebevollen Art, was oft als strenge Liebe bezeichnet wird, erklärst Du Deinem Unterbewußtsein, wie die Dinge zu sein haben. Sei dabei der Computerprogrammierer in Briefform. Das Briefeschreiben ist eher eine flüssige Art des Programmierens, als die Verwendung von speziellen Affirmationen. Ich halte diese Methode für sehr gut.

Wenn Du möchtest, kannst Du Dich mit Deinem Unterbewußtsein unterhalten und dabei sehen, wie es auf Deine bestimmten und liebevollen Befehle reagiert. Dies kann auch in Form des Tagebuchschreibens geschehen. Dein Unterbewußtsein wird Dir ein großer Diener sein, solange Du das Sagen hast und es liebevoll behandelst. Die Idee dabei ist, ein Team zu bilden, bei dem Du dem Unterbewußtsein dienst und das Unterbewußtsein Dir dient. Alle für einen und einer für alle.

Der Dialog

Ein weiteres nützliches Hilfsmittel, um emotionale Konflikte aufzulösen ist, einen Dialog zu führen. Diese Methode ist der vorherigen sehr ähnlich, besonders wenn Du den Dialog mit der Person führst, mit der Du Probleme hast. Schreibe einen Brief an die betreffende Person und lasse sie in Deinem Tagebuch darauf antworten. Setze diesen Prozeß so lange fort, bis der Fall für Dich abgeschlossen ist. Dies kann äußerst hilfreich sein. Die Führung eines Dialoges kann auch psychisch mit dem Inneren Kind, dem kritischen oder zu nachgiebigen Elternteil, mit dem bestimmten und liebevollen Elternteil, mit Deinem Höheren Selbst, dem physischen Körper, dem Unterbewußtsein, mit Gott, dem Ego, der spirituellen Haltung und so weiter, angewandt werden. Du, als der bewußte Verstand, sprichst in Briefform mit irgendeinem dieser Teile und läßt die jeweilige Teilpersönlichkeit antworten. Führe einen Dialog mit ihnen und sieh, was sich daraus entwickelt. Erinnere Dich dabei stets daran, daß Du der bestimmende Kommandant der Persönlichkeit bist.

Es ist auch möglich mit jeder Teilpersönlichkeit oder Gedankenform innerhalb Deines Unterbewußtseins so zu kommunizieren. Jeder Gedanke, jedes Gefühl, jeder Impuls, jeder Wunsch und jede Emotion hat ihr Eigenleben. Es ist möglich, jede dieser Teilpersönlichkeiten oder dieser Komplexe zu isolieren, um mit ihm einen Dialog zu führen. Du kannst zum Beispiel einen Dialog mit dem Teil führen, der mit dem Rauchen aufhören möchte oder mit dem Teil, der nach Europa fahren will. Die Liste der möglichen Teile ist sprichwörtlich unendlich. Es ist wichtig zu erkennen, daß der Teil mit dem Du gerade arbeitest, auch eine Gegenseite hat. Der Teil, der Zigaretten rauchen möchte, hat einen Gegenspieler, der nicht rauchen möchte. Der Teil, der nach Europa reisen will, hat einen Gegenpart, der nicht nach Europa reisen will. Wenn Du einen Dialog mit einem bestimmten Teil führst, dann achte darauf, immer mit beiden Seiten zu sprechen, um eine völlig ausbalancierte Sicht dieses speziellen Themas zu erhalten.

Ein Verzeichnis negativer Emotionen

Ein anderes sehr hilfreiches Werkzeug, um sein emotionales Selbst zu verfeinern, zu reinigen und zu vergeistigen ist, ein negatives Emotionsverzeichnis zu führen. Dazu solltest Du immer einen kleinen Schreibblock und einen Stift in Deiner Tasche tragen. Mache Dir jedesmal, wenn Du ein negatives Gefühl hast, eine kurze Notiz über das Gefühl und den Vorfall. Wenn Du dann später etwas Zeit hast, kannst Du diese Aufzeichnung zur Hand nehmen und den Sechs-Stufen-Prozeß durcharbeiten um herauszufinden, welches falsche Glaubensmuster die Ursache für das negative Gefühl war. Wenn Du dieses Verzeichnis über Deine negativen Emotionen nicht führst, dann wirst Du mit Sicherheit einige der vielen Lektionen, die während eines langen Tages anfallen, vergessen. Wenn Du wirklich lernen möchtest, Deinen Emotionalkörper zu verfeinern, zu reinigen und zu vergeistigen ist dies die beste Art, um es zu erreichen.
Die nächste Stufe wäre dann, nochmals Dein ganzes Tagesgeschehen durchzugehen und jedes dieser Erlebnisse in der Weise zu korrigieren, wie Du es gerne haben möchtest. Da das Gehirn den Unterschied zwischen tatsächlichen und imaginären Ereignissen nicht kennt, ist dies eine Möglichkeit, das Unterbewußtsein mit positiven Erfahrungen zu programmieren und die negativen zu ersetzen.

Ein allgemeines Verzeichnis

Der Zweck eines solchen Verzeichnisses ist, mehr Aufmerksamkeit und Disziplin in Gebiete Deines Lebens zu bringen, in denen es nötig ist. Es gibt viele verschiedene Arten von Verzeichnissen, die man führen kann. Du kannst beispielsweise ein Trainingsverzeichnis führen, in dem Du jeden Tag festhältst, wieviel Du trainiert hast und wie Du mit Deinem Erfolg zufrieden warst. Eine weitere Art wäre ein Meditationsverzeichnis, in dem Du das Datum, wie lange Du meditiert hast und Deine Gefühle oder gewonnenen Einsichten notierst. Dies ist sehr wichtig, denn es kann leicht sein das, was man im veränderten Bewußtseinszustand der Meditation, der dem Träumen ähnlich ist, erfahren hat, zu vergessen. Du weißt, wie leicht man einen Traum, der vergangenen Nacht, vergißt. Ein weiteres Beispiel wäre ein Nahrungsverzeichnis, in dem man das auflistet, was man während des Tages ißt. Der Prozeß des Schreibens macht Dich viel aufmerksamer, was auch der eigentliche Grund ist, um ein Verzeichnis zu führen. Zu wissen, daß man es aufschreiben muß, ist eine große Motivation, um angemessen zu essen. Ein Verzeichnis kann für jede Gelegenheit in Deinem Leben, in der Du anstrebst, eine größere Meisterschaft und Kontrolle zu erreichen, angelegt werden. Die nachfolgenden Tabellen sind Beispiele psychologischer Verzeichnisse.

Trage mittels einer prozentualen Bewertung die Zahl ein, von der Du glaubst, daß sie für die entsprechende Eigenschaft oder Qualität angemessen ist. Du kannst die Werte genauso gut zwei oder drei Mal am Tag eintragen. Ich habe einundzwanzig Tage angeführt, weil dies genau der Zeitraum ist, den es dauert, um eine neue Gewohnheit im Unterbewußtsein zu fixieren. Diese Art von Verzeichnis hält Deine Konzentration und Deine Motivation aufrecht. Wenn Du versuchst, diese Methode nur in Deinem Verstand durchzuführen, dann wirst Du sehr schnell die Konzentration, die Motivation und Disziplin verlieren. Spirituell zu wachsen kann damit verglichen werden, über seine Finanzen Buch zu führen. Wenn Du versuchen würdest, alle Deine Finanzen, Steuerbescheide und Kontoauszüge in Deinem Kopf zu behalten, dann wäre es unmöglich, den Überblick zu bewahren.

Dasselbe gilt für Dein spirituelles Leben. Zu versuchen, ohne einer Art von spiritueller Buchhaltung zu organisieren, wäre unmöglich und überwältigend. Ein spirituelles Buchhaltungssystem für Dein Leben ist unbedingt notwendig und Verzeichnisse sind ein wunderbares Werkzeug, um ein bestimmtes Gebiet Deines Lebens, das Deine Aufmerksamkeit erfordert, zu meistern.

Tagebuch führen

Ich empfehle, zwei Tagebücher zu führen. Das erste Tagebuch ist dafür, wenn Du mit etwas nicht klar kommst oder einfach, wenn Du Dich ausdrücken möchtest. Das Schreiben eines Tagebuchs kann eine heilende Wirkung haben. Nachdem unsere Gedanken unsere Realität erschaffen, verändern wir unsere Gefühle durch die Änderung unserer Betrachtungsweise. Eine heilende Einstellung ist ein Prozeß, bei dem man sich vom egoistischen Denken zum spirituellen Denken bewegt. Das Schreiben eines Tagebuches ist auch geeignet, seinen Verstand und sein Unterbewußtsein umzuprogrammieren. Es dient dazu, seine Ausrichtung zum Höheren Selbst zu verstärken und an Einsicht und Verständnis ebenso zu gewinnen, wie an innerer Reinigung.

Was Du nicht tun solltest ist, Dein Tagebuch zu führen und damit nur dieselben Muster auf dem Papier ohne Veränderung zu verstärken. Du mußt an das Schreiben der Tagebücher mit der richtigen Einstellung herangehen und die Selbstmeisterung, Deine Persönliche Kraft und die perfekte spirituelle Haltung und Ausrichtung anstreben. Das zweite Tagebuch dient dazu, um in einem großen Notizbuch die verschiedenen Hilfsmittel, Verzeichnisse und psychologischen Übungen zu sammeln, mit denen man arbeitet. Die Aufgabe dieses Tagebuches ist, das gesamte Material zusammenzuhalten und zu organisieren. Nachfolgend stehen einige andere sehr wertvolle Abschnitte, die Du in Deinem Tagebuch anführen kannst.

Hauptlektion des Tages

Der Abschnitt "Hauptlektion des Tages" in Deinem Tagebuch wird am Abend vor dem Schlafengehen oder am Morgen nach dem Aufstehen benutzt. Rufe Dir den vergangenen Tag in Dein Gedächtnis zurück und schreibe die Perle der Weisheit nieder, die Du daraus gelernt hast. Die Perle der Weisheit könnte etwas sein, daß Du in Deiner Lektion gut gemacht hast, oder eine Lektion, die Du aus einem negativen Erlebnis gelernt hast.

Es ist sehr wichtig, daß Du diesen Abschnitt in Deinem Tagebuch zu einer täglichen Gewohnheit werden läßt. Es wird viel effektiver sein, wenn Du es täglich in Dein Tagebuch niederschreibst, als wenn Du es nur in Deinem Geist machst. Die Handlung des Schreibens hat einen weit größeren Einfluß auf Deinen Verstand und Dein Unterbewußtsein. Egal wie gut der gestrige Tag war, Du möchtest den nächsten Tag noch besser werden lassen. Genieße Deine Siege, sei aber niemals zufrieden, bis Du das endgültige Ziel Deiner Göttlichkeit erreicht hast.

Ziele und Prioritäten

Dies ist ein sehr wichtiger Abschnitt, der in Deinem Tagebuch nicht fehlen sollte. Du wirst niemals irgendwo hinkommen, wenn Du nicht weißt, wohin Du gehst. Mache Dir, für diesen Abschnitt, eine Liste mit all Deinen Zielen auf der physischen Ebene, auf der psychologischen Ebene und auf der spirituellen Ebene. Führe alles an, was Du in diesem Leben erreichen willst. Schreibe all die psychologischen Qualitäten und all die Fähigkeiten auf, die Du entwickeln möchtest. Schreibe Deine endgültigen Ziele und Aufgaben ebenso auf, wie die irdischen Erfahrungen, die Du noch erleben möchtest.

Eine hilfreiche Kurz-Meditation, die Dir in diesem Prozeß helfen kann ist, sich vorzustellen, daß bereits fünfundsiebzig Jahre vergangen sind und Deine Seele in die Spirituelle Welt übergegangen ist. Stelle Dir vor, wie Du von dort auf Dein irdisches Leben zurückblickst. Was möchtest Du von dieser Perspektive aus sehen? Wie möchtest Du Dein Leben sehen? Was möchtest Du erreicht haben? Was sollte auf Deinem Grabstein stehen? Dieses Erlebnis wird sich tatsächlich in Deiner Zukunft ereignen. Du hast jetzt die Gelegenheit, das zu kreieren, womit Du Dich in Zukunft wohl fühlst. Es ist sehr einfach, die Zeit zu verschwenden und Energie für unbedeutende Dinge zu mißbrauchen. Kümmerst Du Dich um die Angelegenheiten Gottes? Verwendest Du Deine Zeit und Energie dazu, Dein gottgegebenes Potential zu erreichen? Falls nicht, dann mußt Du Dich mehr auf das konzentrieren, was Du wirklich erreichen möchtest.

Lebensplan

Der zweite Schritt, nachdem Du Dir über Deine Ziele und Prioritäten im klaren bist, ist, Dir einen Lebensplan zu machen. Dies ist eine unverbindliche Aufzeichnung für die nächsten fünfzig Jahre oder wie lange Du glaubst, daß Du auf der Erde leben wirst. Dieser Lebensplan beginnt mit Deinem endgültigen Ziel der Selbstverwirklichung. Von dort aus teilst Du Deine Ziele in einem festgelegten Zeitplan auf und bestimmst in lockerer Weise, auf was Du Dich wann konzentrieren wirst. Teil dieses Prozesses ist, Prioritäten zu setzen. Worauf möchtest Du Dich im nächsten Jahr, in den nächsten fünf, zehn und fünfzehn Jahren konzentrieren?

Du kannst zum Beispiel aufschreiben, daß Du heiraten willst, ein Kind möchtest, nach Europa fahren, Meditation und Heilung studieren, einen Hochschulabschluß absolvieren, nach Indien reisen, bestimmte Bücher lesen, bestimmte Kurse besuchen oder bestimmte Dienste anbieten. Dieser Entwurf ist unverbindlich, so daß Du ihn jederzeit verändern kannst, wenn es gerade paßt. Dies wird Deinem Leben einen gewissen Fokus verleihen, der Dich auf dem richtigen Weg hält. Es ist sehr leicht, von seinem Weg abzukommen. Es gibt so viele Versuchungen und so viele verschiedene Energien die Dich von einer Seite auf die andere ziehen, daß Du ohne diesen psychologischen und spirituellen Plan sehr schnell von Deinem Kurs abkommst.

Zyklen

Der nächste Schritt ist, diesen Prozeß noch weiter zu verfeinern. Die Idee dahinter ist, sich die Prioritäten und Ziele der nächsten ein bis zwei Jahre vorzunehmen und sich mittels eines genauen Zeitplans darauf zu konzentrieren, wie man diese Ziele erreichen kann. Du könntest beispielsweise sagen, daß es Dein Ziel für dieses Frühjahr ist, ein Buch zu schreiben, physische Fitneß zu erlangen und den Status Quo aufrechtzuerhalten. Dein Ziel im Sommer ist es, mehr Zeit mit der Familie zu verbringen, nach Hawaii zu fliegen und sich darauf zu konzentrieren, mehr Geld zu verdienen. Zwischen September und dem nächsten Frühjahr möchtest Du vielleicht mehr Energie auf Deine Meditationen lenken und Dich mit Heilung beschäftigen.

Wenn Du das tust, dann setzt Du Dir dabei kurzfristige Ziele. Das wird Dir helfen, konzentrierter, disziplinierter und motivierter zu sein. Wenn sich Dein Leben verändert, mußt Du vielleicht einige Korrekturen vornehmen, doch setze Dir dann immer wieder kurzfristige Zielperioden. Wenn Du über diese Zyklen nachdenkst, ist es auch extrem hilfreich, anhand Deines Tagebuches Deinen letzten Zyklus zu untersuchen, der Dich in Deinen jetzigen Bewußtseinszustand gebracht hat. Wir alle haben bestimmte Zyklen, Einweihungen oder Wendepunkte gehabt, die uns zu unserer jetzigen Position geführt haben. Deine letzten Zyklen zu verstehen, wird Dir helfen, das zu erschaffen, was in Deinem derzeitigen Zyklus angebracht ist und das, was für Deine zukünftigen Zyklen nötig ist.
Beispiele für vorangegangene Zyklen, Wendepunkte oder Einweihungen könnten beispielsweise sein, wenn Du den Hochschulabschluß absolviert hast, einen Preis gewonnen hast, ein Baseballteam aufgestellt hast, Deinen ersten Freund oder Deine erste Freundin hattest, Dein erstes religiöses Erlebnis hattest, eine bestimmte Person getroffen oder ein Baby bekommen hast. Jeder dieser Wendepunkte in Deinem Leben ist der Beginn einer neuen Phase. Ich empfehle dies, da wir uns durch diesen Abschnitt unseres Tagebuches dieser Phasen viel bewußter werden. Ich denke, daß Du dies sehr nützlich finden wirst.

Wöchentliche Routine

Der nächste Schritt, um diesen Prozeß zu verfeinern, ist die Schaffung einer wöchentlichen Routine (siehe dazu das folgende Diagramm). Ich will damit nicht sagen, daß Du all die vorgeschlagenen Dinge routinemäßig durchführen sollst - das Diagramm dient dazu, Dir in einem Überblick Dinge aufzuzeigen, die Du in Deinen Wochenplan integrieren kannst. Es ist, meiner Meinung nach, äußerst wichtig, daß jeder eine gewisse Routine oder Kontrolle einhält. Wenn Du dies nicht tust, wirst Du Dich weder spirituell, noch auf einer anderen Ebene weiterentwickeln. Die Gefahr einer Routine liegt darin, zu yang oder zu reglementiert im Leben zu werden und an einen Punkt zu kommen, an dem es keine Spontaneität mehr gibt. Die andere Seite der Münze ist die, daß Du nicht zu sehr yin werden möchtest.

Zu sehr yin zu sein bedeutet, zu sehr zu fließen, zu flexibel zu sein und die Dinge einfach laufen zu lassen. Es gibt keine festen und verbindlichen Regeln, um eine Routine zu erschaffen. Einige Menschen brauchen mehr Struktur als andere. Routine kann damit verglichen werden, auf die Zähne zu beißen; sie führt Dich in die Richtung, in die Du Dich bewegen möchtest. Routine bedeutet, ihr zu folgen, ob es Dir jetzt angenehm ist oder nicht. Dies bedeutet nicht, neurotisch und ein Sklave der Routine zu werden. Nochmals, es handelt sich eher um eine zeitweise Führung, die nur in einem Notfall oder bei einer ganz besonderen Gelegenheit durchbrochen wird. Der Zweck der Routine ist der, Dir zu helfen, Deine Ziele und Prioritäten, die Du Dir selbst klar aufgestellt hast, zu erreichen. Unregelmäßige körperliche Übungen werden Dir ebenso wenig physische Fitneß bringen, wie Dir unregelmäßiges Meditieren die Früchte des Geistes bringen wird.

Die meisten Menschen brauchen eine gewisse Routine. Wenn Du ihnen ihre Arbeitsstelle oder die Schule wegnehmen würdest, wären sie ohne Motivation und verloren. Viele Menschen kümmern sich darum, andere mit Struktur und Routine zu versorgen. Ideal wäre es, wenn Du die persönliche Kraft und Selbstdisziplin hättest, Dich selbst mit einer wöchentlichen Routine, zur Erreichung Deiner Ziele und Prioritäten, zu versorgen. Gestalte Deine Routine nicht zu schwierig, sonst wirst Du sie nicht befolgen. Mache sie, auf der anderen Seite, auch nicht zu einfach. Deine Routine wird sich immer wieder verändern, so wie sich das Leben ändert und dies ist völlig in Ordnung. Aber erhalte immer eine gewisse Routine, die Dir dabei hilft, positive Gewohnheiten in Deinem Unterbewußtsein zu entwickeln. Nach einiger Zeit, wirst Du Dir positive Gewohnheiten bezüglich körperlicher Übungen, gesundheitsbewußtem Essen, Meditation und so weiter, angeeignet haben. Die Routine macht Dich auch viel effizienter in der Nutzung Deiner Zeit und in Deiner Produktivität. Durch das Befolgen einer gewissen Routine weißt Du, daß Du Deine Ziele vollbringst und kannst Deine Freizeit viel angenehmer nutzen.

Tägliche Routine

Wenn Du wirklich phantasievoll werden möchtest, so kannst Du noch einen Schritt weiter gehen und Dir eine tägliche Routine anfertigen. Das ist etwas,

was ich mache und was mir sehr viel Freude bereitet. Jeden Abend, bevor ich zu Bett gehe, stelle ich mir eine Liste für den nächsten Tag zusammen, auf der ich alle Telefongespräche, Kliententermine, Besorgungen, spirituelle Übungen, meine Diät und Vitamingaben, körperlichen Übungen, Gedanken und Fähigkeiten, die ich aufrechterhalten will und so weiter, aufschreibe. Ich habe mir meine wöchentliche Routine eingeprägt, so daß ich am Vorabend nur meinen mentalen, emotionalen, physischen und spirituellen Lebensplan aufschreibe. Wenn ich dies tue, fühle ich mich gut organisiert und effizient und kann viel besser schlafen. Am Morgen kann ich frisch ans Werk gehen, denn mein innerer und äußerer Tagesablauf ist bereits vorgezeichnet.

Wenn mir neue Dinge einfallen ergänze ich den Tagesplan, wenn ich Dinge erledigt habe, dann streiche ich sie einfach. Wenn ich mir die Dinge aufschreibe, muß ich sie nicht immer im Gedächtnis behalten, was mir erlaubt, viel kreativer zu sein und mir weniger Sorgen zu machen. Vor dem zu Bett gehen ist dies auch gleichzeitig eine Programmierung. Ich finde, daß ich das entsprechende Maß an Energie dann auch habe, das ich mir am Vorabend einprogrammiert habe. Wenn ich einen arbeitsreichen Tag am Vorabend plane, bin ich viel besser in der Lage, den täglichen Herausforderungen zu begegnen.

Der Schlachtplan

Der Schlachtplan ist ein Abschnitt im Tagebuch, der für mich eines der wertvollsten Hilfsmittel von allen ist. Ich kann ihn nicht genügend empfehlen. Hierbei nimmst Du Dir das Gebiet heraus, mit dem Du Dich im Moment am meisten beschäftigst und machst eine Liste mit all den Dingen, die Dir bei der Erreichung Deines Zieles helfen können. Wenn Du gesundheitliche Probleme hast, dann erstelle Dir eine Liste von allen Möglichkeiten, die Dir helfen könnte, diese zu überwinden. Wenn Du mehr Kunden möchtest, Geschäftsverbindungen oder Geld, dann mache Dir einen Schlachtplan, in dem Du alle nützlichen Hilfsmittel auflistest, die Dir einfallen. Laß uns beispielsweise sagen, daß Du krank bist und Dein Immunsystem sehr geschwächt ist. Nachfolgend sind einige Beispiele aufgelistet, die Du in diesem Fall in Deinem Schlachtplan aufschreiben könntest:

Meine persönliche Kraft besitzen

Um Heilung beten

Gesundheitsaffirmationen und Visualisierungen

Diät aus gedämpftem Gemüse

Viel Wasser trinken, Vitamin C nehmen

Heilkräuter zu sich nehmen

Homöopathische Mittel

Akkupunktur

In der Sonne liegen

Spazieren gehen

Tief durchatmen

Eine positive Geisteshaltung beibehalten

So viel wie möglich schlafen

Tagebuch führen

Vertrauen haben

Es gibt noch viel mehr, was Du tun kannst, doch alleine schon durch das Schreiben dieser Liste attackierst Du die Krankheit, anstatt von ihr attackiert zu werden. Wenn Du Dich von Deinem Leben attackieren läßt, dann bist Du ein Opfer und Du wirst deprimiert. Wenn Du das Problem attackierst, auch wenn Du physisch krank bist, dann wirst Du Dich besser fühlen. Du fühlst Dich besser, weil Du ganz bestimmt etwas machst, um die Situation zu kurieren. Die Erstellung dieses Schlachtplanes bringt Dir viele guten Ideen und inspiriert Dich für das, was Du willst. Es ist sehr wahrscheinlich, daß Du Dir eine ganze Reihe von Schlachtplänen für eine Vielzahl von Gebieten in Deinem Leben zulegen wirst. Wann immer Du Dich nicht in Deiner Mitte fühlst, nicht motiviert und nicht inspiriert bist, lege Dir einen Schlachtplan zu oder erinnere Dich an diese Technik. Du wirst Dich augenblicklich besser fühlen. Ich habe meinen Schlachtplan auf meinem Schreibtisch festgeklebt, so daß ich ihn immer wenn ich davor sitze und arbeite vor meinen Augen habe.

Der Schlachtplan erneuert Deinen Glauben und inspiriert Deine persönliche Kraft. Werde lieber zum Meister Deines Lebens, als noch länger ein Opfer zu sein. Die Schlachtplantechnik wird dieses Ursache-Meister-Bewußtsein inspirieren und nähren.

Zitate und gute Ideen

Dieser Abschnitt in Deinem Tagebuch ist für inspirierende Ideen, Geschichten, Gedichte oder Bilder gedacht. Er kann auch ein gesonderter, sehr ästhetischer Teil Deines Tagebuches sein. Da Deine Gedanken Deine Realität erschaffen, kann ein solcher Abschnitt Deines Tagebuches dazu dienen, die Freude und die Schönheit des Lebens wiederzuerwecken, wenn Du Dich niedergeschlagen oder unmotiviert fühlst. Das Durchblättern dieses Abschnittes wird Dir helfen, die letztliche Realität, von der wir wissen, daß sie die Wahrheit ist, neu zu entflammen. Laß mich zusammenfassend sagen, daß Du all die verschiedenen Hilfsmittel einfach ausprobieren und damit herumexperimentieren kannst, um herauszufinden, was für Dich das Beste ist. Du wirst von der Wirkung angenehm überrascht sein.

Gebet kontra Meditation

Gebet bedeutet, zu Gott zu sprechen. Meditation bedeutet, auf Gott zu hören. Das Gebet ist der maskuline oder Yang-Aspekt. Die Meditation ist der feminine oder Yin-Aspekt.

Dein Höheres Selbst anrufen

Es gibt eine ganze Reihe von Hilfsmitteln, um eine besseren Kontakt zu Deinem Höheren Selbst zu bekommen.

Briefe schreiben

Ich persönlich finde, daß dies ein sehr freudvolles und hilfreiches Werkzeug ist. Die Idee dahinter ist, einfach seinem Höheren Selbst einen Brief zu schreiben. Ich mache das jeden Morgen und manchmal sogar, bevor ich zu Bett gehe. Das Höhere Selbst ist wie ein älterer, weiser Bruder oder eine ältere, weise Schwester. Sprich zu ihm wie zu einem Freund - Deinem besten Freund. Schließe eine Freundschaft in diesen ungezwungenen Briefen. Du wirst sehen, daß Dein Höheres Selbst Dir antworten wird, manchmal durch subtile Gedanken, in Träumen oder in irgendeiner anderen Weise, die ich bereits erwähnt habe. Manchmal nehme ich meine "Liebes Höheres Selbst - Briefe" als eine Form des Gebets.

Affirmationen

Das Sprechen bestimmter Affirmationen während des ganzen Tages, wird eine augenblickliche Ausrichtung auf Dein Höheres Selbst herbeiführen. Meine Lieblingsaffirmationen sind:

a) Durch Christus, der mich stärkt,
kann ich alles tun.

b) Gott ist mit mir, wo immer ich bin.

c) Ich vertraue dem Herrn und er wird
meinen Weg erhellen.

d) Wenn Gott für mich ist,
wer kann dann gegen mich sein?

e) Ich habe perfekten Glauben, Vertrauen
und Geduld in Gott und seine Gesetze.

f) Mit Gott sind alle Dinge möglich.

g) Vater, ich erwarte ein Wunder.

h) Gott und Christus ertragen mein Kreuz mit mir.

i) Gott ist mein Co-Pilot.

Visualisierungen

Schließe Deine Augen und vergegenwärtige Dir ein Symbol oder ein Bild, das Dich an Dein Höheres Selbst erinnert und Dich darauf einstimmt, daß es den ganzen Tag mit Dir ist. Es könnte eine Taube sein, die über Dir fliegt. Es könnte ein weiß-goldenes Licht sein, das Deinen Kopf umgibt. Es gibt dafür unendlich viele Möglichkeiten, die Du in Deiner Vorstellungskraft anwenden kannst.
Stimme Dich durch diese Symbole und Affirmationen immer wieder während des Tages auf Dein Höheres Selbst ein. Die in diesem Buch vorgeschlagenen Affirmationen und Symbole werden Dich mit Trost, Frieden im Geist, Kraft und Stärke in den Zeit versorgen, in denen Du es nötig hast. Es kann auch hilfreich sein, ein Bild für die Gegenwart Gottes, Christus, Deiner geistigen Führer, Lehrer und Helfer zu erschaffen, die Dir unterstützend zur Seite stehen.

Altare

Ein kleiner heiliger Platz oder Altar in einer Ecke Deines Schlafzimmers ist eine sehr angenehme Art der Einstimmung auf Dein Höheres Selbst. Einige Menschen nehmen dafür kleine Statuen von Christus, Buddha, Moses oder anderen. Andere nehmen Bilder der großen Meister und Lehrer. Ich empfehle auch Räucherstäbchen oder spirituelle Musik, um das Bewußtsein einzustimmen. Außerdem kann man Affirmationen, Gedichte oder Bilder aus Zeitschriften dazustellen. Manche erschaffen damit eine Art Poster oder hängen dies an eine Pinnwand. Ich hefte alle meine Schlachtpläne, Zentrierungsmodelle, Listen, Versprechen und inspirierende Ideen an meine Pinnwand. Es macht wirklich Spaß dies zu entwerfen. Du könntest auch noch einige Kerzen dazustellen. Es ist sehr schön nahe am Altar zu meditieren, falls dies möglich ist. Der Altar dient dazu, Dich an Deine Verbindung zum Geist und an Deinen höheren Ruf zu erinnern.

Tabelle Nr. 1 - Psychologisches Zustandsverzeichnis für insgesamt 21 Tage				
Tag	Persönliche Kraft	Selbstliebe	Balance	Spirituelle Haltung
1	/	/	/	/
2	/	/	/	/
3	/	/	/	/
4	/	/	/	/
5	/	/	/	/
6	/	/	/	/
7	/	/	/	/
8	/	/	/	/
9	/	/	/	/
10	/	/	/	/
11	/	/	/	/
12	/	/	/	/
13	/	/	/	/
14	/	/	/	/
15	/	/	/	/
16	/	/	/	/
17	/	/	/	/
18	/	/	/	/
19	/	/	/	/
20	/	/	/	/
21	/	/	/	/

Anleitung: Tragen Sie jeden Morgen und jeden Abend Ihre psychologische Entwicklung der entsprechenden, angeführten Qualitäten mit einer Bewertung zwischen 1 und 100% in die Tabelle ein.

Tabelle Nr. 2 - Psychologisches Zustandsverzeichnis für insgesamt 21 Tage				
Tag	Persönliche Kraft Meister Ursache	Christusbewußtsein (selbst u. andere)	Balance & Integration	Ausrichtung auf das Höhere Selbst
1	/	/	/	/
2	/	/	/	/
3	/	/	/	/
4	/	/	/	/
5	/	/	/	/
6	/	/	/	/
7	/	/	/	/
8	/	/	/	/
9	/	/	/	/
10	/	/	/	/
11	/	/	/	/
12	/	/	/	/
13	/	/	/	/
14	/	/	/	/
15	/	/	/	/
16	/	/	/	/
17	/	/	/	/
18	/	/	/	/
19	/	/	/	/
20	/	/	/	/
21	/	/	/	/
Anleitung: Tragen Sie jeden Morgen und jeden Abend Ihre psychologische Entwicklung der entsprechenden, angeführten Qualitäten mit einer Bewertung zwischen 1 und 100% in die Tabelle ein.				

Tabelle Nr. 3 - Psychologisches Zustandsverzeichnis für insgesamt 21 Tage					
Tag	Lektionen M/N/A %	Vorlieben M/N/A %	Geduld M/N/A %	Vergebung M/N/A %	Emotionale Unverletzbarkeit M/N/A %
1					
2					
3					
4					
5					
6					
7					
8					
9					
10					
11					
12					
13					
14					
15					
16					
17					
18					
19					
20					
21					

Anleitung: Tragen Sie jeden Morgen, Nachmittag und jeden Abend Ihre psychologische Entwicklung der entsprechenden, angeführten Qualitäten mit einer Bewertung zwischen 1 und 100% in die Tabelle ein.

Tabelle Nr. 4 - Psychologisches Zustandsverzeichnis für insgesamt 21 Tage

Tag	Vertrauen M/N/A %	Bedingungslose Liebe M/N/A %	Bestimmtheit M/N/A %	Ursache M/N/A %	Nicht verurteilt M/N/A %
1					
2					
3					
4					
5					
6					
7					
8					
9					
10					
11					
12					
13					
14					
15					
16					
17					
18					
19					
20					
21					

Anleitung: Tragen Sie jeden Morgen, Nachmittag und jeden Abend Ihre psychologische Entwicklung der entsprechenden, angeführten Qualitäten mit einer Bewertung zwischen 1 und 100% in die Tabelle ein.

Tabelle Nr. 5 - Psychologisches Zustandsverzeichnis für insgesamt 21 Tage					
Tag	Kritischer Elternteil M/N/A %	Zu nachsichtiger Elternteil M/N/A %	Strenger und liebender Elternteil M/N/A %	Bedingte Liebe M/N/A %	Unänderbare u. bedingungslose Selbstliebe M/N/A %
1					
2					
3					
4					
5					
6					
7					
8					
9					
10					
11					
12					
13					
14					
15					
16					
17					
18					
19					
20					
21					

Anleitung: Tragen Sie jeden Morgen, Nachmittag und jeden Abend Ihre psychologische Entwicklung der entsprechenden, angeführten Qualitäten mit einer Bewertung zwischen 1 und 100% in die Tabelle ein.

Wochenroutine und -struktur						
Montag	**Dienstag**	**Mittwoch**	**Donnerstag**	**Freitag**	**Samstag**	**Sonntag**
Wecker	Wecker	Wecker	Wecker	Wecker	Frühstück	Ausschlafen
Träume	Träume	Träume	Träume	Träume	Pläne	
Affirmationen	Affirmationen	Affirmationen	Affirmationen	Affirmationen	Rechnungen bezahlen	
Meditation	Meditation	Meditation	Meditation	Meditation	Besorgungen	Frühstück
Gebet	Gebet	Gebet	Gebet	Gebet	Putzen	
Tagebuch	Tagebuch	Tagebuch	Tagebuch	Tagebuch	Shopping	
Organisation	Organisation	Organisation	Organisation	Organisation	Studieren	Erholung
Frühstück	Frühstück	Frühstück	Frühstück	Frühstück		
(Vitamine und	(Vitamine und	(Vitamine und	(Vitamine und	(Vitamine und		
Mineralstoffe	Mineralstoffe	Mineralstoffe	Mineralstoffe	Mineralstoffe	Vergnügen	Vergnügen
Arbeit	Arbeit	Arbeit	Arbeit	Arbeit	Fitnessübungen	
						Freude
Mittagessen	Mittagessen	Mittagessen	Mittagessen	Mittagessen	Vergnügen	
Fitnessübungen	Fitnessübungen	Fitnessübungen	Fitnessübungen	Fitnessübungen		
Mittagsschläfchen	Mittagsschläfchen	Mittagsschläfchen	Mittagsschläfchen	Mittagsschläfchen		
Entspannung	Entspannung	Entspannung	Entspannung	Entspannung		
Abendessen	Abendessen	Abendessen	Abendessen	Abendessen	Abendessen	Abendessen
Lesen	Lesen	Lesen	Lesen			Aufräumen
Tagebuch	Tagebuch	Tagebuch	Tagebuch	Vergnügen	Erholung	Lesen
Meditation	Meditation	Meditation	Meditation		Vergnügen	Tagebuch
Gebet	Gebet	Gebet	Gebet	Spaß	Freude	Meditation
Wecker stellen	Wecker stellen	Wecker stellen	Wecker stellen			Gebet
						Wecker stellen
Schlafen	Schlafen	Schlafen	Schlafen	Schlafen	Schlafen	Schlafen
Zeit-Management						

10. Wie man sein Unterbewußtsein umprogrammiert

"Sei wachsam gegenüber Gott und seinem Königreich."
Jesus Christus - Ein Kurs in Wundern

Nachdem ich bereits begonnen habe, Dir in den vergangenen Kapiteln eine Reihe von Affirmationen zu geben, finde ich, daß es nun angebracht wäre, Dir einmal näher zu erklären, was Affirmationen und Visualisierungen eigentlich sind und wie man sie am besten benutzt. Eine Affirmation ist in Wahrheit eine Einstellung oder Haltung. Jeder Gedanke, den wir denken, sei er nun positiv oder negativ, ist eine Affirmation. Jedes Wort, das wir sprechen, ist eine Affirmation. Jede Handlung und jedes Verhalten ist eine Affirmation. Das ist wahr, denn alles entstammt unseren Gedanken. Unsere Gedanken erschaffen unsere Wirklichkeit.

Affirmationen, die in einen psychologischen Heilungsprozeß eingebaut werden, sind speziell entworfene Aussagen, die dazu verwendet werden, ein neues gewünschtes Gefühl, neue Gewohnheiten und Verhaltensweisen in das Unterbewußtsein zu programmieren. In einem früheren Kapitel habe ich Dir Affirmationen gegeben, um Deine persönliche Kraft zu entwickeln oder Deine Schutzblase. Wann immer Du positiv oder optimistisch denkst, übst Du Dich in Affirmationen. Die Affirmationen, die ich Dir in diesem Kapitel geben möchte, sind speziell entworfene Aussagen, um Dir zu helfen, bestimmte Schlüsselhaltungen bezüglich Deines Selbstbildes und Selbstkonzeptes zu entwickeln. Der sich ständig wiederholende Prozeß, Deine negativen Einstellungen mittels Deiner persönlichen Kraft aus Deinem Verstand zu drängen, und das Wiederholen der neuen, positiven Affirmationen ist der Hauptschlüssel, um Dein Unterbewußtsein umzuprogrammieren.

Wie bereits erwähnt, ist das Verdrängen negativer Gedanken aus dem Verstand, wie eine Pflanze, die nicht mehr gegossen wird. Dem negativen Gedanken wird keine Energie mehr zugeführt, also trocknet er aus und stirbt. Das anhaltende positive Denken und die Anwendung von Affirmationen gießt diesen neuen Samen und bringt ihn in den Boden Deines Unterbewußtsein ein, wo er zu wachsen beginnt. Es ist wie ein Kassettenrecorder, der eine alte Kassette neu überspielt.

Methoden der Umprogrammierung des Unterbewußtseins

Probiere die verschiedenen Methoden zur Umprogrammierung Deines Unterbewußtseins aus, um festzustellen, welche für Dich am effektivsten sind.

1. Affirmationen

Eine Affirmation ist eine kraftvolle, positive Aussage, die besagt, daß etwas bereits so ist! Diese Aussage wird so lange im Stillen wiederholt, bis das Muster völlig in Dein Unterbewußtsein einprogrammiert ist und in Deinem Leben zur Realität wird.

2. Verfügung
Eine Verfügung ist eine gesprochene Affirmation.

3. Kreatives Visualisieren

Dies ist ein Prozeß der Imagination, bei dem man sich bildlich vorstellt, wie das endgültige Resultat aussieht. Dieser Akt ist wie die Affirmation, eine direkte Suggestion an Dein Unterbewußtsein. Bilder sind vielleicht sogar noch kraftvoller als Wörter.

4. Tagebuch

Schreibe Deine Affirmationen in Dein Tagebuch. Dies ist eine sehr effektive Art, um Dein Unterbewußtsein zu programmieren. Das physische Schreiben bewirkt eine Stabilisierung und Verdichtung des Gedankenmusters. Verändere Deine Affirmationen, wenn Dir bessere einfallen.

5. Affirmationskarten

Schreibe die Affirmationen auf kleine Karten und verteile diese überall im Haus oder an Deinem Arbeitsplatz. Dies ist eine sehr effektive Methode. Lege diese Affirmationskarten neben Dein Bett, auf den Spiegel, ins Badezimmer, auf den Kühlschrank, in Deine Geldbörse oder auf Deinen Schreibtisch. Dies wird Dich daran erinnern, die Affirmationen zu wiederholen und damit den Prozeß beschleunigen.

6. Affirmationsspaziergang

Gehe spazieren! Der Affirmationsspaziergang ist eine meiner Lieblingsmethoden. Ich gehe so lange spazieren, wie ich mag und affirmiere dabei meinem Unterbewußtsein, wie ich alles haben möchte. Das Unterbewußtsein wird für Dich alles manifestieren, was Du ihm sagst, sei es nun gut oder schlecht. Der Wert positiver Affirmationen und Visualisierungen ist ziemlich offensichtlich, denn wenn wir die positiven Affirmationen und Visualisierungen nicht anwenden, dann machen wir das Gegenteil.

7. Rhythmisches Wiederholen

Spreche Deine Affirmationen rhythmisch, während Du Deine körperlichen Übungen machst. Dies ist eine exzellente Programmierungstechnik und hält Deinen Verstand während der Übungen zentriert.

8. Die drei Stimmen

Spreche Deine Affirmationen in der ersten, zweiten und dritten Person. Zum Beispiel: Ich, Joshua, bin in strahlender, perfekter Gesundheit. Du, Joshua, bist in strahlender, perfekter Gesundheit. Er, Joshua, ist in strahlender perfekter Gesundheit.

Diese Technik ist besonders effektiv, wenn man sie auf eine Kassette aufzeichnet.

9. Positiv-Negativ-Clearings

Ziehe auf einem Blatt Papier in der Mitte eine Linie. Schreibe auf die eine Seite des Blattes eine Affirmation. Dann warte ein wenig und achte auf die Gedanken, die Dir in den Sinn kommen und die dieser Affirmation widersprechen. Schreibe dann die negativen Gedanken auf, die aus Deinem Unterbewußtsein hochkommen.
Der nächste Schritt ist, jeden negativen Gedanken in eine andere positive Affirmation zu verändern. Schreibe zu jeder neuen positiven Affirmation einen negativen Gedanken und ändere diesen in neue, positive Sätze. Setze diesen Prozeß solange fort, bis keine negativen Gedanken mehr hochkommen. Nun hast Du eine Liste mit Affirmationen, die sich speziell auf Deine persönlichen Lektionen in diesem Leben beziehen. Diese Methode ist auch deshalb ausgezeichnet, weil sie Dich lehrt, Deine eigenen Affirmationen zu kreieren. Dies ist eine grundlegende Fähigkeit, an der man arbeiten und die man entwickeln sollte.

10. Spiegel

Schaue täglich für einen Zeitraum von einundzwanzig Tagen in den Spiegel und spreche dabei laut Deine Affirmationen. Spreche sie mit Deiner ganzen persönlichen Kraft und Überzeugung. Schaue Dir dabei direkt in die Augen. Setze dies solange fort, bis Du keinen Widerstand mehr in Deinem Unterbewußtsein spürst.

11. Endloskassetten

Nimm Deine Affirmationen auf eine Endloskassette auf, die die ganze Nacht über ohne Unterbrechung läuft. Spiele das Band jede Nacht, während Du schläfst, einundzwanzig Tage lang. Es ist auch möglich, einen Endlos-Kassettenrecorder zu kaufen, der jede beliebige Standardkassette die ganze Nacht lang wiederholt. Die "Nachtkassetten-Methode" ist zu einhundert Prozent effektiv. In den Vereinigten Staaten gibt es sogar entsprechende Kissenlautsprecher.

12. Hypnose

Suche Dir einen vertrauenswürdigen Hypnotiseur, der Dir während der Hypnose, in einem hyper-suggestiven-Zustand, positive Suggestionen in Dein Unterbewußtsein programmiert.

13. Lesen

Lies gute Bücher aus dem Bereich der Psychologie und Spiritualität mehrmals durch. Dies dient als ein kraftvolles Programmierungshilfsmittel.

14. Pendeln

Nimm einen Pendel und sprich mit Deinem Unterbewußtsein durch "Ja- und Nein-Antworten". Dies dient dazu, Informationen vom Unterbewußtsein zu erhalten und sein Unterbewußtsein zu programmieren.

15. Dialoge

Ein anderes, sehr hilfreiches, Werkzeug ist ein Dialog mit dem Unterbewußtsein, mit einer seiner Teilpersönlichkeiten oder mit einem bestimmten Glaubensmuster innerhalb des Unterbewußtsein. Dies kann auf verschiedene Arten geschehen.

a) Gesprochener Dialog

Nimm zwei Stühle, die die Gegenwart des Unterbewußtsein und des Verstandes repräsentieren und bringe einen Dialog in Gang. Füge dann noch einige Stühle hinzu, die die isolierten Teilpersönlichkeiten repräsentieren sollen. Die Idee dahinter ist, ein Rollenspiel der verschiedenen Teile des Unterbewußtseins durchzuführen. Der Verstand führt dann einen Dialog mit diesen verschiedenen Teilen. Dies ist ein sehr kraftvolles Hilfsmittel, um der Meister seines Lebens zu werden und nicht länger die Opferrolle zu spielen.

b) Diesen ganzen Vorgang

in seinem Tagebuch niederzuschreiben, kann auch überaus hilfreich sein. Führe auf dem Papier einen Dialog mit irgendeinem Glaubenssystem in Dir, das Du in Deinem Bewußtsein manifestieren willst. Führe beispielsweise einen Dialog mit Deinem Höheren Selbst.

c) Die dritte Art des Dialoges

findet einfach im Geiste statt. Wenn ein destruktives Glaubenssystem hochkommt, dann sprich zu ihm und erkläre ihm, daß Du der Kapitän des Schiffes bist, und daß Du die Macht über Deine Persönlichkeit hast und es keinerlei Macht hat. Dann sprich eine gegenteilige, positive Affirmation und erkläre der positiven Seite, daß Du in Zukunft auf sie hören wirst.

16. So tun als ob

Verhalte Dich in Deinem täglichen Leben so, wie Du gerne wärst, auch wenn Du Dich noch gar nicht so weit fühlst oder Dein Unterbewußtsein etwas anderes versucht. Diese Methode erfordert eine gewisse Willensstärke. Wenn Du dem Druck lange genug standhältst, dann wird es schließlich zu einem Umprogrammierungsprozeß kommen.
Dies ist eine sehr grundlegende Methode zur eigenen Entwicklung, denn manchmal haben wir einfach nicht die nötige Zeit, um uns entsprechend auf

alles vorzubereiten. Zum Beispiel: Ein überraschendes Vorstellungsgespräch. Du mußt Sicherheit und Kompetenz repräsentieren, auch wenn Du Dich gar nicht danach fühlst.

17. Bilder

Kreiere ein physisches Bild Deiner gewünschten Realität. Dies dient als Suggestion an das Unterbewußtsein, so wie es der kreative Visualisierungsprozeß auch tut, nur daß es sich hierbei bereits um ein fertiges Resultat handelt. Zum Beispiel: Wenn Du Übergewicht hast, so suche Dir ein Bild von jemandem mit einer Idealfigur und ersetze dessen Gesicht mit einem Bild von Dir. Dies dient als Suggestion für Dein Unterbewußtsein und es wird danach streben, dieses Bild auch zu manifestieren.

18. Selbsthypnose

Autosuggestionen, mit denen man in einem entspannten Zustand sein Unterbewußtsein programmiert, können die Bedeutung einer Langzeit-Affirmation symbolisieren. Die Hypnose hat die Tatsache demonstriert, daß Suggestionen, die einem Individuum in einem Zustand gegeben werden, in dem sein bewußter Verstand in einem Entspannungszustand ist, fast augenblicklich von dessen Unterbewußtsein aufgenommen werden. Dies zeigt, daß wir uns diese entspannten und hypersuggestiven Zustände zu Nutzen machen können, um unser Unterbewußtsein noch viel schneller umzuprogrammieren, als durch den Gebrauch von Affirmationen. Affirmationen sind wichtig, erfordern jedoch mehr Arbeit als diese Methode. Einige Beispiele, in denen wir Autosuggestionen während des Tages verwenden können sind:

a) Direkt vor dem Einschlafen,

wenn Du Dich im Zwischenbereich zwischen dem Wachbewußtsein und dem Schlafzustand befindest. Programmiere dann einfach ein Schlüsselwort: "Vollkommene Gesundheit ... Wohlstand ... Erfolg ... guten Schlaf."

b) Einfach wenn Du Dich entspannst.

c) Nach der Meditation ist eine ausgezeichnete Zeit für Autosuggestionen.

d) Nach Deiner Selbsthypnose.

e) In der ionisierten Atmosphäre unter der Dusche.

19. Kassettenaufnahmen

Bespiele eine Kassette mit Deinen Affirmationen und Autosuggestionen und spiele diese während jeder der zuvor erwähnten hypersuggestiven Zustände des Bewußtseins.

20. Subliminal-Kassetten

Eine weitere sehr hilfreiche Methode der Umprogrammierung des Unterbewußtseins ist die Verwendung von Subliminalkassetten. Eine Subliminalkassette ist eine Audiokassette, auf der eine Suggestion oder Affirmation in einem bewußt fast unhörbaren Ton als Hintergrund zu einer klassischen New Age- oder Unterhaltungsmusik aufgenommen wurde. Die Suggestion ist so ruhig und sanft, daß Du sie bewußt gar nicht hören kann und Du Dich schon richtig darum bemühen mußt. Subliminalkassetten eignen sich hervorragend als Schlafkassetten, insbesondere dann, wenn Du bei Deinen normalen Affirmationskassetten nicht richtig schlafen kannst.

21. Lieder

Komponiere ein Lied und singe Dir Deine Affirmationen vor. Du brauchst dazu kein professioneller Musiker sein. Verwende die Melodie Deines Lieblingsliedes. Kreiere Deine eigenen Kraftlieder, Lieder der Selbstliebe und Lieder des Wohlstandes. Erlaube Dir dabei, ein wenig verrückt zu sein und habe Spaß daran. Singe auch, wenn Du alleine mit dem Auto fährst.

22. Gedichte

Eine weitere Methode, die der vorangegangenen sehr ähnlich ist, ist ein Gedicht mit Deinen neuen Ideen und Idealen zu schreiben, wodurch Du Dein Unterbewußtsein umprogrammierst.

23. Bildende Kunst

Zeichne oder male Bilder von der neuen, gewünschten Situation oder dem neuen Zustand. Diese letzten drei Methoden der Umprogrammierung sind mehr Yin- oder Methoden der rechten Gehirnhälfte.

24. Selbstgespräche

Ein anderes, sehr effektives, Hilfsmittel ist das Selbstgespräch. Das Selbstgespräch, das aus unserem Unterbewußtsein kommt, ist normalerweise negativ. Die Idee hierbei ist, ein positives Selbstgespräch zu führen. Sprich einfach zu Dir selbst, als ob Du zu Deinem besten Freund oder einem geliebten Menschen sprechen würdest. Der Gebrauch von Affirmationen ist sehr formell, diese Methode jedoch ist viel persönlicher. Wenn ich zum Beispiel an meiner Selbstliebe arbeiten würde, könnte ich zu mir sagen: "Joshua, ich liebe Dich. Ja, wirklich. Du hast eine Menge Fehler gemacht und ich möchte Dir sagen, daß dies für mich völlig in Ordnung ist. Ich möchte Dir sagen, daß ich Dir von meiner Seite aus vollkommen vergeben habe."
Übe einfach mit Dir selbst und mit dem neuen Bild oder Gedanken zu sprechen, den Du versuchst, als eine neue Gewohnheit in Dein Unterbewußtsein zu speichern. Diese Methode kann unterschiedlich angewandt werden:

a) im Geist

b) als lautes Selbstgespräch

c) in Form eines Briefes

d) als Kassettenaufnahme, die Du regelmäßig jede Nacht

während des Schlafes anhörst

Visualisierungen

Eine Visualisierung oder die bildhafte Vorstellung ist tatsächlich dasselbe wie ein Gedanke. Jeder Gedanke hat eine bildhafte Vorstellung, die mit ihm verbunden ist. Das Konzept der persönlichen Kraft kann durch ein Schwert visualisiert werden. Das Konzept der Selbstliebe kann als eine Rose visualisiert werden. Auf dem Gebiet der Psychologie wird viel über das positive Denken gesprochen, wir sollten jedoch auch über positives Imaginieren sprechen. Das Unterbewußtsein kann genauso effektiv durch Affirmationen wie durch die Imagination programmiert werden. Wenn Du etwas durch Imagination erschaffen möchtest, dann stelle Dir einfach das vor, was Du haben möchtest. Wenn Du mehr Geld möchtest, dann visualisiere Dich mit dem Geld, das Du haben möchtest. Der Schlüssel dazu ist, dabei alle seine inneren Sinne zu benutzen - sieh Dich mit dem Geld, fühle das Geld, rieche das Geld, höre das Geld und schmecke das Geld. Mache Deine Visualisierung so real, als ob Du Dich tatsächlich in dieser Visualisierung befindest. Je realistischer Du Deine Visualisierung machst, desto effektiver wird die Manifestation durch Dein Unterbewußtsein sein.

Visualisierungsübungen

Nachfolgend beschreibe ich eine Serie von Visualisierungsübungen, die Du in einer stillen Stunde oder bei Deinen Meditationen verwenden kannst. In späteren Kapiteln dieses Buches werde ich noch etliches über die Theorie dieser Übungen schreiben, doch jetzt möchte ich Dir einfach einen Überblick über die verschiedenen Arten der Visualisierung, die Dir zur Verfügung stehen, geben.

Beginne damit, indem Du Dir in Deinem Heim einen Ort suchst, an dem Du für zwanzig bis dreißig Minuten ungestört bist. Setze Dich in einen bequemen Sessel und schließe Deine Augen. Nimm drei tiefe Atemzüge und sage nach jedem Atemzug: "Ich entspanne mich jetzt." Stelle Dir vor, wie Du in einer wunderbaren, natürlichen Umgebung bist, zum Beispiel in den Bergen, auf einer Wiese, am Meer oder im Wald. Fühle ganz deutlich die Landschaft, die Dich umgibt. Sieh Dich nicht nur darin, sondern sei darin! Sieh Dich selbst in perfekter Gesundheit, vital, lebendig und sehr stark. Benutze dazu Deine fünf

inneren Sinne. Sieh es, rieche es, höre es, berühre es, schmecke es und fühle es. Versuche, es so real wie möglich werden zu lassen und fühle, daß Du wirklich da bist.
Visualisiere dann, wie Du völlig kraftvoll und selbstbeherrscht alleine in dieser herrlichen Umgebung bist. Stelle Dir vor, wie es sein würde, der Kapitän eines großen Schiffes zu sein oder der Präsident der Vereinigten Staaten. Oder stelle Dir vor, ein vorsitzender Direktor einer großen Firma zu sein oder der Dirigent des größten Symphonieorchesters der Welt. Erlebe und fühle die persönliche Macht und die Autorität, die Du dabei hast. Erkenne nun, daß Du der Kapitän, die Königin, der vorsitzende Direktor, der Kommandant und der Dirigent Deiner Gedanken, Gefühle, Emotionen, Gewohnheiten, Deines Körpers und Deiner Umwelt bist. Stelle Dir vor, der Meister über all diese Dinge zu sein und nicht diese Dinge Dein Meister sein zu lassen.
Erkenne, daß Du Dich vor Deiner Macht nicht fürchten mußt, weil Du diese Macht nur in einer liebevollen, spirituellen Art anwenden wirst. Spüre, wie toll es sich anfühlt, eine so große persönliche Macht, Kraft und Autorität über Dich selbst zu haben, und wie es ist, wenn nicht alles andere in diesem Universum Dein Meister ist. Stelle Dir nun vor, daß automatisch ein Symbol oder ein Bild in Deiner Gegenwart erscheint, wenn Du diese Macht und Kraft besitzt. Wähle ein Symbol, das Dir am Besten erscheint. Es könnte ein Schwert, ein Zepter, eine Krone, eine Fackel, ein spezieller Ring, eine spezielle Kleidung oder ein Schmuckstück sein. Fühle und erlebe Deine persönliche Kraft, Macht und Meisterschaft wieder, wenn Du Dir dieses Symbol vergegenwärtigst.

Stelle Dir nun mit der Kraft Deines Geistes eine weiße und goldene Blase, die sich etwa einen Meter rund um Dich herum ausdehnt, vor. Diese Blase ist Dein Schutzschild. Visualisiere die Blase dicht und kräftig. Sie ist semipermeabel, was bedeutet, daß negative Energien draußen bleiben und positive, liebevolle und spirituelle Energien eindringen können. Fülle nun den Innenraum der Blase mit Deiner persönlichen Kraft, bedingungslosen Selbstliebe und Deinem bedingungslosem Selbstwert. Sieh Dich jetzt vollkommen erfüllt von persönlicher Kraft, emotionaler Unverletzbarkeit, unveränderlicher Selbstliebe und Selbstwert.
Stelle Dir nun vor, wie jemand Deine Landschaft betritt und beginnt, Dich mit negativen Worten zu bekämpfen. Sieh nun, wie diese negative Energie an Deiner Schutzblase abperlt, wie das Wasser vom Federkleid einer Ente, und sende diesem Menschen Deine Liebe.

Nun sieh Dich bei der Arbeit und stelle Dir vor, wie einer Deiner Arbeitskollegen verärgert ist. Sieh nun, wie diese negative Energie an Dir abperlt. Sieh jetzt Deinen Chef in einer zornigen und schlechten Stimmung ins Büro kommen und höre, wie er Dich beschimpft. Sieh nun, wie seine negative Energie an Dir abperlt. Sieh Dich nun zu Hause mit Deinem Partner oder mit Deinen Kindern. Visualisiere wie Dein Partner in einer üblen Laune ist und wie diese negative Energie an Dir abperlt. Stelle Dir diesen Vorgang auch mit Deinen Kindern, Eltern oder sonstigen Personen vor, wo diese Visualisierung angebracht ist.
Wenn Du damit fertig bist, kehre zurück in Deine schöne Landschaft und sieh, wie Dein Unterbewußtsein einige Gedanken des Ärgers oder ein negatives Programm hervorbringt. Visualisiere nun, wie Du diese Gedanken aus Deinem Verstand wirfst und ihnen den neuerlichen Zugang verwehrst. Sieh Dich selbst, wie Du diese Energien hinausschleuderst, als ob Du einen Baseball aus dem Spielfeld schlagen würdest. Erlebe jetzt, wie gut es sich anfühlt, eine disziplinierte, mentale und emotionale Diät zu halten, wenn Dein Unterbewußtsein nach Deiner Pfeife tanzt und alles so befolgt, wie es ein treuer und ergebener Freund tun würde. Sieh Dich nun in verschiedenen Situationen, in denen Du das Kommando über Deine Gedanken, Gefühle, Emotionen, Verhaltensweisen und über Deinen Körper hast und Du nicht durch den Inhalt Deines Unterbewußtseins gelenkt wirst. Erlebe nun, wie gut es sich anfühlt, der Meister seines Lebens zu sein, im Dienst an einer spirituellen Sache.

Sieh Dich selbst mächtig, liebevoll, ursächlich und als ein Beispiel und als Inspiration für andere Menschen. Sieh Dich in Deiner Kraft, Selbstliebe, in der Liebe anderen gegenüber und in Deiner emotionalen Unverletzbarkeit als ein Licht in dieser Welt. Überall, wohin Du auch gehst, werden die Menschen durch Deine Gegenwart angehoben. Sieh Dich selbst, wie Du Deine spirituelle Aufgabe in dieser Lebensspanne erfüllst und wie Du die göttliche Energie, Freude, Glück, Kooperationsbereitschaft, Vergebung, Harmonie, Frieden und Liebe in die Welt hinausträgst. Sieh Dich als ein gutes Beispiel, wo immer Du auch bist. Visualisiere nochmals die schöne Landschaft und wie Du dort ein riesiges Freudenfeuer entfachst. Sieh, wie Du zu all den negativen, egoistischen Gedanken, Gefühlen, Emotionen, Gewohnheiten und physischen Gebrechen sprichst und wie Du diese in das Feuer wirfst und dabei zusiehst, wie all diese Energien verbrennen. Sieh Dich jetzt nur noch als kraftvoll, positiv, liebevoll, ausbalanciert und spirituell.

Fühle, wie eine unglaubliche Last von Deinen Schultern genommen wurde und Du nun endgültig zu Deinem wahren Selbst zurückgekehrt bist, befreit von allem falschen Denken und von allen Illusionen. Sieh vor Deinem Geistigen Auge, wie das Feuer nach zwei Stunden alles verbrannt hat. Alles, was in der Mitte der Asche übrig geblieben ist, ist ein pfundschwerer Goldbarren. Dies ist Alchimie. Durch die Erlangung der Weisheit von all Deinen vergangenen Fehlern, hast Du das einfache Metall (Erfahrungen) in Gold verwandelt. Alles, was jemals geschehen ist, war positiv, denn Du hast daraus gelernt.

Der Fahrstuhl in Dein Unterbewußtsein

Das Unterbewußtsein als ein Computerraum

Schließe Deine Augen und stelle Dir vor, wie Du einen Fahrstuhl, die Treppe oder eine Rolltreppe benutzt, um Dein Unterbewußtsein zu betreten. Stelle Dir in dieser ersten Visualisierungsübung vor, daß Dein Unterbewußtsein wie ein Computerraum aussieht. Visualisiere darin einen Hauptcomputer, der auf einem großen Tisch steht und einem Sessel davor. Setze Dich in den Sessel und sieh die Tastatur und den Bildschirm des Computers direkt vor Dir. Stelle Dir nun vor, daß es eine bestimmte Schlüsseltaste auf der Tastatur gibt, die Du drücken kannst, um die bestehenden Programme, die bereits in Deinem Computer gespeichert sind, abzufragen. Stelle Dir vor, daß Du weißt, wie man mit diesem Computer arbeitet und suche nach allen schlechten Angewohnheiten und Glaubensmustern, die noch immer im Computer (Unterbewußtsein) gespeichert sind. Sieh wie diese falschen Denkmuster auf dem Bildschirm vor Dir erscheinen.

Wähle drei falsche Glaubensmuster, die Du ändern möchtest. Sieh diese deutlich vor Dir auf dem Bildschirm. Sieh nun, wie diese Gewohnheiten vom Bildschirm verschwinden. Tippe jetzt in Deinen Computer die neuen Gedanken, die Du auf der Festplatte des Computers speichern möchtest. Tue dies für alle drei Gewohnheiten und sieh diese jeweils deutlich vor Dir auf dem Bildschirm. Dann drücke eine andere Taste auf Deinem Computer, die eine unwiderrufliche Speicherung im Computer bewirkt. Wenn Du damit fertig bist, nimm den Fahrstuhl wieder zurück in Dein normales Bewußtsein.

Das Unterbewußtsein als ein Filmprojektor

Schließe Deine Augen und nimm wieder den Fahrstuhl zu Deinem Unterbewußtsein. Sieh es diesmal als ein Filmstudio. In der Mitte des Raumes steht ein großer Filmprojektor. Vor diesem Projektor befindet sich eine große Leinwand.

Sieh Dich nun, wie Du zum Projektor gehst und Du diesen einschaltest. Auf der Leinwand erscheinen nun drei schlechte Gewohnheiten, die in Farbe über die gesamte Breite der Leinwand zu sehen sind.

Nachdem Du Dir den Film mit Deinen drei schlechten Gewohnheiten angesehen hast, schalte den Filmprojektor aus. Beim Entfernen der Kassette siehst Du, daß diese den Titel: "Die drei vergangenen schlechten Gewohnheiten" trägt. Sieh Dich jetzt zu dem metallenen Papierkorb gehen, und zünde in Deiner Vorstellung ein Streichholz an. Stecke damit den Inhalt des Papierkorbes in Brand und werfe die Kassette in den brennenden Papierkorb. Beobachte jetzt, wie sie sich langsam auflöst und schließlich ganz verbrennt.

Gehe anschließend zum Regal an der Wand und nimm eine neue Kassette heraus, lege diese in den Projektor ein und drücke dann die Taste "Aufzeichnen". Sieh nun, wie auf der Leinwand vor Dir, die neuen Gewohnheiten, die Du in Deinem Leben haben möchtest, ganz lebendig und in Farbe erscheinen.

Betrachte diese neuen Gewohnheiten in allen Einzelheiten. Wenn Du damit fertig bist, schalte den Projektor ab, nimm die Kassette heraus, etikettiere sie und lege sie zurück in das Regal, wo Du auch Deine anderen Filmkassetten lagerst. Nimm dann den Fahrstuhl zurück in Dein normales Bewußtsein.

Das Unterbewußtsein als ein Garten

Schließe Deine Augen und nimm den Fahrstuhl in Dein Unterbewußtsein. Visualisiere einen wunderschönen Garten vor Dir. Schaue Dir den Garten genau an und sieh, was alles auf der Erde (Unterbewußtsein) wächst. Wachsen da schöne Blumen, Pflanzen und Bäume oder wird der Garten von Unkraut überwuchert?
Gehe durch den Garten und beginne alles Unkraut auszureißen und alles zu beseitigen, was nicht in Deinen Garten gehört. Sieh Dir jedesmal, wenn Du etwas entfernst, was nicht hierher gehört, diese Pflanze an und versuche zu erkennen, was sie für eine schlechte Gewohnheit oder für ein negatives Glaubensmuster symbolisiert.
Gehe so durch den ganzen Garten und arbeite so lange, bis Du mit Dir selbst zufrieden bist. Nimm jetzt den Korb voll Unkraut, das Du gesammelt hast und verbrenne es. Dann gehe zu dem Gartenhäuschen, in dem Du all die neuen Samen (neue Gedanken und Bilder) gelagert hast. Während Du in Deinem Gartenhäuschen bist, entscheidest Du Dich, welche neuen Samen Du in Deinen Garten pflanzen möchtest. Sieh Dich dann, wie Du die neuen Samen mit großer Sorgfalt in die Erde einpflanzt.
Stelle Dir vor, wie einige Zeit vergangen ist. Du hast einundzwanzig Tage lang täglich den Samen gegossen, mit den heranwachsenden Pflänzchen gesprochen und sie gedüngt. Der Samen hat sich zu den positiven Gedanken, Bildern oder Gewohnheiten entwickelt, die zuvor nur latent in Dir geruht haben.

Betrachte nun Deinen Garten einundzwanzig Tage später. Tue alles, was Du für nötig hältst, um den Garten Deines Unterbewußtseins kräftig und gesund zu erhalten. Mache Dir Notizen darüber, was welche Blumen, Pflanzen und Bäume repräsentieren sollen. Sei Dir darüber klar, daß die Erde Deines Gartens alle Gedankensamen heranwachsen läßt, die Du einpflanzt, seien diese nun positiv oder negativ. Versuche daher darauf zu achten, daß keine "schlechten Samen" mehr auf den Boden Deines Unterbewußtseins fallen. Wenn doch einmal einige schlechte Samen zu sprießen beginnen, dann achte darauf, daß Du diese täglich entfernst. Nimm nun den Fahrstuhl zurück in Dein normales Bewußtsein.

Das Unterbewußtsein als ein Kassettenrecorder

Schließe Deine Augen und nimm wiederum den Fahrstuhl in Dein Unterbewußtsein und sieh es diesmal als ein Tonaufnahmestudio. Sieh den Kassettenrecorder für das "Masterband" auf dem Tisch vor Dir stehen. Drücke die "Play-Taste" und höre die eingelegte Kassette mit den Aufzeichnungen Deiner schlechten Gewohnheiten oder emotionalen Mustern an.
Nachdem Du Dir drei der schlechten Gewohnheiten angehört hast, drücke die "Stop-Taste" und nimm das Band aus dem Recorder und verbrenne es. Nimm eine neue Audiokassette und lege sie in den Recorder ein. Drücke die "Aufnahme-Taste" und beginne, in das Mikrophon zu sprechen. Du kannst dies entweder laut oder im Stillen tun. Nimm Deine neuen, positiven Gewohnheiten in den Recorder Deines Unterbewußtseins auf. Dies ist eine gute Gelegenheit, Deine Affirmationen zu wiederholen oder einfach Deinem Unterbewußtsein mitzuteilen, was Du in Deiner Realität manifestieren möchtest. Wenn Du damit fertig bist, drücke auf "Stop" und lege die neu bespielte Kassette in die Schachtel, in der Du auch all Deine anderen Kassetten aufbewahrst. Wenn Du damit fertig bist, dann nimm den Fahrstuhl wieder zurück in Dein normales Wachbewußtsein.

Wenn Du mit diesen verschiedenen Visualisierungsübungen arbeitest, dann ist es gut, dies regelmäßig zu tun, so wie Du es auch mit Deinen Affirmationen machst. Es dauert einundzwanzig Tage bis eine neue Gewohnheit in Deinem Unterbewußtsein festsitzt. Wenn Du jeden Morgen und jeden Abend zehn bis fünfzehn Minuten Zeit dafür aufbringst und diese Übungen mit Deinen regulären Affirmationen zu diesem Thema verbindest, dann wirst Du Dich leicht umprogrammieren.

Visualisierung zur physischen Gesundheit

Schließe Deine Augen und sieh Dich in der Art, wie Du es gerne hättest. Sieh Dich nicht nur in dieser Visualisierung, sondern sei diese Visualisierung. Sieh Dich selbst körperliche Übungen machen. Sieh Dich in der Sonne und an der frischen Luft. Sieh Dich nur hochwertige Lebensmittel essen. Sieh, wie Deine positiven Gedanken, Gewohnheiten und Gefühle die vollkommene Gesundheit in den Zellen Deines Körpers erschaffen. Sieh die frische Farbe Deiner Haut. Sieh, wie das Blut und die Energie in Deinem Körper dynamisch zirkuliert.

Sieh und fühle, wie die vollkommene Gesundheit aus allen Deinen Zellen strahlt. Sieh, wie Du Dich selbst mit Deiner wahren, spirituellen Natur identifizierst und wie Dein physischer Körper diese innere Gesundheit und das Licht in Dir widerspiegelt. Sieh Deine starke Energie und Vitalität. Sieh, wie Du jeden Morgen vollkommen ausgeruht und erfrischt aufwachst, erfüllt mit Energie und Vitalität. Sieh Dich mit Deinem Idealgewicht. Sieh Dich mit der perfekten Figur, die Du gerne hättest. Dein physischer Körper ist nichts anderes als die Reflektion all Deiner Gedanken und Vorstellungen über ihn und der Nahrung, die Du ihm zuführst. Sieh Dich, wie Du nur noch positiv denkst und vollkommen gesund bist, positive Gedanken und Vorstellungen hast und nur noch hochwertige Nahrung zu Dir nimmst.
Erkenne, daß Du der Meister über Dein Unterbewußtsein und über Deinen Körper bist. Sage ihm, was er zu tun hat. Sieh, wie Dein Unterbewußtsein und Dein physischer Körper all Deinen Befehlen folgt. Verwende all Deine Sinne, um in dieser Vorstellung zu erfahren, wie sich vollkommene Gesundheit und physische Fitneß in ihrer höchsten Form anfühlt. Wenn möglich, dann arbeite mit diesem geistigen Bild einundzwanzig Tage lang und Du kannst diese Gewohnheit zu einem physischen Erlebnis werden lassen.

Visualisierung zur Anziehung von Geld

Schließe Deine Augen und stelle Dir vor, wie es sich anfühlen würde, all das Geld zu haben, das Du brauchst. Sieh, wie Du ein Sparbuch eröffnest und halte Dir dabei die gewünschte Summe ganz deutlich vor Augen. Visualisiere, wie Du jede Woche auf die Bank gehst und immer größere und größere Beträge auf Dein Sparbuch einzahlst. Stelle Dir vor, wie Du einen besser bezahlten Job oder ein höheres Gehalt bekommst. Sieh, wie Du beim Pferderennen gewinnst oder eine große Geldsumme erbst.
Visualisiere klar das Objekt, das Du möchtest. Tue dies so real, als ob Du es schon haben würdest. Verwende dabei wieder all Deine inneren Sinne. Sieh es, schmecke es, berühre es, rieche es und höre es. Sieh Dich, wie Du die Schecks oder das Geld zählst.

Sieh Dich dankbar gegenüber Gott, für den Überfluß, den er für Dich bereithält. Sieh, wie Du einen Teil des Geldes einem wohltätigen Zweck zukommen läßt, denn das Universum war gut zu Dir und Du möchtest diese Güte an das Universum zurückgeben.

Affirmationen zur physischen Gesundheit

Du kannst Dein Unterbewußtsein durch beständiges affirmieren von körperlicher Perfektion dahingehend programmieren, Dir einen physischen Körper in perfekter Gesundheit zu erschaffen. Nachfolgend sind einige sehr effektive Beispiele dafür, oder Du entwirfst einige Affirmationen, die sich speziell nach Deinen Bedürfnissen richten.

1. Mein physischer Körper ist vollkommen gesund.

2. Mein physischer Körper manifestiert jetzt die Gesundheit und Vollkommenheit des Christus.

3. Es geht mir jeden Tag in jeder Hinsicht immer besser und besser.

4. Ich bin physisch fit und habe einen Überfluß an Energie.

5. Ich schlafe jede Nacht tief und ruhig und erwache morgens völlig ausgeruht und erfrischt.

6. Ich danke Dir Vater, für mein langes und gesundes Leben in Deinem Dienst.

7. Ich danke Dir Vater, für die grenzenlose Zunahme der Kraft und Energie meiner physischen Batterie.

8. Gott, meine persönliche Kraft und die Kraft meines Unterbewußtseins heilen, energetisieren und stärken jetzt meinen physischen Körper.

9. Mein physischer Körper heilt sich jetzt mit der Geschwindigkeit Gottes.

10. Gott, meine persönliche Kraft und die Kraft meines Unterbewußtseins bringen meinen Körper jetzt in einen Zustand strahlender, perfekter Gesundheit.

11. Sei still und wisse, ICH BIN Gott und mein physischer Körper manifestiert die Gesundheit und Vollkommenheit des Christusselbst.

12. Vater, ich danke Dir für die ausgewogene Funktion meines Drüsensystems.

13. Mein Drüsensystem arbeitet nun mit seinem vollen Potential des Christusselbst.

14. Meine Thymusdrüse und mein Immunsystem arbeiten nun mit ihrem vollen Potential des Christusselbst.

15. Da ich ein Sohn oder eine Tochter Gottes bin, kann ich nicht krank sein.

16. Gott, meine persönliche Kraft und die Kraft meines Unterbewußtseins revitalisieren und erwecken meinen physischen Körper und laden ihn neu auf.

17. Ich mache gerne körperliche Übungen und werde jetzt mit einem Überfluß an physischer Energie erfüllt.

Affirmationen des Glaubens, Vertrauens und der Geduld

Der Glaube an Gott, das Vertrauen in Dich selbst und das Universum, und Geduld sind Qualitäten, die Dir helfen Deine Ziele zu manifestieren. Nachfolgend sind einige Affirmationen, die Dir helfen diese Qualitäten zu stärken.

1. Ich habe vollkommenen Glauben und vollkommenes Vertrauen in mein Höheres Selbst.

2. Ich habe vollkommenes Vertrauen, daß Gott mich mit allem versorgt, was ich brauche.

3. Ich vertraue auf Gott.

4. Hiermit lege ich all meine Probleme und Herausforderungen in die Hände Gottes.

5. Warum sich sorgen, solange man beten kann?

6. Mit der Hilfe Gottes ist mir der Erfolg sicher.

7. Ich habe ebenso volles Vertrauen in meine persönliche Kraft, wie ich das volle Vertrauen und den Glauben an Gottes Kraft habe.

8. Ich habe Gott um Hilfe gebeten und weiß, daß seine unsichtbaren Hände bereits jetzt in meinem Leben arbeiten, um mein Gebet zu beantworten.

9. Ich habe Gott um Hilfe gebeten und habe das volle Vertrauen, den Glauben und die Geduld, daß er mich mit dem versorgt, was ich brauche oder mit etwas besserem.

10. Ich habe um etwas gebeten und weiß, daß mir demnach gegeben wird.

11. Ich weiß, daß Gott meinem Gebet zu seiner Zeit antworten wird und nicht zu meiner, und ich werde das volle Vertrauen, den Glauben und die Geduld haben, bis diese Zeit kommt.

12. Wenn die Antwort auf mein Gebet nicht genauso ausfällt, wie ich es erwarte, so weiß ich, daß dies eine Lektion ist, die ich zu lernen habe.

13. Ich habe vollkommenes Vertrauen, den Glauben und die Geduld, daß Gott auf jedes meiner Gebete antworten wird.

14. Gebete, die persönliche Kraft, Affirmationen und Visualisierungen sind ein unschlagbares Team.

15. Ich habe volles Vertrauen, den Glauben und die Geduld in mich, mein Unterbewußtsein und meinen Verstand, daß ich alles an mich ziehe, was ich brauche.

16. Ich habe vollkommene Geduld.

Meine Lieblingsaffirmationen

Bei den nachfolgenden Affirmationen wirst Du Dich garantiert besser fühlen, wenn Du sie regelmäßig und mit Enthusiasmus wiederholst.

1. Mentale Kraft, physische Kraft, spirituelle Kraft!

2. Persönliche Kraft, positiver Ärger, mentale Kraft!

3. Ich bin die Macht, ich bin der Meister, ich bin die Ursache.

4. Ich bin stocksauer und ich mache das nicht länger mit.

5. Hebe dich hinweg, Satan!

6. Ich habe vollkommenes Vertrauen
und vollkommenen Glauben an Gott!

7. Persönliche Kraft, positiver Ärger, das Auge des Tigers,
Vertrauen, Glauben und Geduld in Gott!

8. Persönliche Kraft, Ursächlichkeit, stahlgleiche Meisterschaft!

9. Die Kraft meiner drei Verstandesebenen macht mich zu einer
allmächtigen Kraft in diesem Universum!

10. Gott, meine persönliche Kraft und die Kraft meines
Unterbewußtseins sind ein unschlagbares Team!

11. Die Kraft meines Verstandes und meine spirituelle Kraft sind ein unschlagbares Team!

12. Sei still und wisse, ICH BIN Gott.

13. Ich danke Dir Vater, für die wundersame Heilung von ...

14. Wie Wasser von den Federn der Enten abperlt, Wasser von einer Fensterscheibe, Unverletzbarkeit, Gummikissen, Filter ...

15. Gott, Gott, Gott, Christus, Christus, Christus, Jesus Christus, Jesus Christus, Jesus Christus.

16. Absolute, vollkommene, strahlende Meisterschaft ...

17. Strenge Liebe, strenge Liebe, strenge Liebe!

18. Vertrauen, Glauben, Geduld in Gott!

19. So tun als ob, bis es Wirklichkeit wird, so tun als ob, bis es Wirklichkeit wird ...

20. Ich werde jeden Tag in jeder Hinsicht stärker und gesünder!

21. Gott ist mein Co-Pilot!

22. Mit meiner persönlichen Kraft, der Kraft Gottes und der Kraft meines Unterbewußtseins kann und will mich nichts aufhalten!

23. Vorüber ist der Kampf des Satans, es lebe Gott, die Liebe und das Positive!

24. Von diesem Moment an werde ich noch kraftvoller sein, als jemals zuvor in meinem Leben!

25. Gott ist mein Zeuge, nichts kann mich bremsen!

26. Die Kraft ist mit mir und ich bin mit der Kraft!

27. Die Quelle ist mit mir und ich bin mit der Quelle!

28. Ich werde von der Liebe Gottes unterstützt!

29. Mit Gott und meinem Höheren Selbst, die mich stärken, kann ich alles tun!

30. Gott ist mein Zeuge, ich werde niemals wieder meine Kraft an irgend jemand oder irgend etwas abgeben!

31. Gott, meine persönliche Kraft und die Kraft meines Unterbewußtseins!

32. Nicht mein Wille geschehe, sondern Deiner!

33. Ich kann zwar einige Kämpfe verlieren, werde jedoch den Krieg gewinnen!

34. Ich erkläre den Krieg für beendet und füge mein Leben zusammen!

35. Von diesem Tag und von diesem Moment an bin ich der absolute Meister meines Lebens!

36. Wo immer ich bin, Gott ist mit mir!

37. Ich liebe Gott von ganzem Herzen, mit meiner Seele, meinem Verstand und all meiner Macht, und ich liebe meinen Nächsten wie mich selbst!

Lese die Affirmationen nochmals und diesmal mit Enthusiasmus! Lese jede Affirmation drei bis sieben Mal!

11. Hypnose und Selbsthypnose

"Die meiste Arbeit besteht eher darin,
Menschen zu ent-hypnotisieren, als zu hypnotisieren.
Die meisten Menschen hier auf dieser Erde
befinden sich bereits in einem hypnotischen Zustand."
Dr. Joshua David Stone

Hypnose und Selbsthypnose werden von unserer Gesellschaft völlig mißverstanden. Für den gewöhnlichen Menschen hat das Wort Hypnose durch den Mißbrauch der Hypnose von Schaustellern und die Fehlinformationen der Medien, einen sehr negativen Beigeschmack. Hypnose ist tatsächlich ein sehr verbreitetes Geschehen, das jedem von uns täglich widerfährt. Wie ich bereits zuvor erwähnt habe, bist Du jedesmal in Hypnose, wenn Du ein Opfer bist oder auf der Stufe eines Auto-Piloten reagierst. Jedesmal, wenn Du Dich von Deinem Unterbewußtsein leiten läßt, dann bist Du in Hypnose. Jedesmal, wenn Du durch die Gedanken oder Gefühle eines anderen Menschen beeinflußt wirst, dann befindest Du Dich in einem subtilen Zustand der Hypnose.

Wenn Du schläfst, befindest Du Dich im Zustand der Hypnose. Wenn Du ein Buch liest, fernsiehest oder Auto fährst, dann gehst Du in den Zustand der Hypnose. Ein Mensch, der in die Opferrolle fällt und nicht die Meisterschaft über sein Leben antritt, lebt den Großteil seines Lebens in Hypnose. Hypnose kann auf vielerlei Arten beschrieben werden. Sie ist ein Zustand der Entspannung. Sie ist suggestiv. Sie erinnert Dich in der schützenden Umgebung eines qualifizierten Hypnose-Therapeuten daran, ein Opfer zu sein. Die Hypnose tritt dann ein, wenn Dein Unterbewußtsein Deinen Verstand lenkt, wenn wir Dinge aus purer Gewohnheit machen, aus Tagträumerei oder auf der Stufe eines Auto-Piloten.

Hypnose ist nicht schlecht. Sie ist der Normalzustand, in dem wir uns täglich bewegen. Sie wird nur dann gefährlich, wenn wir nicht bewußt wählen, kontrollieren oder in irgendeiner Form die Vorgänge beobachten, leiten und führen. Beim Ausdruck "Hypnose" denkt man üblicherweise daran, wie ein Hypnotiseur einen anderen Menschen hypnotisiert. In Wahrheit gibt es jedoch keine andere Form der Hypnose als die Selbsthypnose. Wenn Du in meine Praxis kommen würdest und ich Dir die Suggestion der Entspannung geben würde, dann wäre der einzige Effekt, den diese bewirken würde das, was Du zuläßt. Ich, als der Hypnotiseur, kann keine Suggestion in Deinen Verstand drängen. Erinnere Dich daran, daß Du Deine eigene Realität erschaffst. Ich erschaffe Deine Realität nur insoweit, wie Du es zuläßt, so daß Du in Wahrheit selbst der Hypnotiseur bist, der sich selbst erlaubt, auf meine Suggestionen zu hören. Ein Mensch kann nicht gegen seinen persönlichen Willen hypnotisiert werden.

Laß mich dafür ein Beispiel geben. Nehmen wir an, daß wir uns zufällig beim Einkaufen treffen. Stell Dir vor, daß ich jemand bin, dem Du psychologisch gesehen, Deine persönliche Kraft gegeben hast. Ich sage Dir, daß Du nicht gut aussiehst und ich glaube, daß Du Dich erkältet hast. Wenn ich Deine Kraft habe und Du Deine Schutzblase nicht aufrecht erhältst und Dein unterscheidender Verstand nicht richtig funktioniert, wird meine Suggestion direkt in Dein Unterbewußtsein gehen. Zehn Minuten später, wenn wir wieder getrennte Wege gehen, wirst Du Dich krank fühlen.
Ich habe Dich unabsichtlich darauf programmiert krank zu sein. Vielleicht war das, was ich zu Dir gesagt habe, nur eine falsche Beobachtung. Wenn Du es jedoch glaubst und in Dein Unterbewußtsein einläßt, dann wird es zu Deiner Realität, auch wenn es nicht wahr ist. Diese Art von Dingen geschieht die ganze Zeit über. Wenn Dich jemand kritisiert oder beurteilt und Du Dich verletzt und abgelehnt fühlst, dann bist Du negativ hypnotisiert worden. Du läßt dabei eine andere Person den Programmierer Deiner Emotionen sein. Die meiste Arbeit als Berater besteht für mich nicht darin, Leute zu hypnotisieren, sondern sie zu ent-hypnotisieren. Viele Menschen leben in Hypnose und ich versuche, sie daraus zu befreien.

Märchen

Menschen wären Hypnose gegenüber viel offener, wenn sie anders bezeichnet würde. Wenn es tiefe Entspannung, geführte Imagination, Meditation oder Biofeedback heißen würde, dann würden sie sich darüber nicht so sorgen. Ein Märchen über Hypnose ist, daß wir dabei völlig die Kontrolle verlieren. Die klassische Angst ist, daß Dich dabei jemand dazu programmiert, eine Bank zu überfallen, Sex mit ihm zu haben oder andere verrückte Dinge zu tun. Es ist wichtig zu verstehen, daß sich die Menschen während der Hypnose zu 95% der Zeit bewußt sind, was mit ihnen geschieht.

Außerdem wirst Du niemals etwas tun, was gegen Deine Moral oder Ethik ist. Ein gutes Beispiel dafür ist eine Bühnenshow, bei der fünf Menschen in Hypnose suggeriert wird, daß sie nackt sind. Zwei von den Kandidaten verstecken sich hinter dem Klavier, weil sie nicht möchten, daß sie das Publikum so sieht, die anderen drei jedoch gehen ohne die geringste Verlegenheit herum Warum? Allen fünf Kandidaten wurde dieselbe Suggestion gegeben. Jede Person hat entsprechend ihrer Programmierung reagiert. Die zwei hinter dem Klavier sind dazu programmiert, sich für ihren Körper zu schämen, während die anderen drei sich sehr exhibitionistisch geben.
Wenn Du den selben Menschen dazu programmierst, eine Bank zu überfallen, so würde er es nicht machen. Wenn Du einem bewußtseinsgestörten, psychopathischen Mörder diese Suggestion gibst, dann würde er es vielleicht tun. Ein normaler Mensch würde dies jedoch nicht tun. Es ist sogar möglich, sich selbst im Notfall aus der Hypnose zu reißen. Die Menschen auf der Bühne mögen es, sich ein wenig verrückt zu benehmen und genießen das Gefühl der Hypnose. Du mußt Dich dabei daran erinnern, daß sie es freiwillig wählen, auf die Bühne zu gehen und nur wenige extrovertierte Personen melden sich für so etwas als erstes. Ein anderes Märchen über Hypnose ist, daß Du daraus mitunter nicht mehr aufwachst. Wenn der Hypnotiseur aus dem Raum geht, ist das Schlimmste, was Dir passieren könnte, daß Du einschläfst und aus diesem Erlebnis erwachst, als ob Du einfach nur ein kurzes Nickerchen gehalten hättest.

Tiefen der Hypnose

Es gibt drei grundlegende Tiefen der Hypnose: leicht, mittel und schwer. Sie werden auch hypnoid, cataleptic und somnambul genannt. In Begriffen des Biofeedback werden diese drei Stadien des Bewußtseins folgendermaßen bezeichnet:

Beta - voll bewußt

Alpha - Einschlafzustand, Aufwachzustand,
Hypnose, Meditation

Theta - Frühes Stadium des Schlafes,
tiefe Hypnose, tiefe Meditation

Delta - Tiefschlaf

Gelegentlich kommt es vor, daß jemand seinen Klienten in einen tiefen oder subliminalen Trancezustand versetzt, die meiste klinische Arbeit wird jedoch im Zustand einer leichten oder mittleren Hypnose durchgeführt. Je tiefer ein Mensch in Hypnose ist, desto suggestiver wird er. Wenn eine Suggestion in einen bewußten Zustand gegeben wird, akzeptiert es der logische Verstand oder lehnt es sofort ab.

In Hypnose geht die Botschaft direkt in das Unterbewußtsein. Das ist der Grund, warum man sich selbst die Suggestionen in einem veränderten Bewußtseinszustand geben sollte. Eine ideale Zeit sich zu programmieren ist während der Meditation oder während des Einschlafens oder Aufwachens. Programmierungen und Affirmationen wirken auch, wenn man sich bei vollem Bewußtsein befindet, doch erfordert dies eine häufige Wiederholung. Einige Menschen sind davon überzeugt, daß sie nicht hypnotisiert werden können. Dies ist ein weiteres Märchen. Jeder, der schlafen oder sich entspannen kann (was offensichtlich jeder tun kann), kann hypnotisiert werden. Es gibt nur jene, die es entweder bewußt oder unbewußt wählen, sich nicht hypnotisieren zu lassen, weil sie sich vor der Hypnose oder vor dem Hypnotiseur fürchten.

Menschen, die hypnotisiert werden, glauben oft nicht, daß sie hypnotisiert sind. Ich habe Shows gesehen, bei denen die Kandidaten derart hypnotisiert waren, daß es fast unglaublich war. Doch als sie aufgeweckt und gefragt wurden, ob sie glauben, hypnotisiert gewesen zu sein, so antworteten alle: "Nein." Ich glaube, daß dies an der verstärkten Aufmerksamkeit während der Hypnose selbst liegt. Meditation und Hypnose sind sehr ähnlich. Beides sind Zustände veränderten Bewußtseins. Einer der Hauptunterschiede ist die Absicht der Erfahrung. Die Absicht der Hypnose ist es, Suggestionen an das Unterbewußtsein zu geben. Die Absicht der Meditation ist es, den Verstand zum Schweigen zu bringen und sich der spirituellen Welt zu nähern. Aber der tatsächlich veränderte Bewußtseinszustand ist nicht sehr unterschiedlich.

Arten der Hypnose

Es gibt zwei Arten, Menschen zu hypnotisieren. Eine Art wird die maternale Annäherung genannt, die andere die paternale. Die maternale Annäherung wird am häufigsten in der klinischen, psychotherapeutischen Arbeit verwendet. Ich selbst verwende auch diese Methode. Es ist eine sanfte, weiche und geführte Entspannungsmethode. Es ist möglich, Menschen mit schockartigen Methoden zu hypnotisieren. Ich habe dies niemals selbst ausprobiert, doch schon oft Demonstrationen dieser Methode gesehen. Menschen können dadurch fast augenblicklich in den Zustand der Hypnose versetzt werden.

Ein Beispiel dafür wäre, wenn ein Hypnotiseur neben jemandem steht und seine Hand auf dem Nacken seines Klienten hat. Ohne die Person zu verletzen fährt er mit einem Ruck am Nacken desjenigen hinunter und schreit: "Schlaf!" Ich habe viele Menschen gesehen, die dadurch augenblicklich in Hypnose waren. Es ist faszinierend zu beobachten.

Der Segen der Hypnose und der Selbsthypnose

Es kann von großem Segen sein, die Selbsthypnose zu erlernen. Es ist nichts falsch an der Hypnose, doch Du mußt so nicht jedesmal viel Geld ausgeben, wenn Du umprogrammiert werden möchtest. Die Methoden für die Hypnose und die Selbsthypnose sind genau dieselben. Der einzige Unterschied besteht darin, daß Du Dir bei der Selbsthypnose die Suggestionen selbst gibst, anstatt sie von dem Hypnotiseur zu bekommen. Doch gelegentlich ist es auch sehr angenehm, jemanden zu haben, der dies für Dich tut, so daß Du Dich dem Erlebnis vollkommen hingeben kannst, ohne einen Teil von Dir selbst wachhalten zu müssen, der die Anleitungen gibt. Wenn Du Dir Deine Anleitungen auf eine Kassette aufnimmst, dann kannst Du Dich dem Erlebnis auch völlig hingeben. Wenn Selbsthypnose einmal erlernt ist, dann kannst Du dabei ohne allzu große Schwierigkeiten sehr tief gehen.

Kinder und Hypnose

Kinder eignen sich ausgezeichnet für Hypnose, da sie eine so lebendige Vorstellung haben und sich daher leicht in Hypnose versetzen lassen. Die Verwendung der Imagination ist die schnellste Art, um jemanden in Hypnose zu versetzen.

Physische Signale, die Hypnose anzeigen

Es gibt eine ganze Reihe von Anzeichen dafür, wenn sich jemand in Hypnose befindet. Üblicherweise verlangsamt sich der Herzschlag und der Atem und die Glieder werden schwer. Es besteht eine Abneigung gegen Bewegung. Manchmal beginnen die Augenlider zu zittern. Ein hypnotischer Seufzer ist ein tiefer Atemzug und Seufzer, der zeigt, daß eine Vertiefung des Zustandes stattgefunden hat. Manchmal beschreibt die Person einen Zustand der Leichtigkeit, anstatt der Schwere. Es besteht üblicherweise auch ein Widerstand gegenüber dem Erwachen aus der Hypnose, da dieser Zustand so angenehm ist.

Hypnotische Halluzinationen

Wenn sich jemand in Hypnose befindet, können in ihm positive oder negative Halluzinationen erzeugt werden. Eine positive Halluzination ist, zu sehen, hören, schmecken, riechen und manchmal auch etwas zu berühren, was gar nicht da ist. Jemand kann dahingehend programmiert werden, daß er etwas in einer Vision sieht oder etwas hört, was gar nicht da ist, etwas riecht, daß es nicht gibt oder etwas fühlt, daß nicht da ist. Dies geschieht deshalb, weil die inneren Sinne des Unterbewußtseins in Tätigkeit sind, wenn in der Hypnose das Unterbewußtsein die Kontrolle hat.
Eine negative Halluzination ist die Fähigkeit, die Suggestion zu geben, ein Objekt nicht zu sehen, hören, schmecken oder fühlen, obwohl es direkt vor der betreffenden Person steht. So ist es möglich, eine Person etwas wahrnehmen zu lassen, was gar nicht da ist oder etwas nicht wahrnehmen zu lassen, obwohl es in Wahrheit da ist. Auf der Bühne wird den Kandidaten manchmal ein Glas Wasser gegeben und ihnen gesagt, daß es ein Martini sei. Die Person unter Hypnose schmeckt, riecht, sieht, hört und fühlt den Martini, obwohl gar keiner da ist. Was wirklich geschieht, ist nichts anderes als einfach nur eine bestimmte Projektion der Gedanken und Vorstellung auf die äußere Welt.

Was ist der Unterschied zwischen dieser Hypnose und der Interpretation eines Geschehens als ein Problem und nicht als eine Lehre oder eine Lektion? Wir erschaffen etwas, was gar nicht da ist, sind eher pessimistisch als optimistisch, denken eher egoistisch, als spirituell. Wir sehen etwas, was gar nicht da ist. Wir glauben nur, daß es so ist. Wir erschaffen uns die ganze Zeit über Halluzinationen. Wir machen dies genauso in unserer Vorstellung. Ich bin mir sicher, daß wir schon alle einmal etwas gesucht haben und dann erkannt haben, daß es direkt vor unserer Nase gelegen hat. Das geschieht deshalb, weil wir uns darauf programmiert haben, daß es nicht da ist. Wir sehen mit unserem Verstand und nicht mit unseren Augen.

Posthypnotische Suggestionen

Es gibt noch ein anderes, interessantes hypnotisches Phänomen. Einer Person kann eine Suggestion gegeben werden, die erst eine bestimmte Zeit nach dem

Erwachen aus der Hypnose wirksam wird. Ein Beispiel dafür könnte die Suggestion sein, daß die betreffende Person zwei Minuten, nachdem sie zu Bett gegangen ist und ihren Kopf auf das Kissen gelegt hat, tief und fest einschläft.

Zeitverschiebung

Das Zeitgefühl kann unter Hypnose stark verändert werden. Es kann mit dem Träumen verglichen werden. Wir können träumen und glauben, daß es lange Zeit dauert, obwohl Träume nicht länger als zwanzig bis dreißig Sekunden dauern. Eine Person unter Hypnose kann dahingehend programmiert werden, daß ihr fünf Minuten wie eine halbe Stunde vorkommen oder daß eine Stunde wie zehn Minuten vergeht.

Die Zukunft der Hypnose

In Zukunft werden Hypnose, Selbsthypnose und das Verständnis über die Programmierung und Suggestion ein grundsätzlicher Teil in jedem Aspekt unserer Gesellschaft werden. Das Verständnis dieser Dynamik betrifft alles - Beziehungen, Gesundheit, die tägliche Arbeit, das spirituelle Leben und so weiter. Die Hypnose kann auf sehr vielen Gebieten, bei vielen Problemen angewandt werden. Sie kann bei jeder Art von physischen, mentalen oder emotionalen Problemen angewandt werden. Einige Beispiele wären: als Ersatz für die Narkose, bei Schlaflosigkeit, Kopfweh, Phobien, Heilungen, Rückführungen in vergangene Leben, Zahnbehandlungen, Operationen, Gewichtskontrollen, Rauchen, Verstopfung, Lampenfieber, Schmerzlinderung, Geburten, Gewohnheitsveränderungen, emotionale Heilungen, sexuelle Störungen, Kriminalitätsverfolgung, Sport, beim Erlernen von Sprachen, bei Amnesie, sowie beim Auffinden verlorener Objekte, um nur ein paar zu nennen.

Da das Unterbewußtsein den physischen Körper steuert, kann jedes physische Problem mit Hypnose behandelt werden. Ein Zahnarzt kann den Anästhesie-Effekt verstärken, indem er den Patienten veranlaßt, sich ein Gefäß mit Eiswasser neben sich vorzustellen. Der Patient stellt sich vor, wie er die

Hand so lange in das Eiswasser taucht, bis sie empfindungslos wird. Dann gibt der Zahnarzt dem Patienten die Suggestion, daß alles, was die gekühlte Hand jetzt berührt, auch völlig empfindungslos wird. Er sagt dem Patienten dann, daß dieser sein Gesicht berühren solle und es daraufhin völlig taub wird. Der Zahnarzt macht seine Arbeit und gibt anschließend die Suggestion, daß sich die Empfindungslosigkeit auflösen soll. Erstaunlich, nicht? Alle Erinnerungen an frühere Leben sind in den tieferen Ebenen des Unterbewußtseins gespeichert. Durch Rückführungen kann eine Person zurückbegleitet werden und sich die Erfahrungen in den vergangenen Leben betrachten.

Es gibt zwei Arten von Rückführungen, die völlige Rückführung und die teilweise Rückführung. Eine teilweise Rückführung ist, wenn Du einfach nur beobachtest, was in Deinem letzten Leben oder in Deiner Kindheit geschehen ist. Eine völlige Rückführung hingegen ist, wenn Du zurückgehst und ein traumatisches Erlebnis wiedererlebst. Sowohl die teilweise als auch die völlige Rückführung kann manchmal sehr hilfreich sein, um einige tiefsitzende Blockaden im Unterbewußtsein zu entfernen.
Chirurgen und Krankenschwestern können durch Suggestionen während der Operationen die Blutung stoppen und so besser arbeiten. Es ist jedoch auch sehr wichtig, darauf zu achten, was Chirurgen und Krankenschwestern zu einer Person unter Anästhesie sagen. Es gab eine Studie, in der eine Person untersucht wurde, die für sechs Stunden unter Narkose war. Nach sechs Monaten konnte sie sich unter Hypnose an jedes gesprochene Wort des Ärzteteams während der Operation erinnern. Ein unangebrachtes Wort oder ein schlechter Scherz über den Körper des Patienten kann ein bestimmtes Programm des Unterbewußtseins auslösen.
Die Kriminalbehörde in den Vereinigten Staaten verwendet Hypnose und es gibt eine andauernde Gesetzesdebatte darüber, ob man die Aussagen unter Hypnose vor Gericht zulassen soll oder nicht. Im Wachzustand können sich Zeugen eines Banküberfalls vielleicht an nichts mehr erinnern, doch unter Hypnose könnten sie sich sogar an das Nummernschild des Fluchtautos erinnern. Das Unterbewußtsein ist der Sitz unseres Gedächtnisses und es nimmt alles auf, was vor sich geht, obwohl sich der logische Verstand dessen nicht bewußt ist. Einstein hat gesagt, daß wir nur ungefähr 8% unseres Gehirns nutzen. Die meisten Menschen nutzen ihr Unterbewußtsein oder ihr Überbewußtsein so gut wie überhaupt nicht und auch nur einen geringen Teil ihres logischen Verstandes.

Hypnose als Hilfsmittel und mögliche Gefahren

Es ist wichtig zu erkennen, daß Hypnose ein Hilfsmittel ist. Es ist keine Therapie, Philosophie oder psychologische Methode für sich. Es gibt viele Hypnotiseure, die nicht spirituell und nicht einmal als Berater zugelassen und qualifiziert sind. Hypnose kann auch mißbraucht werden. Es ist wichtig, jemanden zu finden, der qualifiziert ist und vorzugsweise auch noch ein lizensierter Berater ist. Suche Dir auch jemanden, der Dir sympathisch ist und dem Du vertrauen kannst. Es ist bestimmt ein Gefühl der Auslieferung damit verbunden. Das ist in Ordnung, so lange Du siehst, daß der Hypnotiseur qualifiziert genug ist, mit jedem emotionalen Thema umzugehen, das hochkommt.

Ich finde, daß sich viele Hypnotiseure mit dem Unterbewußtsein überidentifizieren, sich nicht um irgendwelche spirituellen Gesetze kümmern und nichts über die persönliche Kraft oder die anderen Dinge wissen, die ich in diesem Buch behandelt habe. Ich habe Dir eine sehr positive Ansicht über Hypnose vermittelt, weil ich weiß, wie man dieses Hilfsmittel richtig anwendet. Ich verwende dieses Werkzeug in einem größeren Kontext zusammen mit der spirituellen Philosophie, die ich lehre. Beachte dabei, daß die meisten Hypnotiseure dieses größere Verständnis nicht haben. In der Hypnoseerfahrung betrittst Du die psychische Welt. Dabei möchtest Du doch sicherlich mit jemandem arbeiten, der wirklich weiß, was er tut und nicht mit jemanden, der Hypnose als Hobby anwendet. Dieser Abschnitt ist nicht dazu gedacht, um Dich in Deiner Absicht, mit Hypnose und Selbsthypnose zu experimentieren, zu entmutigen. Ich möchte Dir nur raten, daß, wenn Du schon zu einem Berater gehst, Du wenigstens zu einem guten gehen solltest. Wenn Du zu einem schlechten Berater und Psychologen gehst, dann läufst Du Gefahr, daß Du emotionalen Schaden davon nimmst. Es wird Dir jedoch gut gehen, wenn die Person vertrauenswürdig, qualifiziert und lizensiert ist.

Falsche Aussagen

Es gibt eine falsche Behauptung, die ich in fast allen Hypnosebüchern gefunden habe. Diese Aussage wird Emile Coué, einem berühmten französischen Hypnotiseur zugeschrieben, der eine großartige Arbeit geleistet hat. Er war es, der die Affirmation geprägt hat: "Es geht mir von Tag zu Tag in jeder Hinsicht immer besser und besser." Er hat auch gesagt, daß: "Wenn der Wille und die Vorstellungskraft miteinander in Konflikt sind, die Vorstellungskraft siegt."

Diese Behauptung ist meiner Ansicht nach vollkommen falsch, obwohl jedes Buch über Hypnose dieses Statement unterstützt. Die Vorstellungskraft ist der Sitz des Unterbewußtseins. Was dieser Ausspruch damit sagt ist, daß das Unterbewußtsein stärker als der Verstand ist. Nichts könnte unwahrer sein. Die mächtigste Kraft im gesamten Universum ist der menschliche Wille und die persönliche Kraft. Vergiß dies niemals! Wenn dies nicht wahr wäre, könnten wir niemals die Meisterschaft über uns selbst erreichen. Das Unterbewußtsein ist entschieden kraftvoller, wenn Du Dich in Hypnose befindest, jedoch nicht, wenn Du nicht in Hypnose bist. Ein oft verwendetes Beispiel ist, wenn man auf einem schmalen Brett einen Fluß überquert. Auch wenn Dir das Unterbewußtsein Gedanken der Angst vermittelt, daß Du in den Fluß fallen wirst, so wird diese Angst durch die Kraft Deines persönlichen Willens und Deines Verstandes überlagert, so daß Du zentriert bleibst und das schmale Brett überschreiten kannst. Dies ist ein Beispiel für die zuvor besprochene Überidentifizierung der meisten Hypnotiseure mit dem Unterbewußtsein, ohne genaues Verständnis über den Verstand und das Unterbewußtsein.

Demonstration der Willenskraft

Von der University of Chicago gab es eine Studie über die Kraft des Willens und deren Ausdruck. Die Studie bestimmte drei Gruppen von Männern, die einen Basketball in den Basketballkorb werfen sollten. Die erste Gruppe übte einen Monat lang täglich eine Stunde. Die zweite Gruppe übte überhaupt nicht und die dritte Gruppe trainierte täglich nur im Geist und nicht physisch. Am Ende des Monats mußten die drei Gruppen alle physisch ihre Bälle in den Basketballkorb werfen. Die Gruppe, die gar nicht trainierte, hatte eine Trefferquote von neunundzwanzig Prozent. Die Gruppe, die nur im Geist trainiert hatte, erreichte neunundsiebzig Prozent und die Gruppe, die physisch trainiert hatte, konnte eine achtzig prozentige Trefferquote für sich verbuchen. Seinen Verstand zu trainieren hilft offensichtlich, etwas physisch auszuführen. Ideal wäre es, physisch und geistig zu üben.

Eine Einführung in die Hypnose

In dem Kapitel, wie man mit seinem Höheren Selbst in Kontakt kommt, habe ich bereits einen Prozeß der Selbsthypnose, den Du ausprobieren kannst, umrissen. Das Folgende ist zwar ähnlich, jedoch noch ein wenig tiefgreifender. Es zielt auch darauf ab, jemand anderen zu hypnotisieren, falls Du dies einmal probieren möchtest. Am Ende dieses Prozesses folgt eine Technik, um sich selbst und andere aus der Hypnose zu erwecken. Beginne damit, daß die betreffende Person ihren Blick auf die Wand fixiert, auf einen Punkt oberhalb ihrer Augen. Laß die Person fünf tiefe Atemzüge nehmen und sage nach jedem Atemzug zu ihr: "Entspanne dich jetzt." Laß die Person nach diesen fünf Atemzügen ihre Augen schließen. Führe jetzt eine progressive Entspannungsübung durch und laß die Person durch ihren ganzen Körper gehen und jeden Körperteil entspannen.
Lasse sie ein golden-weißes Licht visualisieren, das über ihrem Kopf schwebt. Laß sie sich vorstellen, daß diese golden-weiße Lichtblase besondere Fähigkeiten hat. Alles was sie berührt wird gereinigt, geklärt, ausbalanciert, ausgerichtet, geheilt und entspannt. Lasse sie sich nun vorstellen, wie sich diese Blase von ihrem Kopf bis zu den Zehenspitzen durch ihren gesamten Körper bewegt. Dann soll sie sich vorstellen, daß sie in dieser Schutzblase in den Wolken schwebt und dann, wie sie durch den Weltraum schwebt. Während die Person in ihrer Blase durch den Weltraum schwebt, lasse sie sich zehn verschiedene Ebenen der Tiefe vorstellen. Nummer zehn ist die höchste Nummer, eins ist die niedrigste. Zähle jetzt von zehn rückwärts bis eins und verwende nach jeder Zahl eine Hypnoseformel (wird nachfolgend näher beschrieben).

Nachdem Du die Ebene Nummer eins erreicht hast, soll sich die Person eine schöne Wiese, Berge oder eine andere schöne Landschaft vorstellen. Laß sie diese Szene so deutlich wie möglich visualisieren und dabei ihre fünf Sinne einsetzen, so daß sie das Bild sieht, riecht, schmeckt, fühlt und hört. Verwende Imaginationen wie, Flüsse, Hängematten, Sonnenschein, Blumen, Bäume, Vögel, Wolken, Wind, Wasserfälle, Blockhütten, ein Wasserbett, Tiere, Gras, Lieblingsspeisen, Schwimmen oder natürliche Geräusche. Dann gebe der Person die entsprechenden Suggestionen. Laß sie diese Bilder visualisieren und tatsächlich das sein, was sie will oder was sie in ihrem Leben manifestieren will. Es ist auch möglich, die Suggestionen vorzulesen. Wenn Du mit den

Suggestionen fertig bist, dann lasse die Person in ihrer schönen Landschaft noch ein wenig entspannen.

Wiederhole folgendes, um die Person aufzuwecken:

Ich werde nun von null bis fünf zählen. Die Zahl fünf wird immer physische Entspannung, emotionale Ruhe, mentale Aufmerksamkeit und Frische repräsentieren und du wirst dich energetisiert und in jeder Beziehung vitalisiert fühlen.

Nummer eins,
beginne zu erwachen!

Nummer zwei,
erwache mehr und mehr, werde erfrischt und in jeder Hinsicht energetisiert.

Nummer drei,
erwache nun noch mehr, dein Bewußtsein wird nun wieder vollkommen geerdet und ist wieder in diesem Körper und in diesem Raum.

Nummer vier,
deine Augen werden glasklar unter deinen Augenlidern. Bei der nächsten Zahl werden sich deine Augen öffnen und du wirst dich erfrischt und in jeder Hinsicht energetisiert fühlen, mit einem unbeschreiblichen Gefühl des Wohlbefindens, der Freude und des Glücks.

Nummer fünf,

erwache völlig, öffne deine Augen mit einem unbeschreiblichen Gefühl des Wohlbefindens, der Freude und des Glücks und sei erfrischt und energetisiert. Sei physisch entspannt, emotional ruhig und mental aufmerksam.

Der Rückführungsprozeß

Die folgende Übung ist ein Prozeß, den Du dazu verwenden kannst, eine Rückführung für Dich selbst und andere herbeizuführen, um damit in die Kindheit und sogar in vergangene Leben zurückreisen zu können.

Einführung:

Du kannst die Rückführung anwenden, nachdem Du oder die betreffende Person den zuvor beschriebenen Hypnoseprozeß durchgeführt hast und in einem mittleren oder tiefen Hypnosezustand bist. Es gibt zwei Arten der Rückführung. Die erste ist die direkte Erfahrung, in der die betreffende Person tatsächlich die Gefühle und Emotionen der Erfahrung wiedererlebt. Die zweite Art ist eine Beobachtung des Erlebnisses, als ob man fernsieht oder ins Kino geht. Wenn Du glaubst, daß eine teilweise Rückführung für die Person besser ist, dann sage einfach zu ihr:
"Du bleibst dabei in der Rolle des Beobachters, ohne Emotionen, ohne Schmerzen; sei einfach nur der Beobachter."

Wiederhole dies solange, bis die Person sich in einen gewissen Abstand zum Erlebnis begibt. Wenn sie einmal in dem Erlebnis ist, lasse sie laut ihre Erfahrungen mitteilen.

Anleitung:

Sage, um die Rückführung zu beginnen: "Nun ist dein Körper schwer und vollkommen entspannt. Dein Körper ist so schwer, daß du fühlst, wie er immer tiefer in das Sofa sinkt. Doch dein Verstand ist frei und leicht. Fließend, aufmerksam und doch sehr angenehm und entspannt. Ich möchte, daß du dir jetzt vorstellst, wie ein Teil deines Bewußtseins aus deinem Körper emporsteigt und nahe der Decke in diesem Zimmer schweben bleibt.

Von diesem Punkt nahe der Decke, siehst du jetzt nach unten. Du fließt völlig frei und ohne Substanz wie Rauch durch das Dach des Gebäudes nach oben in den klaren Nachthimmel. Die Sterne glitzern, der Mond scheint hell und unter dir glänzen die unzähligen Lichter der Stadt.

Du schwebst höher und höher in die samtige Dunkelheit des Raumes. Du fühlst dich herrlich leicht und frei, wie du so dahintreibst. Du wirst wieder zu einem Punkt aus Licht der aufsteigt und davonschwebt, wie ein Adler dahingleiten würde. Jetzt gleitest du zurück in die Vergangenheit.

Vor dir befindet sich ein Tunnel, welcher der Korridor zu den Erinnerungen an deine frühe Kindheit und deine vergangenen Leben ist. Nun gehst du durch diesen Tunnel. An seinem Ende befindet sich ein Tor. Ich werde jetzt von fünf bis null zählen. Wenn ich bei null angekommen bin, dann werde ich mit meinen Fingern schnippen und du wirst durch dieses Tor gehen und eine Begebenheit aus deiner Kindheit oder einem früheren Leben wiedererleben oder beobachten, das die Ursache für deine jetzigen Probleme ist."

Zähle rückwärts - fünf, vier, drei, zwei, eins, null, schnippe mit den Fingern und sage: "Zurück zur Ursache!"

Warte ungefähr fünfzehn bis dreißig Sekunden und bitte dann die Person, Dir mitzuteilen, was sie sieht. Wenn das Erlebnis vorüber ist, zähle erneut rückwärts von fünf bis null und führe die Person in ein weiteres Erlebnis, das die Ursache für das Problem ist, an dem sie gerade arbeitet.

Erwachen aus dem Erlebnis:

Sage der Person, daß Du wiederum von fünf bis null zählen wirst und dann mit den Fingern schnippst. Wenn Du bei null ankommst, wird sie durch das Tor zurückgehen auf die andere Seite. Laß sie sich noch ein wenig entspannen. Gib ihr einige positive Heilungssuggestionen, bevor Du sie aus der Hypnose zurückbringst.

Hypnoseformeln

Nachfolgend findest Du eine Liste davon, was ich Hypnoseformeln nenne. Manchmal, wenn Du andere Personen hypnotisierst, in Selbsthypnose bist oder ein Tonband aufnimmst, hast Du Sprechpausen zwischen den Vertiefungstechniken. Dies ist eine gute Zeit, um Hypnoseformeln zu sprechen. Hypnoseformeln beinhalten Worte, die ein tieferes Entspannen fördern.

Du bist vollkommen entspannt

Laß los

Entlasse ...

Tiefer und tiefer

Locker, schlaff, träge

Ein schwerer Vorhang

Tiefer hypnotischer Schlaf

Tief entspannt

Du fühlst jetzt das schläfrige Pulsieren

des beginnenden Schlafes

Du fühlst dich, als ob du keinen einzigen

Knochen in deinem Körper hättest

Wie Gelee

Du verschmilzt mit dem Sofa, mit dem

Stuhl oder dem Boden
Du sinkst nach unten
Schwerer und schwerer
Du wirst langsamer
Du bist von Entspannung durchdrungen
Dein Körper vollkommen entspannt
Du bist schläfrig
Du fühlst dich wohl, angenehm, sicher,
behütet und beschützt
Dein Kiefer, deine Stirn und deine Muskeln sind entspannt
Deine Augen sind entspannt
Eine Decke der Entspannung
Du fühlst dich friedlich, gut,
hast ein sehr angenehmes Gefühl
Du setzt die Entspannung fort, mehr und
mehr und gehst tiefer und tiefer
Jeder Muskel ist völlig entspannt
Alle Muskeln in deinem Körper sind wie
lockere Gummibänder
Du hast dir selbst die Erlaubnis gegeben,
deinen Verstand in angenehmen Szenen
umherwandern zu lassen
Du fällst in leichten Schlummer
Du bist schläfrig und entspannt
Du fühlst eine angenehme, wohltuende
Entspannung
Der Kiefer, das Kinn und die Wangenmuskeln
werden locker und weich
Du bist ruhig und entspannt

Du fühlst dich wie eine Gummipuppe
Du spürst ein Gefühl des Wohlbefindens
Du hast Vertrauen und bist deiner
Selbst sicher
Du bist völlig teilnahmslos
Deine Glieder werden taub
Du bist friedlich, ruhig und entspannt

Hypnoseformeln zum Erwachen:

"Wenn du deine Augen öffnest, fühlst du dich..."

erfrischt
energetisiert
verjüngt
ausgeruht
voller Enthusiasmus
voller Energie
voller Vitalität
bereit, mit den Lektionen und Herausforderungen
des restlichen Tages umzugehen
revitalisiert und gestärkt
erfüllt vom wunderbaren Gefühl perfekter,
strahlender, physischer Gesundheit

Vertiefungstechniken

Es gibt noch eine Reihe weiterer Vertiefungstechniken. Die erste ist, alles, was in Deinem Erlebnis geschieht, als einen Anlaß zu nehmen, um den Zustand noch zu vertiefen. Wenn Du, zum Beispiel, die Geräusche der vorbeifahrenden Autos hörst, dann könnte eine entsprechende Suggestion folgendermaßen aussehen: "Jedes Geräusch, das du von der äußeren Welt wahrnimmst wird dich dazu bringen, immer tiefer und tiefer in dein Erlebnis zu gleiten."
Eine andere Möglichkeit ist das, was ein hypnotischer Test oder eine Herausforderung genannt wird. Ein Beispiel dafür wäre, einer Person zu suggerieren, daß ihr Arm immer schwerer und schwerer wird und nicht mehr angehoben werden kann. Er fühlt sich an, als ob er festgeklebt wäre. Die Person kann versuchen, den Arm zu bewegen, doch er ist so schwer, daß sie es nicht schafft. Es fühlt sich an, als ob Tausende von Kilo auf ihm lasten würden. Wenn sie es versucht, so schafft sie es nicht. Diese Realisierung hilft die Hypnose noch weiter zu vertiefen.

Strukturierende Suggestionen

Wenn Du Suggestionen für Dich oder andere strukturieren möchtest, dann gibt es dabei einige hilfreiche Ideen, die die Suggestionen noch wirksamer machen. Die erste Idee ist, die Wörter der Suggestionen eher in positiver, als in negativer Art zu gestalten. Es ist besser zu sagen, daß Dein Arm nunmehr geheilt ist und nicht, daß Dein gebrochener Arm jetzt geheilt ist. Lasse das negative Bild weg.

Zweitens, wenn es Deinem Verstand oder Deinem Unterbewußtsein schwer fällt zu glauben, daß der Arm jetzt wirklich geheilt ist, dann ist es möglich, eine Affirmation zu kreieren, die eine Heilung in der nahen Zukunft beinhaltet. Zum Beispiel: "Meinem Arm geht es von Tag zu Tag immer besser und besser."

Drittens, ist es hilfreich, die verwendeten Wörter übertrieben zu betonen oder mit Gefühl zu sprechen, um so die Botschaft besser zu übermitteln. Sage, zum Beispiel, anstatt: "Der Arm ist stark", "der Arm ist kraftvoll wie Stahl."

Je motivierter Du für die Erreichung Deines Zieles bist, desto effektiver werden die Suggestionen arbeiten. Halte die Sprache dabei einfach und verwende häufig Wiederholungen.

Kommunikation mit dem Unterbewußtsein

Es gibt eine Reihe von Möglichkeiten, direkt mit dem Unterbewußtsein zu kommunizieren. Im Wachzustand verwenden viele Menschen zum Beispiel angewandte Kinesiologie, die allgemein als Muskel-Test bezeichnet wird. Jeder Muskel kann dazu verwendet werden. Meistens nimmt man jedoch die Finger oder den Arm. Eine Möglichkeit wäre, Deinen Daumen und kleinen Finger aneinander zu legen, so daß sie einen Kreis formen. Presse diese Finger fest zusammen und versuche mit dem Daumen und dem Zeigefinger der anderen Hand diesen Kreis zu durchbrechen.

Anfänglich wird dies gemacht, um den normalen Widerstand zu testen, so daß man den selben Druck als Anhaltspunkt während des Tests heranziehen kann. Der zweite Schritt ist, eine Aussage zu machen, wie beispielsweise: "Mein Körper hat genügend Vitamin C." Wenn dies der Wahrheit entspricht, dann wirst Du nicht fähig sein, den Kreis Deiner Finger zu durchbrechen. Wenn es falsch ist, dann wirst Du den Kreis Deiner Finger ohne allzuviel Widerstand durchbrechen können. Jede Frage über sich selbst, kann mit dieser Technik ausgetestet werden.
Unter Hypnose kann man mit dem Unterbewußtsein mittels "ja" und "nein" Antworten kommunizieren. Ein Finger wird dazu bestimmt "ja" anzuzeigen und ein anderer Finger symbolisiert "nein". Ein dritter Finger kann noch als "ich weiß es nicht" dienen. Während der Hypnose werden dem Unterbewußtsein Instruktionen gegeben, beim Beantworten der Fragen, die Finger zu heben. Nach einigen anfänglichen Versuchen, um zu sehen, ob das Unterbewußtsein dies auch verstanden hat, können die Fragen direkt an das Unterbewußtsein statt an den logischen Verstand gerichtet werden.

Tiefe der Hypnose

Durch diesen Fingerzeigetest ist es möglich herauszufinden, wie tief Du Dich (oder die andere Person) in Hypnose befindest. Unter Hypnose wird dem Unterbewußtsein gesagt, es soll sich eine Skala von eins bis sechsunddreißig vorstellen. Eins bedeutet sehr wach zu sein und sechsunddreißig ist ein somnambuler, tiefer hypnotischer Schlaf. Dem Unterbewußtsein wird gesagt, daß Du nunmehr von sechsunddreißig zurück bis eins zählen wirst. Wenn die Stufe der derzeitigen Hypnosetiefe erreicht wird, soll es das Unterbewußtsein durch einen Fingerzeig anzeigen. Beginne ganz langsam von sechsunddreißig rückwärts zu zählen, bis das Unterbewußtsein veranlaßt, den Finger zu heben. Das ist die beste Art, die Tiefe der Hypnose herauszufinden, falls dies wichtig für Dich ist.

Wie man ein effektiver Hypnotiseur wird

Um ein guter Hypnotiseur für sich selbst und andere zu werden, ist es wichtig, mit einer sehr vertrauenswürdigen, sicheren Stimme zu sprechen. Wenn andere Menschen spüren, daß Du unsicher, zögernd, unentschlossen und ängstlich bist, dann wird dies die Art sein, wie sie sich fühlen werden. Der zweite Punkt, bevor Du beginnst, jemanden anderen zu hypnotisieren ist, alle Ängste und Märchen für die betreffende Person aus dem Weg zu räumen, die mit Hypnose und den Erlebnissen dabei in Zusammenhang stehen. Dies wird die Hypnoseerfahrung sehr verstärken.

12. Physische Unsterblichkeit

"Krankheit ist eine Verteidigung gegen die Wahrheit."
Ein Kurs in Wundern

Die meisten Menschen, die sich mit spirituellen und/oder religiösen Themen beschäftigen oder ihnen ernsthaft nachgehen, glauben an die Unsterblichkeit der Seele. Mit anderen Worten, wir, als Seelenausdehnungen oder inkarnierte Persönlichkeiten, sind ewige Wesen. Unser Körper stirbt, doch wir selbst nicht. Wir inkarnieren uns einfach immer wieder und wieder, bis wir unsere Freiheit und unseren Aufstieg erreichen.
Viele Menschen erkennen nicht, daß auch der physische Körper unsterblich ist. Für die meisten Menschen ist er nicht unsterblich, da die Menschheit als Ganzes ein kollektives Glaubensmuster hat und der Tod ein fester Bestandteil ihrer Realität ist. Tod ist jedoch genauso ein Glaubensmuster, wie es das ewige Leben ist. Die kollektive Menschheit ist zum größten Teil ihres Lebens materialistisch ausgerichtet und daher hat sie auf die Stimme des Egos in dieser Angelegenheit gehört, anstatt auf die Stimme der Seele und des Geistes.

Das negative Ego sagt uns, daß wir altern und sterben müssen. Der Geist sagt uns, daß wir ewig und unsterblich sind und daß der physische Körper der Tempel der Seele ist und altert, weil wir uns mit unserem Verstand darauf programmiert haben. Wir sollten uns daran erinnern, daß das Unterbewußtsein unseren physischen Körper lenkt. Dies wurde durch Hypnose bewiesen. Das Unterbewußtsein, dem man unter Hypnose Suggestionen gibt, kann den Körper zu wahren Wunderdingen bewegen. Wir alle haben bereits dergleichen in Hypnoseshows gesehen, in denen solch unglaubliche Dinge demonstriert werden.

Das Unterbewußtsein besitzt keine Fähigkeit zur Logik oder zum abstrakten Denken und ist genauso glücklich dabei, wenn es vollkommene Gesundheit manifestiert oder Krankheit und das Altern. Es kommt nur darauf an, wozu es programmiert wurde. Diese Programme können von Dir selbst stammen oder davon, inwieweit Du anderen Menschen erlaubst, Dich zu programmieren. Was ich Dir vorschlagen möchte ist, daß Du Deinen Körper auf "jung" anstatt auf "alt" programmierst. Es ist auch möglich, seinen Körper zu programmieren, daß er ewig gleich aussieht. Viele große Meister haben das getan. Babaji hat für eintausendachthundert Jahre immer gleich ausgesehen. Saint Germain lebte dreihundertfünfzig Jahre lang. Lord Maitreya hat den Körper von Jesus wiedererweckt und hat darin noch weitere einunddreißig Jahre gelebt. Andere Meister können ihren Körper materialisieren oder dematerialisieren, wie sie wollen.

Thoth (Buddha) in Ägypten hat für zweitausend Jahre in demselben Körper gelebt. Jesus hat in seinem letzten Leben, in dem er aufgestiegen ist, für dreihundert Jahre in demselben Körper gelebt. Hat nicht Jesus gesagt: "Alles was ich kann, werdet auch ihr können und sogar noch mehr." "Ein Kurs in Wundern", den Jesus geschrieben hat, sagt: "Krankheit ist eine Verteidigung gegen die Wahrheit." Die Wahrheit ist, daß wir alle Christus oder das Ewige Selbst sind. Gott wird nicht krank, also müssen wir es auch nicht werden, denn wir sind Gott.

Was verursacht also Krankheit? Es ist das negative Ego. Sai Baba sagt, die Definition von Gott ist: "Gott = Mensch minus Ego." Das Ego existiert in der Realität Gottes nicht und idealerweise sollte es auch nicht in unserer Realität existieren. Wenn wir uns von unserem negativen Ego befreien, so erkennen wir unsere Vollkommenheit, denn wir sind alle "nach dem Ebenbild Gottes erschaffen".

Der Schlüssel zur spirituellen Psychologie ist, alle Ebenen in angemessener Weise aneinander auszurichten. Wir wissen, daß der Geist und die Seele ewig leben. Der nächste Schritt ist, nur noch ewige Gedanken, ewige Gefühle und einen ewigen physischen Körper zu erlangen. Sagt das Hermetische Gesetz nicht: "Wie innen so außen, wie oben so unten." Wenn der Geist ewig ist, dann können wir ganz eindeutig auch unseren Körper ewig erhalten. Unsere wahre Identität ist die des Christus, also sollten wir ganz eindeutig nur Christusgedanken, Christusemotionen und einen Christuskörper haben. Ein physischer Körper des Christus ist ein unsterblicher Körper.

Dieser Prozeß beginnt auf der Gedankenebene. Es sind unsere Gedanken, die unsere Realität erschaffen und das schließt den physischen Körper mit ein. Jeder negative Gedanke wird sich in unserem physischen Körper manifestieren. Dasselbe trifft auch auf unsere positiven Gedanken zu. Die Menschen stehen unter einer negativen Massenhypnose, weil sie glauben, daß sie altern und sterben müssen. Jeder glaubt es, also tut es auch jeder. Hast Du jemals bemerkt, daß die Menschen dann sterben, wenn sie ihren mentalen Wecker gestellt haben? Sie glauben, daß fünfundsiebzig Jahre alt bedeutet und sagen zu sich selbst: "Ich möchte noch den sechzehnten Geburtstag meiner Enkeltochter erleben und meinen fünfundsiebzigsten Geburtstag." Sie haben sich damit auf einen bestimmten Zeitpunkt in ihrem Leben eingestellt, an dem sie sterben werden und das ist auch genau das, was dann passiert.

Auf der mentalen Ebene ist der Schlüssel zur physischen Unsterblichkeit, sich von dieser Nötigung zu Sterben zu befreien und es durch die Nötigung zu Leben zu ersetzen. Die Tatsache ist, daß unser Körper bereits unsterblich ist. Wir glauben nur, daß dies nicht so ist und folgen unseren Befehlen. Den einzigen Gedanken, den wir in unserem Verstand in bezug auf unseren physischen Körper zulassen sollten ist, daß wir in strahlender, vollkommener Gesundheit sind. Wir verjüngen uns von Tag zu Tag und können ewig leben oder so lange, wie wir es wählen. Die Seele ist unsterblich, also sollte der Körper auch als ewig angesehen werden, um eine angemessene Ausrichtung auf das Vier-Körper-System zu erhalten. Dieser Prozeß beginnt mit dem Akzeptieren dieser Philosophie auf der Ebene des bewußten Verstandes und mit dem Programmieren des Unterbewußtseins. Dieser letzte Punkt ist sehr wichtig. Einige Menschen glauben es zwar auf der Verstandesebene, aber ihr Unterbewußtsein hält nicht viel davon. Es wird nur dann funktionieren, wenn es alle drei Verstandesebenen glauben. Das Überbewußtsein oder die Seele glauben es bereits.
Um die physische Unsterblichkeit zu erreichen, muß man die absolute Kontrolle über sein Unterbewußtsein haben. Man muß absolut wachsam gegenüber seinen Gedanken sein, die man von sich selbst oder von anderen in seinem Verstand zuläßt. Es ist überaus leicht, zu diesem Thema negativ hypnotisiert zu werden, denn der Glaube an den Tod ist allgegenwärtig.

Es ist mittlerweile bewiesen, daß die Zirbeldrüse ebenso ein Todeshormon produziert, wie ein Lebenshormon. Die Zirbeldrüse produziert das Todes-

hormon in den meisten Menschen, weil sie sich unbewußt darauf, durch alle ihre Todesgedanken und Emotionen, programmieren. Befreie Dich ein für alle Mal von diesen Todesgedanken und Emotionen und ersetze diese nur durch den Gedanken an das ewige Leben und die dazugehörigen Emotionen und die Zirbeldrüse wird nur noch das Lebenshormon produzieren.
In dieser Angelegenheit ist es auch von grundlegender Bedeutung, positive Affirmationen anzuwenden. Sei Dir stets bewußt, daß Du das Ewige Selbst bist und daß Deine Gedanken, Emotionen und Dein physischer Körper diese ewige und unsterbliche Natur widerspiegeln. Um die physische Unsterblichkeit zu erreichen, muß man die Meisterschaft über sein Unterbewußtsein, die drei niederen Körper (physischer, emotionaler, mentaler) und die Meisterschaft über sein Ego erreicht haben. Das negative Ego des Menschen glaubt an die Getrenntheit von Gott. Wenn wir glauben, mit Gott eins zu sein und uns sprichwörtlich als Söhne und Töchter Gottes fühlen, dann ist der nächste logische Schritt, daß "wir auf allen Ebenen unsterblich sind."

Was wir damit demonstrieren ist, daß wir die absolute Selbstmeisterschaft über uns, im Dienst an Gott haben, wenn wir an die physische Unsterblichkeit glauben. Physische Unsterblichkeit ist nichts für Menschen, die zur Schwäche neigen, genauso wenig wie es der spirituelle Pfad ist. Physische Unsterblichkeit beginnt mit der Notwendigkeit der Reinigung der vier Körper von allen negativen Energien. Auf der emotionalen Ebene mußt Du alle negativen Gefühle loslassen. Erinnere Dich nochmals daran, daß Deine Gedanken (und das beinhaltet Deine Emotionen) Deine Realität erschaffen. Wenn Du nur noch aus dem Christusbewußtsein denkst, anstatt aus dem negativen Ego, dann wirst Du stets in Freude, Glück, bedingungsloser Liebe, Gleichmut und innerem Frieden leben. Die Welt ist wie eine Leinwand, auf der Du Deinen eigenen Film siehst. Der Film wurde aus Deiner eigenen Auffassung und Interpretation vom Leben hergestellt.
Es gibt eine Art zu denken, die Dir stets Freude, Frieden und Liebe bringt: es ist die Lehre der heilenden Einstellung. Negative Emotionen schwächen den physischen Körper. Positive Emotionen energetisieren den physischen Körper. In bedingungsloser Liebe zu leben aktiviert die Thymusdrüse, die unser Immunsystem steuert. Physische Unsterblichkeit ist nur ein weiteres Nebenprodukt des spirituellen Pfades.

Die Reinigung auf der physischen Ebene beinhaltet eine gesunde physische Diät, die Einschränkung des Fleischkonsums, das Vermeiden sämtlicher Drogen einschließlich Alkohol und künstliche Genußmittel, sich jeden Tag physisch fit zu halten, genügend Sonne und frische Luft zu tanken und so tief wie möglich zu atmen. Wir haben physische, emotionale, mentale und energetische Toxine in unserem ätherischen Körper. Alle vier Körper müssen von diesen Giften befreit werden. Im Grunde genommen ist unser Ziel, um physische Unsterblichkeit zu erreichen, nur mehr Gedanken Gottes, Emotionen Gottes, einen gottgleichen Energiekörper und einen gottgleichen physischen Körper zu haben. Gott ist vollkommen, also sind auch wir es. Der Mikrokosmos ist gleich dem Makrokosmos. Wenn all die Körper gereinigt und in Ausrichtung auf die Seele und den Geist gebracht werden, dann äußert sich dies in vollkommener, strahlender Gesundheit.

Wenn sich jemand durch die sieben Stufen der Einweihung bewegt, dann fließt immer mehr und mehr Licht und Energie durch das Vier-Körper-System. Bei der Dritten Einweihung, die auch die Seelenverschmelzung genannt wird, bewirkt dies eine große Zunahme an Energie und physischer Gesundheit. Bei der Fünften und Sechsten Einweihung, dem Aufstiegsprozeß, kommt es zu einer völligen Verschmelzung mit der Monade, dem Geist oder der ICH BIN - Gegenwart, die eine physische Unsterblichkeit garantiert. Aufstieg ist der Prozeß, bei dem die Monade herabsteigt und alle vier Körper in Licht verwandelt. Der physische Körper ist nur verdichteter Geist, und der Geist ist nur verfeinerte Materie. Wir sind hier auf der Erde, um die Materie zu vergeistigen. Das beginnt damit, daß wir unseren physischen Körper vergeistigen und ihn zurück ins Licht transformieren. Halte Dir immer vor Augen, daß Du Gott bist und nicht krank werden kannst. Du kannst nicht altern und Du kannst nicht physisch sterben. Halte den Gedanken und das Gefühl aufrecht, daß Du vollkommen gesund bist und von Tag zu Tag jünger wirst und ewig leben kannst. Wenn irgend ein negativer Gedanke, ein negatives Gefühl oder eine negative Energie versucht, Dir etwas anderes zu erzählen, dann befreie Dich davon, spreche augenblicklich eine positive Affirmation oder verwende eine positive Visualisierung, bei der Du Dich als Aufgestiegener Meister oder als das ewige, spirituelle Wesen siehst, das Du wirklich bist.

Rufe Deine mächtige ICH BIN - Gegenwart an, um Dich von diesem negativen, egoistischen Gedanken und Gefühl zu befreien und übergebe es der Violetten Flamme der Transformation. Rufe immer wieder Deine Seele an und bitte sie, mit Dir hier auf der Erde zu verschmelzen. Wir sind hier, um den Himmel auf der Erde zu erschaffen. Wir sind hier auf der Erde, um Gott auf allen Ebenen zu verwirklichen. Was ich hier mit Dir teile ist in Reichweite für jeden von uns. Jesus sagt doch: "Euch geschehe nach eurem Glauben." Dein physischer, emotionaler und mentaler Körper sind Deine Diener und nicht Deine Meister. Gebiete ihnen im Namen von Christus (der Du in Wahrheit bist), und sie werden tun, was Du ihnen befiehlst. Befehle Deiner Zirbeldrüse, die Produktion des Todeshormones augenblicklich einzustellen und statt dessen das Lebenshormon auszuschütten und sie wird Dir gehorchen.

Die Bibel sagt: "Ihr seid Gott und wißt es nicht." Die Zeit der Philosophie der Unsterblichkeit ist gekommen. Es ist jetzt an der Zeit, die Spiritualität auf der Erde und in den physischen Körpern zu verankern. Für zu lange Zeit haben die Menschen ihre Körper verlassen, um den Geist zu berühren, anstatt den Geist zu berühren, ihn zurückzubringen und auf der Erde zu verankern. Das gesamte Universum folgt Deinem Befehl, denn Du bist Gott! Gott bestimmt nicht, wann Du stirbst, Du tust dies selbst. Der Schlüssel zur physischen Unsterblichkeit ist, in jedem Gedanken, in jedem Wort und in jeder Tat als Geist zu leben. Werde in allem zu Gott und Krankheit, Tod und das Altern werden verschwinden. Da Gott weder krank wird, altert oder stirbt, brauchst Du es auch nicht.
Schreibe auf ein Blatt Papier all Deine Gedanken und Gefühle über den Tod und die physische Unsterblichkeit. Ändere jeden Gedanken, der nicht von Gott kommt, in eine positive Affirmation, die das falsche Glaubensmuster korrigiert, an dem Du festhältst. Nimm alle falschen Glaubensmuster wahr, die erneut hochkommen und schreibe diese nieder. Korrigiere sie auf dem Papier durch neue, positive Affirmationen, bis Du Dein Unterbewußtsein und Deinen Verstand völlig geklärt hast.
Sei offen gegenüber allen vergangenen Glaubenssystemen über den Tod, die in Deinem Unterbewußtsein gespeichert sind. Befreie Dich von der Angst vor dem Tod. In Wahrheit gibt es nichts zu fürchten, denn er existiert eigentlich gar nicht. Er existiert nur in unseren Köpfen. Vergib Dir selbst und anderen Menschen. Dies ist eine Voraussetzung für die physische Unsterblichkeit. In einer fortgeschritteneren Entwicklungsstufe siehst du Dich selbst und jeden

anderen als Licht. Denn in Wahrheit ist es das, was wir eigentlich sind. Es kommt wirklich darauf an, wohin Du Deine Aufmerksamkeit lenkst. Lenkst Du Deine Aufmerksamkeit auf den Tod, auf Krankheit, Negativität und das Altern oder auf vollkommene Gesundheit, das Positive, ewiges Leben und die Verjüngung?

Das Problem der meisten Menschen auf der Welt ist, daß sie auf einer Stufe des Auto-Piloten leben und nicht darauf achten, wohin sie ihre Aufmerksamkeit lenken. Im Idealfall sollte Deine Aufmerksamkeit die ganze Zeit über auf Deine Seele, Deinen Geist, die mächtige ICH BIN - Gegenwart, auf Christus und Gott gerichtet sein. Jeder Mensch, dem Du auf der Straße begegnest, muß als Gott betrachtet werden oder Du wirst die Gott-Realisierung selbst nicht erreichen. Ein Nebenprodukt des aufrechterhaltenen Bewußtseinszustandes der Physischen Unsterblichkeit ist, daß der physische Körper damit beginnt, aus den zwei DNA-Strängen zwölf DNA-Stränge zu bilden. Zwölf DNA-Stränge entsprechen dem Zustand der Erleuchtung. Affirmiere Dir selbst, daß diese Transformation jetzt stattfindet und bete, daß es geschieht.

Halte den Gedanken und das Bild aufrecht, daß Du in diesem Moment erneut geboren wurdest, und daß Du zwölf DNA-Stränge hast. Hat nicht Jesus gesagt: "Solange ihr nicht neu geboren werdet, werdet ihr das Königreich Gottes nicht finden." Physische Unsterblichkeit ist das Bewußtsein, auf allen Ebenen des Seins in die wahre, ewige Christusnatur hineingeboren zu werden. Erkenne in diesem heiligen Augenblick die Wahrheit dieser Aussage, und erlaube von diesem Moment an keinem gegensätzlichen Gedanken oder Gefühl mehr, Dein Bewußtsein zu betreten.

Wenn Dich irgend etwas stören möchte, dann sage: "Hebe dich hinweg, Satan" und setze an diese Stelle eine christusgleiche Affirmation. Dies nennt Sai Baba "Selbstnachforschung". Es ist ein Unterscheidungsprozeß zwischen dem, was wahr und dem was Illusion ist, zwischen dem was von Dauer und dem was vergänglich ist, zwischen dem was von Gott und dem was vom negativen Ego kommt. Sai Baba sagt, daß 75% des spirituellen Pfades aus dieser Praktik besteht.

Dies ist auch die Schlüsselpraktik zur physischen Unsterblichkeit und für Deinen Pfad zum Aufstieg, der in Wahrheit ein und dasselbe ist. Wenn die physische Unsterblichkeit einmal erreicht ist (was in jedem Moment geschehen kann, in dem Du es wählst), so heißt das nicht, daß Du für alle Ewigkeit auf

dieser Erde bleiben wirst. Es bedeutet nur, daß Du so lange bleiben kannst, wie Du es wählst, anstatt diese Entscheidung Deinem physischen Körper zu überlassen.
Physische Unsterblichkeit ruft Dich daher dazu auf, Deine persönliche Kraft und die Meisterschaft über Dich selbst die ganze Zeit über aufrechtzuerhalten. Die meisten Menschen geben ihre Kraft an ihren physischen Körper, ihre Wünsche, Gefühle, ihren Verstand, ihre Sinne und an andere Menschen ab. Um die physische Unsterblichkeit zu erreichen, darfst Du die Kraft an niemanden und an nichts abgeben, denn Du bist Gott. Du brauchst Dich vor Deiner Kraft und Deiner Macht nicht fürchten, denn Du verwendest sie nur im Dienst an Gott und im Dienst an Deinen Brüdern und Schwestern, sowie im Dienst an der Liebe.
Ein weiterer Schlüssel zur physischen Unsterblichkeit ist die Kontrolle über Deine Sexualität. Du mußt lernen, die Meisterschaft über diese Energie zu erlangen, so daß Du selbst wählen kannst, wann Du Dich mit ihr identifizieren willst und wann Du sie emporleiten möchtest. Die Nachgiebigkeit gegenüber der Sexualität erschöpft den physischen Körper und raubt Dir Jahre Deines Lebens. Die Sexualität sollte nur im Dienst der Liebe und Vertrautheit zueinander in Maßen eingesetzt werden. Die Kundalini wird niemals emporsteigen, wenn Du Deine Energie dauernd aus Deinem zweiten Chakra entläßt.

Die Energie der aufgestiegenen Kundalini kann zur Heilung der Organe und Drüsen und des gesamten physischen Körpers verwendet werden. Zur physischen Unsterblichkeit ist ein starkes Verlangen nach der physischen Unsterblichkeit und nach der Verwirklichung Gottes von fundamentaler Notwendigkeit. Die meisten Menschen lassen sich selbst, von den Wünschen des Niederen Selbst oder dem fleischlichen Selbst lenken, was sie physisch, emotional, mental und spirituell schwächt. Verstehe bitte, daß die physische Unsterblichkeit ein ebensolcher Prozeß ist, wie der spirituelle Weg. Es ist ein Prozeß der Bewegung von der Polarisation oder Identifikation mit dem Niederen Selbst zur Polarisation oder Identifikation mit dem Höheren Selbst. Zu Beginn ist es rund herum ein spiritueller Krieg. Später wird es dann viel einfacher, sobald man seine alten Gewohnheiten verändert hat. Ein weiterer Vorschlag für die physische Ebene ist die Verwendung von Wasser, sowohl innerlich als äußerlich. Vollbäder oder Duschen können täglich als eine Taufe und Reinigung des gesamten Vier-Körper-Systems dienen. Das Trinken von großen Mengen Wasser reinigt die Nieren und die Leber, sowie das gesamte innere System. Krankheit kann in keinem gereinigten Körper Fuß fassen. Es kann hier schon deutlich gesehen werden, daß physische Unsterblichkeit und der Aufstieg die völlige Verpflichtung gegenüber diesem Prozeß erfordert. Irgend etwas geringeres wird Dich nicht zum Ziel bringen. So wie Yogananda sagt: "Wenn ihr Gott wollt (physische Unsterblichkeit), dann müßt ihr euch so sehr nach ihm sehnen, wie ein ertrinkender Mann nach Luft."

Die Physische Unsterblichkeit ist die Verwirklichung Gottes. Einige Menschen glauben, daß sie rein durch die Kraft des Willens erreicht werden kann. Ich persönlich glaube nicht, daß das geht. Nur positive Gedanken aufrechtzuerhalten, ohne den Glauben an Gott, wird Dir ganz sicher großartig in Deiner Gesundheit helfen, doch ich glaube nicht, daß Du dabei auch die physische Unsterblichkeit erreichst. Die physische Unsterblichkeit ist die Integration aller Ebenen unseres Seins. Du kannst dabei nicht ein paar Stufen oder Ebenen überspringen. Nur auf der mentalen oder spirituellen Ebene zu arbeiten, eine schreckliche Diät zu machen und keine physische Bewegung zu haben wird nicht funktionieren, außer wenn Du als ein gott-verwirklichter Meister geboren wurdest. Für 99,9% oder den Rest der Menschheit gilt es, alle Ebenen zu reinigen und zu meistern. Balance und Mäßigung in allen Dingen ist das Ideal.

Es ist nicht Krankheit oder das Alter, was die meisten Menschen tötet. Es ist der Glaube an die Krankheit, das Altern und den Tod, der die meisten Menschen umbringt. Sogar Krebsspezialisten stimmen darin überein, daß einer der Schlüssel um Krebs zu besiegen der "Wille zum Leben" ist. Wenn jemand diesen Willen nicht hat, dann ist jede Behandlung zwecklos. Wiederhole jeden Abend vor dem Einschlafen und morgens beim Erwachen autosuggestive Affirmationen für Deine physische Unsterblichkeit. Zu diesen Zeiten ist Dein Unterbewußtsein viel empfänglicher als sonst.

Andere Praktiken, die Dir dabei helfen werden die physische Unsterblichkeit zu erreichen, sind Meditation, Gebet, das Chanten des Namen Gottes, das Singen von heiligen Liedern, Fasten, sich seine eigene Nahrung anzubauen, organische Nahrung zu essen, erhebende Literatur zu lesen, die Reinigung und Ordnung seiner Umgebung, nicht über das Alter zu sprechen und nicht zu Begräbnissen zu gehen.

Die Idee dahinter ist, seinen Verstand, sein Bewußtsein und seinen Emotionalkörper die gesamte Zeit über in einem spirituellen Zustand zu halten. Wenn Du Deinen Verstand konstant auf Gott und Dein Höheres Selbst gerichtet hältst, wie kann dann Krankheit, Alter und der Tod in ihn eindringen? Sie können es nicht! Wenn der Verstand und das Bewußtsein konstant ausgerichtet sind, man Affirmationen wiederholt, betet, meditiert und Gottes Namen chantet, dann kann nur Vollkommenheit existieren. Schon nach kurzer Zeit wird es leicht so zu leben, es wird zur Gewohnheit, zu einer Lebenshaltung.

Der Jungbrunnen

Ich habe kürzlich ein Buch mit dem Titel "The Ancient Secret of the Fountain of Youth" (Die fünf Tibeter) von Peter Kelder entdeckt, das die erstaunliche Geschichte von Colonel Bradford erzählt, der die Gelegenheit hatte, nahe dem Himalaja stationiert gewesen zu sein. Während seines Aufenthaltes hat er immer wieder Geschichten von einer Gruppe Lamas oder tibetanischen Priestern gehört, die den Jungbrunnen entdeckt hatten.
Um eine lange Geschichte kurz zu machen: er kam schließlich nach Indien zurück und fand die gesuchten Lamas und ihren Jungbrunnen. Er wurde in ihrem Kloster in das Geheimnis eingeweiht und erfuhr dabei von den Lamas, daß das Geheimnis der ewigen Jugend in der hohen Umdrehungsgeschwindigkeit der Chakren verborgen liegt und in der Synchronisation ihrer Geschwindigkeit zueinander. Wenn die Chakren ihre Drehung verlangsamen, dann tritt der Alterungsprozeß ein. Die Verlangsamung der Chakrengeschwindigkeit hindert die Vitalkraft oder das Prana daran, richtig zu fließen. Der Schlüssel zum Jungbrunnen war, diese Chakren in ihre normale Umdrehungsgeschwindigkeit zu bringen.

Colonel Bradford wurde von den Meistern im Himalaja in fünf Übungen oder Riten unterrichtet. Diese Übungen sind einfach und können leicht erlernt und alle innerhalb von zwanzig Minuten durchgeführt werden. Sie haben den Effekt der Beschleunigung aller Chakren und bringen sie in Harmonie. Diese Übungen bringen die Chakren dazu, sich in der Geschwindigkeit eines fünfundzwanzig Jahre alten Menschen zu drehen.

Als Colonel Bradford nach Amerika zurückkehrte, sah er nach Angaben von Kelder tatsächlich um dreißig Jahre jünger aus. Kelder hat ihn nicht einmal mehr erkannt, als er ihn wiedersah. Bei jeder dieser Übungen gibt es eine besondere Atemtechnik. Die Übungen erinnern mich ein wenig an bestimmte Übungen des Hatha Yoga, sie sind jedoch sehr speziell in ihrem Zweck und in ihrer Wirkung.

Diese fünf Übungen müssen jeden Tag angewandt werden, um den erwarteten Effekt zu erzielen. Ein Mensch mit einer durchschnittlichen physischen Fitneß kann sie, wenn er sie einmal gelernt hat, in zehn Minuten durchführen. Ich persönlich habe ein unbeschreiblich gutes Gefühl dabei und keinen Zweifel daran, daß sie halten, was sie versprechen. Colonel Bradford wurde auch noch eine sechste Übung gegeben, die jedoch nur dann angewandt werden sollte, wenn man seine Sexualenergie zur Verjüngung des Körpers emporleiten will. Ich kann Dir dieses kleine Büchlein nicht genug empfehlen. Du kannst es in dreißig Minuten durchlesen, doch es wird eine Weile dauern, bis Du die Übungen auch entsprechend erlernt hast. Dann ist alles, was Du brauchst, zehn Minuten Deiner täglichen Zeit, was wirklich eine kleine Investition für so eine große Wirkung ist. Djwhal Khul, Kuthumi und El Morya waren alle tibetische Lamas. Die Meister des Himalaja wissen wirklich, worüber sie sprechen.

13. Ein esoterisches Verständnis über die Sexualität

"Der Akt ist falsch, der nicht in Liebe vollzogen wird.
Der Akt ist falsch, der selbstsüchtig ist.
Doch der Akt ist gut, der ein Teilen zwischen den Seelen bewirkt."
Der Universale Geist, gechannelt von Paul Solomon

Eines der verwirrendsten Themen auf dem spirituellen Pfad für den Anwärter und Schüler ist das der Sexualität. Meiner Meinung nach gibt es nur sehr wenige Bücher, die dieses komplexe Thema in einer angemessenen Weise wirklich erklären. Dieses Thema ist aus vielen Gründen so komplex. Erstens einmal deshalb, weil das Ego und die Seele zwei verschiedene Auffassungen darüber haben, wie die Sexualität genutzt werden sollte, und zweitens, weil die Sexualität aus einigen der folgenden Variablen beeinflußt wird:

1. Dem chronologischen Alter
2. Dem Alter der Seele
3. Ob man verheiratet oder Single ist
4. Ob man Single ist oder eine Beziehung hat
5. Dem Initiationsgrad in dieser Lebensspanne
6. Den Zielen und Aufgaben in dieser Lebensspanne
7. Dem Karma aus vergangenen Leben und dem Zweck der Inkarnation in diesem Leben
8. Dem Grad der physischen Gesundheit oder dem Mangel daran

9. Der Verpflichtung, ob man in diesem
Leben aufsteigen möchte

Laß uns zu Beginn dieser Diskussion über das Verständnis der Sexualität, den Unterschied zwischen der Betrachtung des Egos über dieses Thema, und der spirituellen Sicht besprechen. Das Ego nutzt die Sexualität im Dienst am Niederen Selbst oder dem fleischlichen Selbst. Der Geist nutzt die Sexualität nur im Dienst am Höheren Selbst oder der Seele. Das Ego ist nur daran interessiert, sich selbstsüchtig Vergnügen zu bereiten. Der Geist ist interessiert an Liebe und daran, dem Partner ebenso Vergnügen zu bereiten, wie sich selbst. Das Ego behandelt den Partner wie ein Stück Fleisch und strebt danach, diesen physischen Körper zur Selbstbestätigung zu benützen. Der Geist sieht den Partner als das Ewige Selbst, das in diesem Tempel (Körper) verkörpert ist. Das Ego hat nur eine physische Vorstellung. Der Geist hat sowohl eine physische, wie auch eine spirituelle Vorstellung. Das Ego ist ein Opfer seiner Begierden, Sinne, Gedanken, Emotionen, körperlichen Empfindungen und sexuellen Energie. Der Geist ist der Meister all dieser Aspekte des Selbst und nutzt sie im Dienst an Gott.

Das Ego, welches völlig lustorientiert ist, leitet alle sexuelle Energie durch das zweite Chakra. Der Geist erkennt die Sexualenergie einfach als eine Oktave innerhalb des Sieben-Chakrensystems und strebt danach, diese Energie durch das Chakrensytem nach oben zu lenken und sie für Dinge wie Kreativität, größere physische Gesundheit, Liebe, Dienst an anderen, Meditation, Shakti, mentale Erleuchtung, spirituelle Erleuchtung und die Verwirklichung Gottes zu verwenden. Das Ego ist besessen von der Sexualität und betrachtet jeden Menschen aus diesem Blickwinkel. Der Geist sieht in allen Menschen zuerst das Ewige Selbst und eine Inkarnation Gottes. Das Ego verwendet die Kundalinienergie zur sexuellen Luststeigerung. Der Geist strebt danach, die Kundalinienergie, von der die Sexualenergie ein Teil ist, zum Kronenchakra emporzuleiten.
Das Ego strebt nur nach Orgasmen auf der Ebene des zweiten Chakras. Der Geist strebt durch tantrische Praktiken mit seinem Partner, nach Orgasmen auf allen sieben Ebenen oder Chakren. Das Ego betrachtet die Sexualität als das Allerwichtigste im Leben und wird wankelmütig, verärgert, zornig und gereizt, wenn es nicht bekommt, was es möchte.

Der Geist hat zwar Vorlieben, aber keine Bindungen und verbleibt daher in einem Zustand der Freude, des Friedens und des Gleichmuts, egal was geschieht. Das Ego kann ohne Sexualität nicht glücklich sein. Die Freude des Geistes beruht auf einer Geisteshaltung und hat nichts mit Sexualität zu tun. Tatsächlich zieht der Geist die Enthaltsamkeit als Alternative ernsthaft in Erwägung, während das Ego aufgrund der Anziehungskraft des Körpers und dem sexuellen Drängen laufend Beziehungen eingeht, die nichts mit Spiritualität zu tun haben. Der Geist, fest zentriert in der Selbstmeisterschaft, ist vollkommen willig sein Leben, wenn nötig, in völliger Enthaltsamkeit zu verbringen, wenn der richtige spirituelle Partner derzeit nicht vorhanden ist.

Das Ego verschwendet enorme Mengen an Energie durch Masturbation. Obwohl der Geist weiß, daß an der Selbstbefriedigung nichts falsch ist, strebt er danach, einen Teil der Energie zur "Ojas Shakti" (Erleuchtung des Gehirnes) emporzuleiten. Das Ego benutzt die Sexualität mit dem Ziel, zum Orgasmus zu kommen. Der Geist benutzt die Sexualität aus Freude an der Zweisamkeit und dem Bedürfnis, die spirituelle Liebe zu teilen und wählt es mitunter sogar, nicht zum Orgasmus zu gelangen. Der Geist betrachtet das Vorspiel wichtiger, als den Orgasmus. Das Ego ist an Pornographie interessiert, die es auch aus diesem Bewußtsein heraus erschaffen hat. Der Geist benutzt die Sexualität nicht in dieser Art und verwendet sie vielmehr zur Ehre Gottes. Das Ego vollzieht den Liebesakt nur mit dem Körper. Der Geist vollzieht den Liebesakt mit dem lebendigen Geist im physischen Körper. Das Ego stellt die eigene Befriedigung an die erste Stelle. Es ist daran interessiert, so schnell wie möglich zum Orgasmus zu kommen. Der Geist strebt danach, die Liebe auf diese Art so lange wie möglich zu teilen. Das Ego benützt Phantasien über andere Leute oftmals bei der Masturbation oder auch beim Liebesakt mit dem Partner. Der Geist ist extrem selbstkontrolliert bei der Anwendung der Phantasie und erkennt, daß aller Geist miteinander verbunden ist und alle Phantasien sich auf den Partner auswirken.

Das negative Ego, das die inkarnierte Persönlichkeit kontrolliert, verleitet sie aus Mangel an sexueller Meisterschaft zu Affären. Der Geist würde aufgrund seines Verständnisses über das Karma nie etwas tun, was einen anderen Menschen verletzen würde, unehrlich wäre oder ein negatives Karma erschafft. Das Ego verleitet die Menschen dazu, die anderen als Sexualobjekte zu sehen. Der Geist bringt die Menschen dazu, jeden als Gott, der uns in physischer Form

begegnet, zu sehen. Ich könnte noch viel mehr anführen, doch ich glaube, daß Dir dieser Abschnitt eine klare Vorstellung über das grundsätzliche Bild der Sexualität vermittelt hat. Zusammenfassend läßt sich sagen, daß der Liebesakt, der selbstsüchtig ist und nicht in Liebe vollzogen wird, verkehrt ist, während der Liebesakt, der ein Teilen der Liebe zwischen den beiden Seelen verursacht, gut ist.
Es muß verstanden werden, daß die Sexualenergie lediglich eine der sieben Oktaven von Energien im menschlichen Körper ist. Aus der Sicht des Geistes ist überhaupt nichts falsch am Vergnügen daran. Doch ist Vergnügen die einzige Form, für die Du Deine Energie verwenden möchtest? Aus den geistigen Ebenen gibt es dafür keine Verurteilung darüber, wenn Du Dich in einer bestimmten Situation dafür entscheidest. Es ist aber auch wichtig, die enorme Fähigkeit, Kreativität und das spirituelle Wachstum zu erkennen, das durch das Emporleiten dieser Energie erreicht werden kann.

Ein anderer Punkt, den es zu überlegen gilt, ist die Aussage in den Channelings durch Paul Solomon, für den ich die höchste Achtung empfinde, die besagt, daß "der rein physische Akt den höheren Akt der Seele verhindert". Mit anderen Worten, wenn einmal dem Niederen Selbst oder der animalischen Natur Ausdruck verliehen wird, hindert man sich dadurch daran, ein Kanal für das Höhere Selbst, für die Seele zu sein. In den Channelings von Paul Solomon, spricht die Quelle auch von der Tatsache, daß das Teilen von Flüssigkeiten zwischen zwei Menschen ein spirituelles Band aus Energie erzeugt, das ein ganzes Leben lang nicht mehr zerrissen werden kann. Das Band kann in einem psychologischen Sinn gebrochen werden wenn eine Beziehung beendet wird, doch nicht im spirituellen Sinn.
Dieses Band ist wie ein elektrischer Draht, durch den die Energie vor und zurückfließt. Dies ist der Grund, warum viele spirituelle Lehren davon sprechen, daß, wenn man sich einmal einem Sexualakt hingegeben hat, diese Hingabe bis zum Ende des Lebens andauert. Wenn die Menschen die karmischen Verbindungen verstehen würden, die sie jedesmal, wenn sie mit jemandem Geschlechtsverkehr haben erzeugen, dann glaube ich, daß sie diesbezüglich viel wählerischer wären. Viele Menschen, die psychologische Opfer sind und keine Meister ihres Verstandes oder ihrer Emotionen, werden oftmals zu Opfern von Energien, die durch diese Bänder fließen. Ihre Stimmungsschwankungen, Depressionen und ihr Ärger ist vielleicht nicht einmal der ihre, sondern eher der von den Personen, mit denen sie

Geschlechtsverkehr hatten und deren Energien nach wie vor durch diese Bänder fließen. Da der Energiefluß in beide Richtungen stattfindet, fließt die Lebensweise des einen Partners auch immer zum anderen, so daß es sinnvoll ist, sehr weise zu wählen. Wir alle haben diese Bänder und es wäre ideal, die Meisterschaft über seine Energien zu erlangen, so daß man nicht länger ein Opfer der Energien wird, die durch diese Bänder hindurchfließen. Am allerbesten ist es, wenn Du ein Generator von Licht und Liebe sein möchtest, durch den Deine göttlichen Energien durch diese Bänder jenen Menschen zugute kommen, mit denen Du einmal sexuell verbunden warst. Dies mußt Du nicht bewußt tun, die ideale Lebensweise, ein Licht für die Welt zu sein, wird das ganz natürlich und automatisch tun.

Es ist auch wichtig zu verstehen, daß man den Bewußtseinszustand, den man beim Geschlechtsverkehr innehat, in seinen Partner implantiert. Mit anderen Worten, der Mann implantiert nicht nur seinen Samen in der Frau, sondern auch noch entweder die rein lustbetonte Energie des Niederen Selbst oder die Liebe des Höheren Selbst. Das trifft auch auf andere Formen der sexuellen Aktivitäten zu und nicht nur auf den Geschlechtsakt. Erinnere Dich daran, daß Dein Partner genauso Gott ist, wie Du selbst. Die Frage, die Du Dir stellen solltest ist, ob das, was Du Deinem Partner geben möchtest auch das ist, was Du Gott geben möchtest, denn in Wahrheit ist es genau das, was Du tust. Verstehe daher bitte, daß der physische Akt nichts anderes als nur ein physischer Akt ist. Was durch das Selbst und Gott beurteilt wird, sind die mentalen, emotionalen und spirituellen Absichten von jemandem, der sich auf den Geschlechtsakt einläßt. Bei einem Seitensprung wird eine karmische Lektion oder ein karmisches Band zwischen den drei beteiligten Menschen erschaffen. Das ist nichts, was man auf die leichte Schulter nehmen sollte, denn die karmische Lektion muß in diesem Leben oder irgendwann sonst in der Ewigkeit aufgelöst werden. Bevor man seinen Aufstieg oder die sechste Einweihung erreicht, muß das Karma ausgeglichen sein.

Bevor man sich auf irgendwelche sexuellen Aktivitäten einläßt, sollte man auch bedenken, ob es ein Gefühl der Schuld oder des Bedauerns in sich selbst oder im Partner bewirkt. Das Ego möchte üblicherweise nur die augenblickliche Befriedigung und denkt nicht über die gesamte Tragweite seiner Handlung nach. Deshalb haben die Meister so oft gesagt, daß jemand, der nicht bereit ist, sein gesamtes Leben mit diesem Partner zu verbringen, auch nicht seinen

Samen daran vergeuden sollte. Das ist der Grund dafür, warum es für diejenigen, die Single sind, besser ist zu masturbieren oder die sexuelle Entspannung auf einer natürlichen Art herbeizuführen, als ein unangebrachtes karmisches Band zu erschaffen.

Ein weiteres Hilfsmittel, das man hierbei erwägen könnte ist, daß man die Hände zum Gebet zusammenfalten kann, wenn sich die sexuelle Energie in den unteren Chakren ausbreitet. Berühre dann mit den Händen punktuell ein jedes Chakra und bringe die Energie in dieser Art für einen höheren Zweck nach oben. Dies kann die Erfahrung eines Orgasmus auf allen sieben Ebenen Deines Seins hervorrufen. Du kannst dabei vielleicht ein Zusammenziehen der Muskeln in den jeweiligen Chakren verspüren, und das allgemeine Erlebnis kann viel intensiver sein als nur auf einer Ebene. Die Sexualität zwischen alleinstehenden Menschen ist nicht verkehrt. Es ist nur so, daß man all die Dinge, die ich in diesem Kapitel erwähnt habe, bedenken sollte. Die meisten Menschen dieser Welt haben überhaupt kein Verständnis über diese esoterischen Gesetze. Es gibt auch noch eine spirituelle Lektion dazu, wie man eine Verführung vermeidet. Der Schlüssel dazu ist, seinen Verstand und sein Bewußtsein auf die Dinge Gottes, die Liebe Gottes und die Verwirklichung Gottes gerichtet zu halten. Wie Djwhal Khul so oft gesagt hat: "Haltet euren Verstand ständig auf das Licht gerichtet." Wenn Dein Verstand auf Gott gerichtet ist, dann wird die Versuchung gar nicht erst entstehen.

Sie tritt nur dann auf, wenn Dein Verstand sich von Gott abwendet und auf das Körperbewußtsein gelenkt wird. Das ist der Grund, warum man ein fortlaufendes System von spirituellen Übungen haben sollte, die man jeden Tag ausführt. Ein altes Sprichwort sagt: "Ein untätiger Verstand ist die Werkstatt des Teufels." Der Verstand muß dauernd beschäftigt sein mit Gebeten, Meditation, spirituellen Affirmationen und Visualisierungen, dem Wiederholen der Namen Gottes, mit Chanten, Singen, heiligen Liedern, dem Üben der Gegenwart Gottes, damit, in jedem Menschen und in sich selbst das Ewige Selbst zu sehen, mit spiritueller Literatur, physischen Übungen, einer gesunden Diät, damit, die Zeit mit spirituellen Menschen zu verbringen, in Kirchen oder Tempel zu gehen, spirituelle Kurse und Vorlesungen zu besuchen und so weiter.

Wenn Dein Leben mit diesen Dingen angefüllt ist, dann wird Versuchung kein Thema mehr für Dich sein. Das beinhaltet jedoch, auch über die anderen Bereiche Deines Lebens nachzudenken. Wenn Du mit jemandem zusammen bist und dabei in Versuchung gerätst, dann danke augenblicklich Gott für diesen Menschen und sieh ihn als das Ewige Selbst. Es kommt darauf an, worauf Du Deine Aufmerksamkeit lenkst. Die meisten Menschen lassen ihr Unterbewußtsein, ihre fünf Sinne, ihren Körper und ihr negatives Ego ihre Aufmerksamkeit lenken und das ist das Problem. Das Ideal für den bewußten Verstand ist, immer seine Aufmerksamkeit zu kontrollieren und sie auf den Dienst an der Seele, dem Geist und dem Christusbewußtsein zu lenken.

Wenn Deine Aufmerksamkeit in ein Körperbewußtsein übergeht, das nicht angebracht ist, dann lenke es zurück zu Gott, so wie Du den Sender Deines Fernsehgeräts wechseln würdest. Es sollte verstanden werden, daß die Energie den Gedanken folgt und daß alle Gefühle in Deinem Geist entstehen. Der Schlüssel zur sexuellen Meisterschaft liegt in der Meisterschaft über den Verstand. Dieser Prozeß kann auch als eine heilsame Einstellung bezeichnet werden. Wenn Dein Ego beginnt, die Kontrolle über Deine Geisteshaltung zu gewinnen, dann lenke Deine Aufmerksamkeit einfach wieder auf das Gottesbewußtsein oder das Christusbewußtsein. Sexuelle Versuchung beginnt immer mit einem Gedanken oder einem Gefühl in Deinem Verstand. Der Schlüssel ist, diese entstehende Knospe abzuknipsen. Alles was Du mit Energie versorgst, wird wachsen. Das erfordert große Aufmerksamkeit. Wenn es trotzdem geschieht, so frage Dich: "Möchte ich Gott oder möchte ich mein Ego in dieser Situation?" Halte Dir das immer vor Augen und ich bin mir sicher, daß Du Dich für Gott entscheidest.

Es sollte verstanden werden, daß die Sexualenergie eine der stärksten Energien in diesem Universum ist. Die einzige Kraft, die noch stärker ist, ist Dein Bewußtsein oder Dein persönlicher Wille im Dienst an Gott. Du brauchst Dich nur zu fragen, ob Du das Bewußtsein eines Tieres haben möchtest oder das Bewußtsein eines Aufgestiegenen Meisters. Möchtest Du dem Niederen oder dem Höheren Selbst dienen? Eine der besten Methoden gegen aufkommende Versuchungen ist, augenblicklich laut oder leise die Namen Gottes zu chanten. So wie "Ein Kurs in Wundern" sagt: "Verbiete jedem Gedanken, der nicht von Gott kommt, deinen Verstand zu betreten."

Wenn Du in bezug auf Deine Sexualität einen Fehler gemacht hast, so vergib Dir dafür und komm zurück auf den Pfad. Bis die höheren Einweihungen durchschritten sind, findet zwischen dem Niederen und dem Höheren Selbst ein ständiger Kampf statt. Verschwende keine Zeit mit Schuld und Bedauern. Wenn Du einen Fehler gemacht hast, so nimm Dir daraus die Perle der Weisheit und lerne die Lektion, oder mache es wie Jesus, der zu Maria Magdalena gesagt hat: "Deine Schuld ist dir vergeben. Geh´ hin und sündige nicht mehr."

Mahatma Gandhi erzählt in seiner Autobiographie von dem gewaltigen Kampf gegen seine eigene Sexualität, bis er schließlich die Meisterschaft über sie erlangt hatte. Wenn sich die Versuchung erhebt, dann höre augenblicklich mit allem auf, was diese Versuchung hervorruft. Es kommt alles darauf an, was man in diesem Leben will. Wenn Du wirklich Gott, die Verwirklichung Gottes und den Aufstieg möchtest, so daß Du für die Menschheit von größerem Dienst sein kannst, so mußt Du Dich auch in jedem Moment Deines Lebens für Gott entscheiden. In jedem Moment, in dem wir Gott anstatt dem negativen Ego wählen, bedeutet das eine Befreiung über das Leben hinaus. Es muß betont werden, daß das, was Du in der Welt siehst, nur eine Projektion Deiner eigenen Gedanken ist. Du betrachtest Dir Deinen eigenen Film. Sieh jeden Menschen als das Ewige Selbst und als Gott in allen Situationen und Du wirst Gott in Dir selbst wahrnehmen.

Wenn Du die Straße entlanggehst und nur mit Deinen physischen Augen siehst, dann beurteilst Du damit nur die physischen Körper, entsprechend der Playboy oder Playgirl Bilder die unseren kollektiven Verstand verseucht haben. Man sieht sie in all unseren Magazinen, Zeitungen, im Fernsehen und im Kino. Die äußere Welt verehrt den physischen Körper. Wenn Du Gott verwirklichen möchtest, dann mußt Du Gott auch in Deinem täglichen Leben sehen. Sieh das Ewige Selbst in allen Menschen, Tieren, Pflanzen und Steinen genauso, wie in Dir selbst. Wenn Du Gott nicht in Deinen Brüdern und Schwestern siehst, dann wirst Du ihn auch nie in Dir selbst verwirklichen können. So ist die Sexualität viel mehr als nur ein physischer Akt. Wir sprechen dabei auch von der mentalen, emotionalen und spirituellen Reife unseres Verstandes, wenn wir auf der Straße entlanggehen oder Filme ansehen.

Das Gelöbnis des Brahmacharya

Das Gelöbnis des Brahmacharya ist das Gelübde, das ich persönlich jedem empfehle, sich selbst gegenüber abzulegen, und das dazu verpflichtet, die Sexualität nur noch in der Art anzuwenden, wie sich Gott dies von uns wünscht. Ein Gelöbnis oder Gelübde ist etwas, was in unserer westlichen Kultur im Zuge der spirituellen Praktiken nicht allzuoft vorkommt. Das ist ein sehr unglücklicher Umstand. Das Leisten von bestimmten spirituellen Gelöbnissen beinhaltet nämlich eine enorme Freiheit.

Ich habe in meinem Leben das Gelöbnis des Brahmacharya schon zu einer Zeit gemacht, zu der ich noch gar nicht gewußt habe, was dies wirklich bedeutet. Es hat mir eine Freiheit und eine Beschleunigung meines persönlichen spirituellen Pfades um ein tausendfaches gebracht, das weit hinter dem steht, was ich bis dahin in meinem Leben erfahren habe. In gewissem Sinn ist das Leisten eines Gelöbnisses wie das Versperren eines Tores.

Die meisten Menschen versperren diese psychischen Türen nicht und wenn sie schwach oder müde sind oder ihre persönliche Kraft verloren haben, schleicht sich das Niedere Selbst durch sie wieder herein. Das Gelöbnis des Brahmacharya verschließt dieses psychische Tor für immer und verhindert so, das dies nochmals vorkommt. In der zweiten Hälfte dieses Kapitels werde ich mich damit beschäftigen, was diese grundlegende spirituelle Praktik und dieses Versprechen wirklich bedeutet.

Versuchung an und für sich ist keine Sünde. Versuchung ist nur die Gelegenheit zur Sünde. Die Schlüssellektion besteht darin, zu wissen, wann man damit aufhört Gott durch einen geliebten Menschen zu preisen und ab wann die irdischen Begierden beginnen. Halte Deine Aufmerksamkeit immer auf Gott gerichtet und entlasse die aufgestauten Energien vom physischen Körper durch entsprechende Übungen. Entlasse die sexuellen Energien mehr auf die natürliche Art während des Schlafes, wenn es wirklich nötig ist. Auf diese Weise wird keine Sünde und kein Karma erzeugt. Dies erlaubt der gewaltigen Kraft der sexuellen Energie und Kundalinikraft auch, sich durch die sieben Chakren zum Zweck der Gottverwirklichung, physischen Gesundheit, mentalen Erleuchtung, Kreativität, Heilung und zum größeren Dienst an der Menschheit zu erheben.

So wie Paul Solomon in einem seiner Channelings in dem Buch "Excerpts from the Paul Solomon Tapes" sagt: "... und Dein Körper und Dein Geist wird rein vor dem Herrn bleiben. Dann kannst Du vor ihm diesen Körper präsentieren, der ein lebendiges Opfer, heilig und für Gott annehmbar ist." Der Begriff Brahmacharya heißt "Benehmen, welches zur Verwirklichung Brahmas oder des Ewigen Selbst führt". Es heißt, Selbstbeherrschung und vollkommene Selbstmeisterschaft über die sexuelle Energie, sowie die Freiheit von der Lust, in Gedanken, Worten und Werken. Brahmacharya heißt auch "Zölibat", obwohl ich es für mich nicht im striktesten Sinn anwende. Ich bin erstmals in der Autobiographie von Mahatma Gandhi darauf gestoßen. Er beschreibt, wie er das Gelöbnis des Brahmacharya geleistet hat und wie es wirklich einer der Schlüssel zur Entfaltung seines gesamten spirituellen Lebens war.

Er hat diesen Begriff auch in einem stark erweiterten Sinn verwendet. Für ihn war das Gelöbnis des Brahmacharya eine Verpflichtung zur Selbstmeisterschaft und Selbstdisziplin in allen Bereichen seines Lebens, um die Selbstverwirklichung zu erlangen. Das Lesen dieses Abschnitts seiner Autobiographie war für mich sehr bedeutungsvoll, denn für mich war dieses Gelöbnis des Brahmacharya etwas, was ich ungefähr vier Jahre zuvor in demselben größeren Kontext geleistet habe, ohne daß ich jemals den genauen Namen einer solchen Praktik gehört hatte. Ich betone hiermit nochmals, daß es für mich persönlich eines der bedeutendsten Dinge war, die ich jemals getan habe und das mich wahrhaft zu einem "Frieden jenseits allen Verstehens" gebracht hat.

Dadurch war ich in Zeiten der Schwäche nicht länger im Konflikt oder im Kampf mit mir selbst. Das Tor zu gewissen Aktivitäten und Bewußtseinszuständen des Niederen Selbst war damit geschlossen und versperrt und es hat mich keinerlei Mühe und Energie mehr gekostet, dies aufrechtzuerhalten. Im Grunde ist es zu einer Gewohnheit geworden, und die spirituelle Tiefe der Gelöbnisse, die ich geleistet habe, erlauben mir keine Möglichkeit mehr, das Tor wieder zu öffnen.
Ich habe einmal während eines Channelings den Ausspruch gehört: "Vollkommenheit bedeutet nicht, niemals einen Fehler zu machen. Vollkommenheit bedeutet, niemals einen bewußten Fehler zu machen." Bewußte Fehler sind unter unserer Kontrolle, unbewußte Fehler nicht. Wenn ich einen unbewußten Fehler erkenne, dann ist es Teil meines Gelöbnis des

Brahmacharya, mein Bewußtsein in Gedanken, Worten und Taten wieder auf Gott zu lenken. Ich habe von Krishnamurti den Ausdruck "wahllose Aufmerksamkeit" gehört. Ich weiß nicht in welcher Beziehung er ihn verwendet hat, doch ich beziehe mich hier auf diesen Ausdruck. Ich habe keine Wahl mehr zwischen meinem Niederen Selbst und meinem Höheren Selbst. Diese Wahl habe ich durch das Gelöbnis des Brahmacharya getroffen. Die einzige Wahl die ich habe ist, mich durch meinen Heiligen Geist, meine Monade, die Aufgestiegenen Meistern und Gott leiten zu lassen. Alle anderen Tore sind mir bewußt verschlossen. Das Gelöbnis des Brahmacharya kann von verheirateten Menschen, Menschen in Beziehungen und alleinstehenden Menschen geleistet werden. Für mich heißt das Gelöbnis des Brahmacharya für alleinstehende Menschen, die ernsthaft am spirituellen Pfad und dem Pfad der Einweihungen interessiert sind, daß sie so lange enthaltsam leben, bis sie ihren Seelengefährten, Zwillingsstrahl oder den richtigen spirituellen Partner gefunden haben. Es heißt, sich so lange nicht sexuell zu betätigen, bis man wahrhaft die richtige Person auf allen Ebenen, physisch, emotional, mental und spirituell gefunden hat.

Viele Menschen die ich kenne und die alleinstehend sind, gehen immer wieder und wieder sexuelle Bindungen mit Partnern ein, mit denen sie spirituell überhaupt nicht verbunden sind. So kommen immer wieder und wieder die karmischen Auswirkungen davon auf sie zurück. Wenn Du Gott allem voran stellst, dann wirst Du auch einen Partner finden, der Gott allem voran stellt. Die Form der Religion oder des spirituellen Pfades spielt dabei keine Rolle. Dieses Gelöbnis kann für diejenigen unterschiedlich sein, die noch bedeutend jünger sind und die die Erfahrungen einer Beziehung als Teil ihres spirituellen Wachstums brauchen, oder für diejenigen, die auf einer frühen Stufe ihrer spirituellen Evolution sind und die den Pfad gerade erst betreten. Hier sind die Regeln nicht so strikt und fest.

Beim Studium der Lehren des Brahmacharya in den Schriften des Yoga und des Hinduismus habe ich bemerkt, daß sich diese sehr strikt über den Gebrauch der Sexualität äußern. Ob Du es mir glaubst oder nicht, sie sind noch tausend Mal strikter, als ich es hier in diesem Buch beschreibe. Aus der Sicht dieser Schriften wäre ich als extrem liberaler Brahmacharya zu bezeichnen. Mein Versuch hier ist eher, die richtige Balance zwischen Himmel und Erde oder Yin und Yang aufzuzeigen, mit einer entsprechenden Integration des

Christusbewußtseins. Da ich versuche, alle Altersgruppen und alle Ebenen der Seelenevolution gleichzeitig anzusprechen, ist das keine leichte Aufgabe. Worüber ich hier spreche ist durchaus nicht leicht, besonders für den Anfänger auf dem spirituellen Pfad. Ich glaube, daß es nach der Dritten Einweihung etwas leichter wird und nach der Vierten Einweihung um ein vielfaches leichter. Bestandteil der Meisterschaft über seine Sexualität und dem Erlernen, wie man diese Energie transformiert und verändert, ist die Meisterschaft über seine Gedanken, Emotionen, das Ego, das Unterbewußtsein, den Körper und die fünf Sinne. Wenn man das Gelöbnis des Brahmacharya leistet, verspricht man damit auch, diese Teile bei sich selbst zu meistern. Von all den Wünschen und Gedanken ist das sexuelle Verlangen die stärkste Kraft. Um es noch schwerer zu machen, unterstützt uns unsere Umwelt auch nicht besonders bei diesem Unternehmen.

Ich glaube, daß AIDS und andere sexuelle Krankheiten eine äußere Reflektion auf den vergangenen Mißbrauch dieser äußerst kostbaren göttlichen Energie sind. Es ist von größter Bedeutung, zu lernen, wie man die Meisterschaft darüber erlangt und wie man diese Energie emporleitet, um sein Ziel der Gottverwirklichung und des Aufstiegs zu erreichen. Dazu muß man einen eisernen Willen haben, eine unsterbliche Geduld, spirituelle Zähigkeit und Ausdauer. Bete täglich zu Gott und bitte ihn bei diesem Unternehmen um Hilfe. Warum solltest Du alles für Dich alleine machen, wenn Gott Dir dabei helfen kann. Mit der Zeit wird dies zu einer Gewohnheit werden und damit viel leichter. Du wirst ebenso lernen, Deine Erinnerung an Gott die ganze Zeit über aufrechtzuerhalten, so wie Du es lernen wirst, die ganze Zeit über Deine persönliche Kraft und Meisterschaft aufrechtzuerhalten. Im Buddhismus hat man diese Praktik als "außergewöhnliches Bodhicitta" bezeichnet. Das bedeutet, die Erzeugung eines Bewußtseinszustandes von unvorstellbarem Verlangen nach Erleuchtung, Befreiung und der Verwirklichung Gottes, so daß Du der Menschheit in diesem Leben von größerem Dienst sein kannst.

Wenn Du jeden Morgen dieses Bodhicitta oder den "Geist der Erleuchtung" kultivierst, wird die Versuchung nicht mehr lange fähig sein, Dich zu berühren. Mit meinen eigenen Worten würde ich dies als ein alles verzehrendes, spirituelles Feuer bezeichnen. Wenn Du Dich nicht nur wie ein Streichholz nach Gott sehnst, sondern mit dem alles verzehrenden Feuer in jedem Moment Deines Lebens, dann wird die sexuelle Versuchung nicht länger ein Thema für

Dich sein. In den Readings von Edgar Cayce wurde erklärt, daß eine der karmischen Reaktionen eines übertriebenen Sexualverhaltens in einem vergangenen Leben Epilepsie sein kann. Das Wiederabsorbieren des Samens hilft das Blut anzureichern und stärkt das Gehirn. Es ist fast von allen Medizinern auf diesem Gebiet anerkannt, daß bestimmte Elemente aus dem Blut in die Samenflüssigkeit übergehen. Eine übermäßige Nachgiebigkeit im Bereich der Sexualität leitet diese Substanzen aus und schwächt die Zusammensetzung Deines Blutes. Das Gelöbnis des Brahmacharya ist eines der Schlüsseltore zum Nirvana. Für einen befreiten Heiligen ist die Welt nur mit Brahma (Gott) erfüllt. Das Gelöbnis des Brahmacharya bezieht sich ebenso auf lüsterne Gedanken und Handlungen. Die mentale Reife ist viel schwieriger zu erreichen, als die physische Reife. Wie betrachtest Du die Männer und Frauen auf der Straße, in Filmen, im Fernsehen und in Magazinen? Es ist nichts falsches daran, sich den physischen Körper des anderen Geschlechts anzusehen, so lange man von seinem Herzen aus sieht und das Ewige Selbst zuerst wahrnimmt.

Das Ego wird Dich jedoch dazu verleiten, zuerst mit Deinen physischen Augen zu sehen, mit dem Auge der Einschätzung der sexuellen Attraktivität. Sieh zuerst den Christus in allen Menschen und betrachte dann erst das physische Gefährt und Du wirst das Leben aus einer ganz anderen Perspektive sehen. Das Ego erschafft durch die Beurteilung der äußeren Erscheinung die Getrenntheit. Der Geist betrachtet alle menschlichen Wesen als gleich. Das Selbst in Dir und das Selbst in mir ist das gleiche Selbst. Aufgrund des physischen Aussehens einen Unterschied zu machen ist nichts als Illusion, Maya, Verblendung und Ego. Eine hilfreiche Methode anderen Menschen zu begegnen ist, sie als Deinen spirituellen Lieblingsmeister anzusehen, was sie ja in Wahrheit auch sind. Eine weitere Technik besteht darin, die Frauen als Mutter Kali, Kwan Yin, Mutter Maria oder Isis zu sehen, und die Männer als Jesus Christus, Sai Baba, Djwhal Khul oder Lord Maitreya. Sieh jeden Menschen als Bruder oder Schwester in Deiner spirituellen Familie.

Mentales Brahmacharya ist das Gelöbnis, seinen Geist rein zu halten. Du bist dann im mentalen Brahmacharya erfolgreich, wenn Du keinem einzigen lüsternen Gedanken oder einem Gedanken Deines Niederen Selbst mehr erlaubst, Deinen Verstand zu betreten und statt dessen Deinen Verstand immer auf Gott und das Ewige Selbst konzentrierst.

Wenn Du sexuellen Phantasien oder lüsternen Gedanken nachgibst, dann hast Du auch ohne den physischen sexuellen Akt eine sexuelle Betätigung auf der mentalen Ebene und erschaffst dadurch Karma. Erinnere Dich an das, was Edgar Cayce sagt: "Gedanken sind Dinge." Du gibst diesen sexuellen Phantasien genügend Energien, daß sie ein Eigenleben entwickeln. Dies ist keine Verurteilung, denn wir haben das ganz sicherlich alle getan. Es sollte uns nur an diese subtilen, aber sehr wichtigen spirituellen Gesetze erinnern, von denen wir alle wissen, daß sie wahr sind. Das Gelöbnis des Brahmacharya führt Dich zur Reinheit auf allen Ebenen.
Ein weiterer interessanter Effekt der Sexualität ist, daß man nach dem Orgasmus geschwächt ist. Alle Boxer wissen das. Dies ist der Grund, warum alle namhaften Trainer ihre Schützlinge dazu anhalten, sechs Wochen vor einem Kampf enthaltsam zu sein. Dies kann mit der Wünschelrute oder dem Pendel ausgetestet werden und Du wirst sehen, daß es stimmt. Ich hatte einmal einen Klienten, der einem Heilungskurs beiwohnte, den ich abgehalten habe, und als die Teilnehmer an ihm eine Behandlung durchführten haben sie entdeckt, daß seine Füße eiskalt waren. Da ich sein Berater war wußte ich, daß er zwei bis drei Mal täglich masturbierte und das seit fast fünf Jahren. Ich habe sofort gewußt, was der Grund für seine kalten Füße war.

Die Veden erklären, daß durch "Brahmacharya und Frieden, die Devas den Tod besiegten." Es war der Schlüssel für den Erfolg Gandhis. Die Mahabarata, die das größere Gesamtwerk ist, welches die Bhagavad Gita beinhaltet und eines der größten Bücher ist, das jemals geschrieben wurde, sagt: "Wisse, daß es auf dieser Welt für jemanden, der von seiner Geburt an bis in den Tod enthaltsam lebt, nichts gibt, das er nicht erreichen kann. Wenn man einen Menschen, der das gesamte Wissen der vier Veden (die heiligsten Bücher Indiens) beherrscht neben einen stellt, der in vollkommener Enthaltsamkeit lebt, so ist Letzterer dem Ersten überlegen, der nur den Wunsch nach Enthaltsamkeit hat." Lord Sankara, der einer der größten Hinduavatare war der jemals gelebt hat, hat gesagt: "Brahmacharya oder makellose Selbstkasteiung ist die größte aller Bußen. Eine Enthaltsamkeit von solch makelloser Selbstkasteiung ist nicht die eines Menschen, sondern wahrhaft die von Gott. Was will für den Enthaltsamen, der den Samen mit großer Anstrengung bewahrt, in dieser Welt unerreichbar sein? Durch die Kraft, die dadurch entsteht, den Samen ruhen zu lassen, werdet ihr wie ich selbst werden."

Lord Krishna, die letzte Inkarnation von Lord Maitreya, hat gesagt: "Wollüstigkeit zerstört Leben, Glanz, Stärke, Vitalität, Erinnerung, Gesundheit, großen Ruhm, Heiligkeit und die Hingabe an die Herrlichkeit." Die Upanishaden, die die Weisheitsbücher der Veden sind, sagen: "Und den Schülern, die diese Welt von Gott durch Enthaltsamkeit finden, gehört dieses himmlische Land; in welcher Welt sie auch immer leben, es erwartet sie Freiheit." Lord Buddha hat die Menschen von der Heirat weggeführt, weil sie den Mangel der Kontrolle über das Niedere Selbst fördert. Ein Mensch, der die Meisterschaft über seine Energien nicht erreicht hat, sollte "vermeiden zu heiraten, wie er es vermeidet, sich an einem Kohlenofen zu verbrennen. Durch den Kontakt entsteht Gefühl, aus dem Gefühl entsteht Durst und aus dem Durst entsteht Zwang. Durch die Entsagung davon wird die Seele von aller sündigen Existenz befreit."

Ich möchte dem noch hinzufügen, daß ein wahrer Meister, der das Gelöbnis des Brahmacharya geleistet hat, heiraten und trotzdem in völliger Reinheit leben kann, weil er seine sexuelle Energie in einer entsprechenden Form und in gemäßigter Art anwendet. In unserer Gesellschaft ist es sehr verbreitet, daß ein Mann zum Beispiel schmollt oder wütend auf seine Frau ist, wenn sie sich ihm verweigert. Ein Meister, der das Gelöbnis des Brahmacharya geleistet hat, würde noch immer genauso freudig sein und seine Energie nach oben lenken. Aus einer spirituellen Perspektive ist nichts falsches daran, wenn man die Sexualität und beiderseitige Lust genießt, solange es in einer liebevollen Art geschieht, man sich mäßigt und seinen Partner als das inkarnierte Ewige Selbst anerkennt und es nicht zum selbstsüchtigen Akt wird.

Für viele Paare hat das Gelöbnis des Brahmacharya etwas damit zu tun, im Tao zu sein und ein angebrachtes sexuelles Verhalten mit gegenseitigen Idealen und Vorlieben zu leben. Paare, die den höheren Einweihungen und dem Aufstieg näher kommen, möchte ich raten, weniger Geschlechtsverkehr und dafür mehr tantrische Sexualität zu praktizieren. Auf den mittleren Stufen der Einweihung mußt Du einfach nur Deine Intuition einsetzen, um zu einem angebrachten Umgang mit Deiner Sexualität zu kommen. Auch in meinem Leben hat es eine Zeit gegeben, in der es erforderlich war, meine Sexualität auszuleben. In meinem derzeitigen Leben ist die Sexualität nicht so wichtig, obwohl ich verheiratet bin und meine Frau von ganzem Herzen liebe. Ich könnte ohne Anstrengung für den Rest meines Lebens enthaltsam leben. Das

hat mir eine große Freiheit gebracht, da ich nicht mehr an die Sexualität gebunden bin.
Du könntest in Erwägung ziehen, auch wenn Du hin und wieder Geschlechtsverkehr hast, nicht zum Orgasmus zu kommen. Diese Energien bauen sich auf und werden dann für andere Zwecke genutzt. Das mag sich vielleicht seltsam anhören, doch man sollte sich die Frage stellen, was der schönste Teil des Liebesaktes ist. Ist es nur der Orgasmus oder der gesamte Vorgang des Liebesspiels? Ein Mensch, der das Gelöbnis des Brahmacharya leistet, wird in Indien ein Brahmachari genannt. Die Hinduschriften behaupten, daß "durch die Praktik des Brahmacharya, Langlebigkeit, Glanz, Stärke, Energie, Wissen, Gesundheit, unsterblicher Ruhm, Genialität und der Dienst an der Wahrheit gefördert werden." Die Bewahrung des Samens ist eines der Geheimnisse des physischen, emotionalen, mentalen und spirituellen Erfolges. In den Lehren und Yoga-Sutras von Patanjali sind die Schlüsselideale: nicht zu töten, nicht zu stehlen, Ehrlichkeit, und die Enthaltsamkeit oder Brahmacharya. Dies sind auch die Schlüssel für den materiellen und spirituellen Erfolg im Leben. Möglicherweise glaubst Du, daß ich ein wenig zu radikal bin, in dem was ich vorschlage. In vielen östlichen und westlichen spirituellen Lehren wird empfohlen, daß man den Geschlechtsverkehr nur zum Zweck der Zeugung neuen Lebens ausübt. Ich persönlich glaube nicht, daß es für verheiratete Paare notwendig oder angebracht ist, in dieses Extrem zu verfallen.

Ich persönlich glaube, daß überhaupt nichts falsch daran ist, sich unter den richtigen Umständen und in Maßen an der Sexualität zu erfreuen. Ich gebe hier nur das gesamte Bild wieder und Du mußt selbst Deine Mitte aus diesem Verständnis finden. Die Menschheit wird mit vielen falschen Informationen über die Sexualität von dürftig informierten materialistischen Ärzten, Psychiatern, Psychologen und Beratern versorgt. Ich zeige hier die Sexualität aus der Sicht der Seele, der Monade und den Aufgestiegenen Meistern, und nicht aus der materialistischen, irdischen Betrachtung. Die Ausübung des Brahmacharya ermöglicht einem Paar auch, wenn es sich ein Kind wünscht, eine wesentlich höher entwickelte Seele anzuziehen und inkarnieren zu lassen. Meiner persönlichen Meinung nach, sollten alle Jugendlichen in der Schule einen Kurs in Brahmacharya besuchen, da Jugendliche noch keinerlei Kontrolle über ihren Emotionalkörper, ihr negatives Ego und ihre Sexualität haben.

Ich kann mir nicht helfen, aber mir kommt dabei die Geschichte aus der Zeitung in den Sinn, die kürzlich davon berichtet hatte, daß High School Schüler Sex mit den Mädchen als ein Spiel betrieben haben, um dabei zu sehen, wer die meisten "Punkte" bekommt. Was dabei noch deprimierender war ist, daß diese Jungen auch noch stolz darauf waren, obwohl sie verhaftet wurden. Sie haben einfach nicht gesehen, daß sie etwas falsch gemacht haben. Dies ist sehr symbolisch für einen bestimmten Teil unseres kollektiven Bewußtseins. Es ist das Ergebnis einer mangelnden universellen, spirituellen Ausbildung in der Schule.

Wenn die Jugendlichen den Wert des Brahmacharya unterrichtet bekämen, dann würde die Zahl der Abtreibungen und ungewollten Schwangerschaften, ebenso wie die Verbreitung von AIDS und anderen sexuellen Krankheiten zurückgehen, und außerdem würde der spirituelle und moralische Verfall der Jugend aufgehalten werden. Schau Dir das Karma im Leben dieser jungen Menschen an, das durch eine entsprechende spirituelle und moralische Erziehung vermieden werden könnte. Der Mangel von Brahmacharya geht Hand in Hand mit dem Konsum von Alkohol und Drogen, mit Pornographie und im Grunde genommen auch damit, dem Niederen Selbst eine freie Hand zu lassen. Ich wette mit Dir, daß 98% der Jugendlichen nicht einmal wissen, was das Niedere und das Höhere Selbst ist. Das ist nicht die Schuld der Jugendlichen. Es ist die Schuld unserer Gesellschaft und der Erzieher, die die jungen Seelen, für die sie die Verantwortung übernommen haben, nicht entsprechend erziehen.

Das Gelöbnis des Brahmacharya bezieht sich auch auf Deine Ernährungsweise, die Menschen, mit denen Du Deine Zeit verbringst, die Filme und die Fernsehprogramme, die Du Dir ansiehst und die Bücher und Magazine, die Du liest. Das Gelöbnis des Brahmacharya bezieht sich außerdem auf die Bildung des Charakters und der Tugenden. Es bezieht sich auch auf ein klares Wissen über die sexuelle Gesundheit auf der physischen Ebene, entsprechende Hygiene und Geburtenkontrolle. Es ist hilfreich sich zu vergegenwärtigen, daß der Atma, oder das Ewige Selbst, geschlechtslos ist - und das ist unsere wahre Identität. Viele Psychologen werden Dir erzählen, daß die Kontrolle der Sexualität eine Verdrängung ist und daß dies schlecht sei. Als Psychologe sage ich Dir, daß dies reine Ignoranz ist. Die Kontrolle und das Anheben der sexuellen Energie ist eine Bewahrung und Umwandlung von einer Energieform in eine andere. In diesem Fall ist es die Umwandlung von Lust in Ojas Shakti, Erleuchtung des Gehirns und übernatürliche physische Gesundheit. Ojas ist tatsächlich eine spirituelle Energie, die im Gehirn gespeichert wird. Sie kann zur göttlichen Kontemplation und für das spirituelle Streben verwendet werden. Ein Mensch mit einer großen Menge an Ojas in seinem Gehirn, kann eine enorme Menge an Kreativität, mentaler und spiritueller Arbeit leisten. Diese Menschen haben einen Glanz und eine Klarheit in den Augen und sind von einer magnetischen Aura umgeben. Sie können mit wenigen Worten einen starken Einfluß ausüben. Appolonius von Tyanna (die nächste Inkarnation von Jesus, in der er seine fünfte Einweihung durchschritten hatte) leistete im Alter von sechzehn Jahren das Gelöbnis des Brahmacharya und lebte über einhundert Jahre lang, ohne auch nur einmal dieses Gelöbnis zu brechen.

Sai Baba empfiehlt, daß die Menschen spätestens ab ihrem fünfundsechzigsten Lebensjahr enthaltsam werden, auch wenn sie verheiratet sind. Wenn Du irgendwelche ernsten gesundheitlichen Probleme hattest, empfehle ich Dir sehr, ein Gelöbnis der Enthaltsamkeit abzulegen, oder zumindest für eine bestimmte Zeit lang Deine Sexualität sehr stark einzuschränken. Die gesamte Energie wird dann dazu verwendet, Deinen Körper ebenso wie Deinen Verstand und Geist zu heilen. Es existiert in unserer Gesellschaft ein enormer Druck, einen Partner zu finden und zu heiraten. Aus der Sicht der Seele ist es völlig in Ordnung, alleine zu bleiben, enthaltsam zu sein und dabei auch vollkommen glücklich zu sein. Du brauchst keinen Partner, um glücklich zu sein. Deine Seele und Deine Monade sind Deine wahren Gefährten. Es gibt so viele Menschen, die alleine sind und sich nach ihrem spirituellen Partner sehnen. Das ist jedoch eine Partnerschaft, die nicht immer leicht zu finden ist. Ich würde sagen, daß dies besonders für Frauen gilt, da es viel mehr spirituelle Frauen als Männer gibt.
Falls Du Deinen spirituellen Partner noch nicht gefunden hast, würde ich Dir empfehlen, so lange enthaltsam zu sein, bis Du Deinem Partner begegnest. Meiner persönlichen Erfahrung nach bewirkt die Enthaltsamkeit ein unglaubliches Hoch, sobald man sich ihr hingegeben hat und alle egoistischen Programmierungen aufgegeben hat.
Für diejenigen unter Euch, die ihren idealen spirituellen Partner finden möchten, will ich nun das "Geheimnis der Zeitalter" verraten: Wie Du diesen Menschen finden kannst. Das Geheimnis liegt darin, sich zu 100% dem spirituellen Pfad und dem Dienst an der Menschheit hinzugeben. Finde die

vollkommene Freude und Glückseligkeit in Deiner Einheit mit Gott, der Einheit mit Deinem Selbst und der Einheit mit Deinen Brüdern und Schwestern in Christus. Sei zu 100% ganz und vollkommen mit Dir selbst und eins mit Gott. Wenn Du Dein Leben in diesem Bewußtseinszustand lebst, wird Dein spiritueller Partner auf einmal vor Dir stehen, ohne daß Du nach ihm gesucht hast. Das liegt daran, weil Gott Gott anzieht.
Ich möchte hierbei nochmals die Notwendigkeit betonen, dem Verstand nicht zu erlauben, auf die Stufe eines Auto-Piloten zu gehen, da dies die Stufe ist, auf der die Versuchung entsteht. Die Probleme entstehen immer zuerst auf der Mentalebene. Jesus sagte daß, wenn Du eine andere Person lustvoll betrachtest, Du in Deinem Herzen bereits Ehebruch begangen hast. Sieh, höre, schmecke, berühre, rieche, denke, fühle, spüre und erfahre nur Gott. Du wirst so lange erfolglos bleiben, bis Dein Leben zu einer kontinuierliche Reihe der spirituellen Übungen wird. Nach einer Weile wirst Du dies nicht mehr als Arbeit betrachten, sondern als Deine größte Freude, denn es gibt kein schöneres Gefühl, als fortwährend Gott zu erfahren.
Wenn Du eine schöne Figur in Form eines physischen Körpers siehst, dann erinnere Dich daran, wer diese Form erschaffen hat und wer in dieser Form lebt. Ramakrishna, der gottverwirklichte Avatar, war verheiratet, und glaub es oder auch nicht, er hat die Ehe sogar vollzogen. Sri Anandamayi Ma, die von Seligkeit erfüllte Heilige Indiens war verheiratet und hat dasselbe getan. Ich bringe diese Beispiele, um Dir die völlige Perspektive der Möglichkeiten zu zeigen, die Du auf Deinem spirituellen Pfad hast.

Einer der Schlüssel zur Entwicklung der Siddhas (der höheren spirituellen Gaben) ist, die sexuelle Energie nach oben zu leiten. Versuche zu Beginn das Gelöbnis des Brahmacharya für eine Woche, einen Monat oder drei Monate zu leisten. Das ist dem Fasten sehr ähnlich. Wir alle wissen, wie gut es für den physischen Körper ist, zu fasten. Faste eine Zeitlang von Deinen sexuellen Aktivitäten und Du wirst sehen, wie Du Dich dabei fühlst. Überprüfe jedesmal wenn Du Geschlechtsverkehr hast, wie Du Dich hinterher fühlst und ob Du dabei im Tao bist. Falls nicht, dann verurteile Dich nicht dafür, sondern lerne einfach aus dieser Erfahrung, nimm eine entsprechende Korrektur in Deinem Verstand vor und verspreche Dir, in Zukunft zu versuchen, im Tao zu bleiben. Das Gelöbnis des Brahmacharya ist ein großes spirituelles Experiment und ein sich ständig entwickelnder Vorgang. Die Natur dieses Gelöbnisses mag zu den verschiedenen Zeiten Deines Lebens unterschiedlich sein. Der springende

Punkt dabei ist jedoch immer, daß Du der Meister Deiner Sexualität bist und sie nicht zu Deinem Meister werden läßt.

Ich würde dieses Kapitel gerne mit einer Geschichte über Sokrates und einem seiner Schüler beenden, die ich in dem Buch "The Practice of Brahmacharya", von Swami Sivananda gefunden habe.

> Ein Schüler von Sokrates fragte seinen Lehrer: "Mein verehrter Meister, bitte belehre mich, wie oft es zulässig ist, daß ein Ehemann seine Frau aufsucht." Sokrates antwortete: "Nur einmal in seinem Leben." Der Schüler rief: "Oh, mein Meister! Das ist vollkommen unmöglich für einen irdischen Mann. Die Leidenschaft ist schrecklich und lästig. Diese Welt ist voll von Versuchungen und Zerstreuungen. Die meisten Ehemänner haben nicht den nötigen starken Willen, um diesen Verführungen zu widerstehen. Ihr Geschlecht ist sehr aufbäumend und kraftvoll. Ihr Verstand ist erfüllt von Leidenschaft. Ihr seid ein Philosoph und Yogi. Ihr habt die Kontrolle über euch selbst. Ich flehe euch an, mir einen leichteren Weg für den irdischen Menschen aufzuzeigen."
>
> Daraufhin erwiderte Sokrates: "Ein Ehemann kann ein Mal im Jahr seine Frau aufsuchen." Der Schüler entgegnete: "Oh, verehrungswürdiger Herr, auch dies ist harte Arbeit für sie. Ihr müßt mir noch einen einfacheren Weg aufzeigen." Sokrates entgegnete: "Nun gut, mein lieber Schüler, einmal im Monat. Das ist vertretbar. Das ist ziemlich einfach. Ich glaube, daß du jetzt zufrieden bist."
>
> Der Schüler sagte: "Auch das ist unmöglich, mein verehrter Meister. Ehemänner sind sehr unbeständig. Ihr Verstand ist voll von sexuellen Samskaras (Programmierungen) und Vasanas. Sie können nicht einmal einen einzelnen Tag ohne den Beischlaf leben. Ihr könnt euch keine Vorstellung über deren Verstand machen."

> Dann sagte Sokrates: "Nun gut, mein liebes Kind. Du mußt jetzt eines tun. Geh´ direkt zum Friedhof. Öffne ein Grab und einen Sarg und wickle mit eigenen Händen die Leiche aus den Tüchern. Dann kannst du dich selbst so oft vergießen wie du magst. Das ist mein letzter Rat für dich."

Dieser letzte Rat berührte das Herz des Schülers. Er fühlte einen schneidenden Schmerz in seiner Brust. Er dachte über dieses Thema ernsthaft nach und erkannte die Wichtigkeit und Herrlichkeit des Brahmacharya. Er leistete das spirituelle Sadhana (Ausübung der rechten Aufmerksamkeit). Er legte das Gelübde der bedingungslosen Enthaltsamkeit in seinem Leben ab, wurde ein Yogi und erlangte die Selbstverwirklichung. Er wurde einer der Lieblingsschüler von Sokrates.

14. Psychische Selbstverteidigung

"Die verbreitetste Form des psychischen Angriffs ist das, was von dem unwissenden oder bösartigen Geist unserer Mitmenschen stammt."
Dion Fortune - Mystic

Dieses Kapitel ist vielleicht eines der wichtigsten im gesamten Buch. Anstatt es "psychische Selbstverteidigung" zu nennen, könnte es genausogut heißen "Wie man ein starkes physisches, emotionales, mentales und spirituelles Immunsystem aufbaut." Die meisten Menschen halten das Immunsystem nur für einen Bestandteil des physischen Körpers. Das stimmt nicht. Genauso wichtig, wenn nicht sogar noch wichtiger ist es, ein psychologisches und spirituelles Immunsystem zu entwickeln. Die Effektivität Deines physischen Immunsystems hängt nämlich größtenteils von Deiner psychologischen und spirituellen Immunität ab.

Ob spirituelle Menschen es nun zugeben möchten oder nicht, das Leben ist ein Kampf. Der große Paramahansa Yogananda hat gesagt: "Das Leben ist ein Schlachtfeld." Krishna sagt in der Bhagavad Gita zu Arjuna: "... gib das feige Verhalten auf, steh´ auf und kämpfe." Wir alle müssen lernen, zu spirituellen Kriegern des Lebens zu werden. "Ein Kurs in Wundern" betont die Bedeutung der "Wachsamkeit gegenüber Gott und seinem Königreich." Der Kampf existiert auf verschiedenen Ebenen. Zuerst kämpfen wir darum, bewußt und aufmerksam zu bleiben und nicht in den Zustand des, wie ich es nenne, "Auto-Piloten" zu fallen. Zweitens kämpfen wir darum, unseren Verstand von negativen Gedanken rein zu halten. Wir kämpfen darum, daß die Verblendung, Maya, Illusion und das negative Ego nicht unser Bewußtsein überwältigt. Wir kämpfen darum, zentriert und ausbalanciert zu bleiben und wir kämpfen darum, die bedingungslose Liebe die Freude, den Gleichmut und Inneren Frieden aufrechtzuerhalten.

Manchmal kämpfen wir, um uns von einer physischen Krankheit zu befreien oder von einer emotionalen, mentalen oder spirituellen Störung. Manchmal kämpfen wir gegen die Ermüdung. Wir kämpfen um die Kontrolle über unser Unterbewußtsein und um die Meisterschaft über unsere drei niederen Körper oder Vehikel. Wir kämpfen, um im Gottesbewußtsein zu verbleiben. Eine der größten Herausforderungen gegen die wir ankämpfen, sind nicht nur die Energien in uns, die nicht von unserer Seele stammen, sondern ist der Kampf gegen die negativen Energien der anderen Menschen und unserer Umgebung. Der spirituelle Pfad ist wie das Erklimmen eines Berges, es geht drei Schritte vorwärts und zwei zurück. Auf diese Weise wachsen wir alle. Wir alle haben in dieser planetaren Mysterienschule, genannt Erde, gelernt, daß wir stark bleiben müssen. Der Kampf wird leichter, je weiter man in seinem Einweihungsprozeß voranschreitet. In den anfänglichen Phasen gibt es den großen Kampf gegen den "Hüter der Schwelle" (negatives Ego, Verblendung, Maya und Illusion). Durch zunehmende Meisterschaft werden diese Energien besiegt und neue, positive, spirituelle Gewohnheiten geformt.

Nach einer langen Periode des großen Kampfes und des Leidens haben wir schließlich einen Punkt erreicht, an dem wir lernen, wie wir physisch, mental, emotional und spirituell stark bleiben können und uns die Attacken negativer Energien aus der inneren oder materiellen Welt nicht mehr aus der Bahn werfen können. In diesem Kapitel werde ich Dir das Verständnis dazu vermitteln und die Werkzeuge in die Hand geben, mit denen Du den Kampf ganz sicher gewinnst und an Selbstmeisterschaft zunimmst, so daß Dein Leben viel einfacher und freudvoller wird. Ich werde Dir wie ein Lehrer der asiatischen Kampfsportarten, nur auf subtileren, spirituellen und psychischen Ebenen beibringen, wie Du Dich selbst schützen kannst. Bevor ich dies jedoch tun kann, muß ich Dich zuerst einmal wachrufen. Die meisten Menschen leben auf der Ebene des automatischen Piloten und damit wie Automaten. Sie sind vollkommen unbewußt gegenüber all den negativen Kräften, die ständig an der Arbeit sind, wie das negative Ego, der Glanz, die Illusion und Maya, den Attacken der negativen physischen, umweltbedingten, psychologischen und spirituellen Energien mit denen ein durchschnittlicher Mensch täglich konfrontiert wird.

Dieses Kapitel wird Dir helfen, ein ganzes Arsenal von psychologischen und spirituellen Werkzeugen zu entwickeln, um diesen Krieg zu gewinnen. Es wird

Dir auch den gewaltigen Hagel negativer Energien zu erkennen geben, der von der Umwelt, anderen Menschen, der Astralebene, der Mentalebene und der ätherischen Ebene auf Dich trifft. Du kannst den Kampf nur dann gewinnen und an Selbstmeisterschaft zunehmen, wenn Du weißt, gegen was Du kämpfst. Zu Beginn unseres Kurses in psychologischer Selbstverteidigung möchte ich Dich bitten, die nachfolgende Liste mit innerem Abstand zu lesen, um davon nicht überwältigt zu werden. Nachdem ich angeführt habe, wogegen wir ankämpfen, werde ich Dir zeigen, wie Du unverletzlich und unbesiegbar gegenüber diesen Auswirkungen wirst. Vergiß niemals, daß wir in Wahrheit alle Gott sind, und wenn wir uns dieses Potentials bewußt werden, sind wir nicht länger ein Opfer der Auswirkung von irgend etwas. Wir sind ein vollkommener Meister und die Schöpfer unserer Realität.
Laß uns mit dem physischen Körper und dem physischen Immunsystem beginnen und sehen, womit es zu kämpfen hat. Einiges von dem, was ich erwähnen werde, wirst Du vielleicht schon wissen, einiges wird neu für Dich sein und einiges wirst Du in bezug auf Deinen Selbstschutz schon wieder vergessen haben.

Die Angriffe auf das physische Immunsystem

Das erste, womit unser physischer Körper fertig werden muß, besonders wenn Du in einer Großstadt lebst, ist die Luftverschmutzung, obwohl diese in Wahrheit heutzutage schon fast überall auf dem Planeten anzutreffen ist. In einer Stadt wie Los Angeles haben wir Luftverschmutzung und eine Trinkwasserqualität, die giftig ist. Außerdem gibt es auch ein hohes Maß an akustischer Verschmutzung, durch die ständig an- und ausgehenden Autoalarmanlagen und den Lärm der Großstadt. Das hat einen viel größeren Einfluß auf uns, als wir uns vorstellen. Die Meere sind verschmutzt. Die Fische sind mit Quecksilber vergiftet. An fast jeder Straßenecke gibt es Fast Food Restaurants und Eissalons. Es erübrigt sich zu sagen, daß diese Art von Nahrung tot ist und somit ohne jeglichen Wert für unseren Körper. Die Regierung versetzt das Trinkwasser mit Fluor; das Trinken fluorhaltigen Wassers legt unser Immunsystem vollkommen lahm. Die Zahnpasten sind mit Fluor angereichert. Die Zahnärzte setzen Plomben mit Quecksilber ein, was die giftigste Substanz überhaupt für den menschlichen Körper ist. Nur Plutonium oder radioaktive Strahlung ist noch schlimmer. Nach zehn bis fünfzehn Jahren brechen die Quecksilberfüllungen auseinander und geben ihr Gift in unser System ab, was eine starke Zerstörung hervorruft. Ich würde sehr empfehlen, diese durch Gold oder Keramikfüllungen ersetzen zu lassen. Unsere Regierung führt nukleare Tests durch, die ihre Spuren vierzig Jahre lang in der Atmosphäre hinterlassen. Dann gibt es nuklearen Müll und niemand hat eine Idee, was damit geschehen soll. Der neueste Geistesblitz ist, diesen Müll zur Bestrahlung und Haltbarmachung von Lebensmitteln zu verwenden, was bereits von einer "Schutzbehörde", der FDA, genehmigt wurde. Dies ist der größte Witz in diesem Universum.

Wenn wir unsere Nahrungsmittel an der Kasse bezahlen, dann werden sie nochmals am Strichkodelesegerät bestrahlt, um den Preis automatisch zu erfassen. Vergegenwärtige Dir bitte einmal die energetische Vergiftung der Nahrung. Dann besprühen natürlich auch noch die Bauern unser tägliches Obst und Gemüse mit gewaltigen Mengen an Pestiziden. Der Boden und das Grundwasser sind mit Nitraten verseucht. Die Ärzte haben keinerlei Ausbildung bezüglich Ernährung, geschweige denn in ganzheitlicher Praxis, so daß sie Antibiotika und Medikamente wie Bonbons verteilen. Die Antibiotika löschen alle guten Bakterien aus und vergiften die Leber. Sie bringen den gesamten physischen Körper und das Immunsystem aus dem Gleichgewicht, wenn die Pilzkulturen wie verrückt zu wachsen beginnen. Dann geht der Durchschnittsbürger wieder zum Arzt, der daraufhin eine Reihe von "medizinischen Tests" durchführt, was wieder einmal mehr Bestrahlung, Kontrastmittel und eine Reihe von High-Tech-Maschinen bedeutet, die den Patienten nur noch mehr vergiften.
Dann gehen sie zum Zahnarzt und lassen ein Röntgenbild anfertigen, um noch ein wenig mehr Radioaktivität aufzunehmen. Die Regierung versprüht in den Städten chemische Insektenschutzmittel aus Hubschraubern. Die FDA, unsere großartige Umweltschutzbehörde sagt, daß dies keine Gefahr für die Menschen bedeutet, man jedoch sein Auto über Nacht mit einer Schutzhülle abdecken soll, weil die Pestizide, die in der Nacht versprüht werden, den Lack des Autos zersetzen. Es hätte jedoch keinerlei Einfluß auf den menschlichen Körper! Schließlich hat man noch herausgefunden, daß Menschen, die zu nahe an Hochspannungsleitungen leben, an Krebs erkranken. Das führt uns zu dem Thema, zu lernen, wie man sich vor niedrig frequenten, elektromagnetischen Frequenzen schützt. Wir werden ständig mit der Strahlung von

Fernsehgeräten, Computern, Toastern, Mikrowellengeräten, elektrischen Leitungen, Heizdecken und so weiter bombardiert. Letzte Woche habe ich in den Nachrichten gehört, daß Mobiltelefone in Autos auf der Seite des Kopfes, an der sie gehalten werden, die Ursache für Krebs sein können. Ich habe auch eine Spezialsendung im Fernsehen gesehen, in der berichtet wurde, daß Polizisten durch die Strahlung von Radarpistolen, mit denen sie die Temposünder aufspüren, Krebs bekommen können. Unser Immunsystem kämpft gegen die Vergiftung durch Aluminium, das wir durch Aluminiumtöpfe und -dosen, sowie Aluminiumfolien zu uns nehmen. Ein homöopathischer Arzt hat herausgefunden, daß ich mir eine Aluminiumvergiftung zugezogen habe, nachdem ich meinen Fisch in einer Folie zubereitet habe. Es gibt einen Zusammenhang zwischen Alzheimer Krankheit und Aluminiumvergiftung. Es ist nicht nur Aluminium, das uns vergiftet, sondern ebenso die Schwermetalle und chemische Substanzen.

Kinder erkranken durch die Dämpfe der Farben in vielen Häusern und anderen Gebäuden. Die Autoabgase der vielen Autos verursachen ebenfalls Vergiftungen. Gott allein weiß, welche giftigen Chemikalien und Metalle in den Körpern der Menschen sind, die in einer Großstadt leben. Menschen, die das lokale Wasser trinken, können durch die Kupferleitungen zuviel Kupfer in ihren Körper aufnehmen. Dann haben wir aufgrund der massiven Luftverschmutzung unseres Planeten ein großes Ozonloch in unserer Atmosphäre erzeugt, durch das zu viele ultravioletten Strahlen der Sonne auf die Erde gelangen. Dies ruft dann Hautkrebs und andere giftige Auswirkungen hervor. Die Zerstörung der Regenwälder hat den Sauerstoffspiegel des gesamten Planeten in Gefahr gebracht, aus dem Gleichgewicht zu geraten. Die großen Mengen Beton, die unsere Erde bedecken, erlauben unserer Mutter Erde nicht mehr, entsprechend zu atmen, was auch uns offensichtlich nachhaltig beeinflußt. Unser Grundwasser ist mit Giften verseucht.

Fast Food-Restaurants und Hamburger töten die Menschen durch die Menge der Bakterien im Fleisch. *Sechzig Minuten* wurden Hähnchen in einem Test gebacken, trotzdem entdeckte die FDA immer noch bei 50 bis 60% der Hähnchen eine Salmonellenverseuchung. Außerdem ist der Krebs bei Hühnern erblich. Die Nahrung, die die meisten Menschen zu sich nehmen, ist mit Konservierungsmitteln, Chemikalien und Geschmacksverstärkern angefüllt, die die Leber vergiften. Nebenbei bemerkt ist 95% der Nahrung in einem

Supermarkt "tote Nahrung". Man findet keine Lebenskraft mehr darin. Unsere Unfähigkeit, mit dem Königreich der Natur und den Naturgeistern in einer liebevollen Gemeinschaft zusammenzuarbeiten, hat diese wunderbaren Wesen veranlaßt, die Bauernhöfe, auf denen unsere Nahrungsmittel wachsen, zu verlassen, weshalb unsere Nahrung nur noch mit einem Zehntel der Lebenskraft gefüllt ist, die sie haben könnte.

Die Menschen leben von Kaffee, Zucker und künstlichen Aufputschmitteln, wie Schokolade und Softdrinks, die den Körper fünf Minuten lang mit einem Energieschub versorgen und dann vollkommen ihr Energieniveau herunterziehen. Die Ärzte impfen unsere Kinder und reden uns ein, daß auch wir uns unbedingt impfen lassen sollen, wenn wir unser Land verlassen. Impfungen sind völliges Gift für unser Immunsystem und sie sind eine der größten Lügen, die der Öffentlichkeit jemals serviert wurden. Um das Ganze noch ein wenig schlimmer zu machen, betrachtet die Rüstungsindustrie die Menschen als nichts anderes als Objekte, die sie zum Testen ihrer chemischen Kampfstoffe benutzen kann. Ein Ergebnis davon ist natürlich AIDS, das von der Rüstungsindustrie erschaffen wurde. Sei nur nicht so naiv zu glauben, daß dies die einzige Seuche ist, die man unter die amerikanische Öffentlichkeit gebracht hat.
Dann ißt der Durchschnittsmensch auch noch genauso schlecht, wie er sich körperlich fit hält. Er hat auch kein starkes mentales, emotionales oder spirituelles Immunsystem, weshalb er so oft krank wird. Wir müssen ständig damit kämpfen, unsere eigene Widerstandskraft aufrechtzuerhalten, um die Schlacht gegen die Viren, Erkältungen, Bakterien, Infektionskrankheiten und sogar noch gegen die ansteckenden sexuellen Erkrankungen zu gewinnen.

Das Verbrennen all der fossilen Brennstoffe verursacht zum ersten Mal in unserer Geschichte einen Sauren Regen. Im Sauren Regen kann keine Pflanze gedeihen. Ein weiterer Umstand, gegen den unser physischer Körper und sein Immunsystem zu kämpfen hat, ist die Beleuchtung in den meisten Gebäuden und Büroräumen. Fluoreszierende Glühbirnen sind giftig für den menschlichen Körper. Ein weiterer Faktor, mit dem sich die Menschen auseinandersetzen müssen und dem gegenüber die meisten von uns nicht einmal bewußt sind, ist das weite Gebiet der Psychotronik und Radionik. Diese Geräte senden Energiestrahlen aus, die zur Heilung gedacht sind. Natürlich hat der Militärapparat diese Geräte wieder einmal dazu mißbraucht, sie von Zeit zu

Zeit für kriegerische Zwecke einzusetzen. Damit wurde nicht nur in Amerika herumexperimentiert. Teile unserer Bevölkerung werden oftmals mit diesen unsichtbaren elektromagnetischen Wellen bombardiert und manchmal werden auch einzelne Individuen anvisiert. In einer ähnlichen Weise, doch nicht ganz so intensiv, wirken sich die elektromagnetischen Wellen des Fernsehers, des Telefons und der Satelliten aus, die uns ständig bombardieren. Manches davon mag vielleicht sehr subtil sein, doch sie alle haben ihre Wirkung. Dann gibt es noch den Mangel an negativen Ionen in der verbrauchten Luft der städtischen Gebäude. Der Treibhauseffekt verursacht ein Ansteigen der Temperatur und extreme Wetterveränderungen, die für den physischen Körper auch schwer zu verkraften sein können, besonders in manchen Gegenden des Landes.
Dies sind nur einige der Faktoren, mit denen unser physischer Körper und unser Immunsystem jeden Tag zu kämpfen hat, obwohl das nur die Dinge sind, die mir sofort in den Sinn gekommen sind. Ich bin mir sicher, daß es noch Tausende anderer Faktoren gibt, die ich hier nicht aufgeführt habe. Es ist erstaunlich, daß unser Immunsystem trotz all der Angriffe unserer "modernen Gesellschaft" noch immer so gut arbeitet.

Die Angriffe auf das psychologische und spirituelle Immunsystem

Auf der psychologischen und spirituellen Ebene müssen wir zu allererst einmal mit den negativen Gedanken, Gefühlen, Emotionen und Energien der anderen Menschen umgehen. Wenn wir uns nicht in einem Zustand der erhöhten Wachsamkeit befinden, dann kann dies wie eine Hypnose sein, der wir im Wachzustand unterliegen. Dann gibt es Attacken der Gewalt und anderen negativen Energien, die von unserer Gesellschaft in Form von Reklame, Magazinen, Fernsehen, Zeitschriften und den Medien als Ganzes kommen.

Unsere Welt hat im wesentlichen das negative Ego und das Bewußtsein des Niederen Selbst materialisiert und institutionalisiert. Es ist überall und beeinflußt jeden Aspekt unserer Gesellschaft. Wir haben mit diesen Gewalttätigkeiten immer wieder in Film und Fernsehen zu tun. Psychologisch müssen wir uns mit den andauernden schlechten Nachrichten und aufgeputzten Greueltaten auseinandersetzen. Die Texte der Popmusik, die wir hören, sind angefüllt mit dem Bewußtsein der Sucht nach Liebe. Wir müssen die ganze Zeit über mit der schlechten Laune, der Gereiztheit, Wut, Depression, den Sorgen, der Unsicherheit, Angst und Kritik von unseren Arbeitskollegen und Familienangehörigen umgehen. Wenn wir kein starkes psychologisches und spirituelles Immunsystem haben, dann geht all dies direkt in unser Unterbewußtsein, blockiert unsere Energie, entkräftet uns und läßt uns schlecht fühlen.

Dann haben wir noch damit zu tun, was die östliche Philosophie als "monkey mind" bezeichnet: Wenn der Verstand außer Kontrolle gerät, dann sind auch die Emotionen und der physische Körper nachhaltig davon betroffen. Wir müssen uns mit unserem eigenen negativen Ego, dem Glanz, der Illusion und der Maya beschäftigen. Außerdem müssen wir uns noch mit unserem Biorhythmus und mit den negativen astrologischen Einflüssen befassen. Wenn wir physisch, psychologisch und spirituell geschwächt sind, dann setzen wir uns Attacken aus dem niederen Astralreich aus. In schlimmen Zuständen der Schwäche kann dies sogar zu einer Art Besetzung führen, die ein Clearing notwendig macht. Einige Menschen kämpfen gegen zwanghafte Gedanken, Ängste oder persönliche Verwirrung. All diese Dinge werden bereinigt, sobald man an Selbstmeisterschaft gewinnt und die drei Verstandesebenen und vier Körper ausrichtet.

Etwas anderes, mit dem wir auf der psychologischen und spirituellen Ebene kämpfen, sind die Entführungen durch Außerirdische oder deren Implantate. Die meisten dieser Entführungen werden von negativen außerirdischen Gruppen, wie den Grauen von Zeta Reticulum und dem Orionsektor, durchgeführt. Ich werde Dir beibringen, wie Du Dich auch vor diesen Invasionen schützen kannst. Die Lichtarbeiter stehen oftmals unter dem Angriff der Schwarzen Bruderschaft, die auch die Schwarze Loge genannt wird. Man muß sich nicht vor ihnen fürchten, solange man die Hilfsmittel zum Erreichen der Selbstmeisterschaft hat. Manche Menschen müssen mit Poltergeistern oder erdgebundenen Seelen umgehen, die sich einen kleinen Teil der Vitalkraft angeeignet haben und es lieben, mit unaufmerksamen Menschen ihre Scherze zu treiben. Dann müssen wir uns auch noch mit Menschen beschäftigen, die ich als psychologische Vampire bezeichne, weil sie einem das psychische Blut der Lebenskraft aussaugen.

Wir müssen lernen, mit den negativen Elementalwesen umzugehen, die durch unsere Gedanken erschaffen wurden und nun an unserer Aura kleben und daran saugen. Wir müssen uns mit psychologischen und spirituellen

Krankheiten beschäftigen. So wie eine physische Krankheit nicht ansteckend ist, wenn wir eine angemessenes Widerstandskraft besitzen, so können wir im Grunde genommen auch nicht psychisch erkranken, wenn wir eine hohe Widerstandskraft haben. Es gibt keine ansteckenden psychologischen und spirtuellen Krankheiten, sondern nur Menschen mit einer geringen Widerstandskraft in ihrem psychologischen und spirituellen Immunsystem. Dieses Kapitel wird Dich mit dem Verständnis und den Hilfsmitteln versorgen, um keine physischen, psychologischen und spirituellen Krankheiten von anderen Menschen zu bekommen. Denn eine unserer Lektionen ist, gesund zu bleiben und kranke Menschen auf unsere Ebene zu bringen und nicht auf ihre Stufe hinabzufallen. Wir müssen sie genauso sehen, wie Gott sie sieht, als vollkommen und ganz. Wie "Ein Kurs in Wundern" sagt: "Krankheit ist eine Verteidigung der Wahrheit."
Wir müssen lernen, uns selbst vor den Psychiatern, Psychologen, Priestern und traditionellen medizinischen Ärzten zu schützen, denn vieles, worin sie ausgebildet wurden, ist mit den Konzepten des negativen Egos gefüllt, das die materielle Realität zu stark betont, was sie von der wahren Realität der Seele und des Geistes getrennt hat.

Wir müssen uns sogar vor der New Age Bewegung schützen und ein feines Gespür für die vielen falschen Propheten und Kultbewegungen entwickeln, die im Umlauf sind. Wir müssen uns im breiten Feld der Politik schützen und sehr feinfühlig darauf achten, wo das Ego stark vertreten ist. Dann müssen wir uns vor den Medien schützen, denn die Zeitungen und Fernsehstationen werden von der Trilateralen Kommission und der Abteilung für Auswertige Angelegenheiten (die Geheime Regierung) geleitet. Neun Zehntel davon, was uns die Regierung erzählt, ist nichts anderes als Täuschung und Lüge. Die "Warren Kommission" erzählt, daß Oswald Kennedy ermordet hat und daß es keine Verschwörung war. Sie bestehen hartnäckig darauf, daß es keine UFOs gibt, obwohl in Wahrheit viele Außerirdische Rassen ständige Gäste der Regierung sind. Sie täuschen uns durch ein falsches Raumfahrtprogramm. Sie erzählt uns, was wir hören wollen und dabei gehen Dinge wie Vietnam, Watergate, Contragate, der falsche Drogenkrieg und der Verlust an ziviler Freiheit hinter unserem Rücken weiter.

Andere Energien, vor denen wir uns schützen müssen, sind Energien, die tatsächlich in unseren Wänden eingebettet sind. Der große spirituelle Meister

Ronald Beesley hat gesagt, daß man die Krankenhäuser alle fünf Jahre niederreißen sollte. Es gibt so viel negative Energie, die in den Wänden der Krankenhäuser eingebettet ist, daß es fast erstaunlich ist, wenn jemand vollständig darin genesen kann. Dies trifft sogar auch auf eine neue Wohnung oder ein Büro zu. Eine andere Art der Vergiftung findet statt, wenn wir am Abend vor dem Fernsehen einschlafen. Was immer wir uns ansehen oder anhören wird direkt in das Unterbewußtsein einprogrammiert, sobald wir einschlafen. Während des Schlafes sind wir in einem somnambulen Zustand der Hypnose und übermäßig beeinflußbar. Dasselbe geschieht während Operationen, wenn man sich unter Narkose befindet. Alles, worüber die Ärzte und Krankenschwestern sprechen, geht direkt in das Unterbewußtsein des Patienten. In Zukunft wird man dieses Verständnis zum positiven Zweck der Heilung einsetzen.
Eine andere Art, durch die wir beeinflußt werden, wenn wir nicht wachsam sind, ist die subliminal Reklame. Vermutlich ist sie verboten, aber sie wird trotzdem ständig eingesetzt. Subliminale Botschaften in visueller oder akustischer Form werden in Werbespots, im Fernsehen, im Kino, in der Musik und im Radio eingesetzt, um uns unbewußt zu programmieren.
Des weiteren gibt es die Rüstungsindustrie, die sich mit allen möglichen Arten der Bewußtseinskontrolle und der psychologischen Kriegsführung beschäftigt. Wenn die Menschen wissen würden, was wirklich hinter der Bühne auf dieser Welt vor sich geht, dann würden sie sich niemals mehr erlauben, auf der Stufe eines Auto-Piloten zu leben. Nicht nur die Regierung bedient sich der psychologischen Kriegführung, Radionic und Gehirnwäsche, sondern auch negative Außerirdische. Wir auf der Erde befinden uns in einem grundlegenden Krieg mit den negativen Alien - Zivilisationen, die diesen Planeten erobern wollen, und die Menschen sind sich zum Großteil dessen nicht einmal bewußt. Dieser Krieg findet nicht wie in dem Film "Der Krieg der Welten" mit physischen Bomben statt. Es ist ein Krieg der "Gedankenkontrolle".

Es gibt wahrscheinlich nur eine Handvoll Menschen auf dieser Welt, die nicht mit außerirdischen Implantaten versehen sind. Warum erinnern sich die Menschen so schlecht daran, daß sie entführt worden sind? Dies liegt wieder an der Gedankenkontrolle, worin die Außerirdischen wahre Meister sind. Ich werde Dich mit Hilfsmitteln versorgen, mit denen Du Dich von den außerirdischen Implantaten befreien kannst, und so die Gedankenkontrolle verhindern kannst, so daß Du nicht mehr entführt werden kannst.

Dann gibt es auch noch das breite Gebiet der Schwarzen Magie. Es ist das Anwenden göttlicher Gesetze für schlechte und selbstsüchtige Zwecke. Wir sollten nicht so naiv sein zu glauben, daß dies nicht geschieht, denn es kommt häufig vor. Es ist jedoch nichts, wovor man sich fürchten müßte, so lange das Immunsystem auf allen vier Ebenen effektiv arbeitet. Noch eine Sache, vor der wir uns schützen müssen, ist das, was ich Fehlinformationen nenne. Die Geheime Regierung infiltriert mit Hilfe des CIA alle Aspekte der Gesellschaft, die sich ihren selbstsüchtigen Zwecken widersetzen. Sie schicken speziell geschulte CIA Agenten aus, um Fehlinformationen zur Verwirrung der Öffentlichkeit zu verbreiten, so daß die Öffentlichkeit verwirrt wird. Ein Beispiel dafür sind die Abkommen mit den Außerirdischen. Ich wette, daß ein Viertel der Menschen, die Vorträge zu diesem Thema halten, angeworben werden, um der Öffentlichkeit ein Material zu präsentieren, das Verwirrung stiftet und die Bewegung spalten soll, die wirklich versucht, die Öffentlichkeit aufzuklären.

Des weiteren sollten wir uns davor schützen, daß andere Menschen unseren Schmuck berühren. Völlig unbedarft kommen Menschen auf uns zu und berühren unsere Ringe oder unsere Armreifen und Halsketten und lösen so einen Energieaustausch aus. Wenn dies jemand tut, der Dich liebt, dann ist das völlig in Ordnung, doch vermeide es bei Fremden oder Menschen, die Du nicht so gut kennst, da ihre Energien sonst auf diese Weise auf Dich übertragen werden. Eine andere Lektion von ähnlicher Natur ist das Umarmen von Menschen. Ich freue mich ganz bestimmt über eine Umarmung, doch wenn jemand sensibler wird und sich das Energiefeld verfeinert, dann ist es besser, weniger physischen Kontakt mit bestimmten Personen zu haben. Jeder einzelne dieser Punkte ist vielleicht nicht von so großer Bedeutung, aber wenn Du sie alle zusammen nimmst, dann gibt dies einen beträchtlichen Effekt.

Ich möchte mit Dir gerne eine interessante Geschichte teilen, die ich in einem Buch von Edgar Cayce gelesen habe. Es gab eine Maschine, die vom Universalen Geist empfohlen wurde, mit der man elektrische Energien zu Heilzwecken durch den Körper leiten konnte, zum Beispiel um ein gebrochenes Bein zu heilen. Es war eine großartige Maschine und viele Menschen hatten sehr großen Erfolg mit ihr. Es gab jedoch einen Mann, der sich diese Maschine kaufte und nur schreckliche Ergebnisse damit erzielte, weil die Behandlung alle möglichen anderen Probleme hervorrief, wenn er sie benutzte. Schließlich bat

er um ein Channeling von Edgar Cayce um herauszufinden, was dabei nicht stimmte. Der Universale Geist sagte ihm, daß der Mann, der diese bestimmte Maschine gebaut hatte, an jenem Tag extrem zornig war. Der Zorn wurde in der Maschine gespeichert und jedesmal, wenn er das Gerät benutzte, wurde der negative Ärger des anderen durch seinen Körper geleitet. Dies macht Dich bestimmt ein wenig nachdenklich.
Dasselbe trifft auf die Nahrung zu, die wir zu uns nehmen. Du sagst, daß Du gerne frisches Gemüse ißt und glaubst, daß dies gesund für Dich ist? Hast Du einmal über den Prozeß nachgedacht, den dieses Gemüse durchläuft, bis es zu Dir kommt? Zunächst wird das Gemüse, falls es nicht organisch gezogen wird, in einen ausgelaugten Boden gepflanzt. Dann werden Pestizide und Chemikalien verwendet. Die Pestizide und Chemikalien halten die Naturgeister fern, so daß die Lebenskraft in dem Gemüse nur minimal ist. Das Gemüse wird geerntet bevor es reif ist, so daß es den Bauern mehr Geld bringt. Wie war die Stimmung des Menschen, der es geerntet hat? War er verärgert, deprimiert oder in sonst einer negativen Stimmung? Wenn ja, so hat er diese Energie in das Gemüse geleitet, das Du ißt.

Wie steht es mit dem Mann, der das Gemüse zum Lastwagen getragen hat und es entladen hat? Was war mit dem Mann, der es auf dem Großmarkt verkauft hat? Was mit dem Verkäufer, der es im Supermarkt in die Hand nimmt, um den Preis zu bestimmen und es abzuwägen? Dann wird es noch über den Strichcodedekoder gezogen. Vieles von unserem Gemüse und Obst ist mit Strahlen haltbar gemacht worden, ohne daß darauf hingewiesen wird. Alles, was dieses Gemüse aufweisen muß, ist ein bedeutungsloses Etikett, von dem nicht einer unter einer Million weiß, was es bedeutet.
In die selbe Kategorie fällt das Kochen im Mikrowellenherd. Hanna Kroeger, die ich für eine der bedeutendsten Kräuterkundigen und Heiler dieser Erde halte, hat gesagt, daß die Bestrahlung der Nahrung mit Mikrowellen die reine Blasphemie ist. Es ist bestimmt keine Form des New Age Kochens. Sie bestrahlt die Nahrung in einer sehr ungesunden Art. Du kannst dies selbst mit dem Pendel austesten. Jetzt beginnt jedoch der angenehme Teil des Kapitels. In diesem nächsten Abschnitt möchte ich mit dem Training zur psychologischen Selbstverteidigung beginnen.

Psychische Selbstverteidigung auf der physischen Ebene

Zur Reinigung der Schwingungen eines Raumes ist es immer gut, Räucherstäbchen, oder noch besser Salbei, zu entzünden. Dies ist eine rasche und einfache Methode. Doch wenn Du eine Totalreinigung der Energien möchtest, dann ist die beste Methode, drei bis vier Teelöffel Epsom-Salz (Magnesiumsulfat) in eine kleine alte Pfanne oder einen kleinen Topf zu geben, den Du nicht mehr zum Kochen benötigst. Dann gieße Wundbenzin darüber, so daß das Epsom-Salz gerade bedeckt ist. Stelle den Topf dann in die Mitte des Raumes, den Du reinigen möchtest und zünde das Gemisch an. Meine Frau und ich setzen uns gerne dazu, und beobachten es wie ein Lagerfeuer. Die Resultate davon grenzen an ein Wunder. Die gesamte Atmosphäre ist von jeglicher Negativität gereinigt.
Du kannst während des Tages, zur Verstärkung Deines Energiefeldes, bestimmte Amulette oder Steine tragen, die sich speziell zum Schutz und zur Stärkung eignen. Eine der besten Möglichkeiten ist einen einfachen Kristallanhänger zu tragen. Kristalle verstärken die Energie und das Tragen eines Kristalls kann zu diesem Zweck sehr hilfreich sein. Um sich vor den niederfrequenten elektromagnetischen Wellen zu schützen, empfehle ich, eine Tesla-Uhr zu tragen. Dabei handelt es sich um eine spezielle, von Nikola Tesla erfundene Uhr, die tatsächlich ein elektronisches Feld um Dich herum erzeugt, das Dich vor den Strahlungen von Fernsehern, Computern, Hochspannungsleitungen und so weiter schützt.
Wenn Du in Deine nächste homöopathische Apotheke oder esoterische Buchhandlung gehst, wirst Du dort vielleicht verschiedene Arten von Kupferrollen bekommen, die viel billiger sind und genauso helfen, wenn man sie in der Hosentasche oder als Halsband bei sich trägt. Dein homöopathisch ausgerichteter Apotheker wird wissen, wovon ich spreche. Du findest diese Rollen auch auf den verschiedenen Messen für ganzheitliches Leben, die in den größeren Städten abgehalten werden.

Ein weiterer wichtiger Punkt ist, das Fernsehgerät nicht direkt am Fußende des Bettes zu haben. Wenn Du es am Abend abschaltest, strahlt es immer noch weiter und Deine Fußchakren saugen diese Energie auf. Homöopathische Apotheken haben auch eine bestimmte Art homöopathischer Heilmittel, die das Energiefeld und den Schutz verstärken. Es gibt auch Bachblüten für diesen Zweck.

Ein unbedingtes Muß für jeden Menschen ist das "Soma Regal". Es kostet nur zehn Dollar und wurde von Hanna Kroeger, der Meisterkräuterkundigen und Heilerin entwickelt. Es ist mit Kräutern und Kristallen angefüllt und hält ewig. Die Idee dahinter ist, seine Nahrung und Getränke darauf zu legen, bevor man sie ißt. Es reinigt und neutralisiert vollkommen alle negativen Schwingungen, die in die Nahrung, durch den zuvor besprochenen Prozeß, eingedrungen sind. Die Adresse von Hanna Kroeger ist:

Hanna Kroeger
7075 Valmont Drive
Boulder, Colorado 80301 - USA
Tel: (303) 442-2490 oder (303) 443-0755

Hanna Kroeger ist eine der bemerkenswertesten Menschen, die ich jemals getroffen habe. Sie lebt vollkommen im Christusbewußtsein und muß schon fast achtzig Jahre alt sein. Ich würde Dir ihre Bücher sehr empfehlen. Sie hat ein Heilmittel für AIDS, das, glaub es oder nicht, nur 25$ kostet und wirklich hilft. Sie kennt ein Heilmittel für Krebs und auch für sonst fast jede Krankheit, die man sich vorstellen kann. Sie ist ein Meister des Pendelns, und meine Frau und ich haben ihre Aussagen mit unserem Pendel überprüft und festgestellt, daß sie immer vollkommen richtig waren.
Sie hat im Raum von Los Angeles eine Lehrerin ausgebildet. Ihr Name ist Sherry Cash und sie leitet das "Balanced Life Centre". Ihre Telefonnummer ist (818) 348-8818. Sherry hat alle Bücher und Produkte von Hanna Kroeger. Sie ist eine Heilerin und kann alle Produkte von Hanna für Dich mit dem Pendel austesten. Ein Aspekt der Stärkung des Energiefeldes ist, sich von all den zurückgebliebenen Giften, Viren und bakteriellen Infektionen zu befreien, die seit der Kindheit im Körper sind. Jemand wie Sherry Cash und ein guter Homöopath kann dabei von größter Hilfe sein.
Eine Vega-Maschine ist nur eines von vielen, ähnlichen Geräten, die ein holistischer Homöopath und naturheilkundlicher Arzt einsetzen kann, um bei einem Menschen den Vergiftungsgrad durch Pestizide, Quecksilber, Metalle, chemische Stoffe, Parasiten, Viren und bakteriellen Infektionen auszutesten, und tatsächlich auch jedes andere physische Problem oder Schwäche. Meiner Meinung nach sind das die Ärzte der Zukunft. Mit der Hilfe dieser Geräte und homöopathischen Mittel kannst Du innerhalb einer Stunde auf jede Krankheit

oder Schwäche durchgecheckt werden und das ganz ohne den Bluttest oder den invasiven Test der traditionellen Medizin. Ich möchte damit nicht sagen, daß Du keinen traditionellen Arzt mehr aufsuchen solltest, sondern eher, daß Du zu beiden gehen solltest.
Pestizide, Chemikalien, Metalle, Quecksilber und eine unendliche Zahl weiterer möglicher Gifte können innerhalb von nur zwei Monaten durch die Hilfe von homöopathischen Mitteln und Kräutern vollkommen aus dem Körper beseitigt werden. Nachdem wir uns hier noch immer mit der Nahrung beschäftigen, möchte ich Dir auch raten, organisches Gemüse zu kaufen und den Verkäufer in Deinem Supermarkt zu fragen, ob die Produkte bestrahlt wurden oder nicht. Wenn ja, dann kaufe sie nicht.
Ich möchte Dir auch empfehlen, so weit wie möglich, Rindfleisch und Putenfleisch in Deinem Reformgeschäft, aus natürlicher Aufzucht, zu kaufen. Du brauchst Dir dann keine Sorgen über eine bakterielle Vergiftung oder über Fleisch, das mit Antibiotika, Hormonen und anderen Chemikalien behandelt wurde, Sorgen zu machen. Hanna Kroeger hat eine weitere Erfindung, genannt der "Eisenring", über den man in ihren Büchern nachlesen kann. Es ist ein Ring, in den Du Dich für 90 Sekunden hineinstellst und der all die umweltbedingte Vergiftung aus Deiner Aura entfernt. Du kannst Dir sogar selbst einen solchen Ring für fünf Dollar mit einem starken Eisendraht machen.

Ich bin mir ganz sicher, daß sich alle Menschen der Bedeutung einer gesunden Diät für den Körper im klaren sind. Einer der Wege, auf die die dunklen Mächte zu uns kommen ist, wenn wir physisch erschöpft und übermüdet sind. Eine gesunde Diät, ausreichend Schlaf und körperliche Übungen sind wesentlich für den Aufbau eines starken Immunsystems. Ich empfehle auch, täglich sechs bis acht Gläser reinen Wassers zu trinken. Dies schwemmt viele Gifte aus dem Körper. Es ist auch wichtig, nicht unmittelbar vor dem Schlafengehen zu essen. Edgar Cayce hat gesagt, daß dies der Grund für viele Alpträume der Menschen ist. Es ist des weiteren von größter Wichtigkeit auf Kaffee, Zucker und andere Aufputschmittel zu verzichten, da diese über einen längeren Zeitraum hinweg den Körper schwächen. Zu seltenen Gelegenheiten oder in Notfällen ist es in Ordnung, doch nicht auf einer regelmäßigen Basis. Die Frage, Fleisch zu essen oder nicht, ist eine individuelle Entscheidung. Einige Arten von physischen Körpern brauchen mehr davon als die anderen. Wenn Du Fleisch ißt, dann iß nicht zu viel und versuche, so frisches und natürliches Fleisch wie möglich zu bekommen.

Der Grundgedanke des spirituellen Pfades ist eine Gleichmut und Ausgeglichenheit in unserer physischen Energie zu erreichen, so daß wir nicht mehr wie auf einer Achterbahn leben. Es sollte verstanden werden, daß die Nahrung Deinen emotionalen Zustand beeinflußt. Dies hängt mit dem Ähnlichkeitsgesetz zusammen.
Es gibt zahlreiche andere physische Techniken, die Du anwenden kannst. All diese Hilfsmittel und das Verständnis darüber sind subtil, aber alle zusammen angewendet ergeben eine tiefgreifende Wirkung. Kreuze niemals Deine Beine beim Sitzen oder Stehen. Dies unterbricht augenblicklich den Energiefluß durch Dein Chakrensystem, und solange Deine Aura stark ist, kann sie nicht von negativen Wesen beeinflußt werden. Wenn Du am Computer arbeitest, ist es wichtig, Dir irgendeine Art von Strahlungsschutz zu besorgen. Hanna Kroeger verkauft ein wirklich günstiges Computerkissen, das Dich vor dieser Strahlung schützt. Wann immer Du etwas ißt, dann ist es eine gute Idee, Deine Nahrung zuvor zu segnen. Zu diesem Zweck habe ich mir ein Gebet angeeignet, das Paul Solomon in einem Channeling des Universalen Geistes durchgegeben hat. Halte Deine Hände über das Essen, während Du dieses Gebet sprichst: "So wie du durch Gott erschaffen wurdest, verehre deinen Schöpfer durch das, was du in meinem Körper und Tempel tun wirst, den ich zu seiner Ehre halte. Amen."
Eine weitere einfache Technik zur Öffnung und Energetisierung Deiner Chakren ist, Deine Hände in einer empfangenden Haltung ein wenig unterhalb Deines ersten Chakras zusammenzulegen. Bewege Deine Hände jetzt aufwärts durch all Deine Chakren bis über Deinen Kopf und fühle die feine magnetisierende Wirkung dabei. Tue dies drei bis sieben Mal und Du wirst dabei energetisiert werden.

Wenn Du Dich jemals in irgendeiner Art psychisch angegriffen fühlst oder in Deinem Heim irgendwelche negativen Energien verspürst, dann gibt es eine ganze Reihe von Dingen, die man tun kann. Eine Möglichkeit ist zu duschen, mit der Absicht, dabei alle sieben Körper zu reinigen. Eine dunkle Wesenheit kann nur dann eindringen, wenn Du schwach bist oder Deine Schwingung sich auf einer ähnlichen Stufe des Bewußtseins befindet. Duschen reinigt Deinen Körper und Deine Aura. Ziehe Dir saubere Kleidung an und wasche Deine alten Sachen. Du kannst rund um Dein Bett spirituelle Bücher legen, um so einen "unüberwindbaren Ring" zu erschaffen.

In Fällen heftiger psychischer Attacken ist es gut, in kurzen Abständen von zwei Stunden zu essen. Durch die Nahrung bist Du nicht mehr so sensitiv und zu Zeiten wie diesen, möchtest Du sicherlich auch gut geerdet sein. Es ist auch eine gute Idee, sich mit positiven Menschen zu umgeben. Meiner Frau und mir wurde angeraten, einen Spiegel in unserem Wohnzimmer zum Schutz bei unseren Treffen zu haben. Wenn Menschen in das Zimmer kommen, dann sehen sie sich selbst im Spiegel, was alle bösen Geister davon abhält, hereinzukommen.

In der chinesischen Kunst des Feng Shui, der Kunst der Umweltgestaltung, gibt es dazu viele Ideen. Darin wird von der Wichtigkeit gesprochen, die WC-Deckel zu schließen und Wandschirme in gewissen Teilen des Hauses aufzustellen. Terri und mir wurde gesagt, daß wir bei unseren Workshops immer einen kleinen Teppich vor uns auflegen sollen. Uns wurde des weiteren geraten, einen Zimmerbrunnen in unserem Wohnzimmer aufzustellen. Eine andere Idee war, vor unser Haus eine Blechdose zu stellen, um die Geräusche zu bündeln und zu reflektieren, und um Wohlstand anzuziehen. In dieser chinesischen Kunst hat jeder Raum im Haus eine spezielle Funktion. Mein Büro beispielsweise hat sich zum Raum des Wissens und der Weisheit verwandelt, was perfekt ist. Unser Schlafzimmer wurde zum Raum der Ehe und das Zimmer von Terri zum Raum des Wohlstands. Ein weiteres Hilfsmittel zur Reinigung der Energie ist die Anschaffung eines Luftbefeuchters oder eines Ionisators. Eine indianische Technik ist es, das Haus beim Einzug, oder zu bestimmten anderen Zeiten, auszuräuchern. Du kannst entsprechende Räucherwaren in Deinem esoterischen Laden kaufen.

Eine exzellente Technik zur Stärkung Deines Energiefeldes ist ein Sonnenbad, das obendrein noch alle Bakterien und Viren abtötet. Es ist eine völlige Vitalisierung des ätherischen Körpers. Genauso einfach ist es, darauf zu achten, ausreichend zu schlafen und sich in allem zu mäßigen. Spirituelle Musik, religiöse Lieder oder Mantren können sehr erhebend sein und schützend wirken, wenn Du eine negative Energie um Dich spürst. Manchmal genügt es einfach schon in einen anderen Raum zu gehen. Eine gute Idee ist auch, sein Bett nach Osten auszurichten, weil das die Richtung des stärksten spirituellen Einflusses ist. Diese Ausrichtung ist auch für die Meditation zu empfehlen. Für einige Menschen kann es wichtig sein, eine Kampfkunst wie Aikido, Tai Chi oder etwas ähnliches, wovon sie sich angezogen fühlen, zu erlernen. Alle

Kampfkunstarten haben einen physischen, psychologischen und spirituellen Effekt.
Je weniger Drogen und Alkohol Du zu Dir nimmst, desto besser. Lies die Etiketten. Esse um zu leben und lebe nicht, um zu essen. Es ist auch gut, seine Nahrung mit Vitaminen und Mineralstoffen aus natürlichen Quellen anzureichern. Das hat einen sehr kräftigenden Einfluß auf die Aura. In unserer modernen Gesellschaft, mit all der minderwertigen Nahrung, die wir zu uns nehmen, ist es wichtig, die Nährstoffe zu ergänzen, die wir brauchen. Die Aufrechterhaltung einer entsprechenden chemischen Balance im Körper ist von grundlegender Wichtigkeit. Wenn diese aus dem Gleichgewicht gerät, dann ruft dies heftige emotionale Schwankungen und andere Probleme hervor. Wenn Du in ein neues Heim einziehst, dann ist es wichtig, die Wände des ganzen Hauses gut abzubürsten und wenn möglich, frisch zu streichen. Dies wird die meiste negative Energie, die sich von den vorherigen Bewohnern in den Wänden festgesetzt hat, beseitigen.

Suche und reinige auch jegliche negative Energievortex (Energiewirbel). Dies kann Mithilfe eines Pendels geschehen. Wenn Du mit dem Pendel durch das Haus gehst und Stellen entdeckst, an denen sich das Pendel entgegengesetzt bewegt, dann blase so lange leicht dagegen, bis es sich in die andere Richtung dreht. Wenn Du an einem solchen negativen Energieplatz schläfst, kann dies starke Unruhe verursachen. Diese Methode solltest Du auch während Deiner Reisen in den Hotelzimmern praktizieren. Ein Bad aus Epsom-Salz (Magnesiumsulfat) und Backpulver hat einen absolut phantastischen, reinigenden Effekt auf Strahlungen, niedrig frequente elektromagnetische Wellen in Deiner Aura und jegliche hypnotische Verbindungen zu anderen Menschen.

Psychische Selbstverteidigung auf mentaler, emotionaler und spiritueller Ebene

Die erste Technik, die ich hier empfehlen möchte, ist das Anlegen der mentalen Rüstung, wie es die christliche Wissenschaft genannt hat. Dies ist etwas, was Du jeden Morgen nach dem Aufstehen oder immer, wenn es nötig ist, tun solltest. So, wie Du jeden Morgen Deine richtige Kleidung anziehst, ist es auch wichtig, Deine psychologische und spirituelle Kleidung anzuziehen. Das bedeutet, Deine persönliche Kraft, Selbstmeisterschaft, Unverletzbarkeit, bedingungslose Liebe, Ausrichtung auf Gott, Selbstliebe und Zentriertheit anzuziehen. Mit anderen Worten, ziehe Dir die psychischen Tugenden an, die Du während des Tages tragen möchtest. Dies muß jeden Morgen in völlig bewußter Absicht geschehen. Die meisten Menschen stolpern auf der Stufe eines Auto-Piloten am Morgen in den Tag und tragen dabei die Qualitäten der Energie, mit denen sie aufgewacht sind. Das hat nichts mit Selbstmeisterschaft zu tun. Dieses Anziehen der mentalen Rüstung kann man auch das Anziehen der visuellen Rüstung nennen. Visualisiere eines - oder alle - der nachfolgenden Dinge:

Eine Schutzblase um Dich selbst;
eine schützende Lichtsäule um Dich herum;
ein Erdungskabel;
wie Deine Chakren in den entsprechenden
Farben aufleuchten;
einen Mantel aus Licht und Lebenskraft;
ein Schwert als Symbol Deiner persönlichen Macht;
ein Symbol, wie z.B. eine Rose im Herzen,
als Symbol der Selbstliebe und der Liebe für andere.

Das bereitet Dich vor und richtet Deinen Verstand dahingehend aus, wie Du Deinen Tag gestalten möchtest. Im Grunde ist dies eine Art der Meditation, die Deine Aura großartig stärkt.

Eines der kraftvollsten Schutzgebete ist das Vater Unser:

Vater Unser, der Du bist im Himmel,
geheiligt werde Dein Name.
Dein Reich komme, Dein Wille geschehe,
wie im Himmel so auf Erden.

Unser täglich Brot gib uns heute und
vergib uns unsere Schuld,
wie auch wir vergeben unseren Schuldigern.
Und führe uns nicht in Versuchung,
sondern erlöse uns von dem Bösen.
Denn Dein ist das Reich, die Kraft und
die Herrlichkeit, in Ewigkeit.
Amen.

Ein weiteres meiner Lieblingsgebete zum Schutz ist ein Gebet von Isabelle Hickey:

Ich bitte um einen Mantel aus Licht.
Gewoben aus der Liebe, der Weisheit
und der Kraft Gottes.
Nicht nur zu meinem Schutz,
sondern zugleich für den Schutz von allen,
die diesen Mantel sehen oder mit ihm in
Berührung kommen.
Mögen sie sich zu Gott hingezogen fühlen
und durch die Kraft Gottes geheilt werden.

Ein weiteres Schutzgebet stammt von der "Fellowship of Universal Guidance", die von Bella Karish gegründet wurde:

Vater-Mutter-Gott, ich bitte darum, im universalen, weißen Christuslicht, im grünen heilenden Licht und in der Violetten Flame der Transformation gereinigt und geläutert zu werden. Im göttlichen Willen und zu meinem allerhöchsten Guten bitte ich darum, daß alle

Negativität durch ihr eigenes Licht versiegelt wird, eingeschlossen in das ultraviolette Licht, abgeschnitten und von mir entfernt; unpersönlich, weder mit Liebe noch mit Haß.
Ich schicke alle Negativität zurück zur Quelle ihrer Ausstrahlung und gelobe, daß ich ihr niemals wieder erlauben werde, sich in mir oder in irgend jemand anderen erneut in irgendeiner Form festzusetzen. Ich bitte jetzt darum, mich mit der dreifaltigen Hülle des universalen, weißen Christuslichts des Schutzes zu umgeben. Ich bedanke mich für diesen Segen.
Amen.

Wann immer Du glaubst, Schutz zu brauchen, dann ist es angebracht Erzengel Michael und seine Engelschar um Schutz anzurufen. Die spezielle Aufgabe von Erzengel Michael ist, diese Hilfe für die Lichtarbeiter zur Verfügung zu stellen, wenn er darum gebeten wird. Diesen Vorgang kann man sich auch durch einen blauen, schützenden Lichtstrahl vorstellen. Djwhal Khul hat empfohlen, sich mit einem goldenen Ei zu umgeben, dessen Außenseite man schwarz anstreicht, wenn man wirklich einmal extremen Schutz brauchst. Lasse am oberen Ende des Eis ein Loch für Deine Antakarana, die Dich mit Deiner Seele, Deiner Monade, den Aufgestiegenen Meistern und mit Gott verbindet.

Wenn Du eine psychische Attacke fühlst oder von negativer Energie umgeben bist, dann ist eine der kraftvollsten Schutzmaßnahmen, einen Kristall oder Edelstein, der bereits viel Energie von Dir in sich trägt, in der Hand zu halten, und den Namen "Elohim" oder "Jesus Christus" fünfzehn Minuten lang zu chanten. Man kann dies entweder laut oder auch im Stillen tun. Das Wiederholen der Namen Gottes und das Visualisieren der Form Gottes ist eine absolut sichere Methode, um sich von negativen Energien zu befreien. Ich empfehle, das als eine tägliche Praktik zu tun, auch wenn Du keinen besonderen Schutz nötig hast.

Wenn Du von negativen Menschen umgeben bist, dann visualisiere eine Glasscheibe vor Dir. Errichte in ernsten Fällen eine Ziegelmauer. Das "Berkley

Psychic Institute" verwendet als Schutzvorrichtung die Visualisierung einer roten Rose vor sich. Falls negative Energie auf Dich trifft, dann nimmt die Blume diese auf und beginnt zu verwelken. Wenn das geschieht, visualisiere eine frische Rose. Wenn Du möchtest, dann kannst Du auch einen ganzen Ring aus Rosen rund um Dich visualisieren. Kontrolliere die Rosen zwei bis drei Mal am Tag oder immer, wenn Du Dich negativen Energien ausgesetzt hast.

Eines der kraftvollsten Mantren ist das Seelenmantra, das von Djwhal Khul stammt:

ICH BIN die Seele

ICH BIN göttliches Licht

ICH BIN Liebe

ICH BIN Wille

ICH BIN die Bestimmung

Dieses Mantra verbindet Dich augenblicklich mit Deiner Seele, und ich empfehle dieses Mantra jedesmal anzuwenden, bevor Du irgendeine andere Methode, die ich in diesem Kapitel präsentiere, anwendest. Andere Mantren, die ich in Notfällen empfehlen kann sind: "AUM" oder "Om Mani Padme Hum", "So Ham", "ICH BIN Gott" oder "ICH BIN der ICH BIN". Es macht Spaß, ein wenig zu wechseln. Du kannst auch einfach den Namen des spirituellen Meisters oder Deines Lieblingsheiligen chanten und dabei seine Form visualisieren. Du kannst Dir auch vorstellen, wie seine oder ihre Form herabsteigt und sich mit Deinem Körper vereint. Wenn Du möchtest, dann kannst Du auch diese Form verkleinern und sie in die Mitte Deines Herzens plazieren.

Wenn Du negative Energien um Dich wahrnimmst, bevor Du zu Bett gehst, dann rufe und visualisiere die Aufgestiegenen Meister in einem schützenden Kreis rund um Dein Bett und bitte sie, Dir als Beschützer und Wächter zu dienen. Du kannst auch ein Kristallgitter entweder visualisieren, oder auch in physischer Form um Dein Bett herum auslegen, und es zu dem Zweck programmieren, den Du möchtest.

Wenn Du eine negative Energie in Deiner Aura fühlst, dann wiederhole drei Mal das Seelenmantra, rufe Deine Seele, Deine Monade, Gott und die Aufgestiegenen Meister und bitte sie um eine Dusche aus Licht, die durch Deine Antakarana und Regenbogenbrücke herunterfließt. Im Grunde nimmst Du damit eine Lichtdusche. Wenn Du um diese Lichtdusche bittest, dann bitte auch gleichzeitig den gesamten Raum oder das Haus und auch die Häuser anderer Menschen, die Du liebst mit diesem Licht zu reinigen. Es gibt keine Begrenzungen für das Licht. Es ist eine unerschöpfliche Quelle. Es steht Dir jederzeit zur Verfügung, Du mußt nur darum bitten. Wenn Du Deine Aura reinigen möchtest, dann sprich das Seelenmantra und sage anschließend: "Im Namen des Christus rufe ich den spirituellen Wirbel (Vortex) hervor."

Stelle Dir diesen Wirbel vor, wie er sich von Deiner Monade und Deiner Seele durch Dein gesamtes Aurafeld herabbewegt und auf seinem Weg alle aurischen Verunreinigungen beseitigt. Dies ist nicht nur eine Visualisierung, er ist tatsächlich da. Die Kraft des Geistes ist unvorstellbar und sie ist noch mächtiger, wenn Du dabei die Seele und die Monade oder die mächtige ICH BIN - Gegenwart anrufst, um Dir zu helfen. Phyllis Crystal, eine Psychologin und Schülerin Sai Babas, erzählt die Geschichte von einem jungen Mann, dem regelmäßig in sein Auto eingebrochen wurde. Sie hat ihm geraten, sich um sein Fahrzeug einen Wasserball zu visualisieren, um es vor Dieben zu schützen. Zu seinem großen Erstaunen erfolgten von diesem Zeitpunkt an keinerlei Einbrüche mehr. Sie hat ihm daraufhin geraten, sich auch um sich selbst einen Wasserball zu visualisieren. Er hat das getan und zwei bis drei Wochen später hat er einen Freund besucht, der hellsichtig war. Plötzlich unterbrach dieser das Gespräch und hat dem jungen Mann erzählt, daß er die gesamte Zeit über einen Wasserball um ihn sehe und er fragte ihn um dessen Bedeutung.

Edgar Cayce hat in seinen Channelings des Universalen Geistes immer wieder gesagt, das "Gedanken Dinge sind". Gott hat das Universum mit der Kraft seines Geistes erschaffen. Wir erschaffen unser Universum mit der Kraft unseres Geistes. Wenn wir uns weiter entwickeln, dann lernen wir, wie wir diese "Dinge", die wir denken und visualisieren, nehmen können und sie soweit verdichten können, daß sie sich materialisieren. Dies ist eines der Dinge, die wir tun können, wenn wir aufsteigen und zu einem Aufgestiegenen Meister werden, oder vielleicht sogar schon etwas früher.

Andere effektive Hilfsmittel sind, das Zeichen des Kreuzes zu machen, das Zeichen des Pentagramms oder das Zeichen des kabbalistischen Kreuzes. Dies mag für Dich vielleicht wie eine Art von Aberglauben klingen und nicht sehr überzeugend, doch ich versichere Dir, daß in diesen psychischen und spirituellen Techniken eine enorme Kraft steckt. Ein anderes überaus außergewöhnliches Gebet ist das Gebet des Rosenkranzes der Jungfrau Maria. Es ist nicht einfach nur ein weiteres katholisches Gebet und dies hat sie selbst in den Channelings von Earlyne Channey gesagt. Maria hat Earlyne Channey gesagt, daß dieser Rosenkranz so kraftvoll wäre, daß er sogar einen Menschen vor einer Atombombe schützen könnte. Earlyne Channey hat Maria nicht geglaubt.
Drei Monate später wurde ihr eine Geschichte von sieben Priestern erzählt, die während des Zweiten Weltkrieges in Hiroshima lebten. Ihre Kirche war nur etwa acht Häuserblöcke vom Zielpunkt der Atombombe entfernt. Nach der Explosion war bis auf diese eine Kirche alles im Umkreis von einer Meile völlig zerstört. Die Wissenschaftler waren vollkommen ratlos. Das einzige, was die sieben Priester dazu sagen konnten war, daß sie den Rosenkranz drei Mal täglich gebetet hatten.

Ich habe eine Abschrift des Rosenkranzes beigefügt. Ich persönlich liebe dieses Gebet, obwohl ich nicht katholisch bin. Ich glaube, daß es eines der kraftvollsten Gebete ist, die es gibt. Einige der Worte der katholischen Interpretation stören manchen, falls dies bei Dir der Fall ist, ändere einfach ein oder zwei Worte ab, um Dich besser damit zu fühlen. Es ist nicht notwendig, dabei einen richtigen Rosenkranz zu verwenden, doch wenn Du es möchtest, so steht es Dir frei.
Es gibt noch etwas, das ich empfehlen möchte: Du kannst eine New Age Version des Rosenkranzes, die von der Jungfrau Maria an Sylvia Clarice durchgegeben wurde, bestellen. Dieser spezielle Rosenkranz wird der Aufstiegsrosenkranz genannt und er ist hervorragend. Auch Djwhal Khul hat seine Wirksamkeit bestätigt. Den Aufstiegsrosenkranz gibt es in Buchform für ca. fünfzehn Dollar. Er ist nicht in Buchhandlungen erhältlich, sondern nur unter der folgenden Adresse:

The Mother Matrix
P.O. Box 473
Mt. Shasta, CA 96067, USA

Der Rosenkranz

Das Zeichen des Kreuzes:
Im Namen des Vaters, des Sohnes und des Heiligen Geistes. Amen.
Das Apostolische Glaubensbekenntnis:

Ich glaube an Gott, den allmächtigen Vater, Schöpfer des Himmels und der Erde; und an Jesus Christus, seinen eingeborenen Sohn, unseren Herrn, gesegnet durch den Heiligen Geist, geboren von der Jungfrau Maria, gelitten unter Pontius Pilatus, gekreuzigt, gestorben und begraben. Hinabgestiegen in das Reich der Toten. Am dritten Tage auferstanden von den Toten und aufgestiegen in den Himmel, er sitzt zur rechten Hand Gottes, um zu richten, die Lebenden und die Toten. Ich glaube an den Heiligen Geist, die heilige katholische Kirche, die Gemeinschaft der Heiligen, die Vergebung der Sünden, die Auferstehung der Toten und das Ewige Leben.
Amen.

Das Vater Unser:

Vater Unser, der Du bist im Himmel, geheiligt werde Dein Name. Dein Reich komme, Dein Wille geschehe, wie im Himmel so auf Erden. Unser tägliches Brot gib uns heute und vergib uns unsere Schuld, wie auch wir vergeben unseren Schuldigern. Und führe uns nicht in Versuchung, sondern erlöse uns von dem Bösen. Denn Dein ist das Reich, die Kraft und die Herrlichkeit, in Ewigkeit.
Amen.

Heilige Maria:

Gegrüßet seist Du Mutter Maria voll der Gnaden. Der Herr ist mit Dir. Du bist gebenedeit unter den Frauen und gebenedeit ist die Frucht Deines Leibes Jesus. Heilige Maria, Mutter Gottes, bitte für uns Sünder, jetzt und in der Stunde unseres Todes.
Amen.

Ehre sei dem Vater:

Ehre sei dem Vater und dem Sohne und dem Heiligen Geist. So wie es war am Anfang, jetzt und immerdar.
Amen.

Die geheiligte Königin:

Ehre, heilige Mutter aller Gnaden! Unser Leben, unsere Freude und unsere Hoffnung. Um Deine Hilfe bitten wir, die gepeinigten Kinder Evas. Zu Dir senden wir unsere Zeichen, unser Klagen und unser Weinen in diesem Tal der Tränen. Wende Deine Augen der Gnade zu uns. Nach diesem Exil zeige uns die geheiligte Frucht Deines Leibes Jesus. Du Milde, Du Liebevolle, du süße Jungfrau Maria. Bete für uns, geheiligte Mutter Gottes. Auf das wir der Erlösung Christus würdig werden.
Amen.

Laßt uns beten:

Oh Gott, dessen eingeborener Sohn durch sein Leben, seinen Tod und seiner Auferstehung für uns die Belohnung des Ewigen Lebens erworben hat, wir beschwören Dich, gewähre, daß wir durch die Meditation über die Mysterien des heiligsten Rosenkranzes der gesegneten Jungfrau Maria, dessen Inhalt nachahmen und durch den selben Christus unseren Herrn das erhalten, was uns gebührt.
Amen.

Eine andere gute Schutzmaßnahme ist, sich eine goldene Blase oder ein goldenes Ei vorzustellen und dann in den Innenraum Liebe und Frieden hineinzublasen. Schicke alle negativen Energien durch die Erdungsleitung in das Innere der Erde, um sie zu verwandeln. Das psychologische Verständnis der Zurückweisung und Affirmation ist wahrscheinlich das wichtigste Werkzeug aller Schutzmechanismen. "Ein Kurs in Wundern" sagt: "Weise jeden Gedanken in Deinem Verstand zurück, der nicht von Gott kommt." Wenn Du nur diese eine Sache tun würdest, dann wärst Du schon geschützt. Die Gedanken können vom Unterbewußtsein, von einem negativen Geistwesen oder von anderen Menschen kommen. Wenn Du diese Gedanken aus Deinem Verstand drängen und sie dann mit einer positiven Affirmation ersetzen würdest, dann hättest Du innerhalb von nur einundzwanzig Tagen Dein Unterbewußtsein vollkommen umprogrammiert.

Eine Variante desselben Themas ist eine Technik, die ich von der großen Mystikerin Dion Fortune gelernt habe. Sie hat vorgeschlagen, sich die negativen Gedanken oder Bilder wie einen Spiegel vorzustellen, den man zerschlägt und dann sofort durch ein positives, spirituelles Bild, wie beispielsweise das eines spirituellen Tempels oder eines spirituellen Meisters, ersetzt.
Noch ein anderes, sehr effektives, Hilfsmittel habe ich aus dem Buch "Die inneren Fesseln sprengen", von Phyllis Crystal gelernt. Wenn Du Dich von den Bindungen eines Menschen befreien willst, dann sieh Dich selbst in einem Kreis

stehen. Visualisiere dann einen weiteren Kreis um die Person, von der Du die Bindung lösen willst und der den Rand Deines Kreises berührt, aber nicht überschreitet. Forme die Kreise aus einem goldenen Licht und ziehe eine dicke Linie. Zum Schluß sehen die zwei Kreise aus wie eine Acht. Wenn Du möchtest, kannst Du die Kreise auch in der Bewegung einer Acht erzeugen. Die Zahl Acht ist zugleich das Symbol für die Unendlichkeit. Wenn Du damit fertig bist, dann stelle Dir innerhalb des goldenen Lichts einen blauen Lichtstrahl vor, so daß die goldene Acht ein blaues Licht beinhaltet. Ich persönlich erweitere diese Vorstellung noch, indem ich mir die Kreise als zwei goldene Lichtkugeln vorstelle, die mit einem blauen Licht zum weiteren Schutz gefüllt sind.

Ein weiteres sehr wichtiges Werkzeug zur Durchtrennung der Verbindungen zu anderen Menschen ist, sich die voneinander abhängigen Energiebänder oder Verbindungen als Schnüre aus Energie vorzustellen, die uns durch unsere Chakren mit anderen Menschen verbinden. Stelle Dir dann eine große Schere, das flammende Schwert von Erzengel Michael oder das Lichtschwert eines Jedi Ritters vor. Verwende dieses Schwert sowohl vor Deinem geistigen Auge, wie auch mit Deinen physischen Armen und schneide diese Schnüre durch. Wenn sie alle durchtrennt sind, dann visualisiere, wie Du die Energiebänder aus Deinen Chakren herausziehst und verbrennst. Spreche dann das Seelenmantra und rufe eine goldene Sonne, auf daß sie zu Dir herabkomme und die entstandene Leere mit der Liebe und Ganzheit Gottes erfülle. Du kannst so viele Sonnen anrufen, wie Du benötigst, solange bis Du fühlst, daß Deine Aura geheilt, ganz und erfüllt ist.

Wenn Du jemals dunkle Wesen um Dich wahrnimmst, dann sage ihnen: "Im Namen und in der Macht von Jesus Christus, ich befehle euch zu verschwinden." Es ist sehr wichtig, wenn man mit den dunklen Wesen dieser Welt oder von der anderen Seite zu tun hat, keine Angst und keinen Zorn zu haben. Erinnere Dich daran, was Meister Yoda in dem Film "Krieg der Sterne" gesagt hat: "Schenke Deinem Zorn und Deiner Furcht keine Aufmerksamkeit sonst wirst Du von der dunklen Seite der Macht verführt." Halte einen Bewußtseinszustand der göttlichen Gleichmut, Unberührtheit und Neutralität aufrecht. Auf diese Weise läßt Du den verwirrten Geistern keine Energie zukommen. Diese Wesen leben von Deinem Ärger und Deinem Zorn. Sieh Gott in ihnen, auch wenn sie ihn in sich selbst nicht erkennen können. Befehle ihnen mit Deiner ganzen Kraft und Deiner ganzen Liebe, zu verschwinden. So wie

der Werbespot sagt: "Sage einfach nein!"
Wenn ein Mensch, den Du kennst besessen ist, dann sprich folgendes Gebet:

> Geliebter Gott, Christus, Heiliger Geist, mächtige ICH BIN - Gegenwart, meine Monade, meine Seele, Sathya Sai Baba, Babaji, Jesus Christus, Meister Djwhal Khul, Vywamus, Aufgestiegene Meister und alle Heiligen oder spirituellen Meister der spirituellen Ebene!
>
> Du bist geheilt und es ist Dir vergeben.
> Du bist eins mit Deiner Seele und Deinem Höheren Selbst.
> Du bist mit der Liebe Gottes erfüllt.
> Du bist vom Lichte Gottes erfüllt und umgeben.
> Du bist befreit von aller Furcht, allem Leiden und der Schwingung der irdischen Ebene.
> Ich bitte die zuvor gerufenen spirituellen Meister und Gott selbst, Dich zum richtigen Ort zu begleiten.
> Gehe in Frieden!

Spreche dieses Gebet drei Mal kraftvoll, nachdem Du zuerst das Seelenmantra gesprochen hast. Für sehr ernste Fälle gibt es in den Vereinigten Staaten eine Organisation mit dem Namen "Teaching of the Inner Christ" in San Diego, die Dich auf einen geeigneten Priester verweisen kann, der diesen Exorzismus für Dich ausführt. Die Telefonnummer ist: (619) 233-7745. Mit all den Techniken in diesem Buch solltest Du jedoch keinerlei Probleme haben dies selbst durchzuführen. Wesen, die solche Besetzungen hervorrufen, sind normalerweise nur verwirrte Seelen, die nicht wissen, wie sie von ihrem materiellen Fokus loslassen und durch den Tunnel auf die andere Seite gehen können.
Es ist wichtig, sich daran zu erinnern, daß negative Energien oder Wesenheiten Dein Energiefeld nur betreten können, wenn Du Deinem negativen Ego und Niederen Selbst erlaubst, die Oberhand zu gewinnen. Wenn Du sie klein und

ruhig hältst, dann werden auch die anderen negativen Energien und Wesenheiten fernbleiben.
Eine weitere gute Visualisierung zum Schutz ist, sich selbst in einer Pyramide aus Licht zu sehen oder sich eine Lichtmauer vorzustellen. Eine andere Methode ist, eine Mauer aus Licht. Sai Baba hat dies als einen göttlichen Prellbock bezeichnet. Wenn Du mit der Schwarzen Bruderschaft oder dunklen Mächten zu tun hast, dann ist es wichtig, nicht zu versuchen, ihnen Liebe zum Sieg über sie zu schicken. Sie werden nämlich Deine Liebe als Kraftquelle nutzen, um sie negativ auf Dich zurückzuwerfen. Sei eher in einer neutralen Art liebevoll. Eine andere sehr einfache Technik, um sich selbst nicht hineinziehen zu lassen ist, das Geschehen als einen Film zu betrachten oder zu versuchen, diese Wesen wie durch ein umgedrehtes Fernglas zu sehen.

Eine sehr kraftvolle Übung, die Du jeden Morgen beim Anziehen Deiner mentalen Rüstung durchführen kannst ist, Dich dabei von einer Armee von Aufgestiegenen Meistern und Heiligen umgeben zu sehen, die Dich bei Deinem Start in den Tag unterstützen.

Einige meiner Lieblingsaffirmationen zur eigenen Stärkung sind:

> Wenn Gott für mich ist, wer oder was kann dann gegen mich sein!
>
> Mit Christus, der mich stärkt, sind mir alle Dinge möglich!
>
> Gott, meine persönliche Kraft und die Kraft meines
>
> Unterbewußtseins sind ein unschlagbares Team!

Eine einfache Möglichkeit, die dunklen Mächte von sich fernzuhalten ist, einfach nicht über sie nachzudenken. Je mehr Du darüber nachdenkst, umso mehr ziehst Du diese Energien an. Wenn Du Deine physische, mentale, emotionale und spirituelle Schwingung auf einer höheren Frequenz hältst, dann werden diese Energien niemals Dein Sein betreten. Unterziehe Dich niemals einer Narkose oder einer größeren Operation, ohne Dich zuvor ausgiebig mit Gebeten zu schützen.

Wenn jemand Deinen Schmuck berührt, dann verwende die Lichtanrufung von Deal Walker, dem Kristallmann:

> Ich rufe das Licht des Christus an.
>
> Ich bin ein klarer und perfekter Kanal.
>
> Das Licht ist mein Führer.

Halte Deinen Schmuck in den Händen, spreche dieses Mantra drei Mal laut und lenke das Licht und die Schwingung des Christus in Deinen Schmuck, um ihn zu reinigen und zu spiritualisieren. Das Seelenmantra ist dazu ebenfalls geeignet. Die am meisten verbreitete Schutztechnik ist, weißes Licht hervorzurufen. Alles was Du dazu tun mußt ist, Deine Seele oder mächtige ICH BIN - Gegenwart darum zu bitten und es wird augenblicklich zu fließen beginnen. Nach dem Gesetz des Geistes lebst Du da, worauf Du Deine Aufmerksamkeit lenkst. Die Idee dabei ist, Deinen Geist, Deinen Verstand und Deine Aufmerksamkeit ständig auf das Licht gerichtet zu halten, dann wirst Du auch im Licht leben. Die meisten Menschen üben nicht genügend Kontrolle und Selbstmeisterschaft aus, bezüglich der bewußten Lenkung ihrer Aufmerksamkeit.

Eine andere psychologische Qualität, die man zum Schutz braucht, ist ein feines spirituelles Gespür und eine spirituelle Unterscheidungsfähigkeit. Wenn wir beginnen, wieder auf die Stufe des Auto-Piloten zu fallen, dann werden wir sehr leicht beeindruckt und beeinflußbar.

Auf der psychischen und spirituellen Ebene ist es sehr wichtig, seine Kraft nicht so leicht abzugeben. Gib beispielsweise Deine Kraft nicht an Deinen physischen Körper, wenn dieser müde und erschöpft ist. Gib Deine Kraft nicht an astrologische Prognosen. Gib Deine Kraft nicht an Deine Träume. Ich kenne Menschen, die in der Nacht schlecht geträumt haben und sich dadurch den ganzen Tag vermiesen lassen.

Im Wesentlichen ist das was ich sage: Gib Deine Kraft an nichts und niemanden, nicht einmal an Gott. Das bedeutet nicht blasphemisch zu sein, sondern daß Gott Deine Kraft nicht will. Gott will, daß Du Deine Kraft behältst und Dich gleichzeitig ihm und seinem Willen hingibst - der nicht der Wille des Egos ist. Gott hilft denen, die sich selbst helfen. Gib Deine Kraft nicht an Deine

Gedanken, Gefühle, Emotionen, Deinen physischen Körper, Dein negatives Ego, Dein Unterbewußtsein, an andere Menschen, an das Wetter, die Astrologie, den Biorhythmus, an vergangene Leben, das Innere Kind, Teilpersönlichkeiten, Energien und Vitalkräfte, die Aufgestiegenen Meister, die spirituellen Führer oder irgendeinen Guru ab. Jeder spirituelle Lehrer, der sein Geld wert ist, wird Dich dazu ermutigen, Deine eigene Kraft zu besitzen und Deine Qualitäten zu erkennen. Wenn Du lernen würdest, einfach in Deiner persönlichen Kraft zu bleiben, dann wären all die anderen Hilfsmittel und Techniken nicht mehr nötig. Du wirst zu einem Opfer, wenn Du Deine Kraft abgibst. Entführungen und das Einsetzen von Implantaten geschieht dann, wenn eine Öffnung in der Aura ist, die dies gestattet. Schließe diese Öffnungen und kehre zurück in Deine persönliche Kraft und dem, was Edgar Cayce den positiven Ärger nennt, und es wird aufhören, eine mögliche Gefahr für Dich zu sein.

Einer der größten Irrglauben der spirituellen Menschen ist, zu glauben, die ganze Zeit über offen sein zu müssen. Nichts könnte von der Wahrheit weiter entfernt sein. Alles im Leben ist im Gleichgewicht. Es gibt Yin und Yang, männlich und weiblich. Es gibt eine Zeit des Öffnens und eine Zeit des Verschließens. Du mußt lernen, Dich nach Belieben zu öffnen und zu verschließen. Wenn wir von einer negativen Energie umgeben sind, dann müssen wir lernen, uns zu verschließen und unseren psychischen und spirituellen Raum zu schützen. Wir können immer noch liebevoll und trotzdem gegenüber der negativen Energie verschlossen sein. Die ganze Zeit über offen zu sein, ist die beste Voraussetzung dafür, ein Opfer und ein Spielball des Lebens zu werden.

Die Chakren sind wie die Linsen eines Fotoapparates, die ganz nach Belieben geöffnet und geschlossen werden können. Wenn Du Dich darauf programmierst, daß es im gesamten Universum Gottes keine Möglichkeit gibt, daß Du von negativen Außerirdischen entführt werden kannst, dann wird es auch nicht geschehen. Sei still und wisse, daß Du Gott bist. Kann Gott, der Vater, ein Opfer werden? Du bist nach seinem Ebenbild erschaffen und wie er, also kannst auch Du nicht zu einem Opfer werden, außer Du läßt es zu, Deine persönliche Kraft abzugeben.

In bezug auf eine physische Erkrankung wirst Du wahrscheinlich recht behalten, wenn Du glaubst, daß Du verletzbar bist. Wenn Du Deine Kraft der

Schöpfung jedoch nutzt, um Deinen physischen Körper zu programmieren, daß er nicht krank wird, dann wird er es auch nicht. Wenn Du glaubst, daß Du der Christus bist und eins mit Gott, dann bist Du dies auch. Es führt uns wieder zurück zu der Lektion, worauf wir unsere Aufmerksamkeit lenken. Wir müssen lernen, unseren Verstand dahin zu lenken, wo Gott es möchte. Wir erlauben uns, diesbezüglich viel zu schwach zu sein. Deshalb fordert Djwhal Khul immer und immer wieder, daß wir unseren Verstand ständig "auf das Licht" gerichtet halten sollen. Wenn Du in einen Bewußtseinszustand von irgend etwas anderem als Vollkommenheit kommst, dann heißt die Lektion, augenblicklich eine entsprechende Affirmation oder ein Gebet zu sprechen, um Dich wieder in den Zustand der Vollkommenheit zu versetzen, in dem uns Gott sehen möchte.

Wenn Du mit negativen Gefühlen oder Emotionen in Dir selbst umgehen mußt, dann visualisiere, wie Du diese Energien erbrichst und sie dann mit einem Schwert oder einem Speer tötest. Dann plaziere einen wunderbaren Engel oder Deinen spirituellen Lehrer in Dir, um damit das zu ersetzen, was vorher da war. Ein gutes Gebet, um einen Fall von Besessenheit zu exorzieren stammt aus dem Buch "It´s All Right", von Isabelle Hickey: "Im Namen und durch die Macht von Jesus Christus, verlasse mein Magnetfeld, geh´ zurück zur Quelle und lasse dich in das Licht emporheben." Noch ein Gebet, das sie empfiehlt lautet: "Ich stehe im Zentrum des gesamten Lichtes. Nichts kann mich hier berühren."
Max Freedom Long, der die lang verlorenen Huna-Lehren von Hawaii in die westliche Welt brachte, hat den Huna Forschern ein Mantra für diejenigen gegeben, die Angst vor negativen Kräften haben: "Ich lehne jede Suggestion von irgendeiner negativen Quelle ab. Ich anerkenne nur das Gute und nur Gutes fließt mir zu. Ich genieße zu jeder Zeit den Schutz des Höheren Selbst über mir, das mich mit einem Mantel aus weißem Licht umgibt. Ich fürchte nichts Böses. Ich bleibe ruhig, sicher und gelassen durch das Wissen, daß ich in jedem Moment bei Tag und bei Nacht geschützt bin."

Ein weiteres Schutzmantra, das Edgar Cayce vor jeder Meditation zu sprechen empfiehlt, ist:

"Ich umgebe mich mit dem Schutz,
den ich im Gedanken an Christus finde."

Ein sehr kraftvolles Gebet zum Schutz findet man in dem Buch "Psychic Self-Defense" von Dion Fortune.

> Visualisiere, wie Du das flammende Schwert von Erzengel Michael in Deiner rechten Hand hältst und sage: "Im Namen Gottes, ich nehme das Schwert der Macht in meine Hand, um mich gegen alles Böse und gegen alle Aggressionen zu verteidigen." Visualisiere, wie Du doppelt oder dreifach so groß wirst. Ziehe dann mit dem Schwert einen magischen Kreis rund um Dich. Sieh, wie die Spitze des Schwertes einer Linie aus Feuer folgt. Falte anschließend Deine Hände zum Gebet, hebe sie über Deinen Kopf und sage, während Du mit dem Blick nach Osten gerichtet bist: "Möge Erzengel Raphael mich vor allem Bösen aus dem Osten schützen."
> Wende Dich nach Süden, mache dasselbe und rufe Erzengel Michael an. Richte Dich dann nach Westen und rufe Erzengel Gabriel und im Norden Erzengel Uriel an. Drehe Dich am Schluß wieder nach Osten.

Diese Formel ist besonders effektiv, um seinen Schlafplatz zu schützen. Ziehe dabei den Kreis rund um Dein Bett. Dieser Kreis wird von Sonnenuntergang bis Sonnenaufgang bestehen. Um dieses Gebet zu beginnen und zu beenden, ist es nötig, das kabbalistische Kreuz zu machen. Dies ist ein extrem kraftvolles Werkzeug und ähnlich dem Kreuz der katholischen Kirche. Berühre Deine Stirn und sage: "Für Dich oh Gott (berühre Deinen Solar Plexus) sei das Reich (berühre Deine rechte Schulter) und die Kraft (berühre Deine linke Schulter) und die Herrlichkeit (falte Deine Hände) bis in alle Ewigkeit. Amen."

Um Deine Aura mit dem Zeichen des Kreuzes zu versiegeln, sagt Dion Fortune in demselben Buch:

> "Stehe aufrecht und berühre die Stirn, die Brust, die rechte und die linke Schulter und sage: "Durch die Kraft des Christus in mir, dem ich mit all meinem Herzen, meiner Seele, meinem Geist und meiner Macht diene,

umgebe ich mich mit dem göttlichen Schutzkreis, den zu übertreten ein tödlicher Fehler ist."

Wenn Du möchtest, dann kannst Du aber auch einfach nur das Zeichen des Kreuzes machen. Falls Du Dich durch einen dreifachen Schutz noch sicherer fühlst, dann kannst Du auch noch das Zeichen des Pentagramms oder des fünfzackigen Sterns machen. Dies ist sehr effektiv, um ein Haus vor eindringenden Geistern zu schützen. Du kannst ihn in der Luft vor Dir erstellen und ihn dann augenblicklich auf die Fenster und Türen des Hauses projizieren. Das kann folgendermaßen geschehen:

Wenn irgend jemand oder etwas versucht, an Deiner Vitalkraft zu saugen, dann ist eine weitere Möglichkeit, die Aura zu versiegeln, die Hände zu verschränken und sie über den Solar Plexus zu legen. Während Du dies tust, presse Deine Ellbogen an die Seite. Deine beiden Füße sollen sich dabei berühren. Wenn Du dies tust, dann hast Du Deinen Körper zu einem geschlossenen Kreislauf gemacht, der nicht ausgesaugt werden kann. Dunkle Kräfte können nicht in Dein Feld eindringen, wenn Deine Allgemeinschwingung auf eine höhere Ebene gebracht worden ist. Um Deine Schwingung schnell zu erhöhen, spreche das folgende Gebet, das ich für diesen Zweck entwickelt habe.

"Geliebter Gott, Christus, Heiliger Geist, mächtige ICH BIN - Gegenwart, Mahatma, meine Monade, Vywamus, Sai Baba, Djwhal Khul, Meister Jesus, Jungfrau Maria und die Grosse Weisse Bruderschaft:

Hiermit rufe ich eine Säule aus Licht hervor. Ich rufe meinen verherrlichten Lichtkörper hervor und bitte um eine völlige Durchdringung von der Energie Mahatmas. Ich rufe den goldenen zwölften Lichtstrahl hervor und bitte um eine Aufstiegssäule aus Licht. Ich rufe die Violette Flamme von Saint Germain hervor, und rufe das Licht von tausend Sonnen, auf daß sie in mein Vier-Körper-System herabsteigen und meine Schwingung um das Tausendfache erhöhen. Ich rufe mein fünftdimensionales aufgestiegenes Selbst hervor, um seine Aura mit meiner zu vereinen.
Ich rufe die Flamme des Aufstiegs hervor und bitte, mich mit meiner persönlichen Merkabah aus lebendigem Licht zu umgeben. Ich rufe eine Ausrichtung all meiner Achsen hervor und bitte um die vollständige Verankerung meines zwölften Chakras in meinem Kronenchakra. Ich rufe das vollständige Herabsteigen meiner Seele und meiner Monade in mein Vier-Körper-System hervor und bitte um die Erhöhung meiner Schwingung auf die Frequenz des Christus. Ich rufe die Schwingung des AUM in mir hervor!"

Die ICH BIN Reden von Saint Germain empfehlen das folgende Lichtsäulengebet:

"Geliebte, mächtige, siegreiche Gegenwart Gottes ICH BIN in mir. Umgebe mich mit dem unbesiegbaren Schutz des Kosmischen Christus, der Säule aus der reinen elektronischen Lichtessenz. Achte darauf, daß

mich dieser Schutz allmächtig, aktiv und ewig unterstützt.
Auf daß mich niemals eine menschliche, disharmonische Schöpfung durch sie berührt. Laß mich durch diese Säule aus Lichtessenz unsichtbar und unbesiegbar werden für jeden menschlichen Schatten, erhöhe ständig meine Schwingung und halte meine Aufmerksamkeit auf Deine Allmächtigkeit in jedem, in allem und überall gerichtet. Ich nehme diesen Vorgang jetzt mit aller Kraft an!"

Ich möchte dieses Kapitel mit einem Gebet beenden, das ich für das derzeit mächtigste Gebet auf der ganzen Erde halte. Dieses Gebet garantiert Dir vollen Schutz. Es ist die große Invokation von Lord Maitreya, dem planetaren Christus.

Aus dem Quell des Lichts im Denken Gottes
ströme Licht herab ins Menschen-Denken.
Es werde Licht auf Erden!
Aus dem Quell der Liebe im Herzen Gottes
ströme Liebe aus in alle Menschenherzen.
Möge Christus wiederkommen auf Erden!
Aus dem Zentrum, das den Willen Gottes kennt,
lenke plan-beseelte Kraft die kleinen Menschenwillen
zu dem Endziel, dem der Meister wissend dient!
Durch das Zentrum, das wir Menschheit nennen,
entfalte sich der Plan der Liebe und des Lichtes
und siegle zu die Tür zum Übel.
Mögen Licht und Liebe und Kraft
den Plan auf Erden wieder herstellen!

15. Die menschliche Aura und die sieben Körper

"Unsere Lebensrichtung, unsere Gewohnheiten, unsere Gesundheit, unser mentales Verständnis und tatsächlich sogar unsere Lebensgeschichte ist durch Farben, Formen und Linien, welche die Energiefelder der verschiedenen Ebenen unseres Seins oder unseres Bewußtseinszustandes durchdringen, niedergeschrieben."
Ronald Beesley

Genauso wie es sieben Dimensionen der Realität gibt, so haben wir sieben Körper. Jeder Körper entspricht einer der sieben Dimensionen der Realität. Wir haben einen physischen Körper, einen ätherischen Körper, einen astralen Körper, einen mentalen Körper, einen Seelen- oder Kausalkörper, einen buddhischen Körper und einen atmischen Körper. Außer den eben genannten gibt es noch weitere Körper, die ich die himmlischen Körper nenne, und die sich weit jenseits unseres Verständnisses auf dieser Stufe der Evolution befinden.

Jeder Körper ist mit einer charakteristischen Qualität oder Energiequalität verbunden. Der physische Körper hat mit dem Instinkt zu tun. Der ätherische Körper mit der Vitalkraft und Lebensenergie. Der astrale Körper mit Wünschen, Gefühlen und Emotionen. Der mentale Körper mit dem logischen Verstand. Der Seelen- oder Kausalkörper mit dem abstrakten Geist. Der buddhische Körper mit der Intuition und der atmische Körper mit dem spirituellen Willen.

Der physische Körper

Eine Erklärung des physischen Körpers ist sicherlich nicht nötig, denn wir alle sind mit diesem Körper sehr vertraut. Der physische Körper ist der Tempel für die inkarnierte Seelenausdehnung. Er ist ein Instrument und ein Vehikel zur Erforschung der physischen Welt. Der physische Körper ist das Vehikel zur Manifestation der Seele auf dieser Ebene der Existenz, so wie die Seele das Vehikel für die Manifestation des Geistes oder der Monade auf einer höheren Ebene ist.
Die meisten Menschen erkennen nicht die Wichtigkeit den physischen Körper im Einklang mit den anderen Körpern zu entwickeln, doch es ist unmöglich, mit einem groben, dichten Körper mit den höheren Energien in Kontakt zu kommen. Die Verfeinerung des physischen Körpers ist von größter Bedeutung. Viele der spirituellen Anwärter entwickeln nur die anderen Körper und vergessen dabei ihren physischen Körper, was schließlich dazu führt, daß sie durch die hervorgerufenen Frequenzunterschiede krank werden.

Es ist nicht die Aufgabe dieses Buches, ein Handbuch zur Pflege des physischen Körpers zu sein, doch es ist angebracht, die folgenden einfachen Ratschläge zu geben, die extrem hilfreich sind:

1. Das Einhalten eines täglichen physischen Fitneßprogramms.
2. Das Essen reiner Nahrungsmittel.
3. Angemessene Schlafgewohnheiten.
4. Wenn möglich, täglich mindestens zwanzig Minuten die Sonne genießen. Die Sonne tötet alle Keime und befreit uns von Krankheiten genauso, wie sie unseren ätherischen Körper vitalisiert.
5. Reinheit. Verwende reichlich Wasser für innen und außen.
6. Vermeide so weit wie möglich Zucker, künstliche Aufputschmittel (Kaffee und Tee) und Drogen.
7. Gönne Dir Zeit für Dich selbst.

Der ätherische Körper

Der ätherische Körper oder das ätherische Doppel ist eine exakte Kopie des physischen Körpers. Es ist der Archetyp, nach dem der physische Körper geformt wird. Im gesamten manifestierten Universum, in den Sonnen- und Planetensystemen und in den verschiedenen Königreichen der Natur gibt es nichts, was nicht einen ätherischen Körper besitzen würde. Dieser ätherische Körper kontrolliert und regiert den physischen Körper. Die Funktion des ätherischen Körpers ist, die Strahlen des Lichts und der Hitze, die wir von der Sonne erhalten, zu speichern und sie durch das Milzchakra zu allen Teilen des physischen Körpers zu leiten. Der ätherische Körper ist ein Netz oder ein Netzwerk aus fein verflochtenen Kanälen. Diese Nervenkanäle werden "Nadis" genannt.

Während der Inkarnation formt dieses Netzwerk der Nadis eine Barriere zwischen den physischen und den astralen Ebenen. Menschen, die große Mengen Drogen konsumiert haben, können dadurch ein Zusammenbrechen dieses Netzes bewirken, so daß sie den niederen Astralenergien gegenüber ungeschützt sind. Der ätherische Körper könnte auch mit der Energiebatterie des physischen Körpers verglichen werden. Stauungen in irgendwelchen Teilen des ätherischen Körpers können zu vielen Formen von Erkrankungen und mentalen Störungen führen. Der ätherische Körper wird durch Gedanken vitalisiert und kontrolliert und kann durch rechtes Denken zur vollen Funktion gebracht werden. Die meisten Krankheiten, an denen der physische Körper leidet, haben ihre Wurzeln im ätherischen und astralen Körper. Die entscheidenden Faktoren in der Erhaltung eines gesunden ätherischen Körpers sind Sonnenschein, eine behutsame Diät mit der Betonung auf entsprechende Proteine und Vitamine und die Vermeidung von Kummer und Sorgen.

Der Astralkörper

Der Astralkörper verbindet uns mit der astralen Ebene und mit unseren Wünschen und Emotionen. Wenn wir durch unseren Astralkörper - also durch unsere Wünsche und Gefühle - gelenkt werden, gewinnt der Astralkörper die Oberhand über den bewußten Verstand, obwohl der bewußte Verstand die Meisterschaft über die Gefühle haben sollte.

Viele Menschen benutzen diesen Körper, wenn sie in astralen Projektionen herumreisen. Wir alle machen das in der Nacht, während wir schlafen, und oftmals träumen wir sogar davon, in diesem Körper herumzufliegen. Einige Menschen haben die Fähigkeit entwickelt, bewußt in diesem Körper zu reisen. Die Begrenzung dabei liegt darin, daß man mit ihm nur auf der astralen Ebene herumreisen kann. Wenn man in seinem Seelenkörper oder Lichtkörper herumreisen würde, dann hätte man einen viel größeren Spielraum der Dimensionen, die man bereisen könnte. Die großen Lehren des Hinduismus und Buddhismus betonen die Notwendigkeit, das Verlangen auszulöschen. Dies bedeutet, daß das einzige Verlangen sein sollte, die Freiheit zu erlangen und Gott zu verwirklichen und nicht irgendwelchen materiellen Begierden des negativen Egos nachzugeben.
Der Astralkörper erhält die Impressionen eines jeden vorbeiziehenden Wunsches, dem er in der Umwelt begegnet. Jedes Geräusch versetzt ihn in Schwingung. Die große Notwendigkeit des spirituellen Anwärters besteht darin, den Astralkörper zu trainieren, daß er nur noch die Impressionen aufnimmt und registriert, die von den höheren Ebenen oder dem Höheren Selbst kommen. Das Ziel des Anwärters ist, den Emotionalkörper so zu trainieren, das er ruhig wird und klar wie ein Spiegel, so daß er eine perfekte Reflektion bietet. Die Worte, die das Ideal des Emotionalkörpers beschreiben sind: ruhig, gelassen, unerschütterlich, klar.

In den Büchern von Alice Bailey hat Djwhal Khul erklärt, wie man den Emotionalkörper beruhigt:

1. Durch das ständige Beobachten aller Wünsche, Motive und Begierden, die täglich den Verstand durchkreuzen und dem anschließenden Betonen von allem, was von einer höheren Ordnung stammt und durch die Hemmung des Niederen.

2. Durch den ständigen täglichen Versuch, sich mit dem Höheren Selbst zu verbinden und dessen Wünsche im täglichen Leben zu reflektieren.

3. Durch bestimmte Zeiten der täglichen Meditation, um den Emotionalkörper zu beruhigen. Jeder Anwärter des spirituellen Pfades muß für sich selbst herausfinden, wann er am anfälligsten ist für

verletzliche Schwingungen, wie Furcht, Sorgen, persönliches Verlangen jeglicher Art, persönliche Liebe von irgend etwas oder irgend jemandem, Entmutigung und Überempfindlichkeit gegenüber der öffentlichen Meinung. Dann muß er diese Schwingungen durch einen neuen Rhythmus überwältigen, der eindeutig diese niederen Schwingungen eliminiert und rekonstruiert.

4. Durch die Arbeit am Emotionalkörper in der Nacht, unter der Leitung von fortgeschritteneren Seelen, die wiederum unter der Führung eines Meisters stehen.

Wenn die Illusion und der Glanz überwältigt sind, dann wird der Astralkörper aus dem Bewußtsein des Menschen ausgeblendet. Es bleibt kein Verlangen des getrennten Selbst zurück. Das Ego verschwindet und der Mensch wird als die Essenz der Seele, des Verstandes und des Gehirns innerhalb der Natur des physischen Körpers bestehend, betrachtet.

Der Mentalkörper

Der Mentalkörper ist mit der mentalen Ebene und dem logischen Verstand verbunden. Die Verfeinerung und Entwicklung dieses Körpers ist das Resultat harter Arbeit und Unterscheidung. Es besteht die Notwendigkeit zum klaren Denken. Nicht nur über Themen, bei denen gerade das Interesse geweckt wurde, sondern auch über alles andere, das unser Leben beeinflußt. Mentale Klarheit bedeutet, die Fähigkeit, Gedankenformen aus der Gedankenmaterie zu erzeugen, und diese Gedankenformen zur Hilfe der Menschheit einzusetzen. Eine der größten Notwendigkeiten in bezug auf den Mentalkörper ist, zu lernen, den Mentalkörper zu beruhigen, so daß Gedankenformen von den abstrakten und intuitiven Ebenen einen empfänglichen Geist vorfinden, worin sie sich ausdrücken können.
In bezug auf den Mentalkörper sollten zwei Qualitäten vor allen anderen entwickelt werden. Erstens eine unerschütterliche Beharrlichkeit und Stärke. Die ausgeprägte Beharrlichkeit erklärt, warum ein einfacher Mensch oft seine Einweihungen vor einem Genie erhält. Zweitens ein Entwicklungsprozeß ohne

übertriebene Selbstanalyse. Ziehe nicht Deine Wurzeln heraus, um zu sehen, ob es dort ein Wachstum gibt. Der Mentalkörper bleibt bei einer aufrecht-erhaltenen guten mentalen Diät klar und rein. Bei jedem Gedanken, der aus Deinem Unterbewußtsein oder von anderen Menschen kommt, sollte geprüft werden, ob er von Gott oder nicht von Gott kommt, und ob er der Wahrheit oder der Illusion entspricht.
Wenn der Gedanke positiv und von Gott ist, dann lasse ihn ebenso in Deinen Verstand, wie Du gute Nahrung in Deinen Magen läßt. Wenn der Gedanke negativ und nicht von Gott ist, so verweigere ihm den Zutritt in Deinen Verstand. Es ist ein ständiger Prozeß des Bewußtbleibens und der Aufmerksamkeit, um seinen Mentalkörper rein zu halten, bei dem man versucht, nicht auf die Ebene des Auto-Piloten zu geraten. Das Reinhalten des Mentalkörpers wird Dir auch helfen, Deinen emotionalen, ätherischen und physischen Körper rein und sauber zu halten, denn es sind Deine Gedanken, die Deine Realität erschaffen. Dieser letzte Punkt kann nicht genug betont werden!

Der Seelen- oder Kausalkörper

Der Seelen- oder Kausalkörper befindet sich auf der höheren Mentalebene, und seine Charakteristik ist die des abstrakten Geist. Der Kausalkörper ist der Tempel der Seele. Er ist das Lagerhaus für all das in diesem und in vergangenen Leben entstandene gute Karma und die daraus erworbenen Tugenden. Der Kausalkörper ist eine Sammlung von drei permanenten Atomen, die das Aufzeichnungsgerät für unseren physischen, astralen und mentalen Körper sind. Diese permanenten Atome zeichnen unser gesamtes Karma auf.
In unseren ersten Inkarnationen auf der Erde war unser Kausalkörper ein farbloses Oval, das die Seele wie ein Dotter im Ei gehalten hat. Als wir uns immer wieder und wieder inkarniert haben, haben wir dabei gutes Karma und bestimmte Qualitäten in unserem Kausalkörper gebildet, so daß er begonnen hat, zu einem selten schönen Gebilde zu werden, das in sich alle Farben des Regenbogens beherbergt. Djwhal Khul hat dies als eine Form des "göttlichen Vampirismus" bezeichnet, wobei die Seele all das Gute aus dem Leben einer Persönlichkeit aufsaugt und im Körper der Seele speichert.

Diese Bereicherung vollzieht sich zu Beginn nur sehr langsam, doch gegen Ende der Inkarnationen, wenn man sich ganz sicher auf den Weg der Prüfungen und Einweihungen begibt, schreitet diese Arbeit immer schneller voran. Mit der Vierten Einweihung erreicht man die Befreiung aus dem Rad der Wiedergeburt, der Kausalkörper verglüht und verschmilzt wieder mit der Monade, und die sich entwickelnde Seelenausdehnung erhält ihre Führung eher von der Monade, als von der Seele. Das ist ein wahrer Meilenstein in der Einweihung einer Seele auf dem spirituellen Pfad.

Der buddhische Körper

Der buddhische Körper ist mit der buddhischen Ebene verbunden und seine charakteristische Qualität ist die Intuition. Nach dem Durchschreiten der Vierten Einweihung lebt man im buddhischen Körper.

Der atmische Körper

Der atmische Körper ist mit der atmischen Ebene verbunden und seine Qualität ist die des spirituellen Willens. Das ist der Körper, den jemand inne hat, wenn er die Fünfte Einweihung durchschreitet.

Der verherrlichte Lichtkörper

Der Lichtkörper ist der Körper, in dem wir zur Zeit unseres Aufstiegs leben. Der Aufstieg ist die vollkommene Verschmelzung mit der Monade und/oder mit der ICH BIN - Gegenwart auf der Erde. Das ist die Zeit, in der unser gesamtes Sein, einschließlich unseres physischen Körpers, mit dem Licht verschmilzt. Es ist der Lichtkörper, in den wir offiziell eintreten. In gewissem Sinn ist er das "Hochzeitskleid", das wir Tag für Tag bilden, wenn wir auf dem Pfad der Einweihungen entlangreisen. Er wird durch das Licht erzeugt, das wir durch unser tägliches Leben erschaffen. Dieser Körper wird erst kurz vor dem Aufstieg fertiggestellt.

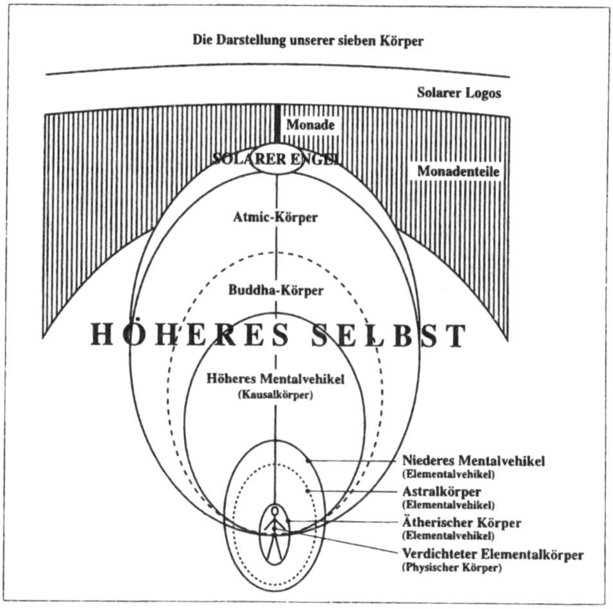

Die Aura

Alles, was erschaffen wurde, hat irgendeine Form der Aura. In menschlichen Wesen umgibt die Aura den Zentralen Kern oder die Ausdehnung der überschattenden Seele. Die Aura setzt sich aus vier verschiedenen Feldern zusammen. Diese Felder sind die physische Gesundheitsaura, die Astral- oder Emotionalaura, die Mentalaura und die Aura des ätherischen Körpers. Üblicherweise ist die astrale Aura die dominanteste in den meisten Menschen auf unserem Planeten, obwohl sich das gerade zu ändern beginnt, da wir uns derzeit tiefer in die arische Wurzelrasse hineinentwickeln, die eine mentale Ausrichtung hat.

Normalerweise ist die Mentalaura eines durchschnittlichen Menschen sehr klein, sie entwickelt sich jedoch rasch, sobald sich der Schüler in dem Mentalkörper zu polarisieren beginnt. Dieser Prozeß geschieht in den späteren Stufen der Zweiten und in den anfänglichen Stufen der Dritten Einweihung. Djwhal Khul hat in dem Alice Bailey Buch "Ponder on this" gesagt, daß die "mentale Aura schließlich die emotionale oder astrale Aura verdeckt und daß dann die Seelenqualität der Liebe einen Stellvertreter erschafft, der von höherer Natur ist."

Jeder Mensch lebt und bewegt sich in seinem vierfachen Aurafeld. Diese lebende, vitale Aura dient als Aufzeichnungsgerät aller Impressionen objektiver wie subjektiver Natur. Die Aura ist für die Wirkung auf andere Menschen verantwortlich, und nicht so sehr die Worte, wie das viele Menschen glauben. Es ist auch die Aura, die die Meister beobachten. Die Meister suchen speziell nach dem Licht der Seele in der Aura, um zu entscheiden, ob sich der Schüler dem Weg der Gefolgschaft nähert. Sobald die emotionalen Reaktionen nachlassen und sich der mentale Apparat zu klären beginnt, wird der Fortschritt des Anwärters bemerkt.

Die Aura ist von strahlender Natur und dehnt sich von all den Körpern in jede Richtung aus. Die sieben Chakren haben einen starken Einfluß auf die Natur der menschlichen Aura. Eine sehr emotionale Person, die durch ein stark überentwickeltes und unkontrolliertes Solarchakra arbeitet, kann zu Hause oder im Büro einen verheerenden Schaden anrichten. Auf der anderen Seite kann ein Schüler des geistigen Weges bewußt sein Herz- oder Kehlchakra benutzen, um Hunderte zu inspirieren. Die Aura wird durch eine rechte Lebensweise, reines Denken und liebevolle Handlungen richtig zum Strahlen gebracht. Das führt den Eingeweihten dahin, zu einem Zentrum des lebendigen Lichts zu werden, in dem alle sieben Chakren in einem einzigen Licht vereint sind. Jeder Mensch sieht die Welt durch seine Aura. Die vier Worte, die die menschliche Aura am besten beschreiben sind: Farbe, Licht, Qualität und Wirkung oder Einfluß. Die meisten Medien oder hellsichtigen Menschen sehen nur den astralen Bereich der Aura. In Wahrheit jedoch gibt es sieben Schichten in der Aura.

Die Aura des Christus war so kraftvoll, daß alles, was die Menschen zu tun hatten war, ihn zu berühren oder in seiner Nähe zu sein und die Tugenden konnten von ihm herausfließen und heilen. Die Aura eines jeden Menschen ist entweder anziehend oder abstoßend, entsprechend der Programmierung des Individuum. Auch Gruppen haben eine Aura. Genauso wie die Länder und die gesamte Erde ihre eigene Aura haben. Ich habe einmal eine sehr schöne Buddhastatue gekauft und ein hellsichtiger Freund erzählte mir, ohne daß ich ihn darum gebeten hatte, daß das Herzchakra der Statue sich dreht und offen ist. Ein Meister muß nur auf die Reflektion des Lichtes in der Aura eines Menschen achten, um die Stufe seiner Evolution zu erkennen.

Die Bedeutung der Farben in der menschlichen Aura

Rot:
Die Farbe rot reflektiert den physischen Aspekt des Geistes, sowie Leidenschaft, Ärger, physisches Verlangen, Emotionen, Kraft und Vitalität. Sie steht mit dem ersten Strahl des Willens in Verbindung.

Blau:
Die Farbe blau reflektiert den religiösen oder spirituellen Bereich des Geistes, einschließlich der Kontemplation, dem Gebet, dem Himmel, der Spiritualität und Selbstlosigkeit, sowie den Emotionen der Liebe, Hingabe und Ehrfurcht. Blau ist eine beruhigende und besänftigende Farbe.

Gelb:
Die Farbe gelb reflektiert die intellektuelle Veranlagung wie Logik, aktive Intelligenz, Analyse und Urteilskraft.

Weiß:
Die Farbe weiß reflektiert den reinen Geist.

Schwarz:
Schwarz ist das Fehlen von Farbe. Es ist das Gegenteil des reinen Geistes und daher der Ausdruck der schwarzen Magie. Sie zeigt auch Haß, Wut, Habgier, Rachegefühle und Bosheit an.

Grau:
Die Farbe grau in der Aura reflektiert negative Gedanken und Emotionen.

Violett:
Die Farbe violett ist eine sehr spirituelle Farbe. Sie zeigt normalerweise die Ausgeglichenheit des Geistes an und die Suche nach einer Ursache oder einer religiösen Erfahrung. Durch ihre Verbindung mit dem siebten Strahl wurde sie mit der Umwandlung in Zusammenhang gebracht.

Orange:
Eine intensive, vitale Farbe, sie zeigt normalerweise Sorgen und Überlegungen über andere an. Sie ist mit dem fünften Strahl des konkreten Wissens verbunden.

Grün:
Normalerweise deutet diese Farbe auf Heilung hin und ist hilfreich, stark und freundlich. Es ist eine Farbe, die Ärzte und Krankenschwestern oftmals aufweisen. Sie ist mit dem vierten Strahl der Harmonie durch Konflikt verbunden.

Farbtabelle der menschlichen Aura

Die folgende Tabelle stammt aus dem Buch von Edgar Cayce mit dem Titel: "Auras". Das interessante daran ist, daß sie sowohl die Leidens- oder negativen Aspekte jeder Farbe zeigt, wie auch die positive Seite. Die Tabelle zeigt auch die Planeten und musikalischen Noten, die mit jeder Farbe verbunden sind.

Die menschliche Aura

Farbe	*Note*	*Planet*	*Interpretation*	*Negativer Aspekt*
rot	do	Mars	Fortschritt, Tugend, Energie	Nervosität, Egoismus
orange	re	Sonne	Nachdenklichkeit Überlegungen	Faulheit Zwang
gelb	mi	Merkur	Gesundheit, Wohlbefinden, Freundlichkeit	Willensschwäche
grün	fa	Saturn	Heilung, Hilfsbereitschaft	zusammen mit gelb - Betrug
blau	sol	Jupiter	Spiritualität, Kunst, Selbstlosigkeit	Kampf, Melancholie
indigo	la	Venus	religiöses Streben	Herz- und Magenbeschwerden
violett	si	Mond	religiöses Streben	Herz- und Magenbeschwerden

16. Die zweiundzwanzig Chakren

"Die Chakren sind ihrer Natur nach Verteilungsorgane und elektrische Batterien, die den Menschen mit dynamischer Kraft und qualitativen Energien versorgen."
Djwhal Khul, gechannelt von Alice A. Bailey

Das übliche Verständnis der meisten Menschen über unser Chakrensystem ist, daß wir sieben Chakren haben. Das ist ein gültiges Verständnis, wenn wir nur die Dritte Dimension der Realität beachten. Tatsache ist jedoch, daß wir acht viert-dimensionale Chakren und weitere sieben fünft-dimensionale Chakren haben. Darüber hinaus gibt es noch weitere sechst- und siebent-dimensionale Chakren, doch die liegen weit hinter meinen Möglichkeiten, sie zu erklären oder selbst nähere Informationen darüber zu erhalten. Die Information über die zweiundzwanzig Chakren stammt von Vywamus durch Dorothy Bodenburg von der Tibetan Foundation. Das folgende Diagramm beschreibt die zweiundzwanzig essentiellen Aspekte unseres Wesens.

Unsere sieben Hauptchakren sind diejenigen, welche den ätherischen Körper mit dem physischen Körper verbinden. Die sieben Chakren befinden sich innerhalb des ätherischen Körpers und nicht innerhalb des physischen Körpers. Jedes Chakra hat ein bestimmtes Energiemuster mit einer bestimmten Aufgabe. Seit der Harmonischen Konvergenz im August 1987 hat sich eine Energiestruktur entwickelt, die den viert-dimensionalen Chakren erlaubt, in die physische Ebene zu kommen.

Die höheren Chakren durch die Dimensionen
Von Vywamus durch Dorothy Bodenburg

Dritte Dimension	*Vierte Dimension*	*Fünfte Dimension*
0 Erde	8 Sitz der Seele	16 Aufstieg Universales Wesen
1 Basis	9 Lichtkörper	17 Universales Licht
2 Polarität	10 Integration der Polaritäten	18 sechst-dimensionale göttliche Absicht
3 Solar-Plexus	11 New Age Energien	Keine Entsprechung
4 Herz	12 Christusbewußtsein	19 Universale Energie
5 Kehle	13 Manifestierende Schwingung, Kommunikation	20 Wesenheit
6 Drittes Auge	14 Göttlicher Plan	21 Göttliche Struktur
7 Krone	15 Monadenverbindung	22 Quellenverbindung

Die dritt-dimensionalen Chakren

Das Wurzelchakra

Das erste Chakra ist der Sitz des physischen Körpers. Es ist die Verbindung, die sich auf unser Erdenleben konzentriert. Es beschäftigt sich mit Themen wie Erdung und dem Fortbestand. In der lemurischen Periode der Erdgeschichte war das Wurzel- oder Basischakra dasjenige, das am weitesten geöffnet war. Das erste Chakra handelt von den Überlegungen, warum wir überhaupt hier auf der Erde sind. Seine Farbe ist rot und es ist mit den Sexualdrüsen verbunden.

Das zweite Chakra

Das zweite Chakra ist das Polaritätschakra. Es hat mit Kreativität, der Balance zwischen männlich und weiblich, und mit unseren sexuellen Energien zu tun. Die Rückseite des zweiten Chakras ist mit dem Sitz des Unterbewußtseins verbunden. Die Drüsen, mit denen es zusammenhängt, sind die Langerhansschen Inseln der Bauchspeicheldrüse, die wiederum in einer Beziehung mit dem Lymphsystem des Körpers stehen. Die Farbe dieses Chakras wird üblicherweise als orange bezeichnet. Dieses Chakra bezieht sich auf die spätere lemurische Entwicklung.

Das Solar-Plexus-Chakra

Das dritte Chakra ist der Sitz des Emotionalkörpers. Die Drüsen, die damit in Verbindung stehen, sind die Nebennieren. Seine Farbe wird üblicherweise mit gelb in Verbindung gebracht. In der Geschichte der Erde konzentrierte sich die atlantische Periode auf die Entwicklung dieses Chakras.

Das Herzchakra

Das vierte Chakra handelt von der bedingungslosen Liebe. Die Drüse, die damit in Verbindung steht, ist die Thymusdrüse. Üblicherweise ist seine Farbe grün. Dieses Chakra wurde in der christlichen Zeit stärker entwickelt.

Das Kehlchakra

Das Kehlchakra handelt von der Kommunikation, dem Ausdruck und der Verwendung des freien Willens. Die Drüse, die mit ihm verbunden ist, ist die Schilddrüse. Die übliche Farbe für dieses Chakra ist blau. Es ist das Chakra, daß im Wassermannzeitalter entwickelt und geöffnet wurde.

Das Chakra Drittes Auge

Das Dritte Auge steht für die innere Sicht, die spirituelle Sicht und die Vision. Die Drüse, die mit ihm verbunden ist, ist die Hirnanhangdrüse. Die Farbe, die am meisten mit ihm in Verbindung gebracht wird, ist violett. Das Dritte Auge steht auch in bezug zum bewußten Verstand.

Das Kronenchakra

Das Kronenchakra hat mit dem Überbewußtsein, dem Höheren Selbst, und/oder Gott zu tun. Es ist wahrlich unser Tor für die höheren Energien. Die Farbe ist meistens weiß oder weiß mit Funken von Regenbogenfarben darin. Die Drüse, die mit dem Kronen- oder Scheitelchakra in Verbindung steht, ist die Zirbeldrüse.

Die sieben Hauptchakren, Vorder- und Rückenansicht

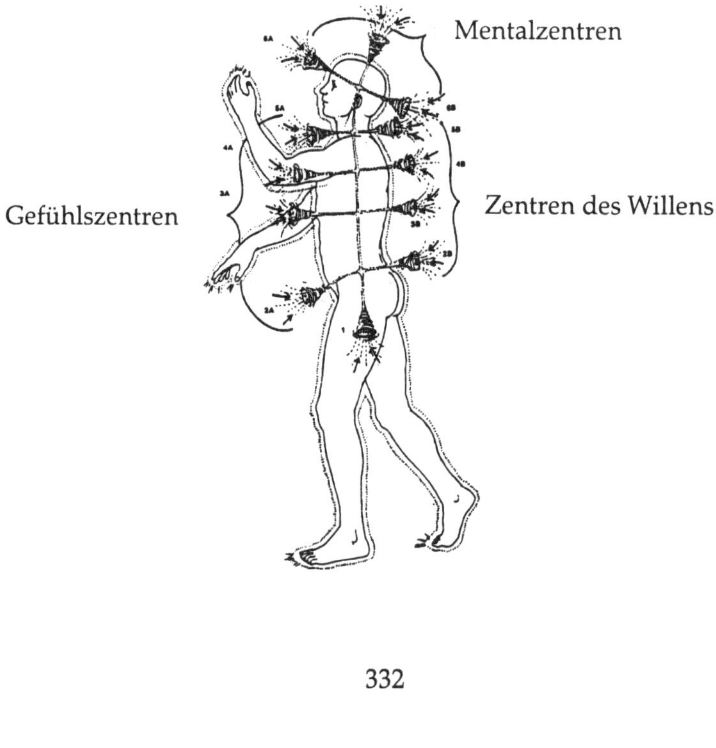

Die Farben der Chakren

Nachstehend werden die Chakrenfarben der meisten Gedankenschulen angeführt, die am häufigsten zur Visualisierung der Chakren verwendet werden. Ich habe jedoch auch eine aktualisierte Farbgebung angeführt, wie sie Djwhal Khul erst kürzlich meiner Frau und mir mitgeteilt hat.

Chakra	*Standardfarbe*	*Farben von Djwhal Khul*
Wurzelchakra	rot	violett
Zweites Chakra	orange	indigo
Solar Plexus	gelb	gelb
Herzchakra	grün	rosa (mit einem Hauch von violett)
Kehlchakra	blau	blau (mit einem orangen Dreieck in der Mitte)
Drittes Auge	indigo	gold
Kronenchakra	violett	regenbogenweiß

Das Töne der Chakren

Neben der Verwendung von Licht und Farben, um die Chakren zu öffnen, ist es auch noch möglich, mit Tönen zu arbeiten. Djwhal Khul hat die Töne gechannelt, die mit den sieben dritt-dimensionalen Chakren in Verbindung stehen.

Chakra	*Töne von Djwhal Khu*		*Hindu Töne*
Wurzelchakra	O	(oh)	Lam
Zweites Chakra	SHU	(shuk)	Yam
Solar Plexus Chakra	YA	(yawn)	Ram
Herzchakra	WA	(way)	Yam
Kehlchakra	HE	(he)	Ham
Drittes Auge	HU	(hue)	Om
Kronenchakra	I	(eye)	Aum

Die sieben Chakren und Drüsen

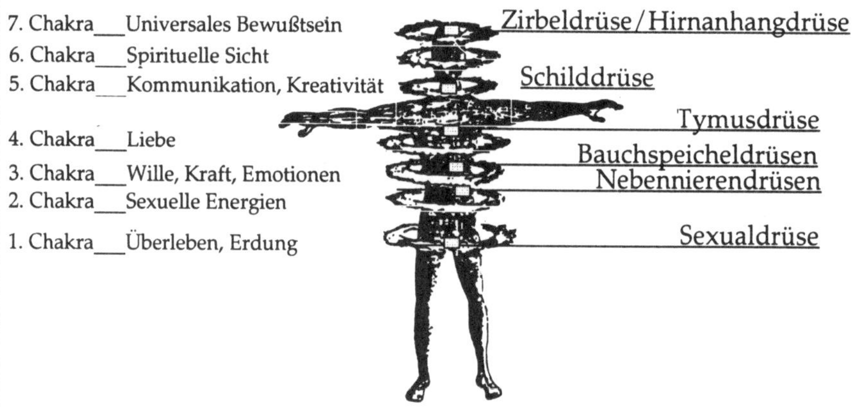

Die viert-dimensionalen Chakren

Vor ein paar Jahren wurde ich von Djwhal Khul darauf aufmerksam gemacht, daß wir mehr als sieben Chakren haben, als er mir erzählte, daß wir zwölf Chakren haben. Er sagte, daß die höheren Chakren durch die Höherentwicklung eines Menschen beginnen, in die vormals dritt-dimensionalen Chakren herabzusinken. Während dieses Gesprächs habe ich gefragt, ob meine Chakren bereits herabgestiegen wären. Er hat mir geantwortet, daß mein zehntes Chakra in mein Kronenchakra gesunken war und mein neuntes Chakra in mein Dritten Auge. Mein achtes Chakra war in mein Kehlchakra gestiegen und so weiter, den ganzen Weg durch mein Chakrensystem und meinen Körper hinunter. Ich fand diese Information überaus faszinierend. Seit dieser Zeit habe ich begonnen, mein zwölftes Chakra in mein Kronenchakra herabzurufen. Ich habe auch damit begonnen, mich mehr auf die Energie und die Qualität dieses Chakras, des Christusbewußtseins, in meinem Leben zu konzentrieren.

In einem späteren Gespräch mit Djwhal Khul hat er mir dann gesagt, daß ich bereits mein zwölftes Chakra in meinem Kronenchakra stabilisiert hatte und mein elftes Chakra in meinem Dritten Auge und so weiter, den Weg durch mein Chakrensystem hinunter.

Erst seit kurzem erhielt ich die Information von Vywamus, daß es tatsächlich zweiundzwanzig Chakren gibt. Mein persönlicher Fokus von nun an ist, mein fünfzehntes Chakra in meinem Kronenchakra zu verankern. Das fünfzehnte Chakra hat mit der Monadenverbindung zu tun. Das sechzehnte Chakra ist das Chakra, das sich im Kronenchakra beim Aufstieg verankert. Djwhal Khul hat ausdrücklich davor gewarnt, bereits vor dem Aufstieg ein höheres Chakra als das Fünfzehnte herabzurufen, weil die Gefahr besteht, daß der physische Körper wegen der zu hohen Frequenzen ausbrennt. Es ist jedoch zulässig, die Farben der Energien der fünft- dimensionalen Chakren hervorzurufen.

Das achte Chakra

Das achte Chakra ist das erste Chakra der vierten Dimension und der Sitz der Seele. So, wie in der Dritten Dimension die Erde als Nummer null bezeichnet wird und die physische Existenz repräsentiert, wird in der Vierten Dimension der Sitz der Seele zum Sitz der Existenz. Die Farben der Chakren acht bis zwölf sind exakt dieselben Farben der höheren viert-dimensionalen Strahlen. (Diese Strahlen werden im Kapitel über die Wissenschaft der Strahlen in meinem Buch "Das Komplette Aufstiegshandbuch" näher beschrieben). Die Farbe des achten Chakras ist smaragdgrün und violett.

Das neunte Chakra

Das neunte Chakra entspricht dem Wurzelchakra im dritt-dimensionalen Chakraraster. Es steht in Verbindung mit dem Lichtkörper und hat mit Freude zu tun. Wenn dieses Chakra aktiviert ist, entzündet sich der Lichtkörper, der sich jetzt in Deiner zellularen und sub-zellularen Struktur befindet. Die Farbe dieses Chakras ist blaugrün.

Das zehnte Chakra

Das zehnte Chakra steht mit dem Polaritätschakra der Dritten Dimension in Verbindung. Es hat mit der Integration des männlichen und weiblichen Aspektes zu tun. Dieses Chakra beginnt erst dann zu arbeiten, wenn die männlichen und weiblichen Energien vollkommen ausbalanciert sind. Dies äußert sich in einem Zustand der Leichtigkeit und der Ausrichtung mit der Seele. Die Farbe dieses Chakras ist von perlweißer Tönung.

Das elfte Chakra

Das elfte Chakra ist das Chakra der New Age Energien. Es entspricht dem Solarchakra der dritt-dimensionalen Chakren. Die Verbindung des dritten Chakras mit dem elften Chakra erlaubt uns, unsere traumatischen Erlebnisse vergangener Leben zu mindern, die im dritten Chakra gespeichert sind. Die Energie des elften Chakras ist wie eine Welle, die immer wieder durch den Körper fließt und ihn wieder verläßt, ohne im Körper zu verbleiben, oder sich an irgendeiner Stelle an eine falsche Wahrnehmung zu binden. (Wenn jemand in einer emotionalen Art reagiert hat, dann war es vor dem Zugang zur Vierten Dimension möglich, daß dieses Chakra sich mit einer falschen Wahrnehmung verbunden hat, die bereits im Körper bestanden hat.) Die Farbe dieses Chakras ist orange-rosa.

Das zwölfte Chakra

Das zwölfte Chakra ist der Sitz des Christusbewußtseins, welches die transformierende Energie ist, die alle anderen Energieformen miteinander verbindet. Es steht mit dem Herzchakra der Dritten Dimension in Verbindung und schimmert in einer goldenen Farbe.

Das dreizehnte Chakra

Das dreizehnte Chakra hat mit der Manifestation der schwingenden Kommunikation zu tun. Es ist das Chakra, das beim Materialisieren und Dematerialisieren, sowie bei der Teleportation verwendet wird. Es wird auch zur Heilung verwendet. Es ist von zart rosa-violetter Farbe.

Das vierzehnte Chakra

Das vierzehnte Chakra hat mit dem göttlichen Plan zu tun. Es erlaubt dem mentalen Geist sich hinzugeben. Das vierzehnte Chakra sagt, daß Du dem göttlichen Plan ohne Überlegung oder Einschätzung durch Dein mentales Glaubensmuster erlaubst, Dir den Weg zu zeigen. Dieses Chakra entspricht dem Dritten Auge im dritt-dimensionalen Chakrensystem. Es bringt Hellsichtigkeit in die Vierte Dimension. Es ist der Beginn Deiner Unbegrenztheit. Die Farbe dieses Chakras ist blau-violett.

Das fünfzehnte Chakra

Das fünfzehnte Chakra hat etwas mit Deiner Monadenverbindung zu tun. Es entspricht dem Kronen- oder Scheitelchakra der dritt-dimensionalen Chakren, Deiner spirituellen Verbindung. Das Öffnen des fünfzehnten Chakras ermöglicht Dir eine neue spirituelle Verbindung zu Deiner Monade. Dies geschieht, wenn Du die Vierte Einweihung erhalten hast. Bei der Fünften Einweihung verschmilzt Du mit Deiner Monade, was Dich zum Tor des Aufstiegs führt. Wenn dieses Chakra tätig wird, dann bedeutet dies, daß die Struktur Deiner Seele stabil genug ist, mit den Energien und Informationen der Monadenebene umzugehen. Seine Farbe ist golden-weiß.

Die fünft-dimensionalen Chakren

Das sechzehnte Chakra

Das sechzehnte Chakra hat mit dem Aufstieg zu tun und damit, zu einem universalen Wesen zu werden. Zum Zeitpunkt des Aufstiegs steigt es in das Kronenchakra herab. Wenn dieses Chakra aktiviert wird, muß sich der Meister entscheiden, ob er künftig auf der physischen Ebene verweilt oder sie verläßt. Ein universales Wesen bewegt sich in jedem Zeitrahmen, in jeder Dimension und in den verschiedenen Körpern und kann sich jeder Energieform anpassen, wenn es nötig ist. Dieses Chakra ist das erste Chakra des fünft-dimensionalen Chakra-Systems. Das Chakra des Aufstiegs in seine Monade und zu einem universalen Wesen wird zur neuen Basis, so wie das achte Chakra, der Sitz der Seele, die Basis der viert-dimensionalen Chakren war. Die Farbe dieses Chakras ist ein strahlendes weiß-violett.

Das siebzehnte Chakra

Das siebzehnte Chakra hat mit dem universalen Licht zu tun, und ist mit dem neunten Chakra, oder dem Lichtkörper der Vierten Dimension verbunden. Wir gehen von der Dritten Dimension, welche fest ist, in die Vierte Dimension, die fest und Licht ist, bis in die Fünfte Dimension, die nur noch Licht ist. Die Farbe dieses Chakras ist weiß.

Das achtzehnte Chakra

Das achtzehnte Chakra steht für die sechst-dimensionale, göttliche Absicht. Wenn dieses Chakra aktiviert ist, dann haben wir die Fähigkeit, an der sechsten Dimension der Realität teilzuhaben. Wenn Du die Tabelle der Chakren betrachtest, dann wirst Du sehen, daß zwischen dem achtzehnten und dem neunzehnten Chakra eine Lücke ist, die sagt "keine Entsprechung". Der Grund dafür ist, daß es auf der Ebene der Fünften Dimension keine Entsprechung für das Solarchakra gibt, weil es bereits mit dem Herzchakra verschmolzen ist. Es ist von rosa-goldener Farbe.

Das neunzehnte Chakra

Das neunzehnte Chakra ist mit der universalen Energie verbunden. Der Fokus der Dritten Dimension galt der Herzenergie, der Vierten Dimension dem Christusbewußtsein und der Fünften Dimension der universalen Energie. Die universale Energie kann von denjenigen wahrgenommen werden, die ihr erlauben, durch dieses Chakra, durch die Monadenebene und durch die Seele zu ihrem physischen Körper zu kommen. Die Farbe ist magenta.

Das zwanzigste Chakra

Das zwanzigste Chakra hat mit der Daseinsform zu tun. In der Dritten Dimension ist es für uns notwendig, zu kommunizieren. In der Vierten Dimension sind wir fähig, in einer erweiterten Art durch die Schwingungen des Lichts miteinander zu kommunizieren. In der Fünften Dimension besteht keine Notwendigkeit mehr für solch einen Austausch. Es ist eine Daseinsform, die keiner Kommunikation bedarf. Es ist von gold-violetter Farbe.

Das einundzwanzigste Chakra

Das einundzwanzigste Chakra hat mit der göttlichen Struktur zu tun. Es wirkt von einem Punkt der Evolution aus, der wahrlich ein Punkt der Auflösung ist. Durch das Dritte Auge kann man in der Dritten Dimension hellsichtig sein, in der Vierten Dimension gibt es den göttlichen Plan. Du befindest Dich nun weit hinter der Struktur der Fünften Dimension, in der Du gelernt hast, wie sich die göttliche Struktur ausbreitet. Vywamus hat respektvoll bezüglich dieses Chakras gesagt: "Jetzt muß ich dir sagen, daß sich noch keiner von euch darüber in den nächsten zwei bis drei Jahren sorgen muß." Seine Farbe ist blau-gold.

Das zweiundzwanzigste Chakra

Das zweiundzwanzigste Chakra hat mit der Verbindung zur Quelle oder Gott selbst zu tun. Seine Farbe ist platin.

Eine Anmerkung zum Schluß

Ich möchte an dieser Stelle der "Tibetan Foundation" und Dorothy Bodenburg für die Abschrift des gechannelten Materials von Vywamus danken, das ich als Grundlage für die Informationen in diesem Kapitel verwendet habe. Einige der besten Channelings, die ich je gesehen habe, stammen von der "Tibetan Foundation", die von Djwhal Khul durch Janet McClure gegründet wurde.

17. Das Emporsteigen der Kundalini

"Es ist leicht, die Kundalini zu erwecken, aber es ist schwierig,
sie durch die Chakren nach oben zum Kronenchakra zu bringen.
Es erfordert ein hohes Maß an Geduld, Ausdauer,
Reinheit und ständiger Übung."
Swami Sivananda

Neben den zweiundzwanzig Chakren und den sieben Körpern enthält die menschliche, spirituelle Konstitution ätherische Nervenbahnen, die auch Nadis genannt werden.

Die Nadis im ätherischen Körper

Der ätherische Körper, oder das ätherische Double, ist die energetische Blaupause des physischen Körpers. Es ist der Körper, der die Lebenskraft an die physische Form verteilt. Er ist die Batterie unseres physischen Körpers. Der ätherische Körper beinhaltet ein Nervensystem von Tausenden von Nerven, die die physische und ätherische Form durchziehen. Die indische Literatur weist darauf hin, daß wir zweiundsiebzigtausend Meridiane oder Nervenbahnen haben, die den ätherischen Körper durchziehen. Es gibt drei dieser Nervenkanäle, die von sehr spezieller und großer Bedeutung für das Verständnis der Kundalini sind. Diese äußerst wichtigen Nervenkanäle heißen Sushumna, Ida und Pingala.

Die Sushumna und die Sutratma oder das Silberband

Die Sushumna ist die zentrale Nervenbahn, die sich innerhalb des Rückenmarks befindet. Sie erstreckt sich vom unteren Ende der Wirbelsäule den ganzen Weg nach oben bis in die Gegend des Dritten Auges und mündet dort in einen noch kraftvolleren Lichtstrahl, genannt Sutratma oder Silberschnur. Die Sutratma erstreckt sich über das Kronenchakra durch die Seele und bis hinauf in die Monade. Die Chakren befinden sich auch im ätherischen Körper, so daß die Sushumna durch sie hindurchgeht und die sieben dritt-dimensionalen Chakren verbindet.

Ida

Die Ida ist die feminine Nervenbahn, die sich vom unteren Ende der Wirbelsäule bis zur linken Nasenöffnung erstreckt. Grundsätzlich verläuft sie entlang der linken Seite der Wirbelsäule, doch sie windet sich im Zickzackmuster durch die sieben dritt-dimensionalen Chakren.

Pingala

Die Pingala ist die maskuline Nervenbahn, die sich vom unteren Ende der Wirbelsäule bis zur rechten Nasenöffnung erstreckt. Sie verläuft grundsätzlich auf der rechten Seite der Wirbelsäule und windet sich in einem ähnlichen Zickzackmuster durch die Chakren nach oben. Ida und Pingala repräsentieren die zwei Gegensätze der selben Energie. Die Pingala kontrolliert die rechte Hälfte des Körpers und die Ida kontrolliert mehr die linke Hälfte des Körpers. Die Sushumna ist eher neutraler Natur. Das Ideal ist, die Energie der Ida und Pingala auszubalancieren. Die Sushumna ist während des Sonnenaufgangs und -untergangs am aktivsten, sowie in der Zeit zwischen 4.00 Uhr morgens und Sonnenaufgang. Das ist der Grund, warum die östlichen Religionen empfehlen, zu dieser Zeit zu meditieren.

In diesem Buch spreche ich hauptsächlich über die Notwendigkeit der Balance zwischen den vier Körpern, den drei Verstandesebenen, den sieben Chakren und den Yin und Yang Aspekten unseres Seins. Es ist faszinierend zu sehen, wie die Ida und Pingala diese zwei Facetten innerhalb unserer tatsächlichen spirituellen Konstitution repräsentieren. Wenn eine Person entweder zu feminin oder zu maskulin ist, dann zeigt sich das im Energiefluß durch die Ida und Pingala.

Die Kundalini

Das Wort Kundalini bedeutet soviel wie "zusammengerollt" und bezeichnet die ruhende Energie oder Kraft in jedem Menschen. Sie liegt wie eine Schlange zusammengerollt am unteren Ende der Wirbelsäule im ätherischen Körper. Diese Spiralenergie dient auch während des Ruhezustandes zur Vitalisierung des physischen Körpers und der Organe. Sobald die Kundalinikraft erweckt ist, beschleunigt sie ständig die Schwingung der Chakren, sowie des physischen, astralen und des mentalen Körpers. Das Emporsteigen der Kundalini hat zwei grundlegende Effekte. Zuerst beginnt sie alles Grobe und Ungeeignete aus dem physischen, emotionalen und mentalen Körper zu beseitigen. Zweitens bringt sie das Bewußtsein dazu, alle in seiner Reichweite liegenden hohen Qualitäten zu absorbieren, die der Erhöhung der Energie des ätherischen Körpers dienen.

Eines der Hauptzwecke der Aktivierung der Kundalinienergie entlang der Sushumna ist, dadurch die Zirbel- und Hirnanhangdrüse zu aktivieren, was eine Öffnung des Dritten Auges hervorruft. Diese Auswirkung ist eine Offenbarung der subtileren Ebenen des spirituellen Lebens für das Individuum. Wenn die Kundalini ruht, so kann sie die Fortpflanzungsorgane und sexuellen Impulse anregen. Viele junge Seelen verschwenden diese Energie durch übertriebene sexuelle Aktivitäten und verpassen daher die Gelegenheit, einen Teil der Energie der Sushumna zum Dritten Auge und zum Scheitelchakra emporzuleiten.
Viele Menschen des New Age beginnen mit der Praktik des Tantra, um dabei zu lernen, die Energie entlang der Sushumna durch die Chakren nach oben zu leiten und dadurch Orgasmen auf allen sieben Ebenen ihres Seins zu erleben. Mit dem Partner zu erlernen, mit allen Chakren zu verschmelzen ist wie eine

Liebesakt-Meditation. Es gibt heute schon zahlreiche gute Bücher zu dem Thema, wie man erlernt, seine sexuelle Energie emporzuleiten. In der taoistischen Religion wird den Männern gelehrt, den Fluß des Samens innerlich zu lenken und die Essenz daraus nach oben zu leiten, anstatt ihn nach außen abzugeben. Die Taoisten lehren, daß zu viele Orgasmen die Lebenskraft eines Mannes verschwenden. Ich persönlich neige eher zu einer Philosophie der Mäßigung und Balance in dieser Angelegenheit, doch ich weiß, daß auch Wahrheit in dem liegt, was die Taoisten sagen.

Wenn die Kundalini emporsteigt, dann steigt auch die persönliche Strahlkraft und die Person leuchtet von innen heraus. Swami Vivekananda, einer der großen Heiligen Indiens, hat in seinem Buch "Raja Yoga" über die Kundalini geschrieben:

> "Wenn durch die Kraft langer innigster Meditation die gewaltige Menge an Energie entlang der Sushumna nach oben zu den Kopfzentren steigt, dann ist die Reaktion enorm - es kommt zu einer immensen Steigerung der normalen Reaktion der Sinneswahrnehmung.
> Wo immer irgendeine Manifestation dessen auftritt, was schlechthin als übernatürliche Kräfte oder Weisheit bezeichnet wird, so ist dabei ein kleiner Teil der Kundalini mit im Spiel, der seinen Weg durch die Sushumna gefunden hat. Bei solchen Vorfällen sind die Menschen, zum Großteil aus Unwissenheit gegenüber diesen Übungen, über die Freisetzung eines kleinen Teils der zusammengerollten Kundalini gestolpert."

Ein anderer großer spiritueller Lehrer Indiens, Swami Sivananda schreibt in seinem Buch "Kundalini Yoga":

> "Es ist leicht die Kundalini zu erwecken, doch es ist schwierig, sie durch die verschiedenen Chakren nach oben zum Kronenchakra zu lenken. Es erfordert große Geduld, Ausdauer, Reinheit und Disziplin. Der Yogi,

> der die Kundalini zum Kronenchakra leitet, ist wirklich ein Meister aller Kräfte. Allgemein beenden die Yogastudenten ihre spirituellen Übungen auf dem halben Weg, weil sie auf falsche Befriedigungen setzen. Sie glauben, daß sie ihr Ziel bereits erreicht haben, wenn sie ein paar mystische Erlebnisse oder irgendwelche psychischen Kräfte erlangt haben. Sie streben danach, solche Kräfte in der Öffentlichkeit zu demonstrieren, um Anerkennung und Ruhm zu ernten und dabei Geld zu verdienen. Das ist ein trauriger Fehler. Nur die vollkommene Erkenntnis bringt die letztliche Befreiung, den vollkommenen Frieden und die höchste Glückseligkeit."

Earlyne Chaney schreibt in ihrem Buch "Kundalini und das Dritte Auge" wortgewandt über die Kundalini:

> "Wenn durch Meditation und Atmung die Vereinigung von Ida und Pingala herbeigeführt wird, und die ausbalancierte positive und negative Energie durch den Sushumnameridian nach oben steigt, dann wird die mächtige Kraft der erwachten Kundalini zusammen mit den ausbalancierten Kräften des Prana nach oben gezogen und stoßt auf die maskuline Zirbeldrüse. Das regt die normalerweise passive Zirbeldrüse zur Tätigkeit an.
>
> So erweckt und emporgeleitet, projiziert die Kundalini ihre Energie durch die dritte Kammer und stimuliert so die feminine Hirnanhangdrüse. Als Antwort auf die Essenz aus der Zirbeldrüse vereinigt sich die Hirnanhangdrüse in ihrer mystischen Hochzeit in der dritten Kammer mit der Zirbeldrüse, öffnet augenblicklich das unsagbare Dritte Auge und bringt dem Schüler transzendentale Erleuchtung. Dieses Erlebnis wird in der westlichen Welt als das Erreichen des Christusbewußtseins bezeichnet."

Die Befreiung und Erweckung der Kundalini

Das Erwecken der Kundalini bedeutet nicht, daß der Schüler damit auch die Freiheit erlangt hat; den Schüler erwarten noch viele Erfordernisse weit hinter dem Kundalinierlebnis. Auch wenn die Kundalini erweckt wurde, so verbleibt man üblicherweise nicht in diesem Zustand, bis man durch Jahre ständiger spiritueller Übung, Reinheit und dem Dienst an der Menschheit die höheren Stufen der Einweihung erreicht hat.

Mögliche Zeichen der erwachenden Kundalini:

1. Die Wahrnehmung eines kleinen warmen Bereiches am unteren Ende der Wirbelsäule.

2. Ein sanfter physischer Druck entlang der Wirbelsäule.

3. Kurze Momente der Benommenheit, plötzliche Zunahme von Vitalität oder das Aufblitzen eines blendenen Lichts.

4. Das Gefühl einer innewohnenden Verbindung mit den höheren Ebenen und Dimensionen während der Meditation.

5. Ein Gefühl des Aufstiegs oder des Erhebens in die spirituellen Sphären während der Meditation.

Gefahren der Kundalini

Djwhal Khul sagt in seinen Lehren, daß die Verwendung künstlicher Absichten und Übungen für den Zweck, die Kundalini zu erwecken, mit äußerster Vorsicht angewandt werden sollten. Die Kundalini ist eine überaus starke Kraft und wenn sie unbedacht oder in einer erzwungenen Art emporgeleitet wird, solange der Schüler noch nicht wirklich bereit dazu ist, kann sie dem Individuum einen extremen Schaden zufügen. Grundsätzlich gibt es drei Gedankenschulen zu diesem Thema. Es gibt die Kundalini - Yoga - Meister, die freizügig alle Studenten in den Übungen zum Erwecken der Kundalini unterrichten, ob diese dazu bereit sind oder nicht. Dann gibt es eine Schule, die besagt, daß die Kundalini von selbst, im Rahmen der normalen, spirituellen Entwicklung ohne Nachhilfe aufsteigen sollte. Die dritte Schule ist die, die Djwhal Khul und die Lehren von Earlyne Chaney empfehlen, und die rät, äußerst sorgsam zu sein und die entsprechenden Übungen nur unter der direkten Anleitung eines Lehrers durchzuführen, nachdem Du Dich selbst gereinigt, ausbalanciert und genügend Selbstmeisterschaft erreicht hast, so daß Du dazu fähig bist, mit dieser kraftvollen Energie umzugehen.

Djwhal Khul hat mir gesagt, daß die verfrühte Emporleitung der Kundalini bei einem Schüler, der dazu noch nicht bereit ist, ein Ungleichgewicht im Vier-Körper-System hervorrufen kann, das bis zu zwei Jahre braucht, um wieder in Balance zu kommen. Das unvorsichtige und verfrühte Emporsteigen der Kundalinikraft kann zu ernsthaften Nervenstörungen, Entzündungen von Gewebezellen, Wirbelsäulenschäden und Gehirnschäden führen. Wenn die Kundalini durch ein diszipliniertes Leben des Schülers, in einer natürlichen und zunehmenden Art, durch die Führung eines erfahrenen Lehrers erweckt wird, dann wird sie die Tore zu den Höheren Sphären öffnen.
Es ist auch wichtig, daß die Emotionen bereinigt und unter Kontrolle sind, wenn man sich mit der Kundalini beschäftigt. Angst und Wut oder unangebrachte Motive können die Kundalini dazu bringen, nach unten anstatt nach oben zu steigen, was eine Verwendung dieser Energie durch das Niedere Selbst oder dem fleischlichen, negativen Ego bewirkt.

Zusammenfassung

Für diejenigen unter Euch, die daran interessiert sind, mehr über die Kundalini zu lernen und sich bereit dazu fühlen, den langsamen und allmählichen Prozeß der Aktivierung und des Emporsteigens der Kundalini in einer sicheren Art zu beginnen, möchte ich persönlich das Buch von Earlyne Chaney mit dem Titel

"The Kundalini and the Opening of the Third Eye" empfehlen. Es ist ein ausgezeichnetes Buch und vermittelt eine Menge Basisinformationen, Haltungen, Meditationen, Mantren und Übungen, um diesen Prozeß einzuleiten. Earlyne ist ein Channel für Kuthumi, die Jungfrau Maria und die Aufgestiegenen Meister, und ihre Informationen stimmen sehr gut mit den Lehren von Djwhal Khul überein, der einer meiner Hauptlehrer ist. Wenn Du nach dem Lesen dieses Buches daran interessiert bist, noch tiefer in dieses Thema einzudringen, dann empfehle ich Dir, die Lektionen zu bestellen. Earlyne Chaney´s Lektionen ihrer Mysterienschule "Astara", repräsentieren eine noch tiefere Praktik und sind in der Öffentlichkeit nicht erhältlich. Diese Lektionen erscheinen zweimonatlich und Du kannst, über einen gewissen Zeitraum hinweg, die Übungen des Lama Yoga erlernen, die Kuthumi ihr beigebracht hat.

Dies ist ein sehr sicheres, allmählich aufbauendes Training für diejenigen unter Euch, die ihre Aufmerksamkeit auf die Aktivierung der Kundalini lenken möchten. Ich möchte jedoch sagen, daß es nicht unbedingt nötig ist, sich darauf zu konzentrieren, wenn man sich nicht wirklich dazu berufen fühlt. Wenn sich jemand spirituell entwickelt und die grundlegenden Einweihungen durchschreitet, dann wird sich die Kundalini ganz von selbst emporheben, sofern man irgendeine Form einer regelmäßigen spirituellen Übung praktiziert. Es spielt dabei keine Rolle, mit welcher Art von Religion, spirituellem Weg oder Mysterienschule man sich beschäftigt, denn solange die Lehren rein sind führen alle Wege zum selben Ziel.

18. Channeling

"Channeln zu lernen ist die allerwichtigste
spirituelle Praktik, die jemand erlernen kann,
um sein spirituelles Wachstum zu beschleunigen."
Vywamus

Die meisten Menschen betrachten Channeling als etwas seltsam metaphysisches oder ein esoterisches Phänomen, obwohl es in Wahrheit keinen Menschen auf dieser Erde gibt, der nicht die ganze Zeit über channelt. Wir alle sind Channels (Kanäle). Der springende Punkt dabei ist, was oder wen wir channeln. Die Menschen channeln alles mögliche, einschließlich ihres physischen Körpers, Unterbewußtseins, Egos, ihrer Impulse, Instinkte, Intuitionen, Vitalkräfte, ihrer Monade, Seele, ihre spirituellen Führer und die Aufgestiegenen Meister; sie channeln Einsichten, Inspirationen, bildliche Vorstellungen, Träume, Kunst, Musik, kreatives Schreiben, Heilenergien und so weiter. Sie channeln, aber sie wissen dies nicht, und haben nicht immer die Kontrolle über das, was sie channeln. Wenn jemand an Selbstmeisterschaft über seine Energien zunimmt, dann entwickelt er die völlige Kontrolle über das, was er channelt. Ideal ist es, ein Kanal für die Energien zu werden, die der Seele, der Monade und Gott dienen. Jeder Mensch hat spezifische Stärken in bezug auf das, was er channelt.

Manche Menschen sind sehr begabt für geistiges und intuitives channeln. Andere Menschen wiederum verfügen über eine große Fähigkeit zum Channeln von Bildern und Vorstellungen. Wieder andere Menschen sind große Kanäle für Musik und hören die Musik förmlich in ihren Köpfen. Eine andere Art ist das Channeln großer Kunstwerke. Heiler sind Kanäle für Energien und Vitalkräfte. Es ist wichtig sich darauf einzustimmen, was Deine spezielle Begabung in diesem Leben ist, und sie dann zum Dienst an der Menschheit einzusetzen.

Rechte Gehirnhälfte - linke Gehirnhälfte

Wir alle haben eine rechte und eine linke Gehirnhälfte. Unser größtes Problem ist jedoch, daß uns in der Schule gelernt wurde, nur unsere linke Gehirnhälfte zu benützen und die rechte zum Großteil zu verleugnen. Es wurde uns gelehrt, völlig logisch und wissenschaftlich zu sein und richtige Schlußfolgerungen zu ziehen. Der imaginative, psychische und intuitive Teil von uns liegt brach, da wir gelernt haben, ihn zu leugnen. Gerade als Kind ist diese Seite des Gehirns sehr weit geöffnet. Kinder sind sehr hellsichtig (innere Sicht), hellhörig (inneres Hören) und hellfühlig (inneres Fühlen). Wenn sie durch die traditionelle Schulbildung gehen, beginnen sich diese natürlichen Begabungen zurückzuentwickeln und die Kinder werden darauf programmiert, diese Tore zu schließen.

Albert Einstein saß gerne in seinem Schaukelstuhl und sah den vorüberziehenden Wolken zu, was ihn schwindelig werden und in einen hypnotischen Bewußtseinszustand fallen ließ. In diesem Zustand konnte er Fragen über seine Erfindungen stellen und die Antworten wurden ihm mitgeteilt.

Thomas Edison saß oft in seinem Sessel und hielt ein Kugellager in seiner Hand, das er so lange und so fest drückte, wie er konnte. Nach zirka fünf Minuten fiel ihm das Kugellager aus den erschöpften Fingern und er konnte Fragen bezüglich seiner Erfindungen stellen, die ihm auch beantwortet wurden.

Nikola Tesla konnte in seinem Geist die genauen Bilder seiner Erfindungen in detaillierter Form empfangen. Diese Blaupausen waren so genau in seinem Geist vorgezeichnet, daß er oft nicht einmal physische Pläne für seine Erfindungen anfertigen mußte.

Alles Wissen existiert bereits in diesem Universum. Wir müssen nur lernen, unseren Verstand zu beruhigen und die Fragen zu stellen, und all die Antworten und die Führung die wir brauchen steht auf Abruf zu unserer Verfügung. Die meisten von uns sind zu beschäftigt und ihr Unterbewußtsein hört nicht auf zu plappern, was die Fähigkeit des Informationsflusses hemmt. Jeder von uns hat jedoch all die Voraussetzungen, um sich dieses Wissen zu erschließen. Es steht für alle zur Verfügung. Es ist dabei nur eine Frage der Einstimmung, wie wenn man sich auf einen Radiosender einstimmen würde.

Edgar Cayce hat Gebete als das Sprechen zu Gott und die Meditation als das Hören auf Gott bezeichnet. Viele Menschen glauben, daß sie ihre Pflicht erfüllt haben, wenn sie ein kurzes Gebet gesprochen haben und danach aufspringen und ihrer täglichen Arbeit nachgehen. Was jedoch, wenn Gott geduldig zuhört und nur darauf wartet, in diesem Moment eine Antwort, eine Erleuchtung oder eine Einsicht zu geben?
Die meisten von uns hören nicht genauso gut zu, wie sie beten. Channeling ist die Fähigkeit zuzuhören, empfänglich zu sein und dabei den Informationen zu erlauben, zu uns zu kommen und diese auch anzunehmen, ohne dabei die linke Gehirnhälfte zuerst zu gebrauchen. Ein Teil der Fähigkeit des Channelns ist, zu lernen, die linke Gehirnhälfte zum Schweigen zu bringen. Ich betone nochmals, daß jeder, der dieses Buch liest weiß, wie man channelt und das er dies schon seit langer Zeit tut.

Verbales Channeling

Wenn die meisten Menschen an Channeling denken, dann denken sie an das verbale Channeln. Dies ist der Prozeß, bei dem sich eine Person mit der spirituellen Welt verbindet und einem spirituellen Führer, ihrem Höheren Selbst oder einem Aufgestiegenen Meister erlaubt, durch sie zu sprechen, indem diese Wesen die Stimmbänder der betreffenden Person benutzen. Das ist zwar eine Form des Channelings, doch es ist nicht die einzige Art, die es gibt. Manche Menschen channeln in einer Art, die als automatisches oder gechanneltes Schreiben bezeichnet wird. Sie benützen einen Kugelschreiber, eine Schreibmaschine oder einen Computer und erlauben ihrer Führung, die Informationen durch ihre Hände durchzugeben. Man kann sich auch auf den Geist einstimmen und Bilder channeln. Andere Menschen channeln durch das Medium der Telepathie, nur in Gedanken und nicht verbal. Wieder andere erhalten Gedichte oder Melodien, oder die geistige Welt malt oder komponiert durch eine Person. Alle diese und noch weitere Formen des Channelings können durch Übung entwickelt werden.

Ich kann Dir nur empfehlen, einen Channelingkurs zu besuchen, in dem Du diese Praktik mit anderen Menschen übst. Dann kannst Du die verschiedenen Formen selbst ausprobieren und üben, üben, üben. Diese Geschicklichkeiten

erfordern viel Übung, durch die man immer besser und besser wird. Du wirst vielleicht auf eine Art stoßen, die Du gar nicht erwartet hast, ich empfehle Dir jedoch, die verschiedenen Arten auszuprobieren.
Versuche Deine Stärken und Schwächen der einzelnen Channelingformen herauszufinden. Ich möchte hier betonen, daß keine Form besser ist, als die andere. Niemand besitzt alle Fähigkeiten gleich stark. Die Menschen können mit einem Wald an einem sonnigen Tag verglichen werden. Wenn die Sonne durch die Kronen der Bäume scheint, dann trifft sie auf den Boden in ganz individuellen Lichtstrahlen. Jeder Mensch ist wie einer dieser Lichtstrahlen. Wir alle sind die Zellen im Körper Gottes und jede Zelle hat seine bestimmte und einzigartige Funktion im göttlichen Plan. Das allerwichtigste ist, sich nicht mit anderen Menschen zu vergleichen und statt dessen Deine spezielle Funktion herauszufinden, von der Gott möchte, daß Du sie ausdrückst. Meine Frau und ich channeln vollkommen verschieden. Ich kann die Dinge nicht, die sie tut und sie kann die Dinge nicht, die ich tue. Zusammen ergeben wir ein größeres Ganzes. Finde die Form, die sich am besten für Dich eignet.

Psychologisches Channeling

Es gibt zwei Ebenen des Channelns: man kann auf einer psychologischen Ebene oder auf einer spirituellen Ebene channeln. Wenn Du psychologisch channelst, dann channelst Du unbewußte Teilpersönlichkeiten von Dir selbst. So kannst Du beispielsweise ganz bestimmte Teilpersönlichkeiten Deines Unterbewußtseins channeln. Du kannst Deinen Emotional- oder Mentalkörper channeln und sogar Deinen physischen Körper. Du kannst Dein Inneres Kind oder Deine Inneren Eltern channeln. Die Liste ließe sich beliebig lang fortsetzen. Wir machen das die ganze Zeit über, sind uns dessen jedoch nicht bewußt. Du kannst versuchen, dies in Deinem Tagebuch zu tun. Es ist eine Art des Rollenspiels. Tue es einfach so, als ob Du in diesem Bewußtsein leben würdest und werde zu dem Teil Deines Selbst. Laß diesen Teil durch Dich schreiben. Dann kehre zurück in Dein normales Bewußtsein und sprich mit dem Teil. Du führst dabei einen Dialog in Deinem Tagebuch, der eine Form des Channelings ist.

Spirituelles Channeling

Die zweite Ebene des Channelns ist das spirituelle Channeling, bei dem man versucht, eine höhere Quelle der Information zu channeln. Du kannst spirituelle Führer, die Seele, Deine Monade, die Aufgestiegenen Meister, Engel, Naturgeister und Außerirdische channeln. Die Warnung, die ich Dir jedoch mit auf den Weg geben möchte, sind die Worte von Jesus: "In meines Vaters Haus gibt es viele Wohnungen." Was er damit gemeint hat ist, daß es in Wahrheit viele Dimensionen der Realität gibt. Wenn Du geistige Führer channelst, dann empfehle ich Dir, nur Deine eigene Seele, Monade oder Wesen zu channeln, die Aufgestiegene Meister sind.
Menschen, die mit Tischchenrücken und niederen psychischen Phänomenen herumspielen, channeln und verbinden sich oftmals mit Wesen der niederen Astralebene. Ich würde empfehlen, nur Wesen von der Monaden-, Logoic- oder noch höheren Ebenen des Bewußtseins zu channeln. Astralwesen haben üblicherweise nicht viel mehr Wissen als Du. Nur weil sich ein spirituelles Wesen auf der anderen Seite der Realität befindet, heißt das noch lange nicht, daß es auch höher entwickelt ist. Du kannst mit Deiner Tante Betty sprechen, die erst kürzlich verstorben ist und die nicht an spirituelle Dinge geglaubt hat, solange sie gelebt hat, und es auch jetzt nicht tun wird, obwohl sie gestorben ist.
Ich rate Dir, die physische, astrale, mentale, buddhische und atmische Ebene zu überspringen und Dich auf die sechste und siebente Dimension der Realität einzustimmen, die die Monaden- und die Logoic-Ebenen der Aufgestiegenen Meister sind. Wenn Du gerade erst zu channeln beginnst, dann ist alles, was Du tun mußt, einfach darum zu bitten. Sage einfach: "Ich möchte mich auf die spirituellen Dimensionen der Realität einstimmen, auf der sich die Aufgestiegenen Meister befinden und möchte mit .... (zum Beispiel Jesus) sprechen. Ich anerkenne keine andere Führung außer die der Ebenen der Aufgestiegenen Meister." Es spielt dabei keine Rolle wie Du es sagst. Die Art der Frage in Deinem Verstand und mittels Deiner Gedankenform wird Dich bereits beschützen. Wenn Du Deine Absicht und Einstimmung so wählst, wie ich es Dir erklärt habe, dann ist das alles, was hereinkommen kann.

Falls Du jemals eine Stimme empfängst, die sich nicht liebevoll anfühlt oder sehr autoritär klingt, dann kannst Du fragen, mit wem Du es hier zu tun hast und das Wesen muß Dir darauf mit der Wahrheit antworten. Wenn Du bemerkst, daß sich Dein Radioempfänger (Verstand) auf eine niedrigere Schwingung eingestellt hat, dann unterbrich diese Verbindung, sprich einige Gebete und sei in Deiner Einstimmung fester und konzentrierter. Manchmal können Gebete, das Lesen von spirituellen Texten oder das Chanten der Namen Gottes Dir bei der Einstimmung helfen, bis dieser Vorgang zu einer ganz natürlichen Gewohnheit geworden ist. Sicherlich ist es in jedem Falle gut, sich zu reinigen und auf den Höchsten einzustimmen vor jeder Bemühung dieser Art oder am Beginn des Tages.

Zusammenfassend läßt sich sagen, daß Du keine Zeit darauf verschwenden solltest, astrale oder mentale Wesen zu channeln. Geh auf die spirituelle Ebene oder noch höher. Warum sollte man astrale oder mentale Wesen channeln, wenn es so einfach ist, die Seele, die Monade oder die Aufgestiegenen Meister zu channeln, die sich danach sehnen, mit Dir zu sprechen und Dir auf jede erdenkliche Art zu helfen. Es ist das größte Vergnügen für sie, Dir zu helfen, und sie sind für Dich da, wenn Du sie darum bittest, doch sie werden sich niemals in Deinen freien Willen einmischen. Dasselbe gilt für Deine Seele und Deine Monade. Sie sind glücklich darüber, mit Dir zu sprechen und Dir die nötige Führung zu geben, doch sie müssen zuerst darum gebeten werden. Das ist ein göttliches Gesetz.

Ein Gebet zum Schutz

Das folgende Schutzgebet kannst Du vor dem Channeling (oder vor dem Schlafengehen oder zu jeder anderen Zeit, wenn Du Schutz benötigst) sprechen.

> "Geliebte Gegenwart Gottes, meine Monade, meine Seele und geliebte Aufgestiegene Meister. Ich bitte darum, mich in einen Mantel aus Licht zu hüllen, gewoben aus Liebe, Weisheit und der Kraft Gottes. Nicht nur zu meinem Schutz, sondern zum Schutz von allen, die ihn sehen oder mit ihm in Berührung kommen. Mögen sie sich zu Gott hingezogen fühlen und geheilt werden."

Wie man channelt

Der eigentliche Prozeß des Channelns ist ziemlich einfach.

1. Schritt:

Er besteht darin, das Seelenmantra von Djwhal Khul zu sprechen.

ICH BIN die Seele
ICH BIN göttliches Licht
ICH BIN Liebe
ICH BIN Wille
ICH BIN die Bestimmung

Als nächstes beginnst Du damit, Dir eine Säule aus Licht vorzustellen, die sich von der Spitze Deines Kopf bis hinauf in die höchsten Dimensionen der Realität erstreckt. Auch wenn Du Dir diese Lichtsäule zum ersten Mal vorstellst, wenn Du diesen Abschnitt liest, so war sie schon immer da.

2. Schritt:

Sieh, wie ein spiralförmiger Energiewirbel durch diese Säule von der spirituellen Ebene herabkommt und sich im Uhrzeigersinn drehend durch die Säule, durch all Deine Chakren, direkt in die Erde herabbewegt. Wiederhole dies zwei bis drei Mal zusammen mit Deinem Atem. Der Zweck davon ist, Deine Lichtsäule und Deine Chakren von allem psychischen Schmutz zu befreien, bevor Du mit dem Channeln beginnst.

3. Schritt:

Rufe einen Aufgestiegenen Meister oder Deine Seele oder Deine Monade an. Du hast den Kontakt zu Deiner Seele bereits hergestellt, indem Du das

Seelenmantra gesprochen hast, daher sage nun einfach: "Ich rufe jetzt ....!" Wenn Du den Aufgestiegenen Meister, mit dem Du sprechen möchtest, angerufen hast, dann fühle die Energie durch die Lichtsäule zur Spitze Deines Kopfes herabkommen. Fühle den Kontakt und verankere ihn in Deinem physischen Körper.

4. Schritt:

Du bist jetzt bereit zu channeln. Um diesen Prozeß zu beginnen, mußt Du den Vorgang anstoßen, indem Du einfach etwas sagst, falls Du verbal channelst, oder etwas schreibst oder tippst, falls Du in geschriebener Weise channelst. Die Aufgestiegenen Meister werden sich in Deine anfänglichen Worte einfügen und Du kannst den Rest einfach fließen lassen. Laß dabei Deine linke, kritische Gehirnhälfte aus dem Spiel und mache Dir keine Gedanken darüber, was dabei herauskommt.
Wenn es sich um ein verbales Channeling handelt, kannst Du dies auch auf Kassette aufnehmen. Falls die Worte nicht in einer inneren Stimme wahrnehmbar sind (so daß Du die Worte tatsächlich hörst), dann sprich einfach all das aus, was Dir in den Sinn kommt. Zu Beginn ist es vielleicht sogar sehr wichtig, wenn Du einfach so tust als ob, wenn Dein kritischer Verstand den ganzen Vorgang anzweifelt. Sage beispielsweise: "Djwhal Khul spricht hier ... ". Durch dieses Vorgeben erlaubst Du Djwhal Khul tatsächlich, in diese Rolle zu schlüpfen. Je mehr Du dies zuläßt, umso mehr wirst Du spüren, daß Du gar nicht mehr so tun mußt als ob, sondern daß der Prozeß zu einer echten Angelegenheit geworden ist. Wenn Du andere Formen des Channelings, wie beispielsweise Tanz praktizierst, dann mußt Du auch den ersten Schritt tun. Wenn Du Musik channelst, dann mußt Du den ersten Akkord anschlagen, um den Vorgang anzustoßen. Wenn Du malst, dann mußt Du den Prozeß durch einige Pinselstriche in Gang bringen und so weiter.

5. Schritt:

Abschließend mußt Du diesen Prozeß klar beenden. Manchmal wird der Lehrer den Prozeß zuerst beenden. Wenn nicht, dann entlasse die Verbindung und danke dem Meister oder Deiner Seele für die Führung. Es ist sehr wichtig bewußt die Verbindung zu beenden, denn Du möchtest doch sicher nicht die ganze Zeit über im Zustand des Channelns verbleiben. Es ist für den physischen Körper nicht gesund, die ganze Zeit über ein offener Kanal zu sein. Du würdest Dich sonst distanziert und verwirrt fühlen. Ideal wäre es, zu channeln und darin Führung und Energie zu empfangen, sich anschließend selbst wieder zu erden und im täglichen Leben das zu demonstrieren, was Du in den Channelings gelernt hast. Die ganze Zeit über zu channeln wäre, wie die ganze Zeit über zu meditieren und nicht zu leben.

Wenn Du die Channelingverbindung beendest, dann kehre zu Dir selbst zurück, zu Deiner eigenen persönlichen Kraft und Selbstmeisterschaft. Dann hast Du im Grunde genommen das beste aus beiden Welten.

19. Eine spirituelle Betrachtung der Träume und des Schlafes

"Nur wenn wir aus unseren Träumen erwachen wissen wir, daß wir geträumt haben. Ähnlich kann man dieses Leben nur dann als einen Traum erkennen, wenn wir in unser Kosmisches Bewußtsein erwachen."
Paramahansa Yogananda

Träume sind ein Feedback-Mechanismus unseres Unterbewußtseins und unseres Höheren Selbst. Die meisten von uns haben nicht die Fähigkeit, um direkt zu ihrer Seele oder zu ihrem Höheren Selbst zu sprechen, so daß die Seele die Träume als eine Art der Kommunikation mit uns nutzt. Die meisten unserer Träume jedoch werden bis zu der Zeit, in der ein Mensch beginnt spirituell zu erwachen, von unserem Unterbewußtsein erzeugt. Die Träume sind wie ein Computerausdruck unserer Gedanken, Gefühle und Handlungen des vergangenen Tages, doch statt in geschriebenen Worten erscheint der Ausdruck in Symbolen. Der Schlüssel zur Deutung der Träume ist das Verständnis, daß jeder Teil des Traumes ein Teil von uns ist. Durch die Untersuchung dieser Symbole in den Träumen können wir dem gegenüber, was wir erschaffen und in unserem Leben hervorrufen, bewußter werden.

Es ist sehr wichtig zu verstehen, daß der bewußte Verstand nicht immer so bewußt ist. Zum Beispiel, wenn man im äußeren Leben etwas unhöflich zu jemandem war und es nicht bemerkt hat. Unser Unterbewußtsein kann uns dann einen Traum geben, in dem ein sehr unhöflicher Mensch seine Gereiztheit an andere Menschen weitergibt. Das Unterbewußtsein und/oder das Überbewußtsein gibt uns damit ein Feedback. Wir können ein Problem nicht meistern, solange wir nicht wissen, was es ist.

Viele Menschen schenken den Träumen keine Bedeutung, weil sie nicht verstehen, was diese bedeuten. Träume sind wie eine fremde Sprache. Wenn Du Dich erstmals dieser Sprache widmest, dann verstehst Du sie nicht. Wenn man jedoch einmal beginnt, die Sprache zu erlernen, so wird man sie schon nach kurzer Zeit verstehen. Dasselbe trifft auf Träume zu. Träume sind die universelle Sprache der Symbole. Menschen können manchmal prophetische Träume oder Träume aus vergangenen Leben haben, was eine Kategorie der Träume ist. Ein anderes häufiges Vorkommen für die Menschen, sind immer wiederkehrende Träume. Diese Art von Träumen ist besonders wichtig, weil das Unterbewußtsein oder das Höhere Selbst damit versucht, uns auf ein bestimmtes Muster aufmerksam zu machen, in dem wir festhängen.
Die meisten unserer Träume sprechen zur inneren Organisation unserer Gedanken und Emotionsmuster, doch manchmal können sie auch eine ganz klare Aussage unseres äußeren Lebens sein. Wenn Du, zum Beispiel, von einer bestimmten Person träumst, daß sie einen Autounfall hat, dann kann dieser Traum eine Reflektion darauf sein, daß diese Person ein inneres Symbol für einen Teil Deiner Persönlichkeit ist, mit der Du immer wieder zusammenstößt und in Konflikt gerätst. Oder aber, dieser Traum kann eine Aussage über diese Person im richtigen Leben sein. Vielleicht gibt Dir Dein Höheres Selbst auf diese Weise eine Führung für die andere Person. Daran glaube ich fest, wenn ich meine Träume meinen Freunden und Nahestehenden mitteile, über die ich geträumt habe.

Bei der Trauminterpretation gibt es universale und persönliche Symbole. Es ist immer sicherer, die Symbole seiner Träume als persönliche Symbole zu betrachten. Ein Beispiel dafür könnte das Symbol einer Katze sein. Die universelle Standardbedeutung der Katze, in den meisten Traumbüchern, ist die der Unabhängigkeit. Du hast jedoch in Deiner Kindheit ein bestimmtes Erlebnis gehabt, welches einer Katze eine spezielle und besondere Bedeutung zuordnet, und das von der universellen Aussage des Symbols abweicht. Wenn man sich mit seinen Träumen beschäftigt ist es auch wichtig, ihnen nicht seine Kraft zu geben. Ich bringe das hier zur Sprache, weil ich Menschen kenne, die sich durch ihre schlechten Träume den ganzen Tag vermiesen lassen. Wir müssen ein Gleichgewicht darin finden, unsere Träume zu würdigen und anzuerkennen, und dem Verständnis, daß wir unsere persönliche Kraft behalten und uns selbst unsere eigene Realität kreieren müssen.

Es ist eine sehr hilfreiche Methode, am Morgen seine Träume nachzuspielen. Wenn wir am Morgen erwachen, so gibt es bestimmte Träume, deren Ausgang uns nicht gefällt. Zum Beispiel, wenn Du träumst, daß jemand in Dein Haus eingebrochen ist und Dich bestohlen hat. Wir können dieses negative Muster dadurch reprogrammieren, indem wir den Traum am Morgen nochmals visualisieren und uns vorstellen, wie ein Polizist kommt und diesen Verbrecher ins Gefängnis sperrt und die gestohlenen Dinge zurückbringt. Dieser Vorgang korrigiert die falschen Muster, die uns der Traum gezeigt hat.
Ein weiterer, häufig verbreiteter Vorgang beim Träumen ist das Fliegen. Das könnte ein Symbol dafür sein, daß wir in unserem Leben im psychologischen Sinn abgehoben sind, doch genauso gut kann es sich dabei um ein reales Erlebnis handeln. Wenn wir in der Nacht träumen, dann verlassen wir unseren Körper oftmals mittels Astralprojektionen. Unsere Flugträume sind daher oft luzide Träume unserer Astralreisen. Ein weiteres allgemeines Phänomen ist, daß wir in unseren Träumen in Kontakt mit unseren Meistern treten. Wenn wir träumen, so erleben wir uns ohne unseren physischen Körper in einem spirituellen Zustand, so daß es für die Meister leichter ist, unsere Träume zu betreten. Sai Baba, der große Meister aus Indien, hat gesagt, daß niemals jemand ohne seine Einwilligung von ihm träumt.

Carl Jung, der große Schweizer Psychologe und Gegenspieler zu Freud, bezeichnete einige Träume als "große" Träume und die anderen als normale Träume. Große Träume sind diejenigen, bei denen es wichtig ist, sich daran zu erinnern, weil sie von der Seele oder den Meistern hervorgerufen wurden. Viele Menschen fürchten sich, wenn sie im Traum sterben. Sie glauben, daß sie wirklich sterben werden. Das ist gewöhnlich jedoch nicht der Fall. Wenn Du einen Traum hast, in dem Du oder ein Teil von Dir stirbt, dann kann das ein sehr positives Zeichen sein. Symbolisch könnte das bedeuten, daß Du gegenüber einer bestimmten Phase in Deinem Leben stirbst und sie damit zu Abschluß bringst, oder daß ein negativer Teil Deiner Selbst stirbt. Es wird Dir dabei eine Botschaft des Todes und der Wiedergeburt gegeben.

Ein anderes verwirrendes Symbol für die Menschen ist ein Liebesakt im Traum mit einem anderen Menschen als seinem Partner. Das soll nicht heißen, daß Du das in Deinem richtigen Leben auch tun solltest oder Dich davon in Verlegenheit bringen lassen solltest. Wenn wir jemanden anderen körperlich lieben, dann ist das ein Symbol dafür, daß wir uns mit einem anderen Teil in uns verbinden. Konzentriere Dich auf die Bedeutung und den Symbolgehalt der anderen Person im Traum, mit der Du dieses Erlebnis hast. Die gesamte Kultur der Senoi (ein Stamm in Malaysien) ist auf Träumen aufgebaut. Sie betrachten die Träume als noch wichtiger, als das reale Leben. Jeden Morgen nach dem Aufstehen teilen sie einander in einem heiligen Ritual ihre Träume mit. Es gibt viele wunderbare Bücher über diese wirklich erstaunliche Menschengruppe. Oftmals empfängt man im Traum auch direkt irgendwelche Botschaften. Sehr oft brauchen wir die Träume gar nicht erst zu interpretieren, weil die Botschaft ganz klar verständlich durch unsere Seele, unsere Monade, einem Meister oder einer symbolischen Person übermittelt wird. Worte haben in Träumen meist eine doppelte Bedeutung. Du kannst, zum Beispiel, einen Traum haben, in dem Wanzen herumfliegen. Dies könnte bedeuten, daß Dich jemand abhört.

Ein weiteres interessantes Detail, auf das man in seinen Träumen achten sollte ist, wo der bewußte Verstand und wo Du in dem Traum bist. Mit anderen Worten, bist Du einfach nur ein Beobachter des Traumes oder nimmst Du aktiv daran teil. Ein Beispiel dafür kann sein, daß Du Dich mit zweihundert Pfund Übergewicht in der Küche essend siehst. Dieses Traumbild ist verglichen damit, jemand anderen Übergewichtigen beim Essen zu beobachten, sehr verschieden. Das Bild des Beobachtens einer anderen Person zeigt eine "Desidentifikation" von diesem Vorgang. Das Muster des Überessens ist zwar noch immer im Spiel, doch Du bist Dir dessen bewußt. Im ersten Traum identifizierst Du Dich mit dem Muster. Dieses Beispiel zeigt die Bedeutung des Beobachtens der Traumsequenzen die Du hast. Durch das Beobachten der Traumsequenzen kannst Du die Entwicklung Deines Bewußtseins von einer totalen Identifikation mit dem negativen Muster bis zur völligen Desidentifikation, der Selbstmeisterschaft, verfolgen.

Wie man sich an seine Träume erinnert

Im Grund ist das ein sehr einfacher Vorgang. Alles was Du dazu tun mußt ist, Deinem Unterbewußtsein vor dem Einschlafen die richtigen Suggestionen zu geben. Das kann verbal oder in geschriebener Form geschehen. Schreiben ist dabei vielleicht noch besser, weil das physische Tun dem Unterbewußtsein erleichtert, die Suggestionen aufzunehmen. Sage oder schreibe einfach zehn Mal hintereinander: "Ich erinnere mich an meine Träume in dieser Nacht." Das wird Dein Unterbewußtsein darauf programmieren, Dich nach einem Traum zu wecken.

Eine weitere gute Idee ist, neben dem Bett eine Taschenlampe, ein Stück Papier und einen Stift bereitzulegen. Wenn Du Deine Träume nicht sofort aufschreibst oder Dir zumindest einige Notizen machst, dann ist es meistens so, daß Du Deine Träume bis zum Morgen schon wieder vergessen hast. Das interessante an Träumen ist, daß Du Dich von hinten nach vorne erinnerst. Sie sind wie eine ausgeworfene Angelschnur, die man wieder einspult. Wenn Du den Anfang der Schnur nicht erwischst, dann treibt sie ab.
Es ist von höchster Wichtigkeit, daß Du Deine Träume zumindest am Morgen niederschreibst. Alleine schon der Vorgang des Schreibens wirkt heilend und integrierend. Oftmals wird Dir die Bedeutung der Symbole erst später am Tag klar oder sogar erst Wochen später. Darüber hinaus ist dies sehr hilfreich, um die Entwicklung der Traumsequenzen zu verfolgen.
Wenn Du bei der Interpretation nicht mehr weiter kommst, dann bete zu Deinem Höheren Selbst und Deiner Seele um Hilfe. Sie werden Dir augenblickliche oder spätere Einsichten geben, wenn Du Dich vielleicht in einem ruhigeren und empfänglicheren Zustand befindest. Es ist auch wichtig zu beobachten, wie Dein inneres Leben mit dem äußeren Leben übereinstimmt. Erinnere Dich an das Hermetische Gesetz: "Wie innen, so außen. Wie oben, so unten."

Schlafwandeln

Ein sehr interessantes Phänomen während des Schlafens ist der Zustand des Schlafwandelns. Was hierbei geschieht ist, daß sich ein Mensch mit seinem astralen Körper identifiziert und der physische Körper mit diesem Vorgang einhergeht. Ich hatte einmal einen Jugendlichen als Klienten. Zwei Stunden vor dem zu Bett gehen hat er Pläne geschmiedet, das Auto seiner Eltern zu stehlen und damit seine Freundin zu besuchen. Nachdem er schon alles geplant hat, änderte er seine Meinung und entschied sich kurz vor dem zu Bett gehen dafür, daß es die ganze Sache nicht wert war, eine Menge Ärger und Strafen zu

riskieren. Sein bewußter Verstand entschied sich dafür, das Ganze nicht zu tun, doch der Plan war noch immer in seinem Unterbewußtsein.
Als er dann eingeschlafen war, hat er begonnen zu schlafwandeln, die Autoschlüssel seiner Eltern zu stehlen und das Auto leise aus der Ausfahrt auf die Straße zu schieben. Er war gerade einen Häuserblock auf der Straße entlanggegangen, in das Auto eingestiegen und wollte es starten, als er plötzlich aufwachte. Dies ist eine gute Lektion über die Wichtigkeit, die Meisterschaft über das Unterbewußtsein im Dienste am Überbewußtsein, oder der Seele, zu erlangen. Es ist ein gutes Beispiel dafür, was passieren kann, wenn alle drei Verstandesebenen ganz verschiedene Dinge tun und sich nicht in einer Ausrichtung befinden.

Unterrichtsstunden während der Nacht

Jede Nacht reisen wir während unseres Schlafes in unseren verschiedenen Körpern umher. Auf den inneren Ebenen gibt es jede Nacht Unterrichtsklassen, die von den Erzengeln, den Meistern und ihren Eingeweihten abgehalten werden. Es ist Dir möglicherweise nicht klar, daß Du, während Dein physischer Körper schläft und seine verdiente Ruhe bekommt, spirituelle Kurse und Seminare der höchsten Ordnung besuchen kannst. Du kannst darum bitten, auf den inneren Ebenen unterrichtet zu werden, während Du schläfst. Du tätest gut daran, den Vorteil dieser großartigen Gelegenheit zum spirituellen Wachstum, die Dir geboten wird, zu nutzen.
Wenn Du schläfst, dann ist ein Drittel Deines Selbst stillgelegt und die anderen zwei Drittel (Unterbewußtsein und Überbewußtsein) können aktiv sein. Möglicherweise befindest Du Dich während des Schlafes auf der Astralebene, doch ich empfehle Dir dringend, falls möglich, auf die höheren Ebenen zu gehen. Vor dem Einschlafen kannst Du darum bitten, auf die spirituellen Ebenen geführt zu werden. Du kannst durch Dein Denken vor dem Einschlafen beeinflußen, wohin Du während des Schlafes gehst. In der Bhagavad Gita steht, daß der letzte Gedanke in unserem Bewußtsein beim Sterben darüber bestimmt, wohin wir nach dem Tode gehen. Dasselbe trifft auch auf unseren Schlaf zu. Wohin Du gehst, wird von Deinem letzten Gedanken vor dem Einschlafen bestimmt.

Das ist der Grund, warum es so schrecklich ist, sich vor dem Schlafengehen noch die Nachrichten anzusehen. Ideal wäre es, irgend etwas Spirituelles zu tun, zu lesen, zu lernen, sein Tagebuch zu schreiben, zu meditieren oder die letzten dreißig Minuten vor dem zu Bett gehen zu beten. Das wird sicher stellen, daß Du während des Schlafes eine höhere Ebene besuchst, zumindest jedoch eine höhere Astralebene. Es ist auch wichtig zu wissen, daß die Qualität des physischen Schlafes und die Stufe der physischen Verjüngung durch die Gedanken vor dem Einschlafen bestimmt werden. Der physische Körper ist keine Maschine. Er ist ein synergetischer, holistischer Organismus und die Schlafqualität wird durch unsere Gedanken und unsere Gefühle, die wir erschaffen, bestimmt. Eine andere Sache, auf die man achten sollte ist, nicht verärgert und mit negativen Emotionen erfüllt schlafen zu gehen. Diese Gedanken und Emotionen können Dich wie ein Magnet auf die niederen Astralebenen ziehen, die als die Höllenregionen der traditionellen Religionen bezeichnet werden. Die Monade, die Seele und die Meister haben eine sehr direkte Verbindung zu Deinem Unterbewußtsein während Du schläfst. Diese Verbindung besteht auch wenn Du wach bist, doch der bewußte Verstand mit seinem kritischen Denken und das ununterbrochene gedankliche Geplapper stehen Dir dabei im Weg. Wenn Du schläfst, dann ist das einer Hypnose ähnlich, während der Du sehr offen und übersuggestiv bist.

Fast jeder von uns besucht im Schlafzustand irgendwelche Schulen, auch diejenigen, die nicht einmal bewußt eine Schule besuchen wollen. Es ist die Seele, die für das Studium eines Menschen verantwortlich ist. Dein Gebet kann die Art der Schule beeinflussen, die Du besuchst, daher übernimmst auch Du die Verantwortung dafür, ein mit-schöpferischer Teil dieses Prozesses zu werden. Viele inkarnierte Persönlichkeiten leisten ihren Dienst während des Träumens. Sie helfen den Seelen, die gestorben sind, zu erkennen, daß sie sich nicht länger in physischer Existenz befinden, und es wird versucht, sie in das Licht zu begleiten und sie zu ihrem nächsten Schritt in der Evolution zu führen. Wenn wir am Morgen sehr müde und unausgeruht erwachen, so ist das ein Zeichen dafür, daß wir auf den inneren Ebenen sehr schwer und lange gearbeitet haben. Manchmal hat diese Arbeit damit zu tun, an unseren Blaupausen und Bauplänen zu arbeiten, und zu versuchen, auf der astralen Ebene etwas aufzubauen. Oftmals werden Dinge zuvor auf der astralen Ebene erschaffen, bevor sie auf der physischen Ebene in Existenz gebracht werden. Einige Menschen genießen die Aktivitäten in ihrem Reich der Träume mehr, als ihren Wachzustand. Das Ideal ist jedoch, den spirituellen Zustand ins tägliche, irdische Leben zu bringen.

Den Tempel der Weisheit betreten

Ab einem gewissen Zeitpunkt in unserer spirituellen Evolution gewinnt unser Schlaf noch mehr an Bedeutung. Dieser Zeitpunkt tritt dann ein, wenn Du den Probepfad und den Pfad der Einweihungen betreten hast. Es ist die Zeit, in der Du die "Halle der Weisheit" betrittst. Du hast Dich zu einer höheren Schule des Lernens begeben. Es ist wie der Übergang von der High School zum College. Die Klassen werden kleiner und manchmal sind nur noch zwei bis drei Studenten in den Kursen. Gelegentlich hörst Du in diesen Klassen in einem einzigen Augenblick eine Lektion, in der Du zuvor einen ganzen Monat lang unterrichtet wurdest, wodurch sie in Deinem Unterbewußtsein sehr verstärkt wird. Es ist eine viel intensivere Art des Lernens.

Wieviel Schlaf braucht der Mensch?

Die Schlafdauer eines durchschnittlichen Menschen liegt zwischen sieben und acht Stunden. Du kannst das, was während des Schlafes erforderlich ist, jedoch auch in nur vier Stunden leisten. Viele Menschen schlafen als eine Art Flucht viel mehr, wenn ihr bewußtes Leben traumatisch verläuft. Wenn jemand stets einschläft, handelt es sich um eine Krankheit mit dem Namen Narkolepsie. Dies ist ein extremes Beispiel dafür, daß das Unterbewußtsein eigentlich gar nicht hier sein möchte. Menschen in Krankenhäusern, die sich dort zur Behandlung von geistigen Störungen befinden, schlafen entweder zu viel oder möchten überhaupt nicht schlafen. Das hat offensichtlich mit ihren extremen emotionalen Problemen zu tun.

Durchbruch während der Nacht

Sehr oft kommt es mitten in der Nacht zu großen Erfindungen und großartigen Erkenntnissen, da dies die empfänglichste Zeit für die Informationen aus der geistigen Welt ist. Alles Wissen existiert bereits, man muß sich nur darauf einstimmen. Zu bestimmten Zeiten gibt die Spirituelle Hierarchie an den Universalen Geist der Erde gewisse Konzepte und Ideen weiter. Menschen mit einer entsprechenden Ausrichtung und Empfänglichkeit nehmen diese Ideen dann auf.

Dies geschieht auch auf persönlicher Ebene. Alles was Du dabei tun mußt ist, die Frage, auf die Du eine Antwort wünschst, zu formulieren. Es kann sich dabei um Dein persönliches Leben, eine Erfindung, an der Du arbeitest oder um Ideen für ein Buch handeln. Dein Überbewußtsein, Deine Seele und die höheren Lehrer werden Dir die Antworten geben, nach denen Du suchst. Viele Menschen glauben, daß all die großen Gemälde, Musikstücke, Theaterstücke, Erfindungen und so weiter von ihnen selbst stammen. Meistens ist das nicht der Fall. Sie channeln sie vielmehr durch den Universalen Geist oder ihre spirituellen Führer.

Der Dienst auf der Astralebene

Viele Menschen, die derzeit auf der irdischen Ebene inkarniert sind, dienen während ihres Schlafes freiwillig auf der astralen Ebene. Sie helfen in der Nacht mit ihren feinstofflicheren Körpern Menschen, die sich im Übergang zur spirituellen Welt befinden, und unterrichten sie oder helfen ihnen, ihr Bewußtsein auszudehenen.

Luzides Träumen

Luzides Träumen ist ein bewußter Zustand und ein bewußtes Wahrnehmen obwohl der physische Körper schläft. Die erste Stufe dabei könnte als Beobachten bezeichnet werden. Du beobachtest dann, wenn Du Dir darüber bewußt bist, daß Du schläfst und siehst, was im Zimmer vor sich geht. Die zweite Stufe ist, wenn Du schläfst, Dir dessen bewußt bist, daß Du träumst und Deine Entscheidungen im Traum bewußt fällst. Die dritte Stufe ist, wenn Du schläfst, Dir dessen bewußt bist, daß Du träumst, Deine Entscheidungen bewußt fällst, und in der Lage bist, den Traum mit Deiner Willenskraft zu verändern. Das ist die höchste Stufe des luziden Träumens und ganz eindeutig auch eine Stufe, die man zweifellos erreichen kann. Es ist derselbe Vorgang, wie wenn Du morgens Deine Träume nachspielst, nur daß Du dies nicht am Morgen, sondern noch während des Schlafes tust.

Die Seelenausdehnungen

Ein wichtiger Vorgang, der in Deinen Träumen stattfindet ist, daß Du mit Deinen elf anderen Seelenausdehnungen in Kontakt kommst und mit ihnen kommunizierst. Deine Monade oder mächtige ICH BIN - Gegenwart hat insgesamt zwölf Seelen erschaffen hat und jede dieser Seelen ihrerseits wiederum zwölf Seelenausdehnungen oder Persönlichkeiten, die sich in der materiellen Welt inkarniert haben. Während des Schlafes können wir mit den anderen elf Seelenausdehnungen unserer Seelengruppe in Kontakt treten. Es wurde mir von Djwhal Khul gesagt, daß ich so etwas wie eine Oberseele oder ein Lehrer für meine elf anderen Seelenausdehnungen bin und daß ich an ihrer kollektiven Transformation beteiligt gewesen bin. Das alles hat sich auf einer Bewußtseinsebene ereignet, von der ich überhaupt nichts gewußt habe.

Ein weiterer interessanter Punkt in diesem Zusammenhang ist, daß mir Djwhal Khul erklärt hat, daß ich in einer Mit-abhängigkeit zu meinen elf anderen Seelenausdehnungen stehe. Als Djwhal Khul mir das erzählte, ergab das für mich keinerlei Sinn, weil ich selbst von mir glaubte, daß ich einer der unabhängigsten Menschen auf dieser Erde sei. Wenn überhaupt, dann bin ich manchmal eher etwas zu unabhängig. Was Djwhal Khul mir erklärte war, daß das zwar auf der irdischen Ebene zutrifft, doch in bezug auf meine elf anderen Seelenausdehnungen habe ich mich auch bereit erklärt, deren Karma abzutragen, was mich schwächte. Er erzählte mir, daß es die Spirituelle Hierarchie lieber sehen würde, daß ich diesen Körper für den Dienst am göttlichen Plan verwenden würde und die elf anderen Seelenausdehnungen für sich alleine an ihrem Karma arbeiten lassen sollte. Augenblicklich ergab das intuitiv einen völligen Sinn für mich und ich erklärte meinen elf anderen Seelenausdehnungen daraufhin in einer Meditation, daß ich diese mit-abhängigen Verbindungen durchtrennen werde und sie nunmehr selbst für ihr Karma verantwortlich seien. Von nun an war ich nur noch für mein eigenes Karma verantwortlich und nicht mehr für ihres. Sie haben augenblicklich auf mich gehört und seitdem hatte ich nie wieder Probleme.

Träume, die sich auf den Emotionalkörper beziehen

Deine Seele und die Aufgestiegenen Meister können entweder mittels Symbolen oder direkten Worten mit Dir kommunizieren, oder sie können durch direkte Emotionen zu Dir sprechen. Wenn der Emotionalkörper an einem Traumerlebnis beteiligt ist, dann ist die Kommunikation viel tiefgreifender und bedeutender. Diese Art von Erlebnis kann wegen seiner emotionalen Intensität sehr nachhaltig sein. In einem persönlichen Beispiel eines solch intensiven emotionalen Traumes war ich nach Indien gereist, um Sai Baba zu besuchen. An einer Stelle des Traumes erzählte ich Sai Baba, wie sehr ich ihn liebe und ich fing an, dabei in Tränen der Liebe und der Demut auszubrechen. Sai Baba kam daraufhin mit einem Päckchen Papiertaschentücher zu mir und ich habe auch Tränen in seinen Augen bemerkt. Dieser Traum war für mich sehr bedeutsam.

Wie man seine Träume deutet

Die Traumdeutung beginnt mit dem Niederschreiben der Träume. Sobald man den Traum aufgeschrieben hat, ist der nächste Schritt, die einzelnen Traumsymbole herauszufinden, zu isolieren und die Bedeutung für sich selbst zu ergründen. In der Gestaltpsychologie wird dies durch das physische Nachspielen eines Traumsymbols erreicht. Es wird keine Interpretation des Traumes versucht, solange nicht alle Symbole daraus gedeutet worden sind. Carl Jung und Freud haben den Prozeß der freien Assoziation für jedes Traumsymbol verwendet. Diese Methode ist offenbar praktischer. Ein Beispiel dafür wäre, eine bestimmte Person zu nehmen, die in Deinem Traum vorkommt und frei über ihre Qualitäten und Charakteristiken zu assoziieren. Es ist auch wichtig, diese freien Assoziationen niederzuschreiben, denn erst nachdem Du jedes Symbol interpretiert hast, kannst Du Dich an die Gesamtdeutung des Traumes heranwagen.

Es ist auch wichtig, zu erkennen, daß uns Träume nicht sagen, was wir zu tun haben, sondern lediglich mittels Symbolen beschreiben, was tatsächlich innerhalb der Organisation unserer Gedanken, Emotionen und Verhaltensmuster geschieht. Eine der großen Gefahren bei der Interpretation von Gedanken ist, sie in der Art zu deuten, wie wir sie durch unser Glaubenssystem und unsere Ansicht über das Leben sehen. Gerade aus diesem Grund besteht die Gefahr der Selbsttäuschung. Diesem Prozeß kann man bis zu einem bestimmten Grad entgegenwirken, indem man seine innere Führung und Intuition verwendet, und die Seele und Monade beim Deutungsprozeß um Hilfe bittet.
Nachdem die Psychodynamik des Traumes einmal erkannt ist, ist es die Aufgabe Deines bewußten Verstandes zu entscheiden, ob Du das erkannte Muster beibehalten willst oder nicht. Wenn nicht, dann solltest Du lernen, mit Deiner persönlichen Kraft und Deinem Willen, dieses Muster zu verändern, und durch Affirmationen und Visualisierungen die unbewußte Kraft aller drei Verstandesebenen umzuprogrammieren, nicht nur einer oder zwei.

Mögliche Interpretationen

Wenn Du einen Traum hast, in dem eine andere Person mit Deinem Auto fährt, dann stelle fest, wer diese Person ist und was sie für Dich bedeutet. Wenn diese Person, die Dein Auto fährt, Deine verrückte, launische Großmutter ist, dann bedeutet dieser Traum, daß es der verrückte, launische Großmutterteil in Dir ist, der Dein Leben lenkt. Ein Nackter in einem Klassenzimmer zu sein bedeutet, daß Du mental nicht vorbereitet oder geschützt bist. Das Symbol, ob man sich im Untergeschoß oder im Obergeschoß eines Hauses befindet zeigt, ob Du im Reich Deines Unterbewußtseins bist oder in Deinem Höheren Selbst.

Nachfolgend habe ich eine Liste mit den möglichen Bedeutungen einiger allgemeiner Symbole aufgeführt.

Ozean - das Unbewußte.

Wasser - Gefühle.

Tropfendes Wasser überall -
Deine Emotionen laufen in jeder Beziehung über.
Du rast in Deinem Auto und die Polizei verfolgt Dich - Du schreitest in Deinem Leben sehr schnell voran und hörst nicht auf den Gesetz- und Ordnungsteil in Dir.

Jemand bricht in Dein Haus ein - ein Gedanke oder ein Gefühl Deines Unterbewußtseins oder von negativer Natur bricht in das Heiligtum Deines Verstandes ein.

Die Farbe weiß - der spirituelle Aspekt.

Babies - ein Aspekt des Selbst, der gerade erst geboren worden ist. Die Geburt eines neuen Bewußtseinszustandes, von Ideen und Prinzipien.

Fliegen - Verärgerung.

Vögel - Erhabenheit.

Haare - Gedanken.

Lampen oder Lichter - spirituelle oder mentale Erleuchtung.

Ehe- oder Verlobungsring - spirituelle Integration.

Füße - Verstehen.

Häuser und Gebäude - repräsentieren die verschiedenen Plätze der Gedanken und Handlungen.

Haus mit faulendem Boden - dürftige spirituelle Grundlagen.
Keller - vergrabene Dimensionen des Bewußtseins.

Gefängnis - Du hast Dich in irgendeiner Art selbst in Deinem Verstand eingekerkert.

Flughafen - Hohe Ideale und religiöse Glaubenssätze, denn die Flugzeuge bringen uns in den Himmel.

Seifenschale - ein gutes, sauberes Leben.

Haus in Flammen - Ärger.

Telefonläuten - eine Botschaft oder ein Gespräch kommt.

Verlorene Zähne - wahrscheinlich ein Zusammenbruch Deiner Fähigkeit, angemessen zu unterscheiden.

Verstopfte Toilette - Du wirst Deinen psychologischen Mist nicht los.

Träume sind als Feedback, Führung und Leitfaden durchs Leben eine unschätzbare Quelle. Nimm Dir die Zeit, die Träume niederzuschreiben und arbeite damit, dann werden sie zu einem unschätzbaren Hilfsmittel zur Selbsterkenntnis und zur Beschleunigung Deines spirituellen Weges.

Die zehn möglichen Quellen für Träume von Djwhal Khul

In dem Buch "Esoterische Psychologie" von Alice Bailey hat Djwhal Khul insgesamt zehn mögliche Quellen der Träume angeführt.

1. Träume durch Gehirnaktivitäten

Die erste Quelle von Träumen wird durch den zu leichten Schlaf eines Menschen hervorgerufen. Diese Person verläßt den Körper niemals richtig, weshalb das Bewußtseinsband (die Verbindung von der Seele zur Zirbeldrüse) nicht völlig zurückgezogen ist, wie es sein sollte, wenn man schläft. Die Person bleibt dadurch sehr eng mit dem physischen Körper identifiziert. Dieser spezielle Bewußtseinszustand kann die gesamte Nacht andauern, obwohl er normalerweise nur in den ersten ein bis zwei Stunden des Schlafes auftritt, oder in der letzten Stunde vor dem Aufwachen. Djwhal Khul hat gesagt, daß diese Träume durch eine bestimmte Art von physischer Nervosität erzeugt werden und nicht viel Bedeutung haben.

2. Erinnerungsträume

Diese Art von Träumen sind die Erinnerungen aus der Astralwelt während des Schlafes. Normalerweise befindet sich ein Mensch auf der Astralebene wieder, wenn das Bewußtseinsband aus dem Körper zurückgezogen worden ist.

3. Träume als Erinnerungen an tatsächliche Handlungen

Diese Art von Träumen ist exakt gleich dem Leben im Wachzustand, bis auf den Umstand, daß man total luzid und aktiv ist, obwohl der physische Körper schläft.

4. Träume mentaler Natur

Diese Art von Traum ist eine Aufzeichnung der Erfahrungen auf der mentalen Ebene als Gegensatz zur astralen Ebene. Ein Mensch, der mehr auf den mentalen Körper polarisiert ist, hat üblicherweise diese Art von Träumen. Es gibt drei Typen von Träumen mentalen Ursprungs. Die ersten Gedankenformen können von alter, neuer oder kürzlich eingetretener Natur sein. Die zweite Art mentaler Träume ist jene, in der der Träumer von geometrischen, archetypischen Symbolen träumt. Djwhal Khul erwähnt einige der geometrischen Formen: Punkt, Linie, Dreieck, Quadrat, Kreuz, Pentagramm und Kreis. Es gibt sieben solcher Symbole für jede Wurzelrasse.
Da die Menschheit sich durch die lemurische, atlantische und nun durch die arische Rasse entwickelt hat heißt das, daß es insgesamt einundzwanzig dieser geometrischen Formen gibt, von denen der Mensch potentiell träumen kann. Die dritte Art mentaler Träume ist von rein symbolischer Natur. Diese Träume werden durch die Halle des Lernens und die Halle der Weisheit auf die mentale Ebene gebracht.

5. Träume als Aufzeichnungen vollendeter Arbeiten

Dieser Traumtyp zeichnet die Tätigkeiten im Grenzland (zwischen der astralen und der physischen Ebene), im Sommerland (wo das ganze Wunschdenken und das rassistische Verlangen existiert) und in der Welt der Verblendung auf, die ein Teil der astralen Ebene ist.

6. Telepathische Träume

Diese Träume sind eine Aufzeichnung unseres physischen Gehirns über reale Ereignisse, die auf einer Kommunikation von Person zu Person basieren. Üblicherweise teilt ein Freund oder Verwandter uns ein Erlebnis, das er durchlebt hat, während der Nacht mit, das wir dann durch die Traumform erfahren.

7. Träume als Aufführung
durch die Seele

Diese Art von Träumen ist eine symbolische Präsentation der Seele zum Zweck spiritueller Instruktionen für die inkarnierte Persönlichkeit. Sie ist unter Aspiranten und Schülern des spirituellen Pfades stark verbreitet. Diese Träume können auch durch Meditation erfahren werden.

8. Träume, die mit Gruppenarbeiten
im Zusammenhang stehen

In dieser Art von Traum trainiert die Seele die inkarnierte Persönlichkeit für Gruppenarbeit und -Tätigkeit. Die Gruppenarbeit wird in dieser Welt durch das Seelenleben und nicht auf der physischen Ebene ausgeführt. Das Erlebnis von jemandem in der Gruppe eines Meisters oder in dessen Ashram ist ein Beispiel dafür.

9. Träume als Aufzeichnungen
von Anweisungen

Diese Art von Traum vermittelt die Belehrungen eines Meisters gegenüber seinem angenommenen Schüler. Die Aufgabe des Schülers ist zu lernen, diese Instruktionen entsprechend zu interpretieren, nachdem er aufgewacht ist. Üblicherweise geben die Meister ihre Führung der Seele und diese leitet die Instruktionen dann an den Verstand des Schülers weiter.

10. Träume, die mit dem Erdenplan verbunden sind

Diese Art von Träumen ist eine Kommunikation zwischen den Schülern dieser Welt. Sie handeln vom Erdenplan, vom solaren Plan und vom kosmischen Plan und zeigen einen hohen Evolutionsstand des Schülers oder des Eingeweihten an.

20. Die Gesetze der Manifestation

"Manifestation ist kein Wunder. Es ist ein Prozeß der Arbeit mit natürlichen Prinzipien und Gesetzen, um Energie von einer Ebene der Realität auf eine andere zu übersetzen."
David Spangler

Die Gesetze der Manifestation zu meistern, ist eines der wichtigsten Ziele des Schülers auf dem spirituellen Pfad. Ich habe in diesem Kapitel eine der umfassendsten und doch leicht verständlichen Thesen über dieses Thema zusammengefaßt. Ich habe diese Informationen in eine Reihe von Gesetzen und Prinzipien, die es zu diesem Thema zu meistern gibt, aufgeteilt. Das sorgfältige Studium und die Meditation darüber sind von unschätzbarem Wert.

1. Das erste Gesetz der Manifestation

lautet, daß jeder Mensch lernen muß, mit all seinen drei Verstandesebenen zu manifestieren - dem Bewußtsein, dem Unterbewußtsein und dem Überbewußtsein.

A. Die Manifestation auf einer bewußten Verstandesebene

geschieht durch die Verwendung des Willens oder der persönlichen Kraft. Die meisten Menschen manifestieren die Dinge durch die reine Willenskraft. Durch die Kraft ihres Willens arbeiten sie achtzehn Stunden am Tag und verausgaben sich. Die bewußte Ebene der Manifestation ist auch mit der physischen Handlung verbunden. Das heißt, Telefongespräche zu führen, etwas auf der

physischen Ebene zu organisieren, Kunden zu besuchen, Besorgungen zu machen, Verwaltungsaufgaben zu erledigen und so weiter. Dies ist eine absolut gültige und wichtige Form der Manifestation.
"Es gibt keine Kraft im Universum, die stärker ist als Dein Wille". Dies ist eine großartige Aussage vom Universellen Geist durch Edgar Cayce. Um effizient zu manifestieren, mußt Du Deine eigene Kraft und Deinen eigenen Willen vollständig besitzen und sie in Verbindung mit bedingungsloser Liebe und dem Wissen einsetzen, daß Du Gott in Tätigkeit bist.

B. Die zweite Art zu manifestieren

geschieht durch die Kraft des Unterbewußtseins. Jeder von uns nutzt diese Ebene der Manifestation, ob er sich dessen bewußt ist oder nicht. Ein Problem dabei ist, daß es die meisten Menschen nicht bewußt tun. Ein anderes Problem ist, daß diese Ebene häufig dazu benutzt wird, die Manifestationen eher zu blockieren, als sie zu fördern.
Das Gesetz des Unterbewußtseins basiert auf dem berühmten Hermetischen Gesetz oder dem Gesetz der Entsprechung. Dieses Gesetz lautet: "Wie innen, so außen. Wie oben so unten." Das, was Du denkst oder Dir vorstellst, sei es auf der Verstandesebene oder im Unterbewußtsein, wird wie ein Spiegel in Deiner Umgebung reflektiert. Deine äußere Welt ist wie ein Spiegel Deiner inneren Welt. Das ist ein Gesetz, und es manifestiert das Gute wie auch das Schlechte, denn es führt aus, wozu es auch immer programmiert wurde. Gemäß unserer Programmierung zieht es ununterbrochen Dinge an oder weist sie zurück.

Die Hauptaufgabe des spirituellen Pfades besteht darin, das Unterbewußtsein vom niederen Selbst, dem negativen Ego und unausgewogenen Programmierungen, welche nicht von der Seele oder dem Höheren Selbst stammen, zu reinigen. Wenn Du dies getan hast, dann hast Du den "Midas

Touch" erreicht, mit dem Du alles, was Du berührst in Gold verwandeln kannst.
Dies geschieht deshalb, weil Dein Unterbewußtsein ein Diener des bewußten Verstandes ist, der wiederum dem Überbewußtsein dient. Das Überbewußtsein dient dem Bewußtsein der Seele, welches ihrerseits ein Diener des Bewußtseins der Monade ist, die ein Diener Gottes ist. Dein Unterbewußtsein steuert Deinen physischen Körper und wird entweder Gesundheit oder Krankheit erzeugen, je nachdem worauf es programmiert wurde. Das Unterbewußtsein wird alles anziehen, was Du brauchst, denn der Geist ist in Wahrheit miteinander verbunden. Deshalb ist die Verwendung von Affirmationen, Visualisierungen und Autosuggestionen eine solch wichtige Wissenschaft. (Siehe Kapitel 10, in dem ich vierundzwanzig Methoden aufführe, Die Dir zeigen, wie Du die Suggestionen in Dein Unterbewußtsein implantieren kannst.)

Um effektiv zu manifestieren, muß der Schüler lernen, die Kontrolle über sein Unterbewußtsein zu haben. Die meisten Menschen lassen sich von ihrem Unterbewußtsein lenken, anstatt selbst der Programmierer ihres Computers (bewußter Verstand) zu sein, der dann das Unterbewußtsein lenkt. Idealerweise ist es Dein Diener. In anderen Lehren wird es das Basis-Selbst oder der Servo-Mechanismus genannt. Es ist Dein treuer Diener und wird Dich mit allem versorgen, was Du brauchst, solange Du es direkt daraufhin programmierst.

C. Die dritte Art zu manifestieren

geschieht durch die Kraft des Überbewußtseins, des Höheren Selbst, dem Geist, durch Gott. Dies ist die Art der Manifestation durch Gebet und nicht durch Visualisierung und Affirmationen. Das Gebet ist die spirituelle Art, Gott um das zu bitten, was Du möchtest und dann zu akzeptieren, daß es ausgeführt wird, sobald Du einmal danach gefragt hast. Gott hört durch Dein Höheres Selbst und Deine Monade oder mächtige ICH BIN - Gegenwart all Deine Gebete und antwortet auch auf all Deine Gebete. Wie, wann und in welcher Form er jedoch antwortet, hängt davon ab, wie Du die universellen Gesetze der Manifestation erfüllst.

Warum sollte man nur durch die Kraft des Willens und durch physische Arbeit manifestieren, wenn man jeden Tag um die Hilfe Gottes beten kann? Du hast nicht nur die Hilfe Gottes durch das Gebet, sondern auch die Hilfe der Aufgestiegenen Meister, der Engel, der Elohim, der Naturgeister, von Gott, der durch die anderen Menschen arbeitet, Deines Höheren Selbst und Deiner Monade.

Die meisten Menschen beten nicht genug. Das Ideal wäre, dabei alle drei Ebenen des Verstandes zu verwenden. Manche Menschen verwenden nur ihren bewußten Verstand und manche Menschen beten und erreichen ihr Ziel nicht, weil sie erwarten, daß Gott alles für sie erledigt. Das wird nicht viel bringen, denn Gott hilft nur denen, die sich selbst helfen. Andere Menschen bedienen sich ununterbrochen Affirmationen und Visualisierungen, doch sie besitzen keine persönliche Kraft und nicht genügend Willen, um die physische Arbeit zu tun, die nötig ist. Dieses Gesetz handelt von der Wichtigkeit, alle drei Ebenen des Verstandes in perfekter Harmonie, Balance und Integration zu verwenden.

Die Kahunas von Hawaii haben eine Methode des Gebets, in welcher alle drei Verstandesebenen integriert sind:

Bevor Du mit dem Gebet beginnst, baue Deine Vitalkraft und Energie auf und führe diesen gesamten Vorgang mit Enthusiasmus aus. Schreibe Dein Gebet in allen Einzelheiten auf ein Stück Papier und entwerfe dabei auch eine

farbenfrohe bildliche Darstellung. Wenn Du das Gebet in die richtigen Worte und Bilder gefaßt hast, dann sprich das Gebet drei Mal laut, und richte es an Gott, Dein Höheres Selbst und wem Du es auch immer schicken möchtest. Nachdem Du das Gebet drei Mal kraftvoll, aber auch in liebevoller Weise gesprochen hast, beauftrage Dein Unterbewußtsein damit, das Gebet zu Deinem Höheren Selbst zu bringen. Stelle Dir dies vor, wie einen Springbrunnen, der durch Dein Kronenchakra hinauf in die Luft schießt. Vergiß dann das Gebet und tue auf der bewußten und unterbewußten Ebene was Du für richtig hältst, um Deinen Wunsch zu manifestieren. Mit anderen Worten, alle drei Verstandesebenen arbeiten nun in perfekter, harmonischer, synchroner und ausbalancierter Weise zusammen. Ich habe diese Methode zahllose Male in meinem Leben angewandt und sie hat nie versagt. (Eine weitere Methode des Gebets ist, einfach einen Brief an Gott und das Höhere Selbst zu schreiben. Dein Höheres Selbst wird Dir in Deinem täglichen Leben darauf antworten.)
Alle Methoden des Gebets wirken, ich würde jedoch diese Methode bei wichtigen Anlässen empfehlen.

2. Das zweite Schlüsselgesetz der Manifestation

ist das Manifestieren aus dem Bewußtsein, daß Du die Seele und nicht die Persönlichkeit bist.

Wenn Du aus dem Bewußtsein der Persönlichkeit heraus manifestierst, dann siehst Du Dich selbst von Deinen Brüdern und Schwestern und von der Schöpfung als getrennt. Das ist eine Illusion. Deine Manifestation wird tausend Mal kraftvoller sein, wenn Du erkennst, daß Du Christus, Buddha, Atma und das Ewige Selbst bist, denn genau das ist es, was Du in Wahrheit bist. Du bist eins mit Gott und der gesamten Schöpfung. Somit ist das, was Du zu manifestieren versuchst, nichts anderes, als ein weiterer Teil Deiner Selbst. Dieser Punkt kann nicht oft genug betont und wiederholt werden. Das New Age Gesetz der Manifestation handelt davon, den Fokus seiner Identität in diese Richtung zu verändern. Wenn man nicht in dieser Art betet, und sich selbst nicht mit der Seele, sondern mit der Person, identifiziert, schneidet man sich selbst hierdurch zu einem großen Teil von der Quelle der Energie zur Manifestation seiner Wünsche ab. Bitte um die Hilfe der Aufgestiegenen Meister, der Engel, Deiner Monade, den Elohim, den Naturgeistern und/oder dem Ashtar Kommando, wenn Du spezielle Hilfe benötigst.

> 3. Mache Dich nicht von dem was Du manifestieren möchtest abhängig oder Du wirst es von Dir fernhalten.

Mache Deine Entscheidung zur Manifestation zu einer Vorliebe, jedoch zu keiner Bedingung. Mit dieser Einstellung wirst Du glücklich sein, bis Du Dein Ziel erreicht hast.

> 4. Übergebe Dein Gebet und Deine Bitten an Gott und überlasse es seinen Händen.

Gott ist glücklich darüber, Dir zu helfen, doch Du mußt es ihm übergeben. Du kannst visualisieren, wie Dein Bittgebet in einer rosaroten oder goldenen Lichtblase emporsteigt und mit dem Licht Gottes verschmilzt. Dann ist es Deine Aufgabe, Dich an die Arbeit zu machen und Deinen Teil durch Deinen Verstand, durch Deine persönliche Kraft und Deine Handlungen auf der physischen Ebene beizutragen.

5. Gott selbst hat uns erschaffen und deshalb sind wir in Wahrheit vollkommen.

In Wahrheit ist alles, was existiert, vollkommen. Jedesmal wenn sich etwas anderes als Vollkommenheit manifestiert, dann bete augenblicklich, visualisiere die Vollkommenheit und verwende Affirmationen der Wahrheit, anstatt der Illusion des negativen Egos nachzugeben. Verneine jeden Gedanken der nicht dieser Wahrheit entspricht und der versucht, in Deinen Geist zu dringen. Wenn Du krank bist, dann visualisiere Gesundheit und verwende dazu die entsprechenden Affirmationen. Wenn sich Dein Bankkonto im Minus befindet, dann visualisiere das Gegenteil davon.

6. Das Universum Gottes ist ein Universum der Fülle und unbegrenzt.

Je nach der Einstellung, die wir beibehalten, zieht es jedoch Armut oder Reichtum an. Das bringt uns wiederum zurück zum Hermetischen Gesetz, das besagt: "Wie innen so außen. Wie oben, so unten." Deine äußere Welt und Dein physischer Körper sind ein Spiegel Deiner inneren Welt, Deines Bewußtseins und Deiner unbewußten Gedanken. Die Gedanken und Bilder, die Du in Deinem Geist festhältst, erschaffen Deine Realität.

7. Habe Vertrauen.

Du weißt, daß Gott existiert und daß Gottes Gesetze perfekt sind und immer funktionieren. Nachdem Du also gebetet hast, solltest Du auch wissen, daß Dein Gebet erhört wurde und Gottes Gesetze in Gang gebracht wurden. Nichts als die Vollkommenheit und die völlige Erfüllung Deiner Gebete kann geschehen, solange Du das Vertrauen in Gott und seine Gesetze hast. Wenn Du Dich Zweifeln und Sorgen hingibst, dann blockierst Du die Energie daran, das zu manifestieren, was in Gang gebracht wurde.

8. Sei in Übereinstimmung und Ausrichtung.

Die vier Körper müssen für eine rasche Manifestation Deiner Gebete alle aneinander ausgerichtet sein. Der Geist muß auf Gott und die Seele eingestimmt sein, so daß die Energie fließen kann. Der Emotionalkörper muß auf den Verstand und dann auf die Seele eingestimmt sein. Der physische Körper muß auf den Emotionalkörper eingestimmt sein, welcher auf den Verstand eingestimmt ist, der wiederum auf die Seele eingestimmt ist, die ihrerseits auf die Monade eingestimmt ist, die sich in Ausrichtung auf Gott befindet. Eine andere Art das zu sagen wäre, daß das Unterbewußtsein dem bewußten Verstand dient, der wiederum der Seele oder dem Überbewußtsein dient, das der Monade ein treuer Diener ist, die Gott dient. Jede Ebene ist ein Diener der nächst höheren Ebene.
Nachdem Du gebetet hast, möchtest Du sicherlich nicht, daß Dein Unterbewußtsein verrückt spielt und sagt: "Ich glaube nicht, daß dies funktionieren wird." Wenn das geschieht, dann verwerfe diesen Gedanken wieder und sage: "Hebe dich hinweg, Satan!" und mache Dir die Vollkommenheit Gottes wieder bewußt.

9. Alles im Universum Gottes ist nichts anderes als Energie,

und alle Energie ist nichts anderes als Gott. Sogar physische Materie ist Energie, die auf einer niederen Schwingung vibriert. Somit ist alles, was Du bei der Anwendung der Gesetze der Manifestation wirklich tust, die Schwingung der Energie von einer Frequenz auf eine andere zu bringen. Dieses Gesetz handelt von dem Umstand, daß Energie den Gedanken folgt. Worum Du auch bittest, es existiert bereits auf einer höheren Ebene, sobald Du einmal das Gebet und die Affirmation ausgesprochen oder Deine Vorstellung visualisiert hast. Du wartest jetzt nur noch darauf, es in der physischen Realität zu manifestieren. Deine Haltung sollte nun erwartungsvoll sein, als ob es sich in jeder Sekunde erfüllen könnte. Du wartest einfach darauf, bis sich die Energie durch die Dimensionen heruntertransformiert und in der physischen Realität verankert. Solange Du Deine vier Körper und Deine drei Verstandesebenen in Balance hältst und aneinander ausrichtest, gibt es keinen Grund dafür, warum es nicht geschehen sollte.

10. Die Gesetze der Manifestation funktionieren,

ob man sich dessen bewußt ist oder nicht. Sie erfüllen sich genauso freudig im negativen, wie im positiven Sinn, und sie machen weder einen Unterschied, noch treffen sie eine Auswahl. Was immer Du Deinem Unterbewußtsein einprogrammierst, wird es ausführen. Wenn Du ein negatives Bild oder einen negativen Gedanken zu lange festhältst, dann wird er sich schließlich in Deiner physischen Realität manifestieren. Wenn Du also diese Gesetze nicht für die Manifestation des Positiven verwendest, so werden sie sich zu Deinem Nachteil auswirken. Edgar Cayce sagt, "Warum sich sorgen, wenn man beten kann?" Nimm Deine eigene Kraft, affirmiere und visualisiere, was immer Du auch haben möchtest. Wenn Du beginnst, Dir Sorgen zu machen, ist es an der Zeit zu Deinen spirituellen Übungen der ordentlichen Manifestation zurückzukehren. Wenn Du Dich weiterhin sorgst, wirst Du genau das manifestieren, worüber Du Dich sorgst.

11. Die Gesetze der Manifestation arbeiten in jedem Moment Deines Lebens,

auch wenn Du nicht betest, es nicht möchtest, visualisierst oder sonst aktiv etwas dazu beiträgst. Jeder Gedanke, den Du denkst, wenn Du durchs tägliche Leben gehst, und sogar jeder Gedanke während des Schlafes, trägt zu diesem Prozeß bei. Wenn Du niemals irgendeine spezielle Manifestationsübung gemacht hast, sondern einfach nur aufmerksam gegenüber dem warst, was Du in Dein Bewußtsein gelassen hast, und dabei nur die Gedanken der Vollkommenheit, des Überflusses, von Gott, der Liebe, der Balance und vollkommenen Gesundheit in Deinem Verstand zugelassen hast, dann hast Du in Wahrheit alles, was Du brauchst. In diesem Zustand arbeiten die drei Verstandesebenen als ein Ganzes. Die Seele und das Höhere Selbst hat Dein Denken übernommen und nicht das negative Ego oder die Persönlichkeit.

12. Vergewissere Dich,

daß der Wunsch, um den Du betest, aus Deiner Seele kommt und nicht aus Deinem negativen Ego. Deine Seele wird Dir nicht helfen, wenn Du um etwas bittest, das nicht zum höchsten Wohl aller Beteiligten ist. Wenn sich ein Gebet nicht erfüllt, dann sollte es wahrscheinlich nicht sein und ist nicht wirklich ein Teil des göttlichen Planes für Dich.

13. Beharrlichkeit ist eine Notwendigkeit.

Auf dieser irdischen Ebene der Realität ist die Zeit verlangsamt, so daß wir diese Gesetze üben können. In den höheren Dimensionen der Realität manifestieren sich die Dinge augenblicklich. Wir sind auf dieser Ebene der Existenz, um unsere Meisterschaft über diese Gesetze unter Beweis zu stellen, so daß wir auf den höheren Ebenen keinen Schaden anrichten. Je höher jemand in seinem Initiationsprozeß geht, desto schneller verwirklichen sich die Manifestationen. Sai Baba kann augenblicklich, was immer er will, manifestieren, obwohl er immer noch in einem physischen Körper hier ist. Auch wir werden in Zukunft fähig sein, das zu tun, doch bis dahin müssen wir unsere Beharrlichkeit und Ausdauer demonstrierten.

14. Begrenze nicht die Art, in der sich die Manifestation verwirklichen soll.

Wenn Du zum Beispiel versuchst, Geld zu manifestieren, dann denke nicht daran, daß es nur durch Arbeit kommt. Vielleicht gewinnst Du in der Lotterie oder es kommt durch eine Erbschaft, vielleicht findest Du es einfach oder jemand wird Dir das Geld geben. Gott arbeitet auf sehr geheimnisvolle Art, also versuche nicht Gottes Gedanken vorwegzudenken. Wenn Du glaubst, daß sich Dein Gebet nur auf eine Art manifestiert, dann beschränkst Du Gott und die Fähigkeit Deines Unterbewußtseins, für Dich zu manifestieren.

15. Du brauchst die Fähigkeit, im Leben genauso empfangen, wie auch geben zu können.

Ich kenne viele spirituelle Menschen, die großartige Geber sind, jedoch überhaupt nicht wissen, wie man auch annimmt. Ihnen wird ein Geschenk angeboten und sie sagen: "Nein danke, das kann ich nicht annehmen" und haben damit den Zufluß an Fülle blockiert. Dies ist ein wesentlicher Bestandteil, um ein Wohlstandsbewußtsein zu haben.

16. Dankbarkeit ist von größter Wichtigkeit.

Um Bescheidenheit zu zeigen, danke für den Überfluß Gottes, den er für Dich bereit hält und bedanke Dich bei Gott, Deiner Seele, den Aufgestiegenen Meistern, dem Unterbewußtsein, den Engeln und den Naturgeistern für all die wunderbare Arbeit, die sie für Dich geleistet haben. Mache jeden Tag zu einem Festtag des Dankens.

17. Du kannst nicht versagen.

Wie könntest Du versagen, wenn Gott, Deine Seele, die Aufgestiegenen Meister, die Engel, die Elohim, Deine persönliche Kraft, die Kraft Deines Unterbewußtseins, Dein physischer Körper, die Naturgeister, andere Menschen und Deine Monade Dir helfen? Und dies, wenn Du dann noch die Tatsache hinzufügst, daß Du in Wahrheit der Christus, Buddha, Atma und das Ewige Selbst bist. Du bist Gott. Kann Gott gegen die Kräfte des Glanzes, der Illusion und der Maya verlieren? Tatsächlich existieren diese Kräfte gar nicht, Du glaubst nur daß sie es tun. Das einzige, was Deine Manifestationsübungen stoppen kann, ist der Glanz, die Illusion und die Maya Deines negativen Egos und niederen Selbstes. Das einzige, was Dich von der Manifestation abhalten kann, bist Du selbst. Gott hat Dir alles gegeben. Er wartet nur darauf, daß Du es in Anspruch nimmst. Das ist das einzige, das Gott nicht für Dich tun kann. Du mußt Gottes Fülle in Anspruch nehmen, dann ist sie augenblicklich Dein. Wenn Du Deine Gedanken und Vorstellungen beherrschst, und damit auch Deinen Emotionalkörper, kann Dich niemand mehr von der Manifestation abhalten.

18. Alles zu haben heißt alles zu geben.

Das ist ein Gesetz der Manifestation, wie es uns "Ein Kurs in Wundern" lehrt. Um effektiv zu manifestieren, müssen wir zu geben lernen. Wir müssen die Fülle fließen lassen. Wenn wir selbstsüchtig und geizig werden und aufhören zu geben, dann hört auch das Universum auf, uns zu geben und wird selbstsüchtig und geizig uns gegenüber werden. Wenn wir aufhören, alles zu geben, dann verstopft der Geldfluß Gottes und wir sind nicht mehr fähig, viel zu erhalten. Die Idee dahinter ist, fortwährend zu geben, was uns erlaubt noch mehr zu erhalten. Das hält die Zirkulation des Überflusses in Gang.

19. Jedes Wort, das Du sprichst, ist eine Verfügung und eine Anweisung zur Manifestation.

Es ist wichtig, wachsam über Deine Sprache zu sein. Die Kraft Deines gesprochenen Wortes ist noch kraftvoller als Deine Gedanken, denen Du gestattest, in Deinen Verstand zu kommen. Nur, weil Du Dich nicht auf Deine Manifestationsübungen konzentrierst, heißt das nicht, daß Du jetzt nicht manifestierst.

20. Die Affirmationen und Gebete müssen in positiver Sprache ausgedrückt werden,

und dürfen nicht mit negativen Worten oder Vorstellungen belegt werden. Wenn Du beispielsweise ein gebrochenes Bein heilen möchtest, dann vermeide es zu sagen: "Ich heile jetzt mein gebrochenes Bein." Besser wäre es, wenn Du sagen würdest: "Mein Bein ist kraftvoll, geheilt und ganz." Der Bezug zum negativen Bild kann einen negativen Effekt für das Unterbewußtsein haben. Das Unterbewußtsein besitzt keine Logik und wird alles manifestieren, worauf man es programmiert hat. Die Gefahr liegt darin, dem Unterbewußtsein eine doppelte Botschaft zu übermitteln.

21. Bevor Du mit Deinen Manifestationsübungen beginnst,

solltest Du Deine Vitalkräfte und Dein Energieniveau erhöhen. Die Geistwesen benutzen manchmal diese Energien genauso, wie die Gedanken und Bilder, die man ihnen in den Gebeten sendet. Die Vitalenergie kann durch tiefes Atmen oder physische Fitnessübungen für ein paar Minuten vor der Manifestationsarbeit erhöht werden.

22. Sei bei Deiner Manifestationsarbeit enthusiastisch.

Dein Enthusiasmus ist Teil des vorher beschriebenen Gesetzes der Erhöhung der Vitalenergie und arbeitet bei der Manifestation mit Deinem Emotionalkörper zusammen, was die Manifestation um das 1000fache beschleunigt. Der Emotionalkörper ist mit dem Unterbewußtsein verbunden und nichts wird sich ohne die Mitarbeit des Unterbewußtseins manifestieren.

23. Es gibt nur ein universales Unterbewußtsein.

Jeder von uns betont einen bestimmten Aspekt dieses universellen Unterbewußtseins, während wir gleichzeitig alle mit diesem universellen Geist verbunden sind oder wie Carl Jung es genannt hat: "Das kollektive

Unterbewußtsein." Dieses Verständnis und die Aufmerksamkeit dem gegenüber in Deiner Manifestation befreit Dich von der Vorstellung der Getrenntheit, die Deine Manifestation verlangsamt.

24. Vergewissere Dich,

daß Du allen Menschen, Situationen und Dir selbst vergeben hast, bevor Du Deine Manifestationsarbeit beginnst. Wenn man einen Mangel an Vergebung hat, bildet das Schuld und andere psychische Blockaden, die das Unterbewußtsein nicht mehr kooperativ am Prozeß des Gebets oder der Affirmation teilhaben läßt.

25. Die Selbstliebe ist äußerst wichtig.

Wenn es Dir an Selbstliebe mangelt, dann äußert sich dies in Selbstverurteilung, im Mangel an Selbstwert und dem Gefühl der Unwürdigkeit. Dieser unwürdige, falsche Glauben ist wiederum eine doppelte Botschaft. Wenn dies eine Lektion für Dich ist, dann studiere bitte sorgfältig das Kapitel über das Erreichen des Christusbewußtseins.

26. Viele Menschen beten zu viel,

was ein Zeichen des Mangels an Vertrauen ist. In Wahrheit ist einmal genug. Falls sich jedoch Zweifel und Sorgen einschleichen, dann ist es nicht verkehrt, das Gebet zu wiederholen, um Deinen Glauben zu festigen. Es gilt dabei, eine Balance zu finden, die für jeden Menschen einzigartig und besonders ist.

27. Schreibe Deine Gebete und Affirmationen auf.

Der Akt dieser physischen Handlung ist eine noch stärkere Botschaft an Dein Unterbewußtsein, als diese nur zu denken oder sie laut auszusprechen. Das Unterbewußtsein wird durch eine Art der physischen Handlung noch stärker beeinflußt.

28. Übe Deine Manifestationsarbeit immer in einem meditativen Zustand

oder in einem Zustand erhöhter Aufmerksamkeit aus. Zu diesen Zeiten befindest Du Dich im Zustand der Hypnose, die den Suggestionen erlaubt, leichter in das Unterbewußtsein zu dringen. Eine gute Zeit für die Manifestationsarbeit ist direkt vor dem Einschlafen und sofort nach dem Aufwachen am Morgen. Vermeide es, über Deine Manifestationsarbeit zu sprechen. Häufig wird die Energie zerstreut, wenn man mit Freunden über die Manifestationen spricht. Außerdem gibt es auch oft negative Reaktionen von anderen, gegen die Du dann ankämpfen mußt, so daß sie nicht in Dein Bewußtsein oder Unterbewußtsein dringen. (Siehe dazu das Kapitel über psychologische Selbstverteidigung.)

29. Es ist sehr wichtig, sich mit positiven Menschen zu umgeben

und in einer positiven Umgebung zu sein. Solange bis Du die Selbstmeisterschaft erreicht hast, ist dies von allergrößter Bedeutung für den spirituellen Pfad. In der Manifestationsarbeit versuchst Du, eine bestimmte Gedankenform, eine bestimmte Energie und Schwingung festzuhalten. Du möchtest Dich mit Menschen umgeben, die diesen Prozeß unterstützen. Sich mit negativen Menschen und einer negativen Umwelt zu umgeben, führt über die Zeit hinweg dazu, seine physischen, emotionalen, mentalen und spirituellen Energien zu verlieren, wodurch es sehr schwierig wird, seine Schwingung hoch zu halten.

30. Du hast bereits alles.

Du bist bereits alles. Da Du Gott, Christus, Buddha, Atma, das Ewige Selbst, die Monade und die Seele bist, gehört Dir in Wahrheit bereits alles, so wie es auch Gott bereits gehört. Das war schon immer so, doch es ist schwierig für uns dies anzunehmen, weil wir es so gewohnt sind, der Interpretation des Egos über uns selbst Glauben zu schenken, das uns sagt, daß wir ein physischer Körper sind, eine Persönlichkeit und getrennt von der Schöpfung. Wenn wir uns wirklich an die Wahrheit halten, daß wir das Ewige Selbst sind, dann werden alle unsere Gedanken aus diesem Grundverständnis hervorgehen, was dann bedeuten würde, daß alles, was wir brauchen, sich zu jeder Zeit für uns manifestieren würde.

31. Bitte nur um das, was Du wirklich brauchst.

Wenn Dein Ego beginnt, dabei mitzumischen und um Dinge bittet, die Du gar nicht brauchst, dann kommt Deine Bitte aus der Verblendung. Dies wird Deine Manifestation sabotieren.

32. Lerne einzig auf Gott und die göttlichen Gesetze für Deinen Wohlstand und Reichtum zu vertrauen.

Gott, Deine persönliche Kraft und die Kraft Deines Unterbewußtseins sind ein unschlagbares Team. Wenn das der Fall ist, dann ist diese Gewißheit in Dir statt außerhalb von Dir. Es spielt keine Rolle was im Äußeren in Form von diesem oder jenem Unglück geschieht, wenn Du immer weißt, daß Du das, was Du brauchst, auch jederzeit durch die Hilfe Gottes, Deines Willens und die Kraft Deines Unterbewußtseins manifestieren kannst.

33. Es ist wichtig, all Deine fünf Sinne bei der Visualisierung dessen zu benutzen, was Du manifestieren möchtest.

Sieh es, höre es, schmecke es, berühre es und rieche es. Gestalte Deine Manifestation so real, daß diese Meditation genauso echt ist, wie die Wirklichkeit, oder vielleicht sogar noch realer als das Leben. Wenn die Visualisierung in dieser Art durchgeführt wird, dann ist Dir der Erfolg sicher.

34. Du mußt um die Hilfe bitten, um sie zu erhalten.

Wenn Du Dein Höheres Selbst, die Aufgestiegenen Meister und die Engel nicht um Hilfe bittest, dann ist es ihnen nicht erlaubt, Dir zu helfen. "Bittet, so wird Euch gegeben, klopfet an, so wird Euch aufgetan." Wenn Du nicht darum bittest, dann wird Gott Dir nicht helfen. So lautet das Gesetz.

35. Das Gesetz des Unterbewußtseins ist das Gegenteil des vorhergehenden Gesetzes.

Du mußt Deinem Unterbewußtsein sagen, was Du möchtest und ihm die entsprechenden Suggestionen geben. Wenn Du den Computer des Unterbewußtseins nicht durch Suggestionen, Affirmationen und Visualisierungen programmierst, dann wird es das manifestieren, was immer bereits in seinem Speicher programmiert worden ist, und was Du anderen Menschen erlaubst, in Deinen Computer, und somit in Dein Unterbewußtsein, einzugeben.

36. Bleibe im Dienst.

Nur weil wir mit Gebeten, Affirmationen und Visualisierungen arbeiten, so heißt das nicht, daß wir nicht auch noch einer physischen Arbeit nachgehen müssen. Die Haltung der Seele dieser Arbeit gegenüber ist jedoch, daß unsere Arbeit der Dienst an Gott ist und daß dies die größte Freude überhaupt ist. Sobald wir einmal eine gewisse Stufe unserer Evolution erreicht haben, gibt es keinen anderen Grund mehr hier zu bleiben, als Gott und der Menschheit zu dienen.

37. Auf der mentalen Ebene hat Manifestation damit zu tun, konzentriert zu bleiben und seinen Verstand ständig auf das Licht gerichtet zu halten.

Es hat damit zu tun, im Prozeß der Manifestation, das idealisierte Potential, das Du bist, nicht zu verlieren. Wenn wir uns einmal entsprechend entwickelt haben, werden wir nicht einmal mehr geduldig auf das warten müssen, was wir zu manifestieren wünschen, denn es wird, wie bei Sai Baba, augenblicklich geschehen.

38. Das Manifestieren auf der emotionalen Ebene handelt von dem kindlichen Vertrauen und der Hingabe an Gott.

Sagt die Bibel nicht: "Wenn ihr das Vertrauen eines Senfkornes habt, dann könnt ihr Berge versetzen." Dieses kindliche Vertrauen von vielen nicht ungebildeten Menschen ist wunderbar zu beobachten. Wer ist reicher? Der Multimillionär, der sich um sein Geld sorgt oder die Mutter, die mit ihren sechs Kindern in einem Ghetto lebt und durch den Glauben an Gott all das manifestiert, was sie zum Leben braucht?

39. Die Manifestation auf der Seelenebene handelt von der Identifikation mit der Seele

und nicht mit der Persönlichkeit, und der Aufrechterhaltung der Ausrichtung auf das Seelenbewußtsein. Das führt dazu, die Energien der Seele in die Manifestation dessen, was Du willst, mit einzubringen. Nur auf der mentalen, emotionalen und physischen Ebene für die Manifestation zu arbeiten und dabei nicht die Seele mit einzubeziehen würde Dich von der Quelle allen Lebens abschneiden. Ohne die Seele leben wir in der Illusion der Getrenntheit des negativen Egos mit all dem was dazugehört. Wenn die Seele mit einbezogen wird, dann ist das, was wir zu manifestieren wünschen, bereits ein Teil von uns. In gewissem Sinn ist Manifestation dann ein Prozeß des Entkleidens von dem, was bereits uns gehört, jedoch durch die Illusion der Persönlichkeit verdeckt war. Die Seele ist von dem Objekt nicht getrennt, das sie versucht zu manifestieren, so wie die Persönlichkeit glaubt es zu sein. Das Objekt, das Du zu manifestieren versuchst, ist ein Teil der Seele, denn die Seele beinhaltet alles. Deshalb hast Du bereits alles und bist Du bereits alles. In Wahrheit gehört es in einem spirituellen oder Seelenzustand bereits Dir.

Ein Mensch wie Sai Baba, der mit dem Geist vollkommen eins ist, stellt sich etwas vor und denkt an etwas und es manifestiert sich augenblicklich. Dasselbe gilt auch für uns, nur daß dieser Prozeß bei uns verlangsamt ist. Wenn wir aus dem Seelenbewußtsein heraus denken, dann manifestiert es sich auch augenblicklich, nur daß wir es mit unseren physischen Augen noch nicht sehen können. Raum und Zeit existieren nicht wirklich, so daß die Manifestation augenblicklich unser ist, sobald wir sie beanspruchen. Wir müssen nur noch darauf warten, daß sie auf der irdischen Ebene sichtbar wird.

Für diejenigen, die bereits hellsichtig sind, ist es sogar sichtbar. Viele Menschen verlieren ihre Konzentration, bevor sich das Gewünschte noch von der ätherischen auf die physische Ebene bewegt. Auf der physischen Ebene sind diese Gesetze nur etwas verlangsamt, so daß es sich nicht augenblicklich vor unseren Augen materialisiert. Auf dieser Ebene dauert es ein wenig länger, bis sich unsere Manifestationen auf der physischen Ebene verankern und erden. Die Manifestation mit dem Bewußtsein der Seele ist der wahre Schlüssel.

40. Wunder sind natürlich.

Wunder sind ein natürliches Nebenprodukt des Ausdrucks und der Arbeit Gottes und seinem Gesetz zum Dienst an der Menschheit.

41. Identifiziere Dich mit Gott.

Benutze zu Beginn Deiner Manifestationen die Worte "ICH BIN" in Deinen Affirmationen und richte Deine Bitte, wenn Du möchtest, direkt an Gott. Wenn Du ICH BIN sagst, dann affimierst Du Gottes Namen, der Dir gebührt.

42. "Trachte zuerst nach dem Reich Gottes, dann werden Dir alle Dinge zufallen."

Ich glaube, daß diese Aussage keiner weiteren Erklärung bedarf. Sie spricht für sich. "Warum möchtest Du die ganze Welt besitzen und dabei Deine Seele verlieren?" Viele Menschen beurteilen den Reichtum nach dem Bankkonto und den materiellen Gütern, die man besitzt. Wahrer Reichtum ist, mit der Seele und dem Geist vereint zu sein, was uns zu allem führt, das wir im Dienst an Gott brauchen.

43. Es ist in Ordnung, um materielle Dinge zu beten.

Das ist ein Punkt, der bei manchen Menschen in der spirituellen Bewegung eine große Verwirrung auslöst. Es ist völlig in Ordnung und tatsächlich sogar von der Seele und der Monade erwünscht, daß Du ihre Hilfe in dieser Angelegenheit anrufst, doch sollte es bescheiden getan werden. Bitte genau um das, was Du brauchst, und nicht um mehr oder weniger. Wahrer Reichtum bedeutet nicht, alles zu haben, sondern eine Quelle zu sein, durch die man alles, was man braucht, manifestieren kann. Es bedeutet, eins zu sein mit der Essenz hinter und in all den Dingen.

44. Die Manifestation auf der Ebene der Persönlichkeit

wird ungemein verstärkt, wenn Deine Arbeit als ein Dienst an der Menschheit angesehen wird. Es gibt ein altes metaphysisches Sprichwort, das besagt: "Wenn Dein Herz rein ist, dann hast Du die zehnfache Kraft." Wenn unsere Arbeit für einen edlen Zweck ist und wir sie reinen Herzens machen, dann werden wir eine viel größere Menge an Energie zur Verfügung haben, um das zu tun, was wir tun müssen, denn wir stehen mit der universalen Kraft in Einklang.

45. Sei ganz genau in Deinen Visualisierungen, Affirmationen und Handlungen zur Manifestation.

Wenn Du zu allgemein bist, dann kann sich nach dem Gesetz des Universums nur ein allgemeines Ergebnis zeigen oder eines, das zu unbedeutend ist, um sich überhaupt zu manifestieren.

46. Verstehe, daß das, was wir manifestieren nicht tatsächlich uns gehört.

In Wahrheit sind wir nur die Verantwortlichen dafür. In Wahrheit gehört es Gott und wir sorgen dafür. Es gibt kein "mein" als Trennung von Gott.

47. Achte gut auf das, was Du manifestierst.

Wenn Du ein neues Auto manifestierst und nicht darauf achtest, dann bist Du in Wahrheit dieser Manifestation auf der physischen Ebene nicht würdig. Alle Ebenen müssen aneinander ausgerichtet sein oder die Manifestation wird blockiert.

48. Es gibt keine Möglichkeit ohne Selbstdisziplin effektiv zu manifestieren.

Du mußt lernen, die Kontrolle über Deinen Verstand, Deine Emotionen, Deinen Körper und Dein Bewußtsein aufrechtzuerhalten und die angemessene Schwingung und Ausrichtung an die Seele beizubehalten. Du mußt genügend Selbstdisziplin haben, um dem Niederen Selbst nicht zu gestatten, den Verstand mit seinen Zweifeln und Ängsten zu verseuchen. Disziplin zu haben, gibt Dir die Festigkeit, und ermöglicht Dir beständig im Licht, in der Freude, im Positiven und in der Liebe zu bleiben, und ein unveränderliches Bewußtsein des Überflusses aufrechtzuerhalten.

49. Manifestiere aus dem Bewußtsein der Autorität,

in dem Wissen, daß Du ein Meister bist. Es gibt keine Kraft, die stärker ist als Dein Wille. Um effektiv zu manifestieren, mußt Du Deine persönliche Kraft besitzen und Deine Identität als Christus, Buddha, Atma und das Ewige Selbst. Du mußt aus der gesamten Kraft Deiner Selbst als Seele und als Geist manifestieren und das gesamte Universum wird augenblicklich Deinem Befehl gehorchen.

50. Egal was das negative Ego Dir auch weismachen möchte,

in Wirklichkeit hast Du nur ein Bedürfnis: die Wahrheit Deiner Identität mit Gott zu besitzen. Wenn sich dieses Bedürfnis erfüllt, dann erfüllen sich augenblicklich auch alle anderen Bedürfnisse als Nebenprodukte dieses Bewußtseinszustandes.

51. Betrachte das, was Du manifestieren möchtest, nicht als einen Mangel.

Alles ist in Wahrheit ein Teil unseres Selbst, so daß es uns an nichts mangelt. Die Notwendigkeit zur Manifestation wird damit zu nichts anderem als zur Gelegenheit die Gegenwart Gottes zu demonstrieren. Wenn Sai Baba seine Wunder der Manifestation ausführt, dann bezeichnet er das als ein Nebenprodukt aus Gottes unendlicher Natur. Manifestation ist nur die Kreativität bei der Arbeit.

52. Wenn Gruppen von Menschen versuchen, etwas zu manifestieren,

ist es wichtig, daß alle dieselbe Vision miteinander teilen. Wenn nicht, dann kann die Abweichung der einzelnen Bilder voneinander zu einer Auflösung der gesamten Manifestation führen.

53. Folge Deiner inneren Stimme und Intuition,

nachdem Du um Hilfe gebetet hast. Laß uns zum Beispiel annehmen, daß Du um eine bestimmte Summe auf Deinem nächsten Gehaltsscheck gebetet hast. Das Universum manifestiert das durch eine Person, die Du vielleicht auf einer Party kennenlernst. Wenn Du den Impuls hast, zu dieser Party zu gehen, dann wird Dir Dein Niederes Selbst wahrscheinlich erzählen, daß Du zu müde bist und keine Lust hast, um dort hinzugehen. Dann wirst Du jedoch die Manifestation verpassen, die man für Dich bereit gehalten hat. Daher ist es wichtig, Selbstdisziplin zu haben und aufmerksam gegenüber der Intuition der Seele und der spirituellen Führung zu sein.

54. Sei Dir nach dem Beten sicher, daß Deine Gebete beantwortet wurden.

Du hast alle universellen Gesetze und Prinzipien der Manifestation befolgt. Du hast die Gesetze befolgt. Glaube nicht nur, daß Deine Bitten erfüllt werden, sondern wisse es mit jeder Zelle, jedem Molekül und jedem Atom Deines Seins. Es ist vollbracht. Es ist beendet. So sei es, denn Du hast es so angeordnet. Deine Arbeit macht Gott manifest. Du bist Gott und Du bist eins mit Gott. Du hast das Gesetz erfüllt, weshalb sollte Dein Gebet dann nicht beantwortet werden?

55. Dieses letzte Gesetz der Manifestation ist das Gesetz des Zehnten.

Das Gesetz des Zehnten hat auch mit dem Gesetz des Geldflusses zu tun. Das universale Gesetz besagt, daß, wenn Du ein Zehntel Deines Einkommens karitativen oder wohltätigen Zwecken zukommen läßt, dann wirst Du das

Zehnfache Deiner Großzügigkeit zurückbekommen. Dieses Gesetz arbeitet mit dem Gesetz des Karmas zusammen das besagt, daß Du das, was Du säst auch ernten wirst - was Du abgibst, kommt wieder zu Dir zurück. Ein Zehntel zu geben oder sein Geld zu verteilen und auszusäen hält die Energie des Geldes im Kreislauf. Wenn Du mit dem Universum, das Gott ist, geizig bist, dann wird das Universum und Gott auch mit Dir geizig sein. Wenn Du großzügig mit dem Universum bist, dann wird dem Gesetz nach auch das Universum großzügig mit Dir sein.

"Ein Kurs in Wundern" beinhaltet viele wunderbare Aussagen über die Manifestation von Wundern:
Für ein Wunder gibt es keine Begrenzung durch eine Schwierigkeit. Ein Wunder ist nicht größer oder schwieriger als das andere. Sie sind alle gleich. Jeder Ausdruck der Liebe ist maximal. Wunder sind natürlich. Wenn sie sich nicht ereignen, dann ist etwas schiefgelaufen. Gebete sind das Medium für Wunder. Es ist die Kommunikation des Erschaffenen mit dem Schöpfer. Durch Gebete wird die Liebe empfangen und durch Wunder wird die Liebe ausgedrückt. Wunder sind Beispiele des rechten Denkens und davon, seine Wahrnehmung auf die Wahrheit, wie Gott sie erschaffen hat, auszurichten. Wunder entstehen aus einem wundersamen Zustand des Verstandes oder einem Zustand der Bereitschaft für Wunder.

21. Die Gesetze des Karmas

"Ich versichere euch: solange Himmel und Erde bestehen, bleibt auch der letzte i-Punkt im Gesetz bestehen. Das ganze Gesetz muß erfüllt werden."
Matthäus 5:18

"Doch eher werden Himmel und Erde vergehen,
als daß auch nur ein i-Punkt im Gesetz ungültig wird."
Lukas 16:17

Das Grundgesetz des Karmas besagt, daß Du das, was Du säst, ernten wirst und das, was Du gibst, empfangen wirst. Das ist das Gesetz von Ursache und Wirkung. Du magst vielleicht denken, daß es viele Menschen auf dieser Welt gibt, die diesem Schicksal entkommen. Ich sage Dir hier und jetzt, daß es niemanden geben wird, der davor entfliehen kann. So wie Edgar Cayce sagt: "Auch das kleinste bißchen des Gesetzes wird erfüllt". Das interessante am Gesetz des Karmas ist, daß es sich auch auf vergangene Leben erstreckt. Auch wenn es scheint, daß jemand unfairer Weise einen anderen ausgenutzt hat und er ungeschoren davon gekommen ist, so entspricht dies nicht der Wahrheit. Die Kontinuität der Seele setzt sich fort, auch wenn derjenige bereits in einem anderen Körper inkarniert ist. Später in diesem Kapitel werde ich Dir viele Beispiele dafür geben, die ich aus dem Edgar Cayce Material zusammengetragen habe.

Jesus hat uns ein ausgezeichnetes Verständnis über das Gesetz des Karmas gegeben, indem er sagte, "Behandelt die Menschen so, wie ihr selbst von ihnen behandelt werden wollt." Das ist viel sprichwörtlicher zu nehmen, als es die Menschen glauben. Es gibt verschiedene Ebenen des Karmas. Worüber ich bis jetzt gesprochen habe, würde ich als das persönliche Karma bezeichnen. Mit anderen Worten, das was wir persönlich durch die Kraft unseres bewußten Willens in Gang gesetzt haben.

Eine andere Art von Karma wäre das Gruppenkarma. Wenn wir uns in dieser Welt inkarnieren, dann werden wir in eine Gruppe oder einen Verband geboren. Wir werden bezüglich unserer Hautfarbe, unserer Religion und so weiter in bestimmte Gruppen geboren. Wenn ein Mensch in den Vereinigten Staaten in einen schwarzen Körper geboren wird, dann hat er sich mit Rassismus und Vorurteilen auseinanderzusetzen. Nicht, weil ein schwarzer Körper weniger wert wäre als ein weißer, sondern wegen des geringen spirituellen Bewußtseins von so vielen Seelen auf dieser Welt. Ein Mensch in einem schwarzen Körper oder einer anderen Minderheit übernimmt die karmischen Lektionen dieser Gruppe.
Eine andere Art von Karma wäre das nationale Karma. Wir werden in einem bestimmten Land geboren und werden dann mit den entsprechenden egoistischen Identifikationen indoktriniert. Wenn, zum Beispiel, ein Krieg zwischen den Vereinigten Staaten und China stattgefunden hätte, dann wären die Einwohner der jeweiligen Länder in ihren eigenen nationalen karmischen Lektionen verstrickt. Niemand ist eine Insel.
Dann gibt es das planetare Karma. Diese spezielle Schule, genannt Erde, hält bestimmte Lektionen für uns bereit, die einzigartig und verschieden zu anderen Planeten dieser Galaxie und dieses Universums sind. Wir müssen mit dem planetaren Karma und dieser Phase der Geschichte, in die wir geboren worden sind, umgehen. Man könnte auch sagen, daß alles Karma im Grunde ein persönliches Karma ist, denn wir als Seelen haben unsere Hautfarbe, unsere Familien, die Religion und das Land, in dem wir aufwachsen, bereits vor unserer Inkarnation ausgesucht.

Das Wort "Karma" wurde oftmals mit dem schlechten Karma gleichgesetzt. Mit anderen Worten, wenn wir Karma erleben, dann erfahren wir irgendeine Lektion, die wir noch nicht gelernt haben. Das ist das Gegenteil des Zustandes der Gnade. Das Lesen dieses Buches und die Anwendung seiner Prinzipien erlaubt einem Menschen, Leiden zu vermeiden, denn was dieses Buch beinhaltet, steht in Harmonie mit den Gesetzen Gottes. In diesem Universum wird alles durch Gesetze regiert. Es gibt physische Gesetze, emotionale Gesetze, mentale Gesetze und spirituelle Gesetze. Wenn ein Mensch aus der Harmonie dieser Gesetze gerät, dann leidet er. Karma ist daher keine Bestrafung sondern eher ein Geschenk, ein Signal und ein Zeichen dafür, daß wir aus der Balance geraten sind.

Die entsprechende Grundhaltung gegenüber allem, was im Leben geschieht lautet: "Nicht mein Wille geschehe, sondern Deiner. Danke für diese Lektion." Im Buddhismus bezeichnet man das als Widerstandslosigkeit. In der Psychologie spricht man von Akzeptanz. Anstatt gegen das Universum zu kämpfen, sollte man mit dem Universum zusammenarbeiten und von ihm lernen. Das bedeutet nicht, daß Du dabei Deine Kraft abgeben sollst - genau das Gegenteil ist der Fall. Es heißt, daß Du Deine Kraft besitzen und das, was geschieht, als eine Lektion, eine Herausforderung und eine Gelegenheit zum Wachsen ansehen sollst. Die Idee dahinter ist, Karma als eine Stufe für das Wachstum der Seele zu betrachten.
Es besteht keine Notwendigkeit zu leiden. Leiden ist keine Schöpfung Gottes, es ist unsere Erfindung. Es ist ein Zeichen dafür, daß wir unserem negativen Ego oder unserem getrennten, auf Angst begründeten, Selbst unsere Führung überlassen und nicht unserer Seele oder unserem Geist. Es ist wichtig zu verstehen, daß es so etwas wie Sünde nicht gibt. Es wird geglaubt, daß Sünde wie ein unerschütterlicher Teil unseres Charakters ist, der nicht entfernt werden kann. Sünde ist ein egoistisches Konzept und kein spirituelles. Es gibt keine Sünden, sondern nur Fehler.

Die wahre Bedeutung der Sünde ist, die Gelegenheit zu verpassen. Fehler sind in Wahrheit etwas Positives und nichts Negatives. Du kommst nicht von Deinem Weg ab, wenn Du Fehler machst, und wenn es passiert, dann lernst Du daraus, und vor allem, vergib Dir selbst dafür, denn Du bist positiv. Perfektion heißt nicht, niemals einen Fehler zu begehen, sondern es ist ein Zustand, in dem man sich seine Fehler immer vergibt und versucht, aus der Erfahrung zu lernen. Ein weiterer interessanter Punkt in bezug auf das Karma ist, daß man alle Lektionen innerhalb seiner Selbst lernt. Mit anderen Worten, wenn Du einen ernsten Kampf mit einem ehemaligen Freund austrägst und ihm dann vergibst, und Du daher bedingungslos liebst und Deine Feindschaft losläßt, dann befreist Du Dich von Deinem Karma, auch wenn die andere Person für den Rest ihrer Inkarnation noch einen Groll gegen Dich hegt. Das ist ein sehr befreiendes Verständnis, das von vielen Menschen verdreht wurde.
Karma kehrt auf allen Ebenen zu uns zurück: physisch, emotional, mental und spirituell. Inwieweit wir in diesem Leben für unseren physischen Körper Sorge tragen, wird darüber bestimmen, wie gesund unser physischer Körper in unserem nächsten Leben sein wird (falls wir dazu bestimmt sind, wiederzukehren).

Wenn Du in diesem Leben Deine Emotionen meisterst und friedlich, ruhig, freudvoll und glücklich wirst, dann wirst Du in Deinem nächsten Leben bereits ein sehr friedliches, ruhiges, freudvolles und glückliches Baby werden. Manche Menschen glauben an die Idee des "Tabula rasa" oder an die Philosophie des reinen Zustandes. Das ist offensichtlich absurd. Wir sind keine unbeschriebenen Blätter wenn wir geboren werden. Im Grunde genommen gibt es so etwas wie Kinder auch gar nicht. Vielmehr gibt es nur erwachsene Seelen, die in einem kindlichen Körper leben. Der Durchschnittsmensch hat zweihundert bis zweihundertfünfzig vergangene Leben hinter sich. Die Seele mit all ihren zwölf Seelenausdehnungen hat durchschnittlich zweitausend bis zweitausendfünfhundert Inkarnationen hinter sich.
Ein anderer überaus interessanter Punkt in bezug auf das Karma ist das Verständnis, daß es so etwas wie die lineare Zeit in der spirituellen Welt gar nicht gibt. Zeit ist simultan. So vollziehen sich Deine vergangenen und zukünftigen Leben jetzt. Das Jetzt ist das einzige, was wirklich existiert. Es ist auch möglich, daß ein karmischer Strom durch eine Deiner elf anderen Seelenausdehnungen, die sich noch in Inkarnation befindet, zu Dir fließt. Dieses Durchströmen kann aus der Vergangenheit oder aus der Zukunft kommen. Ich weiß, daß dieses Konzept auf der physischen Ebene nur sehr schwer zu verstehen ist. Das ist ein Konzept, das man von der rechten Gehirnhälfte aus betrachten sollte und nicht von der linken.

Der karmische Strom kann sich zum Beispiel in physischen Symptomen, die Dir widerfahren, äußern und die nicht wirklich von Dir stammen. Laß uns annehmen, daß eine Deiner Seelenausdehnungen sich nahe dem Tode befindet. Du kannst das vielleicht spüren oder etwas von seinem Karma durch Deinen physischen Körper auflösen. Wenn Du dies für eine oder mehrere Deiner Seelenausdehnungen machen willst, dann ist das in Ordnung, doch ich möchte Dir empfehlen, nicht zu viel von dieser Arbeit zu tun, außer wenn Du ganz klar dazu geführt wirst.
In einem Erlebnis, das ich eines Tages mit Djwhal Khul persönlich hatte, sagte er mir, daß Zigarettenrauch in meiner Aura sei. Ich habe betont: "Das ist unmöglich, ich habe noch nie in meinem Leben geraucht." Ich habe ihn gefragt, ob er sicher sei, daß es kein Rauch von einem Räucherstäbchen war, das ich manchmal entzünde. Er erwiderte: "Nein, es ist Zigarettenrauch." Er ist dieser Sache noch tiefer nachgegangen und hat herausgefunden, daß der Rauch von einer meiner Seelenausdehnungen stammte.

Um dieses Konzept der Seelenausdehnungen zu verstehen und wie die Seelenausdehnungen durch die Seele oder Überseele geführt werden, möchte ich empfehlen, das Buch "The Education of Oversoul Seven" von Jane Roberts Seth-Büchern zu lesen. Dies wird Dir helfen, ein besseres Verständnis für das Konzept der simultanen Zeit und der Führung der Seelenausdehnungen durch die Seele zu erlangen. In meinem Aufstiegshandbuch habe ich über die drei permanenten Atome gesprochen, die das Aufzeichnungsgerät für unser persönliches Karma in unserem physischen, mentalen und emotionalen Körper sind. Diese drei permanenten Atome zeichnen, wie Deine persönliche Akashachronik, all Dein gutes wie auch Dein negatives Karma auf. Diese permanenten Atome sind auch die Verteiler des Karmas. Sie verteilen karmische Bilder in Deinem Blutkreislauf, was einen enormen Einfluß auf Dein Drüsensystem hat. Das ist Teil des gerechten Verteilens des Karmas im göttlichen System.
Ein weiterer wichtiger Punkt in bezug auf das Karma ist, daß Dir nur soviel zugemutet wird, wie Du tragen kannst. Das wird von unserer Seele und Monade kontrolliert. Wenn einem Menschen all sein Karma zur gleichen Zeit aufgelastet würde, so könnte sicherlich niemand damit fertig werden. Es ist möglich, das Karma, das sich Dir in den Weg stellt, ein wenig zu verlangsamen, wenn Du Dich überfordert fühlst. Genauso ist es möglich, Deine karmischen Lektionen zu beschleunigen, wenn Du schneller wachsen möchtest. Dies wird dadurch erreicht, daß Du einfach zu Deiner Seele und/oder Monade und Gott betest und darum bittest. Es ist ihnen eine Freude mit Dir in einer Art zu arbeiten, die für Dich angenehm ist.

All Dein gutes Karma Deiner vergangenen Leben befindet sich im Kausalkörper Deiner Seele. Das Ausbilden des Kausalkörpers ist eines der Haupterfordernisse, um die Befreiung aus dem Rad der Wiedergeburt zu erreichen. Es ist auch wichtig zu erkennen, daß man für seinen Aufstieg nur 51% seines Karmas aus all den vergangenen Leben ausgeglichen haben muß. Dies betrifft Deine persönlichen vergangenen Leben und nicht das Karma Deiner elf anderen Seelenausdehnungen. Vieles von dem Karma, das wir in unserem Leben erfahren, stammt nicht unbedingt von einem vergangenen Leben. Vieles davon haben wir auch in diesem Leben erzeugt. Laß uns annehmen, daß Du im Auto hinter dem Steuer eingeschlafen bist und einen schweren Unfall verursacht hast - die Lektion daraus ist genauso einfach, nämlich wie dumm es ist, übermüdet Auto zu fahren.

Alles Karma aus Deinen vergangenen Leben programmiert grundsätzlich nur Dein Unterbewußtsein und Deine drei permanenten Atome. Es kann in diesem Leben transformiert werden, indem man lernt, der Meister seiner drei niederen Vehikel - des physischen, emotionalen und mentalen Körpers - im geistigen Dienste und der bedingungslosen Liebe zu sein. Es ist möglich, das Unterbewußtsein und die drei permanenten Atome vollkommen von allen negativen Programmierungen zu reinigen und sie durch positive Programme zu ersetzen. Das Gesetz des Karmas dehnt sich auch auf die Art der Seele aus, die man während der Zeugung anzieht. Die Art der Seele wird zum Großteil durch die Qualität der Gefühle und der Liebe während des Geschlechtsaktes bestimmt. Ein anderer interessanter Punkt bezüglich des Karma ist, wie es sich auf Bluttransfusionen, Organtransplantationen und Transplantationen von Tierorganen auswirkt. Djwhal Khul hat gesagt, daß er, wenn möglich, von allen dreien dringend abraten würde.

Nehmen wir, zum Beispiel, die Bluttransfusionen. Laß uns annehmen, daß Du ein Eingeweihter des dritten Grades bist und gerade Deine Seelenverschmelzung hinter Dir hast. Dann gehst Du ins Krankenhaus und bekommst eine Bluttransfusion von einem gewöhnlichen Mann auf der Straße, der noch nicht einmal den spirituellen Pfad betreten hat. Physisch und spirituell gesprochen würde dieses Blut Deiner Schwingung vollkommen entgegengesetzt sein. Damit würdest Du das Karma des anderen durch Dein Blut fließen lassen. Das Beispiel einer Organtransplantation wäre noch schlimmer. Das Schlimmste jedoch, was Dir überhaupt passieren könnte, ist, wenn man eine Schweineleber in Deinen Körper verpflanzen würde, was derzeit tatsächlich geschieht.

Das Grundgesetz des Universums lautet, daß unsere Gedanken die Realität erschaffen. Alles Karma hat seinen Ursprung in einem vergangenen Gedanken, der zu einem Gefühl und zu einer Handlung geführt hat. Manchmal ist es hilfreich, sich einer hypnotischen Rückführung zu unterziehen, um das Karma von vergangenen Leben oder aus der frühen Kindheit zu entlassen. Unter Hypnose kann man ein Wieder-Erleben des vergangenen Traumas herbeiführen, was dabei helfen kann, eine Einsicht über den wahren Katalysator oder die wahre Ursache zu erkennen und was sehr oft dieses Programm aus dem Unterbewußtsein entläßt.

Ein letztes interessantes Verständnis in bezug auf das Karma hat mit einen Meister zu tun, der das Karma eines seiner Schüler übernimmt. Sai Baba, der große Meister aus Indien, hat dies manchmal bei seinen Schülern getan. Zum Beispiel hat er einmal einen Herzanfall, einen Schlaganfall und eine Blinddarmentzündung von seinen Schülern übernommen, an der sie sonst sicherlich gestorben wären. Sai Baba wurde einmal für zehn Tage sterbenskrank. Über fünfundzwanzig der besten Ärzte Indiens waren während dieser Zeit an seinem Bett. Er war vollkommen schwarz geworden und die Ärzte gaben ihm nunmehr zehn Minuten zum Leben. Sai Baba weigerte sich eine Medizin zu nehmen und hatte angekündigt, um vier Uhr am zehnten Tag einen Vortrag zu halten. Die Ärzte dachten, daß er verrückt geworden sei. Zur verabredeten Stunde bespritzte er sich mit etwas Wasser und heilte sich augenblicklich vollkommen. Die fünfundzwanzig Ärzte begannen Sai Baba zu bitten, ihnen von diesem Moment an bei der Behandlung ihrer Patienten zu helfen.

Karma, das die Vergangenheit und die Zukunft beeinflußt

Ich habe das Edgar Cayce Material studiert und fand dabei einige sehr interessante Fälle, die das Wirken des Karmagesetzes über vergangene und zukünftige Leben aufzeigen. Das erste Beispiel handelt von einem Mann, der in einem vergangenen Leben in Rom gelebt hatte. Er war ein sehr attraktiver Mann, der umhergegangen war und andere Menschen kritisiert hat, daß sie zu dick oder nicht so hübsch wie er waren. In seinem gegenwärtigen Leben hat er eine Unterfunktion der Hirnanhangdrüse und ist fettleibig. Ich habe zuvor erwähnt, wie die drei permanenten Atome oftmals das Karma in den Blutstrom entlassen, der dann das Drüsensystem beeinflußt. Das ist ein sehr gutes Beispiel für diesen Prozeß.
In einem anderen Reading von Edgar Cayce hat ein Mann in einem früheren Leben einen anderen erstochen und leidet in diesem Leben an Leukämie. In einem ähnlichen Fall hatte ein Mann jemanden getötet und verliert nun sein Blut durch Anämie. Die Eltern eines achtjährigen Jungen nahmen diesen zu einem Reading von Edgar Cayce mit, weil er unter chronischem Bettnässen litt. Es stellte sich heraus, daß das Bettnässen eine karmische Lektion des Jungen auf ein Leben in Salem, Massachusetts, während der Hexenjagden war. Er war

einer der Männer, die dafür verantwortlich waren, daß die Hexen unter Wasser getaucht worden waren, um deren metaphysischen Glauben herauszufoltern. Der achtjährige Junge litt unter einer tiefsitzenden Schuld die Frauen mißhandelt zu haben, was sich im Bettnässen manifestiert hatte.
Epilepsie war in zwei verschiedenen Readings durch den Mißbrauch von psychischen Fähigkeiten verursacht worden und in einem anderen Reading durch exzessive Sexualität. Ein schwarzes Paar ging zu Cayce und fragte, warum sie als Schwarze in einer rassistischen Gesellschaft auf die Erde gekommen seien. Es stellte sich heraus, daß sie in ihrem vergangenen Leben als Plantagenbesitzer im Süden der Vereinigten Staaten gelebt hatten und dabei ihre Sklaven mißhandelten. Das erinnert mich an den Ausspruch von Jesus: "Behandelt die Menschen so, wie ihr selbst von ihnen behandelt werden wollt." Denn genauso arbeitet das Gesetz.
Eine Freundin von mir hatte vor dem Schwimmen Angst. Zwei verschiedene hellsichtige Spiritisten hatten ihr gesagt, daß sie in einem vergangenen Leben beim Untergang der Titanic ertrunken war. Die drei Hauptinteressen meiner Freundin in diesem Leben waren Kunst, Musik und die indianische Kultur. Die selben Hellseher erzählten ihr, ohne das sie es gewußt hätten, daß sie in ihren letzten Leben eine Künstlerin, ein Musiker und eine amerikanische Indianerin war.
Die Angst einer Frau vor Messern hatte mit einem Leben in Persien zu tun, in dem sie durch das Messer eines Feindes getötet wurde. In einem anderen Reading hatte ein Mann sehr schmerzhafte Stellen an den Rippen, die die Ärzte als Knochenkrebs konstatierten. Cayce hat gesagt, daß das eine karmische Situation aus einem vergangenen Leben in der Arena im Kolosseum in Rom war. Dieser Mann hat über den Todeskampf eines anderen köstlich gelacht. In einem anderen Reading litt ein Mann unter einem angeborenen grauen Star. Cayce hat gesagt, daß dies von einem Leben in Persien herrühre, wo dieser Mann in einem Stamm von Barbaren einen anderen Mann mit einem heißen Eisen erblindet hatte. Cayce hat gesagt, daß Nesselsucht durch Feindseligkeit, gestautem Ärger und unfreundlichen Gedanken verursacht wird. Er hat auch gesagt, daß niemand seinen Nächsten hassen könnte, ohne Magen- oder Leberprobleme hervorzurufen.

In einem anderen Reading litt ein einjähriges Kind unter Kinderlähmung. Beide Beine waren betroffen und die Füße waren im Wachstum zurückgeblieben. Cayce sagte, daß dies aus einer atlantischen Inkarnation stamme, wo es Drogen und Hypnose benutzt hatte, um an anderen Menschen schwache Gliedmaßen zu erzeugen, so daß diese seinen Anweisungen folgen mußten.

Ein anderes faszinierendes Reading von Cayce erzählt von einem Mann, der Schwarze haßte. Er war ein Nazi und ein Mitglied des Ku Klux Klan. Er sagte, daß die Schwarzen für ihn wie Tiere seien. Offensichtlich ist der Mann nicht selbst zu einem Reading gekommen, sondern jemand anderer hat gefragt, wie ein Mensch einen so tiefen Haß entwickeln konnte. Es stellte sich heraus, daß diese Seele in einem vergangenen Leben ungefähr 500 v. Chr. ein Phönizier gewesen war. Anscheinend gab es einen Krieg zwischen den Phöniziern und den Karthagern, in dem er gefangen und auf einem der Schiffe versklavt wurde. Diese Schiffe waren von der Bauart wie die Schiffe im Film Ben Hur, wo die Sklaven unter Deck angekettet waren, um zu rudern. Ein Schwarzer hatte die Trommel geschlagen. Ein anderer Schwarzer peitschte die Sklaven aus, die nicht ordentlich gerudert hatten. Dieser Mann lebte anscheinend dreißig Jahre lang auf diesen Schiffen, wobei er immer nur gerudert hatte und ausgepeitscht worden war. Dieses Leben ist ein gutes Beispiel für den karmischen Strom. Er hat in sich so viel Haß aufgestaut, daß dieser bei seiner jetzigen Inkarnierung einfach hervorbrechen mußte.

In einem anderen Reading wurde ein Mann mit einem mißgestalteten Körper geboren. Manche Menschen wundern sich immer wieder, warum die einen mit einem gesunden Körper gesegnet und die anderen durch eine Mißbildung verflucht sind. Es stellte sich heraus, daß dieser Mensch der römische Kaiser war, der auf der Harfe gespielt hatte, während Rom in Flammen stand. Diese verblendete Seele hatte so viel schlechtes Karma angehäuft, daß sie gewählt hatte, es in einem Schwung durch einen deformierten Körper aufzulösen. In einem anderen Reading hatte eine Frau eine übermäßige Angst vor Tieren. Diese Angst stammte aus dem alten Rom, wo ihr Mann in der Arena den wilden Tieren zum Fraß vorgeworfen worden war. Eine andere Frau war bereits neun Jahre lang verheiratet und hatte einen sehr liebevollen und netten Ehemann. Die Frau hatte noch immer große Angst vor der Sexualität. Es stellte sich heraus, daß ihr Mann sie während der Kreuzzüge mit einem Keuschheitsgürtel ausgestattet hatte, was sie bewog, ihn dafür zu hassen. Diese karmische Lektion war offensichtlich noch nicht gelernt.

Eine Frau kam zu Edgar Cayce, die unter einer Drüsenstörung litt, die eine exzessive Menstruation verursachte und es ihr unmöglich machte, in der Schule zu unterrichten, und die zu Depressionen und einem Zusammenbruch führte. Cayce erzählte ihr, daß sie in der Zeit von Louis dem XIV eine Nonne in einem französischen Kloster gewesen war. Sie zeigte sich damals sehr kalt und intolerant der Schwächen der Menschen gegenüber. Ihr Verständnis der religiösen Schriften war rein sprichwörtlich. Sie hat sich anderen gegenüber sehr überlegen und intolerant verhalten.
In einem weiteren Reading konnte eine Frau einer Heirat nicht zustimmen. Cayce erzählte ihr, daß ihre Weigerung einem Leben während der Kreuzzüge entstammte, in dem sie ihr Mann in der Wüste ausgesetzt hatte. Eine andere Frau hatte eine abnormale Schüchternheit und eine Unfähigkeit, Freunde zu gewinnen. Das stammte aus einem Leben in Frankreich, in dem sie viel Talent besaß und sehr schön war, ihr eifersüchtiger Mann jedoch jeden natürlichen Impuls durch Kälte und gnadenlose Tyrannei unterdrückte. Er ging sogar so weit, sie mit einer Peitsche zu schlagen.

In einem anderen Reading war ein Arzt von einer bemerkenswert unkommunikativen Natur. Cayce hat gesagt, daß dies von einem vergangenen Leben stammte, in dem er das Schweigegelübde als Quäker abgelegt hatte. Ein anderer Mann war taub. Das stammte von dem Verschließen seiner Ohren dem Leid anderer gegenüber in einem vergangenen Leben. Eine andere Person litt unter Verdauungsstörungen. Diese wurden von einem vergangenen Leben der Völlerei verursacht. Ein Filmproduzent war Zuckerkrank. Dies kam von einem Leben in Rom, in dem er andere verhöhnt und vergespottet hatte, die dem Tod in der Arena nicht lange genug widerstehen konnten. In einem anderen Leben war ein Mann homosexuell veranlagt und wollte zu einem Priester geweiht werden. Das war eine Quelle großer Konflikte in ihm. In einem vergangenen Leben war er anscheinend ein Satiriker und ein Klatschmaul in einem französischen Gericht, wo es ihm ein spezielles Vergnügen bereitet hatte, homosexuelle Skandale vor Gericht mit seiner Geschicklichkeit als Cartoonist an die Öffentlichkeit zu bringen.
Ich habe Dir hier eine Menge Beispiele schlechten Karmas gegeben, das man über die Leben hinweg mit sich tragen kann. Karma jedoch kann auch von positiver Natur sein. Wie, zum Beispiel, hat Mozart schon als Fünfjähriger seine Klavierkonzerte geben können? Er hatte vier oder fünf Leben als berühmter Musiker schon vor diesem Leben.

Djwhal Khul über das Gesetz von Karma und Wiedergeburt

Ich möchte dieses Kapitel mit einer Serie von dreizehn Aussagen von Djwhal Khul aus dem Buch von Alice Bailey "Die Wiederkunft Christi" beenden. Diese dreizehn Thesen von Djwhal Khul stellen eine gute Zusammenfassung des gesamten Prozesses des Karmas dar.

1. Das Gesetz der Wiedergeburt ist ein großes, natürliches Gesetz auf diesem Planeten.

2. Es ist ein Prozeß, der unter dem Gesetz der Evolution eingeleitet und von ihm getragen wird.

3. Es ist nahe verwandt mit dem Gesetz von Ursache und Wirkung und wird dadurch bestimmt.

4. Es ist ein Prozeß der progressiven Entwicklung, die einem Menschen ermöglicht, sich von der plumpen Form des nicht denkenden Materialismus zur spirituellen Perfektion und einer intelligenten Auffassung zu entwickeln, was dem Menschen erlaubt, zu einem Mitglied im Königreich Gottes zu werden.

5. Es erklärt die Unterschiede zwischen den Menschen und - in Verbindung mit dem Gesetz von Ursache und Wirkung, (wie im Osten das Gesetz des Karmas genannt wird) - es erklärt die Unterschiede der Umstände und Eigenschaften des Lebens.

6. Es ist ein Ausdruck des Willensaspektes der Seele und nicht das Resultat irgendeiner Form der Entscheidung. Es ist die Seele in allen Formen, die sich reinkarniert, wählt und geeignete physische,

emotionale und mentale Vehikel konstruiert, durch die sie die nötigen Lektionen lernt.

7. Das Gesetz der Wiedergeburt (sofern es die Menschen betrifft) tritt auf der Seelenebene in Kraft. Die Inkarnationen werden von der Seelenebene aus über die Mentalebene angeregt und geführt.

8. Die Seelen inkarnieren unter dem Gesetz und um die richtige Beziehung zu Gott und seinem Nächsten zu erreichen, in zyklischen Gruppen.

9. Die progressive Entfaltung unter dem Gesetz der Wiedergeburt ist hauptsächlich durch das mentale Prinzip bedingt, das lautet: "Wie ein Mensch in seinem Herzen denkt, so ist er." Diese knappe Aussage bedarf sorgfältiger Überlegung.

10. Unter dem Gesetz der Wiedergeburt entwickelt der Mensch langsam seinen Geist, beginnt seine Gefühle und seine emotionale Natur zu kontrollieren und enthüllt schließlich die Natur der Seele.

11. An diesem Punkt in seiner Entwicklung beginnt der Mensch auf den Pfad der Rückkehr zu schreiten und orientiert sich schließlich (nach vielen Leben) am Königreich Gottes.

12. Wenn ein Mensch - durch mentale Entwicklung, Weisheit, praktischem Dienst und Verständnis - gelernt hat, nicht mehr für das getrennte Selbst zu bitten, dann verzichtet er auf das Verlangen nach dem Leben und befreit sich aus dem Rad der Wiedergeburt.

13. Er ist jetzt ein Gruppenbewußtsein, ist sich seiner Seelengruppe und der Seele, die sich in allen Formen äußert, bewußt und hat - wie Christus es erbeten hat - die Stufe des Christus erreicht und reicht bis zum "Maß der vollen Gestalt des Christus".

22. Die Kinder in der heutigen Welt

"Der Lehrer hat die große Aufgabe, die Zukunft des Landes zu formen. Von allen Berufen ist er der Edelste, der Schwierigste und der Wichtigste."
Sathya Sai Baba

Die Bildung

Dieses Problem ist bestimmt eines der drängendsten Probleme, mit denen die Menschheit zu dieser Zeit der Geschichte konfrontiert ist. Das Problem der Kinder in der heutigen Welt ist sehr komplex, doch laß uns damit beginnen, zu erkennen, wie unzureichend unser heutiges Bildungssystem überhaupt ist. Die Aufgabe der Seele im Leben ist die Verwirklichung Gottes, die Unsterblichkeit und den Aufstieg zu erreichen, so daß wir für die Menschheit von großem Dienst sein können. Unser Bildungssystem hat in dieser Hinsicht völlig versagt. Anstatt sich darauf zu konzentrieren, den Charakter, die moralischen Werte, Ethik, das Hervorbringen spiritueller Ideen, die richtige Beziehung unter Menschen, das rechte Leben, Tugend, die Seele und das spirituelle Bewußtsein zu entwickeln, hat es die Seele von all diesen Facetten des Lernens ausgeschlossen, und sich nur noch auf die andere, weniger wichtige Hälfte des menschlichen Seins fixiert.
Dies rührt von der politischen Entscheidung und dem Versuch her, daß die Kirche vom Staat getrennt und damit die Schulen weltlich zu sein haben. Obwohl gut gemeint, haben sie damit das Kind mitsamt dem Bade ausgeschüttet. Der Grund, warum diese Trennung erfolgte war, Gruppen, wie die fundamentalistischen Christen und die moralische Mehrheit, daran zu hindern, deren egozentrische Werte über andere Menschen in den Schulen einzubringen. In dieser Beziehung hat uns der Staat einen Gefallen getan. Das Problem dabei ist, daß es nicht akzeptabel ist, die Spiritualität ganz von den Schulen zu verbannen.

Heutzutage ist die Bildung vollkommen materialistisch und egoistisch aufgebaut. Der Hauptfokus richtet sich auf ein mit Besitztümern angereichertes Leben, materiell so erfolgreich wie möglich zu sein und es sich so bequem wie möglich zu machen. Unser Bildungssystem brütet Konkurrenzdenken, Stolz, das Ego, nationalistische Vorurteile, Getrenntheit und die Überlegenheit anderen Menschen, Kulturen und Nationen gegenüber aus. Die Weltbürgerschaft wird nicht betont. Unsere Verantwortung gegenüber der Menschheit wird völlig ignoriert.
Das Bildungssystem ist eine Übung, den Verstand mit großen Mengen unzusammenhängender Fakten vollzustopfen, um gute Noten zu erzielen. Es entwickelt und bildet das Kurzzeitgedächtnis aus und entbehrt jeder Freude. Es ist zielorientiert, statt entwicklungsorientiert und richtet sich lediglich auf das Ende der Sache aus. Wenn ein Schüler daran einmal etwas Erfreuliches findet, dann ist dies eine angenehme Überraschung, denn die meiste Zeit ist die Schule eine Lektion der Selbstdisziplin. Das College ist noch schlimmer. Diejenigen, die es zu einem Beruf gebracht haben, sind häufig neurotisch. Das ist die Voraussetzung für den Erfolg. Sie können ganz bestimmt keine vollständige und ausbalancierte Persönlichkeit sein und es dabei gleichzeitig bis zur Spitze ihres Berufes bringen.

Sai Baba hat gesagt, daß das kostbarste Geschenk, das man einem jungen Menschen in der Schule geben kann, das Geschenk des Charakters ist. Er hat auch gesagt, daß Politik ohne Prinzipien, Bildung ohne Charakter, Wissenschaft ohne Menschlichkeit und die Wirtschaft ohne Moral nicht nur nutzlos, sondern auch eindeutig gefährlich ist. Das ist genau das, was wir heute in unserer Welt in allen vier Kategorien wiederfinden. Wenn das Seelenbewußtsein in unserem Bildungssystem nicht in einer universellen, ausgewählten, unvoreingenommenen Art integriert wird, werden unsere Führungskräfte der Zukunft zwar weiterhin intellektuell entwickelt, jedoch spirituell verkümmert sein. Ist es verwunderlich, wenn so viele Politiker korrupt, Anwälte und Ärzte egozentrisch, Wissenschaftler grausam zu Tieren und die Hälfte der Geschäfte wegen Profitgier zu teuer sind, wenn alle dabei ungeschoren davonkommen? Die Kinder erhalten Diplome, aber sie haben keinen inneren Frieden und kein inneres Glück gefunden. Sie sind mit sich selbst und mit Gott nicht im Einklang. Sie sind schlecht auf die Ehe vorbereitet und werden bei der Erziehung der Kinder alleingelassen. Ist es da verwunderlich, wenn es so viele Kindesmißhandlungen gibt?

Es gibt eine Antwort: Die spirituellen Lehren wieder in den Schulen zu integrieren, es jedoch in dem Kontext einer vergleichenden Religion und einer universellen Religion zu tun. Mit anderen Worten, alle Religionen könnten unter der Voraussetzung gelehrt werden, daß keine besser oder schlechter als die andere ist. Das würde natürlich ein spezielles Training für die Lehrer voraussetzen. Eine andere Art dieses Problem zu umgehen wäre, eher spirituell zu unterrichten als religiös. Gerade jetzt sollten Unterrichtsklassen eingeführt werden, die sich mit der Entwicklung der Moral, Ethik, charakterbildenden, spirituellen Werten, der rechten Beziehung unter den Menschen und so weiter beschäftigen.
Anstatt sich nur auf das Lesen, Schreiben, Rechnen, Geschichte und Geographie zu konzentrieren, sollte man Klassen zur Selbstmeisterschaft besuchen können, in denen gelehrt wird, die eigene Kraft zu besitzen, Selbstliebe zu entwickeln, die drei Verstandesebenen zu integrieren, auf die Ernährungsweise zu achten, zu meditieren, über die sieben Einweihungsgrade, die Monade, Seele und die Persönlichkeit zu integrieren, die Chakren auszubalancieren, über die Heiligen und über alle Religionen, vergleichende Religion zu studieren, über die Engel, die Spirituelle Hierarchie, die Evolution der Mineralien, Pflanzen und Tiere, über den Tod und das Sterben, die Wissenschaft des Bardo, die Seele und das Bilden der Antakarana, die Heiligen Schriften der Welt, über Kunst und Musik, wie man sein negatives Ego transzendiert, wie man channelt, wie man die rechte und die linke Gehirnhälfte verwendet, wie man Mantras, Worte der Kraft und die Namen Gottes rezitiert, über Ethik und Moral, über psychologische Selbstverteidigung, über außerirdische Zivilisationen, die Art auf spirituelle Weise seinen Geschäften nachzugehen, spirituelle Politik zu betreiben, über psychische Entwicklung, die vier Körper auszubalancieren, das Gesetz des Karmas zu verstehen, sowie über die Geschichte der Schöpfung aus der Sicht der verschiedenen Religionen.

Würde die Schule nicht viel mehr Spaß machen, wenn dies auf dem Lehrplan stünde? Ich will damit nicht sagen, daß nicht auch Lesen, Schreiben und Rechnen gelehrt werden sollte. Natürlich sollte es das. Es sollte jedoch in Balance mit dem Unterricht der Seelenentwicklung stehen. Was spielt es für eine Rolle, wenn Du zwanzig Jahre zur Schule gegangen bist, ein Doktordiplom erhalten hast und dann zu einem verrückten Egoist geworden bist? Wenn das Seelenbewußtsein nicht in den Schulen gelehrt wird, dann wird das Bewußtsein des negativen Egos gelehrt.

Es sollte einen Unterricht über die Führung einer guten Ehe und über die Kindererziehung geben. Die meisten Menschen sind auf dieses Abenteuer nicht vorbereitet. Es sollte auch Unterricht geben über die Geburtenkontrolle, die Verhütung von AIDS und wie man die Wünsche des Körpers im Dienste an der bedingungslosen Liebe und zum Zweck der Seele kontrolliert. Du glaubst vielleicht, daß die Unterrichtsfächer die ich zuvor erwähnt habe, in der Grundschule nichts bringen würden. Doch erinnere Dich an meine Worte, wenn in nicht allzuferner Zukunft, Lord Maitreya sich der Öffentlichkeit gegenüber deklariert und die Spirituelle Hierarchie für uns sichtbar wird, dann wird eine radikale Transformation beginnen, die ganz sicher alle auf dem negativen Ego basierenden Institutionen dieses Planeten verändern wird. Ich prophezeie Dir, daß sich das innerhalb der nächsten dreißig Jahre vollziehen wird.

Kinder sollten in einer Atmosphäre der bedingungslosen Liebe und der Strenge unterrichtet werden. Das ist ein trauriger Mangel an unseren Schulen heutzutage. Vieles von dem, was ich hier vorschlage, verlangt von den Lehrern, daß sie eine Verkörperung dieser Ideale sind. Wenn unsere Lehrer diese Ideale nicht verkörpern, wie sollten es dann unsere Kinder von ihnen lernen? Erziehung, wie sie heute praktiziert wird, verhärtet die Herzen und unterdrückt jede Regung der bedingungslosen Liebe und des Mitgefühls. Den Kindern wird beigebracht, daß in dieser Welt ein Hund den anderen frißt und daß jeder Mensch auf sich allein gestellt ist. Es herrscht das Gesetz des Dschungels, also bringe lieber gute Noten mit nach Hause und sieh zu, daß Du auf eine höhere Schule kommst.

Gott kümmert sich nicht um Diplome und gute Noten, wenn sie aus Egoismus stammen und für egoistische Zwecke verwendet werden. Die Schlüsselfrage lautet: "Was ist der Sinn des Lebens?" "Warum hast Du Dich in diesen physischen Körper inkarniert?" Die Antwort lautet: "Um Gott zu verwirklichen." Erziehung, wie sie derzeit praktiziert wird führt unsere Kinder nicht in diese Richtung.

Die Religion

Warum erhalten die Kinder diese Ausbildung nicht in den Kirchen oder Tempeln? Das Problem dabei ist, daß das Ego auch unsere religiösen

Institutionen völlig infiltriert hat. Wenn der Mensch mit sich selbst nicht in Einklang steht, dann projiziert er seine falsche Beziehung zu sich selbst auf alles andere in seinem Leben, inklusive Gott. Alle Hauptreligionen haben sich verändert und wurden durch das Ego der Menschen bei der Interpretation der Schriften verdreht, statt durch die Seele interpretiert.
Wenn Gott als Bestrafung, Verurteilung, Sünde, Hölle, Erbsünde und ewige Verdammnis angesehen wird, wer möchte da noch zur Kirche gehen? Die traditionelle Religion ist in ihrer derzeitigen Form völlig bankrott. Tatsache ist, daß ein Kind dazu gezwungen werden kann, jeden Sonntag in die Kirche zu gehen und einem langweiligen Vortrag zuzuhören, und es wird sich trotzdem nichts ändern. Kinder, die religiöse Schulen besucht haben, haben eine ganze Reihe anderer psychologischer und spiritueller Probleme am Hals und müssen sich mit Schuld, Furcht und Selbstrechtschaffenheit herumschlagen, die ihnen eingeimpft worden sind.
Religiöse Institutionen können keine Lösung sein, bis sie sich von dem negativen Ego, der Verblendung, Maya, der Illusion und dem doktrinären Verständnis befreit haben, und die Tatsache einer "universalen Religion" akzeptieren, die erkennt, daß viele Wege zu Gott führen. Dies wird sich in der nicht allzufernen Zukunft ereignen, sobald wir in das nächste Jahrtausend und in das Goldene Zeitalter dieses Planeten gehen. Es findet jetzt eine Veränderung im Denken vom ego-orientieren Denken zum seelen-orientierten Denken statt. Dies bedeutet die Geburt der Institutionen auf der Basis des Seelen- und Christusbewußtseins.

Eine andere Institution, die einer totalen Änderung bedarf, ist unser politisches System. Es macht krank, die Partisanenpolitik zu beobachten, in denen die Politiker nicht dem Geist dienen. Sie dienen ihrer Partei oder irgendwelchen anderen Interessensgemeinschaften. Lobbyisten praktizieren grundsätzlich legalisierte Bestechung. Politik ist ein klassisches Beispiel dafür, was passiert, wenn eine Nation einen Politiker wählt, der mental hoch entwickelt ist, jedoch spirituell völlig unterentwickelt ist. Bis wir unser Erziehungssystem ändern, müssen wir noch mehr solcher Politiker in Kauf nehmen. Kinder werden mit einer enormen Menge an negativer Energie und den negativen Programmierungen der "modernen Welt" konfrontiert. Kürzliche Studien haben bewiesen, daß die durchschnittliche amerikanische Familie täglich ungefähr sechs Stunden fernsieht. Unglücklicherweise leiten in dieser Periode unserer Geschichte, nicht die Seele oder die Monade die Fernsehsendungen.

Kleine Kinder sehen Cartoonserien an, die extrem gewalttätig sind. Achtundneunzig Prozent aller Fernsehshows nähren die egoistischen Werte. Die Fernsehwellen, die unseren Äther durchströmen, sind erfüllt von Gewalt, Sex, Masochismus und schönen Menschen, die das Unterbewußtsein unserer Kinder programmieren.
Man sollte sich im klaren darüber sein, daß Kinder und Jugendliche ganz bestimmt noch keinen bewußten Verstand entwickelt haben, um sich vor diesen negativen Programmierungen zu schützen. Üblicherweise ist die Seele nicht einmal im vollem Besitz des Mentalkörpers vor dem einundzwanzigsten Lebensjahr. Emotional und mehr unbewußt orientiert, sind Kinder und Jugendliche übermäßig beeinflußbar. Sie befinden sich die meiste Zeit über im Zustand der Hypnose. Die Fernsehsendungen und Kinofilme, die sie sich ansehen, dringen direkt in ihr Unterbewußtsein.

Der zweite negative Einfluß, mit dem sich die Kinder heutzutage auseinandersetzen müssen, ist die enorme Flut an Junk Food und Zucker, mit denen sie konfrontiert werden. Es ist sicher, daß sie noch keine Selbstmeisterschaft erreicht haben und daß die meisten Kinder von ihrem Wunschkörper gesteuert werden. Wenn sie einmal Junk Food und Zucker probiert haben, dann wird es wie zu einer Droge und sie wollen mehr. Sogar in den Schulen wird es verteilt. An jeder Straßenecke der Stadt steht ein Fast Food Restaurant oder ein Eissalon. Je älter sie werden, desto weniger Kontrolle haben die Eltern über diese Facette des Lebens ihrer Kinder. Das Junk Food erzeugt alle möglichen Arten von chemischem Ungleichgewicht, und Zucker verringert ganz eindeutig die Widerstandskraft des Immunsystems. Das wirkt sich auf den Emotionalkörper aus. Kinder und Jugendliche sind durch ihr schnelles Wachstum und die Ausschüttung hoher Hormondosen während ihrer Entwicklung unausgeglichen genug.

Kinder und Jugendliche, die emotional orientiert sind, gehen durch eine Menge Hochs und Tiefs. Je älter sie werden, umso mehr Lektionen treffen in der Schule in Form von Freundschaften, Sexualität, Verabredungen, Geld und so weiter auf sie, auf die sie nicht vorbereitet sind. Viele Kinder, die in dieses Leben kommen, haben karmische Lektionen aus vergangenen Leben aufzulösen, die mit dem Mangel an Selbstwert, mit Schuld, Ängsten und Unfähigkeit zu tun haben. Viele andere Kinder stammen aus gestörten Familienverhältnissen oder aus geschiedenen Familien, was die Kinder sehr stark belasten kann. Dann gibt es noch das Thema der Kindesmißhandlungen und sexuellen Belästigungen, die in unserer Gesellschaft sehr verbreitet sind. Oftmals bringen die Eltern ihre Kinder zu Psychologen oder zu Beratern. Das bringt sie zu einem anderen problematischen System unserer Gesellschaft: 98% aller Psychologen, Psychiater und Sozialarbeiter praktizieren eine Form der Psychologie, die völlig von dem Höheren Selbst oder der Seele abgeschnitten ist. Ich will jedoch damit nicht sagen, daß diese Therapieformen nichts bringen, denn so ist es nicht. Sie haben auch ihr Gutes. Doch es ist so, wie Einstein über die Ausnutzung unseres Gehirns gesagt hat: Wir nützen es nur zu 8%.

Seelenpsychologie ist tausend Mal effektiver und hilfreicher als irgendeine andere Form der Psychologie, die nicht den spirituellen Aspekt des Lebens berücksichtigt. Hier ist das Kind oder der Jugendliche wiederum mit dem Mangel an vollkommener Hilfe, die es braucht, konfrontiert. Die Kinder werden mit den Nachrichten bombardiert, die ihre Eltern ansehen und die einen totalen Fokus auf das Negative vermitteln. Die Nachrichtenagenturen fühlen sich aus einem unerklärlichen Grund verpflichtet, sich auf jeden Mord und jedes Unglück zu stürzen, das in der Welt vor sich geht. Wenn Gott die Nachrichten kontrollieren würde, dann bin ich mir sicher, daß er auch das Gute, das in der Welt vor sich geht, in die Schlagzeilen bringen würde. Wie wir alle jedoch wissen, sind die Nachrichten nicht dazu da, um zur Selbstverwirklichung beizutragen sondern zur Erzielung einer entsprechenden Zuschauerquote.
Es ist auch eine Tatsache, daß die Trilaterale Kommission und die geheime Regierung die Nachrichten kontrollieren, so daß nichts wirklich interessantes, wie beispielsweise die außerirdischen Aktivitäten oder sonstiges in dieser Art, jemals durchsickern. Die Kinder und Jugendlichen müssen sich mit all der Werbung im Fernsehen und in den verschiedenen Magazinen auseinandersetzen, die von ihren Wunschkörpern angezogen werden, die die Kinder noch nicht unter Kontrolle haben. Ohne ein entsprechendes Training und ohne Ideale, an die man sich halten könnte, ist es unvermeidlich, daß das Niedere Selbst diesen ungleichen Kampf gewinnt und das Leben kontrolliert. Kinder und Jugendliche nehmen aus Mangel an Idealen, in Form von Heiligen aus allen Religionen und den spirituellen Meistern, ihre Ideale aus dem Fernsehen, aus Filmen und Magazinen.

Die Musik, die sich die jungen Menschen anhören, ist von ähnlicher Art der Programmierung und basiert vollkommen auf egoistischen Prinzipien. All diese Musik programmiert das Unterbewußtsein in der Art, wie es eine Suggestionskassette während des Schlafes tun würde. Wenn die Jugendlichen ein wenig älter werden, werden sie mit Pornographie konfrontiert, die eine Schöpfung des fleischlichen Niederen Selbst ist. Ohne spirituelles Training gibt es wenig Grund, nicht darin verwickelt zu werden und es werden all die egoistischen Bilder im Unterbewußtsein verstärkt und die Menschen auf Objekte fixiert. Ich kann es nicht genug betonen, daß es nur zwei Arten von Menschen auf der Welt gibt. Es gibt die seelenorientierten Menschen oder die egoistischen Menschen (überidentifiziert mit der Materie) und damit hat es sich auch schon. Es gibt nur zwei Emotionen auf der Welt, Liebe und Angst. Wofür werden sich die Kinder entscheiden?

Die Rolle der Eltern in der Erziehung der Kinder

Die Rolle der Eltern gegenüber ihren heranwachsenden Kindern ist heutzutage wichtiger denn je, besonders aufgrund der alles durchdringenden Negativität. Nach meiner Ansicht, als Psychotherapeut und spiritueller Lehrer, sind die Eltern zu nachsichtig mit ihren Kindern. Meiner Meinung nach sollten sie eine strengere Kontrolle über die physische, emotionale und mentale Diät ihrer Kinder ausüben. Kinder sollten auch in einem Umfeld der bedingungslosen Liebe aufwachsen können. Bestimmtheit und Liebe, oder strenge Liebe, ist die Freifahrkarte dazu. Zusammenfassend läßt sich sagen, daß es den Eltern unserer modernen Gesellschaft zufällt, auf das spirituelle und moralische Training zu achten, und die Kinder in der Universalität der Religionen und über die großen Heiligen und Meister, sowie deren großartige Ziele und erhabene Ideale, zu unterrichten.

Der unglückliche Umstand in unserer Gesellschaft ist, daß die meisten Eltern nicht kompetent dazu sind, ihre Kinder in dieser Angelegenheit zu leiten. Sie wurden von ihren Eltern und dem damaligen Bildungssystem, durch das sie gegangen sind, schon in die falsche Richtung erzogen. Sie richten ihren Zeigefinger nur allzuoft auf ihre Kinder, ohne selbst die untadeligen Eigenschaften zu besitzen. Sie rauchen, trinken zu viel, betreiben Glücksspiele,

streiten zu Hause, schimpfen, fluchen und verurteilen. Die einzige Hoffnung für die Kinder ist, daß die Eltern und Lehrer dieser Welt ihr eigenes Bewußtsein transformieren werden, sonst können sie das, was sie lehren müssen, nicht verkörpern. Sai Baba hat gesagt: "Eltern müssen fühlen, daß sie von Gott berufene Diener sind, die die kleinen Seelen, die unter ihrem Dach geboren werden, wie ein Gärtner hegen, der die Bäume im Garten seines Meisters pflegt."
In Zukunft wird jedem Kind bei der Geburt ein astrologisches Diagramm erstellt werden. (Dies ist eine übliche Praktik bei den Hinduistischen Kulturen). Außerdem sollten die Eltern erwägen, eine Strahlenanalyse und ein spirituelles Profil ihrer Kinder erstellen zu lassen. Sie sollten sich auch überlegen, ein entsprechendes Profil ihrer Kinder durch einen geschickten Psychologen oder Channel erstellen zu lassen, das das Alter der Seele, die Stufe auf der Leiter der Evolution, die mystischen Tendenzen oder deren Mangel zeigt. Zuletzt sollte noch ein berufsbezogenes Profil für den Jugendlichen erstellt werden, das darüber entscheidet, ob sich diese Seelenausdehnung besser für eine physische oder mentale Arbeit eignen würde. Die Eltern müssen verstehen, daß es so etwas wie ein Kind eigentlich gar nicht gibt. Es gibt nur erwachsene Seelen, die in den Körpern von Kindern leben. Jede inkarnierte Persönlichkeit hat bereits zwischen zweihundert und dreihundert Leben gelebt. Es ist auch wichtig zu erkennen, daß Eltern nicht wirklich Eltern sind. Eltern sind die Schöpfer des physischen Körpers. In Wahrheit hat jeder Elternteil eine Mit-Elternschaft mit Gott.

In der Gesellschaft unserer modernen Zeit haben wir dies vollkommen vergessen und es auch nicht verstanden. In der hawaiianischen Philosophie wird das Höhere Selbst "Aumakua" genannt, was soviel bedeutet wie "äußerst vertrauenswürdiges elterliches Selbst" oder das Höhere Selbst der inkarnierten Persönlichkeit. Kinder werden mit bestimmten Talenten, Fähigkeiten, Persönlichkeiten und Charakterzügen geboren. Sie brauchen die feine Balance durch ihre Eltern, die durch die richtige Erziehung, die Lehren, das Training und die Vorbildfunktion erreicht wird, die die Kinder mit den ethischen und moralischen Richtlinien versorgen und der Seele des Kindes dabei gestatten, sich auszudrücken. Das ist keine leichte Aufgabe. Das Beste was die Eltern bei der Erziehung ihres Kindes tun können ist, zu lernen, mit sich selbst und Gott ins reine zu kommen. Die Eltern, die das nicht erreichen und versuchen, sich durch ihre Kinder zu verwirklichen, erzeugen ernsthafte Probleme für alle

Beteiligten. Wenn die Eltern ihr Leben dem Pfad der Verwirklichung Gottes widmen, dann wird das energetisch und durch das gute Beispiel auch in die Kinder programmiert.
Viele Eltern sind zu beschäftigt, so daß die Kinder die meiste Zeit in der Schule, bei Freunden, mit dem Babysitter und mit dem Kindermädchen verbringen, die dann die Führungsrolle für das Lernen des Kindes übernehmen. Es ist wichtig für die Eltern, das Essen für die Kinder vorzubereiten, sonst werden sie sich mit Junk Food vollstopfen. Man sollte sich daran erinnern, daß diese Nahrung mit der Energie der Menschen versetzt ist, die sie zubereiten. Wenn man die Nahrung selbst zubereitet, dann ist sie auch von der eigenen Liebe und Lebenskraft erfüllt. In jedem Haus sollte es irgendeinen kleinen Altar geben, einen Ort zum Beten, zum Meditieren, zum Chanten der Namen Gottes, um Bücher zu lesen und so weiter. Die Aktivierung der göttlichen Qualitäten wie Unterscheidungskraft, Einheitsgefühl, einen scharfen Verstand, Frieden, Wahrheit, Rechtschaffenheit, das Bedürfnis anderen zu helfen, nicht zu verurteilen, Geduld und bedingungslose Liebe sollten ermutigt und gelobt werden. Stelle auf Deinem Altar die Gleichheit aller Religionen und die großen Propheten und Heiligen aller Religionen dar.

Wenn die Kinder noch sehr klein sind, dann ist es eine ausgezeichnete Idee, mit ihnen während des Schlafes zu sprechen. Erzähle ihnen, wie sehr Du sie liebst und wie sehr Gott sie liebt. Wenn sie schlafen befinden sie sich in einem somnambulen Zustand der Hypnose. Sie sind völlig aufnahmebereit für alle Programmierungen. Du kannst sogar ein Tonband aufnehmen und es abspielen, während die Kinder schlafen. Erfülle es mit Gedanken der Selbstliebe, der persönlichen Kraft, mit Mut, Stärke, Vertrauen, Zuversicht und der Ausrichtung an Gott. Du kannst sagen, was immer Du möchtest, sei jedoch immer positiv und aufbauend dabei. Wenn Dein Kind ein Problem hat, dann empfehle ich, diese Technik für volle zwei Monate anzuwenden. Sie wirkt Wunder.

Die Verantwortung der Lehrer

Die Bildung in unserem derzeitigen System könnte man als die Kunst, Informationen der objektiven Welt zu sammeln, bezeichnen. Die viel wichtigere

Aufgabe der Bildung liegt in der transformierenden Natur des Menschen in die Göttlichkeit. Wenn dies nicht stattfindet, dann ereignet sich das Gegenteil, in dem jemand unbewußt darauf trainiert wird, wie ein Tier zu leben. Zu oft sind die Lehrer darüber besorgt, ob sie für ihren Job auch entsprechend bezahlt werden, anstatt die göttliche Verantwortung zu sehen, die ihnen in ihre Hände gelegt wurde. Wahre Bildung bedeutet, dem Kind zu helfen, die Göttlichkeit zu manifestieren, die latent in ihm schlummert. Es ist von grundlegender Wichtigkeit, daß die Ausbildung der Charakterstärke den weltlichen Studienrichtungen vorangeht.

Es ist für den Lehrer auch wichtig, eine Atmosphäre der bedingungslosen Liebe und des Nicht-Verurteilens im Klassenzimmer zu erschaffen. Kindern muß die wahre Freude am Lernen beigebracht werden. Wenn der Lehrplan mehr ausbalanciert wäre zwischen der weltlichen und der Seelenerziehung, dann bin ich mir sicher, daß dies der Fall sein würde. Der Unterricht hat in der Vergangenheit die Kinder letzten Endes mit dem Ziel der Bestreitung des Lebensunterhaltes versorgt. In Zukunft wird der Unterricht durch die Erreichung eines "lebenswerten Lebens" mehr ausbalanciert sein. Es ist der Lehrer, der die Schule repräsentiert. Der Lehrer formt die Manieren, Gewohnheiten, Eigenschaften und auch die Vorurteile der Kinder, für die er Sorge trägt.

Sai Baba hat das Erziehungssystem metaphorisch als eine Bank beschrieben. Er sagte: "Das Erziehungssystem ist die Bank, an die die Nation die Schecks ausstellt, wann immer sie starke, zuverlässige und geschickte Arbeiter braucht. Wenn diese Bank pleite geht, dann ist es ein Disaster für die Nation." Das ist genau die Situation, in der wir uns heute befinden. Der Mangel an spirituellem und moralischem Training hat eine große Anzahl Menschen erschaffen, die nicht ganzheitlich, ausbalanciert und integriert sind. Sie sind gespalten. Sie sind intellektuell und physisch entwickelt, jedoch nicht emotional, psychologisch und spirituell.Es ist gut, daß das Bildungssystem zumindest ein intellektuelles und berufsbildendes Training darstellt. Aber das ist nicht genug. Es ist wie ein Apfel, der reif und süß aussieht und in seinem Inneren verfault ist. Wenn jeder Lehrer einhundert Schüler in diesen Idealen, von denen ich gesprochen habe, unterrichten würde, würde sich das gesamte Land verändern.

In dem Buch "Probleme der Menschheit" von Alice Bailey hat Djwhal Khul folgende Punkte, die man bei der Erziehung betonen sollte, vorgeschlagen:

1. Die Entwicklung mentaler Kontrolle über die emotionale Natur der Kinder.

2. Die Vision oder die Fähigkeit hinter das zu sehen, was es zu sein scheint.

3. Innewohnendes, tatsächliches Wissen darüber, daß es möglich ist, die Weisheit der Zukunft hervorzurufen.

4. Die Kapazität, mit Beziehungen weise umzugehen und die daraus entstehende Verantwortung zu erkennen.

5. Die Kraft, den Verstand auf zwei Arten zu benutzen:

a) Als den üblichen Sinnesverstand, der analysiert und die Informationen synthetisiert, die von den fünf Sinnen übermittelt werden.

b) Als ein Licht der Forschung, das die Welt der Ideen und der abstrakten Wahrheiten durchdringt.

Es ist interessant, daß die Lehrer in den Schulen, der Entwicklung des IQ (Intelligenzquotienten) so viel Bedeutung zumessen. In Zukunft wird man viel mehr am SQ (Seelenquotienten) interessiert sein. Ich sehe eine Zeit voraus, in der die psychologischen Eignungstests der Schulen mit den spirituellen Tests von ausgebildeten Astrologen, Medien, Channelmedien und Strahlenanalyse-spezialisten ausbalanciert werden. Die Lehrer werden dann die Probleme der Jugend durch ihre instinktiven, emotionalen, intellektuellen und intuitiven Fähigkeiten erfassen. Bis jetzt haben sie den Intellekt zu ihrem Gott erhoben und dabei den Rest des ganzen Menschen verleugnet.
Die Lehrer müssen verstehen, daß die Erziehung von Kindern zur Bürgerschaft im Reich Gottes nicht nur eine religiöse Aktivität für die Kirche ist. Das wäre so, als ob man sagen würde, daß die Spiritualität keinen Platz in der Politik

oder im Strafvollzugssystem haben würde. Traurig genug, daß dies genau das ist, was in allen Institutionen dieser Welt geschehen ist. Wir haben die Seele und die Spiritualität vom Leben selbst getrennt. Die ganze Aufgabe des Lebens besteht darin, den Himmel auf die Erde zu bringen und ihn in einer ausgewogenen und universalen Art zu integrieren.
Djwhal Khul hat vorgeschlagen, daß in Zukunft ein internationales System der Bildung durch Lehrer aus der ganzen Welt geschaffen werden sollte. Das würde die Möglichkeit für einen Weltfrieden beschleunigen. Dies würde zu einer Art der Weltdemokratie führen, bei der alle Menschen, unabhängig von ihrer Rasse, Religion und Hautfarbe, als gleich angesehen werden. Unterschiede zwischen den Menschen werden anerkannt und respektiert, dabei jedoch die grundsätzliche Einheit aller Menschen betont. Die Lehrer der Zukunft werden eher wie Psychologen und spirituelle Lehrer sein, die dann die Entwicklung des ganzen Menschen fördern, statt nur den akademischen Intellekt, der den Studenten bedeutungslose Fakten einpaukt.

Zusammenfassend läßt sich sagen, daß alle Lehrer, Familien, Eltern, Politiker, Priester, Rabbiner, Berater und freiwillige Helfer zusammenarbeiten müssen, um dieses Ungleichgewicht in unserem Bildungssystem zu korrigieren.

Bibliographie

A Course in Miracles. Tiburon, CA: Foundation for Inner Peace, 1975.
Bailey, Alice A. Esoteric Psychology, Vol.I. New York:
Lucis Publishing Co., 1963
- Esoteric Psychology. Vol.II New York: Lucis Publishing Co., 1942
- Glamour, A World Problem. New York: Lucis Publishing Co., 1950
- Initiation, Human and Solar. New York: Lucis Publishing Co., 1922
- Ponder on This. New York: Lucis Publishing Co., 1971
- Serving Humanity. New York: Lucis Publishing Co., 1972
- The Soul, the Quality of Life. New York: Lucis Publishing Co., 1974
Beesley, R.P. The Robe of Many Colors. Kent, England:
White Lodge Publications, 1968.
Brennan, Barbara. Hands of Light. New York: Bantam Books, 1988.
Bro, Harmon H., Ph.D. Edgar Cayce on Dreams. New York:
Warner Books, 1968.
Cerminara, Gina. Many Mansions. New York: New American Library, 1988.
Edgar Cayce Foundation. A Search for God. Virginia Beach,
VA: A.R.E. Press, 1982.
Fortune, Dion. Psychic Self-Defense. New York: Samuel Weiser, Inc., 1992.
Foundation for Inner Peace. A Course in Miracles,
Volumes I, II, III. New York, 1975.
Gandhi, Mohandas K. An Autobiography. Boston: Beacon Press, 1957.
Hills, Nora. You Are a Rainbow. Boulder Creek, CA:
University of the Trees Press, 1979.
Krishna, Gopi. Kundalini - The Secret of Yoga. Ontario, Canada:
F.I.N.D. Research Trust, 1972.
Krystal, Phyllis. Cutting the Ties that Bind. Dorset, England:
Element Press, 1982.
Sai Baba, Sathya. Education in Human Values. Andhra Pradesh, Indien:
Sathya Sai Publications, 1988.
Sai Baba, Sathya. Sathya Sai Speaks, Vol VII. Andhra Pradesh, Indien:
Sathya Sai Publikations, 1982.
Sechrist, Elsie. Dreams, Your Magic Mirror. New York: Warner Books, 1988.
Silburn, Lilian. Kundalini, Energy of the Dephts. Albany, NY:
State University of New York Press, 1988.
Sivananda, Swami. Practice of Yoga. India: Divine Live Society, 1984.
Solomon, Paul. Tapes. Virginia Beach, VA: Fellowship of Inner Light, 1974.
Spangler, David. The Laws of Manifestation. Marina del Rey, CA:
DeVorss & Co., 1975.
Williamson, Marianne. A Return to Love: Reflections on the Principles of
"A Course in Miracles." New York: Harper Collins, 1992.
Woodward, Mary Ann. Edgar Cayce´s Story of Karma.
Berkley Publishing Corp., 1971.
Yogananda, Paramahansa. Man´s Eternal Quest. Los Angeles, CA:
Self Realization Fellowship, 1975.

Dr. Joshua David Stone

Wie man den

AUFSTIEG

in diesem Leben erreicht

Das komplette
Aufstiegshandbuch

R. Lippert Verlag
416 S. , gebunden,
DM/Sfr. 54,80

ISBN 3-933470-60-9

Für diejenigen, die zwar die Absicht haben, die gesamte Geschichte der Spiritualität zu studieren, denen jedoch die Lebenszeit, die es benötigen würde, zu kurz ist, stellt dieses außergewöhnliche Kompendium ein großes Geschenk dar. Dr. Stone hat das Essentielle seiner ausgedehnten Forschungen und intuitiven Informationen zusammengetragen, und beides zu einer einfachen und fesselnden Erforschung der Selbst Verwirklichung verknüpft.
Dieses Buch ist praktisch orientiert und aufklärend zugleich. Ein Führer durch die Vergangenheit und ein "Wie wird es genau gemacht - Handbuch" für den Aufstieg. Als genaue Übersicht über den geistigen Pfad geschrieben, erklärt dieses Buch die Großen Meister, spirituelle Psychologie, und die Lehren der Aufgestiegenen Meister, die genaue Anweisungen enthalten, um unseren Prozeß des Aufstiegs zu beschleunigen.

Weitere Bücher von
Dr. Joshua David Stone
in deutscher Sprache in Vorbereitung !

Weitere Bücher aus dem R. Lippert Verlag

bitte weiterblättern

Schlüssel zum göttlichen Selbst

Der aufgestiegene Meister in Dir

von Joanna Cherry,
Übersetzung aus dem Amerikanischen
214 Seiten, 14,5 x 21 cm

ISBN 3-926388-45-5 DM 29,80

Karma Auflösen

von Joanna Cherry,
Übersetzung aus dem Amerikanischen
ca. 200 Seiten, 14,5 x 21 cm

ISBN 3-926388-47-1 DM 29,80

Entschlüssele Deine Träume

Verstehe die Botschaften Deiner Seele

von Stephan Schumann
168 Seiten, 14,5 x 21 cm

ISBN 3-926388-48-X DM 26,00

G. Reichel Verlag, Reifenberg 85, D-91365 Weilersbach, Tel. 09194-8900, Fax 09194-4262

Bücher
aus dem R. Lippert Verlag

zu beziehen im Buchhandel oder direkt beim Verlag (siehe Seite 2)

Sananda - Die Botschaften übermittelt von Crea

Buch, broschur 152 S. DM/Sfr. 29,80 ISBN 3-933470-02-1

Eine Zusammenfassung wertvoller Durchgaben und Meditationsübungen von SANANDA, die das Wirken dieses großen Meisters beschreibt.

* Der Pfad der Einweihung * Das neue Einfließen des Christusbewußtseins * Die Auferstehungs-Flamme der Reinheit * Der Liebesaspekt der Dreifaltigen Flamme * Das Christus-Bewußtsein entfalten * Die Auferstehung und das Leben * Der manifestierte Ausdruck der Liebe * Die Kunst des Empfangens * Eine Botschaft der Hoffnung * ICH BIN BEI EUCH * Über SANANDA * Eine Schutzhülle aus Liebe * In Einfachheit * Meditation mit SANANDA.

Sonderdruck El Morya übermittelt von Crea

Buch, broschur 88 S. DM/Sfr 16,80 ISBN 3-933470-01-3

Eine Zusammenfassung wertvoller Durchgaben und Meditationsübungen von EL MORYA, die das Wirken dieses großen Meisters beschreibt.

* Das richtige Verständnis von Wille und Macht
* Meditations-Übung mit der Flamme des Glaubens
* Die sieben größten Gesetze des Universums
* Der Aspekt der Macht in der Dreifaltigen Flamme
* Meditations-Übung "Die Blaue Feder der Macht der Dreifachen Flamme"
* "GOTT - eingetragene Gesellschaft"
* Meditations-Übung "Heiliges Mandala"
* Anrufung Lichtstätten
* Über EL MORYA

Sonderdruck Ashtar übermittelt von Crea

Buch, broschur 152 S. DM/Sfr 29,80 ISBN 3-933470-03-X

* Erklärungen zum Thema Aufstieg
* Neue Strukturen für den Aufstieg
* Photonengürtel & Zeitverschiebung
* Die Drei Stufen der Integration
* Göttlicher Zeitplan
* Definiere neu wer du bist
* Die Veränderungen annehmen
* Aus Leid wird Freude
* Über die Durchgaben
* Gespräche mit Ashtar

Sonderdruck Die 9 Stufen zum Aufstieg übermittelt von Crea

Buch, broschur 72 S. DM/Sfr 16,80 ISBN 3-933470-04-8

9 verschiendene Meister der Grossen Weissen Bruderschaft /Raumbruderschaft erteilen wichtige Lektionen zum Thema Aufstieg.

* Lady Nada
* Serapis Bey
* Ashtar
* Saint Germain
* Lady Kwan Yin
* El Morya
* Hilarion
* Babaji
* Sananda

Die Botschaften

Heftserie, 3-monatlich

Die Botschaften übermitteln Durchgaben verschiedener Meister & geistiger Lehrer zur spirituellen Entwicklung des Menschen. Sie enthalten fundiertes Grundlagenwissen, Meditationen und Übungen, die eine wertvolle Hilfe für den eigenen geistigen Entwicklungsweg darstellen.
Das aktuelle Heft kann als Probeheft (ca. 68 Seiten) zu DM/Sfr 17.- zzgl. Porto beim Verlag bestellt werden.

Maria - Die Ankunft des Lichtkindes übermittelt von Sananta

Empfängnis, Schwangerschaft,
Geburt und Kindheit aus geistiger Sicht

Buch, broschur 72 S. DM/Sfr 16,80 ISBN 3-933470-00-5

Diese Mitteilungen wurden von **Mutter Maria** gegeben, um den Menschen ein besseres Verständnis für das Inkarnieren der Lichtkinder zu geben, und ihnen somit zur Erfüllung ihrer Mission zu verhelfen. Die Vorbereitung auf die Inkarnation, die Empfängnis, die Schwangerschaft und Geburt, sowie das Aufwachsen des Lichtkindes aus geistiger Sicht sind die zentralen Themen dieses Büchleins.

Der Weg zur Kraft Fast Food für die Seele

Barbara Berger

Buch, broschur 144 S. DM/Sfr 24,80 ISBN 3-933470-06-4

In direkter, persönlicher und humorvoller Weise gibt die bekannte amerikanische Autorin Barbara Berger in diesem Bestseller einen praktischen Schnellkurs zur Entfaltung des inneren Kraftpotentials des Menschen. Zahlreiche Übungen und prägnante Erläuterungen laden den Leser zur sofortigen Umsetzung ein. Die Innere Kraft wird so direkt erfahrbar! Dieses Buch zeigt in einfachen Schritten den Weg zur Verwirklichung Ihrer unbegrenzten Möglichkeiten!

Eric Klein, Autor u. a. der "Kristall-Treppe" /"Sananda Connection"/"Juwelen auf dem Pfad", schreibt zu diesem Buch:

"Eine kraftvolle und praktische Anleitung für jeden, der die herausfordernde Reise des Spirituellen Wachstums unternimmt. Geschrieben in einfacher Klarheit und Demut, die wirklich inspirieren. Um eine wirkliche und aktive Liebe für die Menschheit zu manifestieren, hat Barbara die gewöhnlichen New Age Slogans längst verlassen. Eine aufrichtige Lichtarbeiterin und eine Freundin, der man vertrauen kann."

Gott, Schöpfung & Universum Dr. Ron Hanner

Buch, broschur ca. 300 S. DM/Sfr. 37,80 ISBN 3-933470-07-2

Mit diesem umfassenden Werk gelingt es Dr. Ron Hanner auf geniale Weise die Themen Gott, Schöpfung & Universum sowohl aus spiritueller, als auch aus wissenschaftlicher Seite ausführlich zu erklären und die Verbindung zwischen Spiritualität und Wissenschaft hervorzuheben.

Themen dieses Buches:

* Die Entwicklung des Planeten Erde und der Menschheit * Lichtarbeiter und ihre Aufgaben, sowie ihre eigene Entwicklung * Botschaften der Aufgestiegenen Meister zu vielen wichtigen Themenbereichen * Ausführliche Angaben über Leben, Aufgaben und Hintergründe der Außerirdischen des Omniversums * Durchgaben der außerirdischen Freunde zu den Themen: Evolution der Erde, Hochtechnologie, neue Energieformen, neues Wissen uvm. * Die Interplanetaren Gesetze des Schöpfergottes des Omniversums * Meditationen, Gebete * und viele weitere interessante Themen...

Die Macht der Sehnsucht nach dem Wunderbaren

von Sylvia Angelika Bohlender

Buch, broschur 152 S. DM/Sfr 19,80 ISBN 3-933470-05-6

Diese, in sehr schöne, ansprechende Worte gekleidete Geschichte, entführt den Leser in eine ferne Welt einer alten Zeit, in das Leben eines Druiden, einem stummen Mädchen und einer großen Liebe. Und obwohl der Zauber dieser Geschichte den Leser umhüllt, so ist doch auf dem ganzen Weg der Sehnsucht, der Hoffnung, des jahrelangen Bemühens und Suchens unser gegenwärtiges menschliches Fühlen auf unserem geistigen Entwicklungsweg enthalten. Ein sehr schönes, tiefgründiges Büchlein, in dessen ferne - und doch so nahe - Welt sich jeder entführen lassen sollte.

MeditationsCassetten *je MC DM 28. beim Verlag.*

MC 1: Christus+Buddha/ RS Maria Meditation
MC 2: Chakra-Flammen-Meditation/ RS Meditationsmusik
MC 3: Geistige Schutzmeditationen / VS+RS
MC 4: Heilmeditationen / VS+RS

Meisterbilder & Sticker (Sticker=selbstklebende Bilder)

Verschiedene Bilder von Meistern in mehreren Größen und als Sticker in zwei Formaten erhältlich. Bitte kostenlose Meisterbilder-Liste beim Verlag anfordern!

Blauer Fünfzackiger Stern

Meditations-Stern, Tiffany-Handarbeit,
Durchmesser 21cm, DM/Sfr 120.- beim Verlag erhältlich.

Das Symbol der Grossen Weissen Bruderschaft. Ein starkes Schutz Symbol. Durch meditatives Einstimmen auf diesen Stern erhöhen wir unsere Schwingung und stellen eine Verbindung zu den Meistern und den geistigen helfenden Wesen her.

Für weitere Informationen bitte den kostenlosen Verlagsprospekt anfordern.

- Raum für persönliche Notizen -

- Raum für persönliche Notizen -

- Raum für persönliche Notizen -

- Raum für persönliche Notizen -

- Raum für persönliche Notizen -

- Raum für persönliche Notizen -

- Raum für persönliche Notizen -

- Raum für persönliche Notizen -

- Raum für persönliche Notizen -